清末民初文獻叢刊

薈蕞編

［清］俞樾　纂

朝華出版社
BLOSSOM PRESS

圖書在版編目（CIP）數據

薈蕞編 /（清）俞樾纂. -- 北京 : 朝華出版社,
2018.9
（清末民初文獻叢刊）
ISBN 978-7-5054-4313-6

Ⅰ. ①薈… Ⅱ. ①俞… Ⅲ. ①俞樾（1821-1907）-
文集 Ⅳ. ①Z425.2

中國版本圖書館CIP數據核字(2018)第174143號

薈蕞編

作　　者　[清]俞　樾

選題策劃　楊麗麗　尚論聰
責任編輯　劉小磊
特約編輯　秦錦霞
責任印制　張文東　陸競贏
封面設計　劉敬偉

出版發行　朝華出版社
社　　址　北京市西城區百萬莊大街24號　　郵政編碼　100037
訂購電話　（010）68996618　68996050
傳　　真　（010）88415258（發行部）
聯系版權　j-yn@163.com
網　　址　http://zhcb.cipg.org.cn
印　　刷　藝堂印刷（天津）有限公司
經　　銷　全國新華書店
開　　本　880mm × 1230mm　1/32　　字　　數　237千字
印　　張　16.5
版　　次　2018年9月第1版　2018年9月第1次印刷
裝　　別　精
書　　號　ISBN 978-7-5054-4313-6
定　　價　125.00元

出版前言

中國自一八四〇年鴉片戰争以來，傳統的農業文明在西方的堅船利炮轟擊之下徹底被顛覆，有擔當的知識分子苦苦追尋，思索社會改革的途徑。從最初的『師夷長技以制夷』到『民主制度，天下之公理』（梁啓超語），他們發現要『强國富民』，首先要『開啓民智』，衹有民衆擁有了獨立思想和批判精神，國家纔能實現真正的强大。在此後一百年的時間裏（一八四〇—一九四九），思想者們從社會變革深入到國民性的改造，用每一部作品見證着中國近代化的遞變歷程。這是一個極其重要的時代，《清末民初文獻叢刊》正是收録了這一時期的作品，大部分書籍都是早期版本，有着極高的文獻研究價值。

清末的中國經歷了『三千年來未有之大變局』（李鴻章語），大清王朝面對西方列强的艦炮，表現得驚慌失措。尤其是鴉片戰争，使『天朝帝國萬世長存的迷信受到了致命的打擊，野蠻的、閉關自守的、與文明世界隔絶的狀態被打破了』（《馬克思恩格斯選集》）。一批士大夫知識分子，尤其是在歐美諸國擔任使臣或者游歷的知識分子最先覺醒，着眼于對西方國家的考察，進而反省本國政治制度的劣勢，可以視作『啓蒙』的端倪。如曾擔任駐英公使（兼任駐法公使）的郭嵩燾在《使西紀程》中以日記的形式記録了自己對歐西諸國的觀感，他在考察了英國的政治制度之後，發現英國政府官員收入超過三百磅者與普通老百姓一樣同等納税，他説：『此法誠善，然非民主之國，則勢有所不行。西洋所以享國長久，君民兼主國政故也。』他明確提出了『民主』，在國家的管理問題上，人民也有參與的權利。他在該書中所披露的西方政治、經濟、文化等領域優于大清帝國這一事實觸動了保守派的神經，立刻遭到保守派群起而攻之，進士何金壽彈劾他『有二心于英國，欲中國臣事之』，他家鄉湖南的民衆對他更是痛加詆毁，以至于滿城揭帖，誣蔑他『溝通洋人』，在這種群情洶洶的情況下，朝廷最後下旨將《使西紀程》毁版，從而使該書成了禁書。然而，書雖被毁版，却不能堵死民衆的傳播與閲讀的途徑，上海的《萬國公報》依舊連載該書，張佩綸曾説：『朝廷禁其書，而新聞紙接續刊刻，中外傳播如故也。』從某種意義上來説，啓蒙是時代的需要，盡管清政府發諭旨禁了該書，民衆乃至一些朝廷大員却依舊在私下閱讀，以便瞭解外部的世界。進步的社會是開放性的，任何企圖『閉關鎖國』的努力都意味着歷史的倒退，衹有開放，與整個世界文明保持同等的步伐，纔能實現真正的强國之夢。當大批知識分子走出閉鎖的國門，親歷了文明的洗禮之後，也就把啓蒙的智識帶回了中華大地。容閎的《西學東漸記》，梁啓超的《新大陸游記》，崔國因的《出使美日秘日記》等一大批作品介紹了海外諸國的政治、經濟、軍事、外交、文化。雖然這些作品在認識上仍然帶有時代的局限性，然而却是那時最爲珍貴的聲音。

另一方面，在學術上，中國文化母體内『經世致用』思想與資産階級思想相結合，也喚起了變革，以康有爲、梁啓超爲首的改良派試圖通過自上而下的革新以實現變革。康有爲的《新學僞經考》《孔子改制考》就是借經學之表論資産階級學説之裏的著作，康有爲的弟子梁啓超更是通過《新民説》一書提出國民性改造。與早期啓蒙者『師夷長技』的器物文明引進不同，梁啓超上升到形而上的精神領域，從文化心理上更加徹底地進行變革。梁氏是清朝末年到民國初年一個橋梁式的人物，被譽爲『輿論之驕子，天縱之文豪』，其影響力不但在學術領域，同時還在文學領域，他所倡導的『詩界革命』得到了譚嗣同、黄遵憲、丘逢甲等人的響應，黄遵憲的《日本雜事詩》，丘逢甲的《嶺雲海日樓詩鈔》都體現了這種主張。這一主張要求反映新的時代和新的思想，用『我手寫我口』（黄遵憲語）的方式直抒胸臆，對長期占詩壇主流的擬古主義、形式主義産生了巨大的衝擊，解放了寫作者的心靈和頭腦。

與社會變革同步的是早期對西方思想著作的翻譯，這裏面影響最大的是嚴復，他翻譯的《天演論》《社會通詮》等書直接孕育了民國一代的知識階層。魯迅、胡適等人在文章中都曾提到《天演論》對他們思想所産生的震撼。與嚴復略有不同的另一位翻譯家是林紓，他的譯作雖然參差不齊，但却在更細膩的心靈層次對讀者産生影響，許壽裳曾回憶，他和魯迅都熱衷于林譯的小説，如《巴黎茶花女遺事》《黑奴籲天録》《迦茵小傳》等作品。

辛亥革命之後，進步社會思潮成爲主流，比之清末思想啓蒙者『求存』的追求，民國以來的知識階層深入到了更加細微的肌理，一方面呼喚社會變革，另一方面進行點滴的建設，革命并不能使所有的一切一蹴而就，在更加深廣的領域，事物的改變是由微觀而宏觀。通俗地説，比之于革命，建設的意義更大。如《中國商業史》《中國教育史》《中國倫理學史》《中國哲學史大綱》《中國小説史略》等一大批作品都是進行系統的梳理與建設的理論作品。其中，以胡適和魯迅二人的影響最大，他們的作品一紙風靡，從而成爲新文化運動的主力人物。

《清末民初文獻叢刊》收録的文獻大致上可以分爲三個階段，其中龔自珍、張之洞、魏源、郭嵩燾、薛福成等人的作品可視爲『早期啓蒙』，康有爲、梁啓超、黄遵憲、嚴復、林紓等人的作品可視爲『中期啓蒙』，胡適、魯迅、蔡元培等人的作品可視爲『晚期啓蒙』。當然，這種劃分并非嚴格意義上的，大部分啓蒙思想者隨着時代的變化，其思想在不斷進步。縱觀整個近現代史，可以發現，要求變革不是在某一個領域，由某一類人發起和完成的，而是全社會的要求。

變革，已經成爲全社會的共識。

從清末民初的文獻中，我們能够發現一種豐富性。這些作品涉及政治、經濟、軍事、教育、外交、宗教、心理、情感等方方面面，從内而外地净化着中國兩千年以來的封建積習。它不衹是對社會的改造，更是對人心靈的重塑；它首重國家社會之建設，同時亦重靈魂心智之喚醒；它是宏大的，也是微觀的；它是嚴肅莊重的，也是活潑靈動的；這些作品結構精巧，思想内容深刻，擁有濃厚的人文主義色彩，對推動社會主義建設，實現中國夢有重大意義，是近現代中國一百年來最宏富的智識與情感的寶藏。因此，整理這些文獻作品，無論是出于資料保存的目的，還是爲圖書館提供資料副本，都有不可估量的意義。

特定時代下的文獻，當它一旦形成（既指草擬，創作的完成，也指其成爲一個載體），就不可再複製了，也就意味着它將面對消亡。對于文獻資料而言，越接近歷史事件發生的時代記録，越具有研究價值。文獻本身具有不可再生性，它衹會消亡，而不會增多。盡管文獻本身的文字可以保留下來，并進行傳播，却失去了當時的時代氣息。當時的作品可能在技巧上，文字的成熟度上不及當代，但它所負載的信息，創作者的情感都反映了當時的歷史，也就是説，它具有不可替代的歷史意義。

影印的版本有三個特點，第一是擁有文獻的『原始性』；第二個特點是『未經改動的』；第三個特點是『歷史的原貌』。所謂『原始性』，也就是説，它是第一手資料，而非轉述的，回憶形成的；『未經改動的』，是指未被篡改、删節、挖補的；『歷史的原貌』是指在影印製作過程中，完全依照文獻的原來模樣……這樣製作出版的作品，無异延續了文獻的壽命。

近現代思想史上的一個最重大的思潮就是『開放』，從林則徐的『開眼看世界』到蔡元培的『兼容并包』，都是在倡導一種開放式的胸襟。而《清末民初文獻叢刊》最有魅力的部分就是『開放』這一主題，祇有融入到世界文明發展的進程中，中華文明纔能歷久彌新。

《清末民初文獻叢刊》編委會

二〇一七年四月十四日

凡例

一、《清末民初文獻叢刊》（以下簡稱『叢刊』）爲影印本，舉凡所用之底本，均爲該書之早期版本。有清末刊本，亦有民國印本。

二、《叢刊》均依底本影印，未予删改，僅代表作者個人觀點，不代表官方立場；原刊本有誤，不予校改，以保留文獻之原貌。

三、《叢刊》所用之底本，因時日久遠存在漫漶的情況，均進行了修復；底本闕文、印刷不清，均保留原貌。

四、爲讀者閱讀之便，《叢刊》中之舊底本目録未標記頁碼者，編了目次；原底本有頁碼和目録，未予重複編目。

五、爲保持文獻的原始風貌，影印本保留了原書書影（原書爲多册，則保留第一册書影）、扉頁等信息。所用底本無相應信息者，則不予妄添，以免錯訛。

目録

薈蕞編（上海進步書局刊本）書影 一
原刊本扉頁 三
薈蕞編自序 五
弁言 七
薈蕞編目録 九
薈蕞編卷一 二七
薈蕞編卷二 五三
薈蕞編卷三 七七
薈蕞編卷四 一〇三
薈蕞編卷五 一二七
薈蕞編卷六 一五一
薈蕞編卷七 一七五
薈蕞編卷八 一九九
薈蕞編卷九 二二三
薈蕞編卷十 二四七

薈蕞編卷十一　二七一
薈蕞編卷十二　二九五
薈蕞編卷十三　三一九
薈蕞編卷十四　三四三
薈蕞編卷十五　三六七
薈蕞編卷十六　三九一
薈蕞編卷十七　四一七
薈蕞編卷十八　四四一
薈蕞編卷十九　四六五
薈蕞編卷二十　四八九

薈蕞編

清 俞樾纂

第一冊

進步書局校印

清俞樾纂

薈蕞編

上海進步書局印行

薈蕞編提要

此書為德清俞曲園先生采輯清代諸大家名著而成計二十卷其中多忠孝節義等事蒐羅宏富去取謹嚴疑似之處悉為攷正足以感發人心有裨世道匪淺先生自序稱唐之鄭處嘗以薈蕞二字名其書言多小碎之事如草之小而多也今先生襲用之其亦自謙之辭也歟

薈蕞編自序

國朝二百餘年來人才特盛其大者見於金匱石室之書次者散見於名家碑傳之文道光間嘉興錢衎石先生有國朝徵獻錄一書亂後散佚而平江李次青廉訪乃有先正事略之作近者湘陰李黼堂方伯又有耆獻類徵之作蒐羅宏富識者述之盛心也雖然子夏不云乎賢者識其大者不賢者識其小者愚以爲諸巨公之磊落軒天地者不患無傳惟匹夫匹婦一節之奇往往淹沒不著識私心悼之流覽諸家文集隨手摘錄積久遂多不忍遽棄篋而藏之昔唐鄭處采輯異聞成書四十卷名曰薈蕞言多小碎之事如草之小而多也輒襲其名題之簡端云

光緒七年實沈月曲園居士書

弁言

吾浙俞蔭甫先生著作等身才華蓋代久已在人耳目間無煩贅述今年秋謝君芹香持先生手輯薈蕞編若干卷走商於鏞欲付手民繙閱一過皆捃摭各書所有忠孝節義等事之可歌可泣者薈萃成書搜羅宏富去取謹嚴大要總以感發人之善心懲創人之逸志不啻詩三百篇於溫敦柔厚中寓筆削褒譏之意讀是編者當令成仁取義之志油然自生誠當代之完書斯民之極榘也憶先生主講武林詁經精舍亦既有年戊辰歲鏞在精舍肄業半載雖未獲向先生執經問業而挹齒牙之餘芬已令人心脾俱沁厥後饑驅奔走由蘇而滬業螢死守不得覯炙於几杖間而獲讀春在堂全集及小品耳郵隱語等書亦足以蕩滌胸中塵俗益復自喜願竊附於私淑之班今復得是書而快讀之其敢私為己有而不一廣先生覺聾振瞶之苦心也乎急商諸尊聞閣主人仿聚珍板排印問世校閱既竣附誌數語於簡端佛頭着糞之譏所不遑計也

光緒七年歲在辛巳小雪後三日山陰後學何鏞桂笙氏識

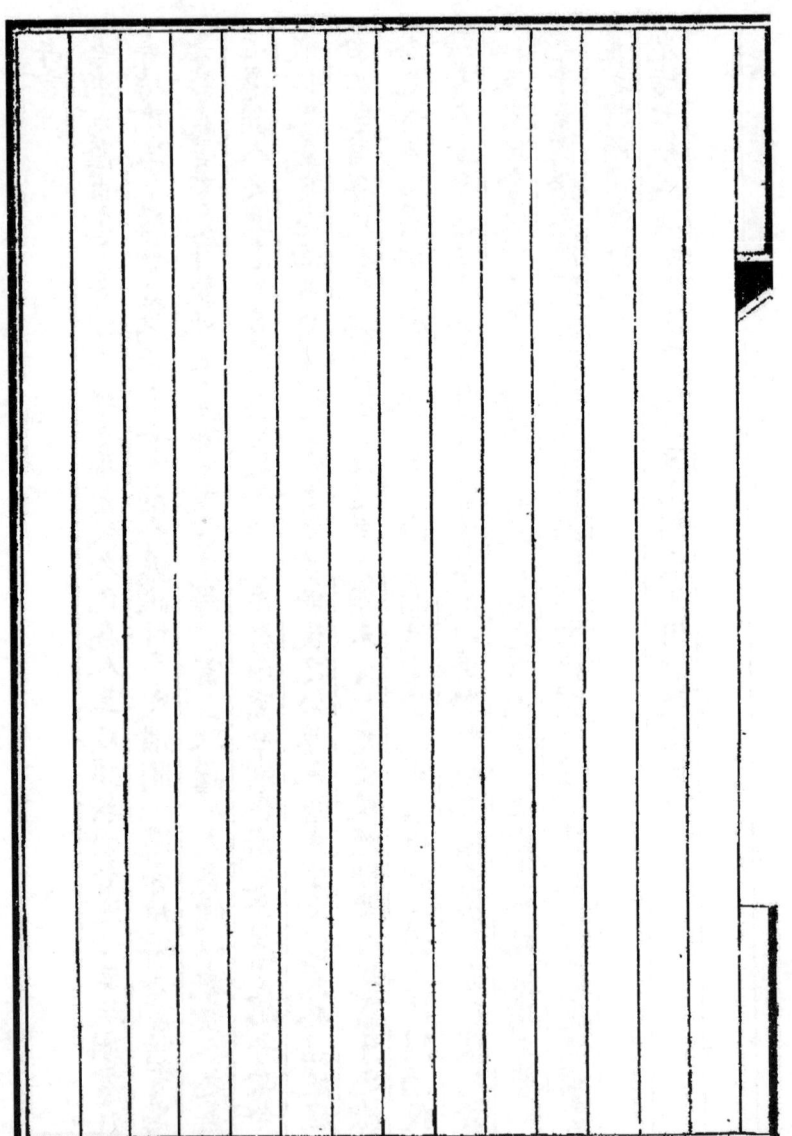

薈蕞編目錄

卷一

雙孝　雙節
奇窮子　趙登
謝萬程　宜興民曹姓
郭老僕　昝僅齋
邢瘋子　毛癩子
黃洪元　顧中和
耕者王清臣　潁州匠
王廣文　徐元英
王都閫嫁難女　劉梅嶋
呂雲奇　徐三瘓脚
采薇子　一壺先生
朱長源　楚壯士

奇奴　田鈍庵
丁公子　錢二本
卷二
沈應奎　吳嘉紀
孫默　申自然
李葆甫　吳伯宗尋弟
黄廷璽尋兄　三烈
劉公言　王次泉
顧繩詒　傅鼎卿
吳野翁　陸周明
雲夢山人　申子純
竇成　陳朗生
劉泰齋　周光綬
髯俠　雪裘

吴鐔庵　汪渢
卷三
俞節孝　卬維屏
鉼庵　顧耕石
趙希乾　彭賓
孝烈張公　李一足
白衣先生　殷岳
戴山人　費大受
馬羽長　郜山人
吴湛　馬雲翎
雪灘頭陀　吴癯鶴
牛太初　李栩
東海處士　孫頫庵
二俞

卷四
劉宏甲　徐仁褎
瞿秋崖　張麒
王將軍　秦舍人
高文彩　李若連
王百户　陳衷壹
王大本　諸天祐
王義士　劉長庚
五公山人　胡穆孟
某千總　劉龍光
陳繹思和本初　東江先生
王冰庵　毛鶴汀
嚴孝子　白雲先生
卷五

孫將軍　陳鷗沙嚴弓父
華豫原　李復新
韓晉之　齊望子
鄭澹居　楊安城
呂尚義　孝義吳君
盧必陞　王獻我
謝隱君　李永昌
慶州老人　沈貞孝先生
楊氏雙孝　東氏三節
卷六
曲阜顏氏事　郭海若
戚默　滄浪水樵
高查客　楊藝
王默城　顧玉停

邱天民　隨州牧翟傒
田贈公　范芝巖
李孝子　阮世恩
趙萬全　李晉福
戚弢言　盧象晉
何靜山
卷七
汪龍　桑文傒
陸德本　姚孝廉
倪懋功　石晗生宋石芝
宋釋之　王時翔
康績　薛孝子
王恩榮　王元趾
佚老人　夏羽王

仲子　胡上琛
吳子方　吳隱君
義烈黃公
卷八
周貞靖先生　吳重光
馬生　陳曹二子
張三愛　程士章
吳虛鑿　黃孟通
榮小兒　葉尚臯
坦然先生　蔡湘
金文　八大山人
唐太史　胡孝廉
陸承祺　俞老僕
卷九

金隱君　草廬先生
夏士友　貞憲先生
菊隱先生　唐復思
黃道本　義行李叟
寒支先生　丁隱君
孫夔臣　鐵脚板
唐肇虞　蔣適園
侯夷門　劉賸庵
張士仁　謝振宗
卷十
祝日三　嘯莊先生
汪霖　姜瑢
傭者詵　鄭賓日
翁運標　項為楷

王林屋先生　王仲穎
袁昌齡　張乞人
姜元凱　牟康民
和州二薛　張淑旺
吳憲　許四先生
芮處士　顧童子
曹起鳳　盧太公
蕭日曠　許永科
銀查子
卷十一
徐驌　邵如椿
吳漫公　張若筠
董十先生　郭六
張瑛　王敏

董丙齋　洋和尚
温樵水　王次瑶
跣足傭　李松亭
李仲謀　彭梅谷
董靜芳　趙雨亭
羹湖先生　滕家瓚
張星家
卷十二
壽先生　吳鈞翁春
錢繼升　鄧觀瀾
周書昌　吳大始
吳祿堂　許剛中
僧如鵬　何梅生
沈屺望　吳星萃

樵煙野客　王瘦山
許所望　白廷英
魏興　徐金霖
汪良緒　壽州某孝子
浦近倫　呂德興
戴兆岑　程永傳
江廷燦
卷十三
俞鎮璋　方錦全
徐有章　陳紹蕃
孫俌　孫福
沈仁業　李文淵
周顥　胡其愛
張予焯　陳黃中

高士楨　吳氏兄弟
莆田僧　補履先生
打卦者　海老人
汪初　汪楊嚴三文學
葛大賓
卷十四
沈起　蔣之翹
史以慎　藍忠
徐夢麒　盧和
楊老痴　方召
劉日陽　金俊明
翁天章　王武
沈通明　張霖
劉任　曹永鼎

詹夢符　劉宗洙劉恩廣
霍亮雅　沈頊
孝賊　汪魏美
王征南
卷十五
周夫人　沈雲英
畢著　王秀女
廖氏　李孝貞
林氏雙烈　張氏五烈
女奴景　濮氏女
蔡氏　董嫗
項淑美　馬烈婦
張有　王孝女
阮貞孝　嚴烈婦

黄氏　羅氏
秀水張氏雙節　常孝女
王去華　王節婦
傅節婦　宋烈婦
謝烈婦　海烈婦

卷十六

泰窩三烈　秦節婦
洪烈婦　沈孝女
唐烈婦　蔡烈婦
郭烈婦　卜氏
郭孝婦　魏烈婦
王氏姑婦節烈　徐烈婦
吴烈女　張烈婦
閩中三烈婦　李貞烈

徐烈婦　冬青女
王氏女　金壇三烈女
梅節婦　仲烈婦
張烈婦　朱貞女
孝婦李孺人
卷十七
陳烈婦周氏　陳烈婦李氏
羅烈婦　節婦陳氏
宋景衛　蔡蕙
王烈婦　朱如玉
曹借姑　姜桂
烈婦馬氏　茅貞女
廖氏　馬孺人
殷烈婦　文鸞

章貞女　蔡孺人
林烈婦　貞節林母
龔烈婦　冷節婦
桐鄉諸節婦
卷十八
朱烈婦曹氏　沈烈女
黃烈婦　陳節婦
俞秀　吳珐
孫秀姑　陳三淑
史八夫人　樊烈婦
曹六姑　魯巴姑
馬母　洪烈婦
薛坤　孝婦吳孺人
趙氏老婢　江南二烈婦

蔡貞仙　韓烈婦
卷十九
劉烈母　章孔榮
吳節婦　李氏
五烈　司貞女
許福弟　唐鳳鸞
萬蘭娥　周孝貞女
徐催　宋烈婦
李貞孝　顧節婦
武昌縣某節婦　吳節婦
陳劉氏　伍五姑
張貞女　黃氏
鮑烈女　段烈婦
卷二十

林烈婦　陳貞婦
黃氏　楊烈女
張烈婦　林娃
胡氏張氏彭氏　王貞
支貞女　蔣貞女
袁烈婦　林貞女
朱烈婦　張烈婦
萬節婦　祝貞女
江小娘　朱節婦
沈貞婦　許謝氏
史烈女　姚烈婦
王貞女

薈蕞編卷一

清　曲園居士纂

雙孝

秦郵王君新畬。篤行長者也。歐配陳。先刲股療姑疾。後一載。新畬又刲股救其父病皆愈。新畬夫婦歿。鄉人榜其堂曰雙孝。見李淦敦好堂集。

曲園居士曰。春秋二百四十年。人材可謂盛矣。而左傳以潁考叔冠首。重純孝也。余撮拾舊聞。託始於此。亦左氏之義歟。此事不記年月。李淦字鈉庵。順治乙酉舉人。則此事必在國初也。

雙節

郝生名奇遇。字會明。世居栢鄉城南之西汪里。甲申之變。郝城失陷。郝生聞之。不勝痛憤。謂其妻趙氏曰。我欲死義。爾其能從乎。妻曰。夫子將蹈高節。妾請先之。其夜即飲藥死。郝生不舉哀。不成服。次日。舁而瘞之祖塋之側。令兩弟召其親舊與之永訣。親舊咸止之曰。政不及己。不踐其難。今以草茅賤士而捐軀殉國。奚益乎。郝生悵然曰。嗚呼。是何言。士固有志。身死則心安。且吾將以愧夫今之士夫懷二心而事其君者也。或又以無後為言。郝生悽然曰。忠孝豈能兩全哉。吾志決矣。衆知其志不可回。同兩弟更番坐守。生舉動談笑如平時。旬日後防衛稍疏。遂飲藥以死。鄉人義而共殮之。啟妻趙氏之穴窆焉。樹碑於道左曰郝生忠義雙節墓。（見魏裔介兼濟堂集。）

奇窮子

奇窮子者。環極魏生以號蔚之舊弁也。弁姓易名柏。字象南。生而穎異。美須髯。貌磊落有丈夫氣。官洗馬林守備。不克終。歸馬卜宅數畝。蒔花樹石。費不貲。性好客。典衣充酒資。飲不醉不輟。醉後或歌或詩。動百言。多羽音。三冬煤盡。家人索之。則曰屋上椽非吾薪乎。成毀吾事耳。構草廬棲之。亦不怪。客有惠米者。傾以易花。環列几前。營際龍諸鳥能語者。當半部鼓吹。日或不再食。曰胸中免俗足矣。飽何為耶。藏古琴玉環各一。朝夕摩弄。手譜數曲。名曰壯士操。每一臨絃。鳥鳴花笑。彈罷抱琴而泣曰。此吾生死交也。又摩其環曰。安得君子兮贈之。以白玉。後以草廬敝。穴地五六尺許。妻子同居其中。遇元旦。服葛衣行市上。手携二子。身無完袴。裹鹿革。緩步各不少亂。於里中之大賈巨家。投一刺以為賀。嗟乎。若象南眼孔中。視人之酒囊飯袋。規規擁銅臭。以為莫予過者。不知作何等矣。此魏生所謂奇窮者也。為作奇窮子傳。（見魏象樞寒松堂集。）

趙登

趙登者。真定農家子。為趙學博家僕。學博謁選。得肥鄉。登隨之。拮据行李。頗艱苦。有學博同選某子甲見登服勤。欲誘以從己。乃借役於學博。謬為恩甚渥。且許以妻孥田產。登不肯。怫然辭歸。仍事學博。學博再歷任。倦游掛冠。登服勤如疇昔。學博家漸落。登乃設筵酌醴。奉學博居上坐。已奉白鏹數百。長跽以獻。學博驚曰。此何為。登曰。老僕數年所積。願供主朝夕。學博辭之曰。汝所積。吾忍取之耶。登泣數行下曰。僕身主之身。則物皆主物也。學博辭益力。登泣愈甚。不得已。取半。無何。學博念其役久。遣還鄉里。登泣而去。每值歲時伏臘。若學博初度。登必具雞酒為壽。日未出已及門。如是者又數年。學博謝世。登具衰服。披髮自其家至哭。如喪所生。襄事乃返。里人曰。子何苦如此。登曰。主恩未可忘也。（見梁清遠祓園集）

謝萬程

謝孝子。南陽唐縣人。名萬程。娶妻李氏。楚人也。事親孝。父死不克殯。夫婦號泣擗踊。里巷慘戚。亦不克助。萬程目其妻泣。若有言不忍。李氏知之。請自鬻為喪具。鄰村董官居有王全者。先有子。七歲而寇掠之。遺唐縣道中。有翁媼拾而養之。遂以為子。義不得返。乃議置妾。以二十四金買李氏。李歸焉。泣而請曰。妾生士家。知詩禮。翁死不得已而出。願早夜供績紝。全妾節。君德益洪遠。必昌厥嗣。全許之。越明年。全子所養其家之翁媪皆死。得歸。全凡大有。以為逃人也。愬於觀察使。詞連李氏。時南陽郡丞漢陽張公名三異。有奇政。屬之捕王全至。偕少男子曰。非逃人。我子也。向掠今歸耳。詢少婦何人。曰此是我妾。非我妾也。唐縣謝萬程之妻。鬻我為妾。妾來惟涕泣。不從為妾。從織紝而已。召萬程。康之。萬程言所以鬻其妻者。張公歎曰。古有傭身以葬其親者。世傳至孝。爾若此。可謂孝矣。乃管王大有。而畀全金。賞萬程帑。夫婦完聚如初。而旌其門曰。節孝雙奇。兒孫宗彝愛日草堂集

曲園居士曰。謝之孝。李之節。是固奇矣。乃王全者。亦天下之義士也。不旌其門。何歟。陳書徐陵傳。弟孝克。當侯景之亂。京師大飢。賣妻臧氏與孔景行。妻不肯。卒賣之。以其貲養母。景行既歿。妻歸謂孝克曰。往日之事。非為相負。今既得脫。當歸供養。遂復為夫婦。徐孝克之賣妻養母。與謝萬程之賣妻殯父。其事正同。乃孝克之妻不克完節而歸。則以買者非王全也。故余反復此事。而歎王全高義。尤不可及。

宜興民曹姓

宜興民曹姓者。有姪逋漕八十餘斛。無償。其妻已聘未婚。委而他匿。叔氏代爲繫。鞭笞備至。無以償。私計曰。鬻彼之妻。不少補乎。已而復念曰。吾兒亦有婦將婚。其存姪婦。而鬻吾兒婦乎。貳尹岳修如司漕政。得其情。慨然歎曰。吾不忍無辜士女。仳離至此極也。雖然。公家之賦不可缺也。于是計常俸外。多方稱貸。代償之。曹氏子姪之婚姻如故。（見周敬雋澹木齋集）

郭老僕

郭老僕者。明戶部尚書侯恂之僕也。尚書之子方域。有郭老僕墓志銘。其文曰。老僕名尚。十八歲事余祖太常公。方司徒公之少。而應秀才試。以及舉孝廉。登進士第。老僕皆身從之。司徒公嘗道經華山。攀崖懸洞。而陟其巔。老僕則手挽鐵索從焉。華山老道士年百八十歲矣。謂司徒公曰。公貴人也。然生平豐於功業。嗇於福用。此後一月難作。凡有五大難。過此壽可耄耋。此僕當濟公於難者也。幸善視之。然老僕殊不事事。司徒公嘗遣視南園之墅。久之。所司皆荒失。命人迹之。則老僕自携琵琶與一婦人飲於鹿邑之城門樓。司徒公怒斥之。不使近。戊辰赴官京師。老僕固請從。至則日酣飲於城隍市。積二歲餘。以爲常。司徒公爲烏程相所搆下獄。顧謂諸僕曰。爾輩皆衣食我。今誰當從乎。老僕涕泣拜於堂下。司徒公熟視曰。嘻。爾豈其人耶。老僕前曰。主人盛時。安所事老僕。老僕亦酣醉耳。今老僕且先犬馬死。主人又患難。豈尚不盡心力。主人不憶老道士言乎。自此不飲酒。亦不與其家相通。從司徒公於獄者七年。烏程相與韓城相相繼秉政。皆苛深。託諸緹校。詗察在事士大夫親朋奴僕。往往避匿去。老僕嘗夜敝衣。星出月入。以事司徒公。初燕女有姚氏者。數嫁不終。饒於財。每曰。我當嫁官人耳。老僕乃僞為官人娶之。日取其財。易酒食交歡諸緹校者。故得終始不及於難。後姚氏察知其僞。大哭罵老僕。以手提其耳。齧其面。面上痕常滿。及司徒公出視師。乃以軍官冠將軍冠。服將軍服。以見姚氏。姚氏則大喜。老僕入謝司徒公曰。老僕嗜飲酒。今七年不飲酒。此後願日夜倍飲酒。以償之。久之。飲酒積病。遂以死。（見侯方域壯悔堂集。）

昝僅齋

昝宏祖。字寅谷。自名其齋曰僅。學者稱僅齋先生。世為懷甯人。阮大鋮之母。先生姑也。以姑命召致先生。欲官以同知。則謝曰。親知邀光寵多矣。留賓筵中一布衣高歌謔浪。不所得更多乎。遂告歸。卜築桐江之梅渚。五十後復避地于龍山之杏花村。自書斗室曰。慎無憂。忍無辱。靜常安。儉常足。卒年七十八。於是大雪深數尺。先生擁被起曰。吾生也大雪。今去亦大雪。吾行光潔中。至樂也。遂瞑。見梅文鼎續學堂集

曲園居士曰。先生書室四語。極有味。余喜誦之。故錄於此。至昝姓不詳所出。廣韻四十八感。有昝字。子感切。姓也。是古有此姓矣。說文曰部朁篆下。臣鉉等曰。今俗有昝字。蓋朁之譌。然則昝即朁字也。梅勿菴先生。乃以為系出漢相國酇侯。即酇之省。則字當作贊。不當作朁。恐未足據。

邢瘋子

邢瘋子。清苑人。賣菜傭也。無名字。不讀書。能道古人忠孝事。有母有兄。每晨出鬻菜。面傅粉。或塗墨。簪草花。或歌或哭。童稚羣姍侮之。不為意。崇禎壬午癸未閒。行市中。口嘖嘖如有所詬詈。或詰之。輒弛荷劇談。上自乘輿。下迄邑宰尉。無不指斥其非。時中外大用兵。制府閫帥。能一一舉其姓名。若者貪。若者懦。若者縱部曲擾掠民。若者樹黨行私。罔君父。有無真僞。人不能辨。雖顯官悍將。概醜詆詛呪之。鮮所顧畏。且語且泣。目眵口涎。交下。手揮涴人衣。聽者恆堵立。咸嗤以為狂。談已荷籠去。有嘲之者。謂爾口喋喋。爾肩不脫是擔。奈何。瘋子瞪目厲聲曰。咄咄。若謂我若是擔乎。是非我

不任。今朝中宰相。閫外將軍。誰克任是擔者。益嘖嘖不休。萊常不當。當則買酒肉奉其母。母兄謂非公家計也。共誚讓之。瘋子乃據地大哭。雜引王祥孟宗事。以譬解。母始釋。一日倩人書一紙。實封投官府。謬云陳地方利害。啟之。皆指守令不道事。官府怒。欲扑之。左右曰瘋子也。不足治。僅而獲免。甲申流寇破城。不見。或云死兵。死水。又云削髮去為僧。不知所終。見郭棻學源堂集。

毛癱子

毛癱子者。天長縣人。胎而癱者也。以兩手拄地坐行乞。然雖乞人。竊好義。順治十六年。海賊陷江甯。天長亦為鹽寇劉澤所據。縣令自縊於里巷門。數日暴其屍。毛適過之。泣曰。縣爺耶。乃殮於演武廳。寇平。新令至。聞其事。大義之。遂書一竹版署毛為養濟院長旌之。於是毛出入乘一丐者肩。若騎而行者。群丐屬目。甚榮之焉。毛既為丐者長。而縣歲有給。市月有錢。遂有草屋三楹。一妻一妾。而以癱也。不設几榻。薦草為席。妻臥上席。妾側席。歲時妻妾置酒。群丐上壽。賤而尊。寠而樂者也。一日當除夕。妻妾置酒已。毛夜半睡熟。夢一金甲者。攫其衣領起。曰上帝直汝矣。憐爾一廢人能脫三人死。乃又以一手曳其足。曰直。毛大驚。竟循牆走。妻驚起。以火視。曰誰歟。曰我。曰何爲走也。乃告之夢。曰走猶夢乎。曰醒也。然而幾活三人者。曰昨也。先是。毛於除日乞市例錢而歸。大雨雪。而負之行者凍且憊。路過一鋪遞所。稍休。乃坐毛於几而相拂雪。毛忽訝曰。此中何有呵呵聲。鬼嘯歟。命一丐者曰。入視之。出曰。穴竈一室。有三人。一老者僵卧息絶。一微喘者。而呵呵者則一壯者也。曰爲何者。曰以雀角訟縣役索錢。寘於此。於是毛命丐者曰。疾與酒。丐者從穴進酒。毛令之曰。壯者先飲。又令曰。壯者飲喘者。俄而二人倚酒起矣。又令曰。二起者。挾息絶者而微飲之。頃之鼻有聲。亦起而坐。於是丐者欲負毛以歸。曰未也。又問三人者曰。室能炊乎。曰無薪。毛又出所乞之米與錢。爲買薪數束。納於穴而歸。歸而遂有夢之異焉。時毛方語夢於妻。未已。而天曙。群丐到門。相顧大驚。遂擁毛入市。而毛則揚揚步出里巷門。過市廛一市大驚。語夢於市。宋子曰。昔齊人以乞驕妻妾。而毛則以乞行義。不又可驕富貴耶。後數年。有人見之。且鼓腹挺挺有昂藏氣象。噫。乞人也。能自立若是哉。見宋和橋西草堂集。

黄洪元

黄孝子名洪元。丹陽人。其父國相。以武斷豪於里中。有虞庠者。與國相同里。不相能。遂發國相陰事。欲致之罪。國相行賄。得不坐。庠反以誣受杖。乃僞引謝。具酒食交歡而私遣惡少年詗國相。會國相被酒夜行。從其後捽項反接之。負以石。沈諸河。里人皆知庠所為也。莫敢問。時孝子與弟某皆幼。其後稍長。微聞之。乃哭告母曰。殺吾父者虞庠也。母急掩其口曰。勿妄言。禍及矣。孝子每號慟。母輒呵禁之。於是中夜飲泣至旦。且椎牀曰。死耳。母亦泣曰。汝父未葬。我老矣。俟我死。則聽汝。孝子始受命。兄弟共適市。數市利斧藏之。虞庠頗自疑。更好言孝子曰。孺子未昏。吾壻汝。孝子陽謝曰。公。我丈人行也。得為公壻幸甚。退而切齒曰。賊奴。欲以而女易我父耶。久之母死。既合葬。兄弟哭拜墓上曰。兒欲血含憤十年矣。今日願與父母訣。遂懷斧往來迹庠。未得閒。故事。春社必盛陳優戲。里人觀者環集。初國相亦社時被酒遇害。至是又直社。孝子見庠在社所。馳歸呼弟。各挾斧往殺庠。庠方上坐觀優。意揚揚自得也。孝子直入。肩擠之。謂庠曰。逸羣我送汝死。庠起笑曰。孺子醉耶。答曰。將醉汝血。援斧斫庠。應手仆。衆驚。二子橫斧揮其衆。大呼曰。去去。毋當我刀也。皆卻立不敢動。兩斧並下。庠遂死。於是四顧拱手謝曰。某無禮。倉卒乃驚父老。兄弟挾斧緩步出。翌日詣縣自陳狀。有司義之。免其弟。頌繫孝子於獄。康熙十一年四月某日也。後一年。上官竟脫孝子罪。遂去為浮屠。易其名。曰光空。（見汪琬堯峰集。）

曲園居士曰。太倉陸世儀桴亭集。有丹陽二孝子記。亦即此事。惟黃國相為王國相。虞庠為虞翔。吳音王黃不分。而庠翔又音同。未知孰是。國相妻虞氏。洪元弟福元。則可補此傳之缺。又以兩孝子報讐。為奉母臨終遺命。亦小異也。

顏中和

顏中和。本名發祥。吳之楓橋人。其父宏仁。順治初。有怨家周昌者。乘亂偕其黨十餘人。誘宏仁閉空舍中。殺之。而棄其首。已顏氏得道旁屍。驗之良是。屢購其首。無有也。及物色殺者主名。知其為昌。連控之於官。不得直。於是宏仁有長子孟和。次則中和。中和年甫十三。痛其父被殺。嘗取析薪斧出礪之。復束稿草如人形。書昌姓名其上。以試斧。如是者數矣。鄰里知者。數易中和。以此為穉子戲耳。即昌聞之。頗心動。然亦未暇備也。逾三年。中和懷斧竊告其母曰。兒將往復父讐。母大駭。搖手止之曰。昌無籍有膂力。汝弱小。何能為。慎勿自速死也。中和奮衣出門不顧。是日直昌市中。中和陰尾之行。昌不知也。行稍前。遽自後揮斧中昌首。昌首流血被面。昌方左右顧。又斧之。而會其母趣孟和走視弟。孟和趨至。昌已死。兄弟乃相率號於衆曰。盍偕我詣官首罪乎。衆知其言。既至縣庭。中和與孟和爭自承殺人。官不能決。衆從旁分別言之。始下中和於獄。其母蒲伏往視之。且哭且撫其背曰。騃兒。豈不聞殺人者死。顧欲以父子兩命易人一命耶。中和怡然曰。父讐得復。死不憾。其明年。巡按御史錄囚。遂釋中和。而周昌前所與共殺宏仁者十餘人。後先皆病死。臨死時。皆言顏泰如守我。徧體青赤色。若有擊者。或又言泰如幸緩我。泰如者。宏仁別字也。不期年。十餘人無一在者。而中和至今亡恙。汪子曰。顏氏聚居楓橋市中。其先有佩韋者。中和之從祖父也。明天啟中。與衆共訴周忠介公冤。毆殺錦衣衛所遣官校。被法死。佩韋以義。今中和以孝。皆卓卓有立。顏氏信多賢哉。見汪琬堯峯集。

耕者王清臣

天啟初。張元度買田潁南之中村。地多桃花林。元度攜榼獨遊。見耕而歌者。徘徊疃間。聽之。皆杜詩也。遂呼與語。耕者自言王姓。清臣其名。世為潁人。舊有田。畏徭役。盡委之其族。今來為人傭耕。差自適。少曾讀書。略識字。客有遺一書於其舍者。卷無首尾。讀而愛之。故常歌。亦不詳杜甫為何人也。問能作詩乎。曰。間為之。遂留共飲。吟一詩。傾榼而去。異日。元度過其家。見舊壁背煤字漫滅。乃燒細枝為筆。所書皆所為詩。經亂。不知所終。見劉體仁文集。

潁州匠

萬曆末年。詹公懋舉。爲潁監州。召一匠入。公方彈琴。匠立戶外。矯首畫指。若議其善否。公問知其能。使之彈。匠即據坐。鼓前曲。詹大驚異。問所自。匠曰。家在西門外。往見賀新者入城。則易酒而出。擔頭常囊此。因請解而諦視。及聞其聲。心復甘悅。遂往來受學。公贈之金。不受。曰匠。賤工也。受匠之直而已。詹公時時邀之入。更學其法。匠曰。公琴皆下林。匠有琴。即賀新者所貽。今獻公。果良琴也。如是久之。人終不知匠爲監州揖客。見劉體仁文集。

王廣文

王孝子名廣文。台州黃巖甯溪人。農家子也。其父王興。就母夏氏。生子三人。孝子居其長。康熙乙卯秋。大兵恢復黃巖。其母幷兩弟。爲披甲所掠。歸于杭州南新橋營中。孝子年十七。乞食尋省。識其所在。計所以贖母與弟者。靡厥貲。乃用利錐穿其喉。貫以鐵索而鎖之。羸胲露胸。沿街募化。血淋淋滿頭項。聞見者酸心銷骨。競爲醵貲。而解其鎖。奈主者高其售。三解而三穿之。舊瘡再合而再創。痛哭顛連。至不能進飲食。一日。藩臬閫諸宰官。羣過而遇于途。廉其狀。共相嗟歎。須臾得六十金。持至營。缺兌者尚三金有七。執不放。孝子仰天長號。絶而復蘇。營中有義兵者。不知姓名。自解腰中橐。如數給之。孝子乃得偕其母與弟而歸。（見洪若臯南沙文集。）

徐元英

徐元英。字華國。吳江人也。少貧。與二弟仲季分田。仲曰。季田腴。必易之。相爭不決。華國謂仲曰。我田亦腴。可畀汝。毋與季易。於是兄弟以和。有富家欲以女妻之。華國曰。非吾姻也。及吳氏庚帖至。不發緘照於日中。識其姓。曰此吾妻矣。遂娶之。生三子。長卯。次崧。次艮。華國曰。吾惟一子爾。卯艮果殤。惟崧成立。人怪而問之。曰。君預知妻姓吳氏。惟有一子。何也。華國曰。吾昔夢神人使吏與我一牒。有文曰。室吳氏。年終四十三。子兩耳佳。兩耳一人也。天定之矣。及病革。家人請禱。不許。曰。命乃在天。何以禱爲。遂卒。年四十三。（見唐甄圃亭集。）

王都閫嫁難女

龍眠王公家裕。以都閫守常德衛。事多惠政。軍民信之。康熙二十一年夏。偶至廠中。別門有老漁伺于外。公謂其獻魚也。呼之。乃前跪曰。民前日捕魚荒洲。聞呼救聲。望之乃一女子。縛覆舟上。急往解其縛。飲以湯。徐問之。乃曰。妾本南甯張氏士人女。年十八。避亂山谷。大兵克滇。搜獲。欲肆辱。妾翦髮毀容。堅拒獲免。猶百計窘苦周防。求死不得。師旋。從馬上縛來。及登舟。復縛之舟尾。次桃源白馬渡。風逆舟覆。橫浮水面。人盡沒。妾獨以繫在尾。出水上。不死。流至此三日矣。翁若再遲至。寒餓死矣。今遇翁。實再生我。旋解身中所餘簪珥見貽。民不受。女曰。既活我。盍携至翁家。徐寄信父母來迎。當有厚報。民云。我非望報。但生涯一葉。草廬半間。置汝其中。人必猜。報官詰治。則汝我皆受累矣。女曰。翁慮既不可。抑思善良有力之家。可轉送收養乎。民曰。人難深信。非畏累。即計財貪色。倘以為側室。或轉鬻求利。是我負汝矣。今守常衛王公。君子也。好行其德。必能全汝。女首肯。故民夫婦同載以來。民先詣治前。不得通。因伺於此。果得見公。亦此女之緣也。王公立命家人迎至。則端潔婉好。雖久在兵馬中。閨範凝然。問之。以遭亂故。猶未字。公乃與夫人命女拜為父母。而手持十金。出給漁者。漁曰。民今年七十餘。夫婦二人。并無子女。一簑一笠。終老煙波足矣。初不望報于後。何用知姓名為。終不肯言而去。王公既畜女同己出。又數因人寄信其家。卒無人至。心念女薦長。欲為擇配。會有貴州武舉原籍常衛人周名臣侯者。來常祀祖。晉謁王公。見其年少倜儻。即意屬焉。叩之尚未婚。及他日再來。遂留飲。同坐有趙某者。周中表兄也。公以意語之。趙驚曰。此殆天緣矣。乃言周於數月前。夢授職歸。拜香夫堂。都不見一切神位。惟小屏上硃書一天字。入內拜其尊屬。則見一女子。持紅絲侍側。飲食甚盛。同飲者為王公玉。相與劇醉。讀史通至東漢秦嘉妻小傳而寤。次日以夢告。我等羣相賀。謂授官必得上缺。授後當有締姻之喜。豈知先有此遇。而我公之姓。又適符所夢耶。語罷。又一友驚呼曰。王姓非應在公。乃我也。我固姓王字公玉。天其令我作合哉。蓋此友自岳陽來。公雖與久遊。亦不知其字公玉。周就視公玉。貌與夢中無二。乃拜求執柯。王公欣然報允。以女歸臣僕云。王公施德於不相知之人。張女以九死全其身。卒得正聘。漁人救女於死亡中。引見王公。而先後無所取。皆可以風矣。見李念慈谷口山房集。

劉梅塢

劉僖字武功。晚號梅塢先生。蜀之某邑人。登崇禎壬子科賢書。就天官試。得州大夫秩。授滇建水。建水為臨安郡附郭首州。臨守缺。公以司馬攝府事。會所屬阿迷州土酋沙定州襲破省城。遣勁兵還攻臨安。公竭力捍禦。凡三晝夜。城中土弁內應。不克守。公預以少子付鄉人王之蓋。令急去。遂與妻楊氏何氏。率家人大小告天。北面拜畢。以序就縊。一時署中同赴義者。男女二十六人。公因喜曰。闔室得死所矣。遂自於堂棟之中位投繯。氣將盡。而寇猝至。刃絶其繩。爭抱而灌之。逾時乃甦。寇相謂曰。公胡自苦。主帥素服公廉威。令城下勿驚公家。今胡闔室至此。各解所縊者二十六人。皆已絶。不復生。公瞪目大罵。以首觸刃鋒。血流被面。復前奪寇所執刀。欲殺賊。賊怒遂反接之。置空室中。次日拔營去。郡民號泣奔視。傳呼劉父幸尚在。公曰。吾守此土而不能禦寇。致寇内變。躏入吾室中。且盡死義。吾不幸獨生。雖符印完。庫俱無恙。今百姓仍奉我約束。縱朝廷聞而寬我。我何以對諸父老。又何以對室中就義之二十有六人耶。屢覓死。左右護之甚謹。公乘間封印綬遁去。隱姓名於石屏山中。旋落髮披緇。深入雲龍山。獨自往還。童子亦莫知所適。第時見衣袖爲淚漬濕。亦竟不輒言。朔望或於峯頂北望拜號哭失聲。如是者一年。忽危坐禪榻。數日足不履地。但飲水合許。亦不言病。一日忽跏趺坐。口占一絶句云。風雨正迷津。南天仗劍人。此身應已度。花老故園春。吟畢而逝。時戊子年五月某日。見姚文燮無異堂集。

吕雲奇

吕孝吾名雲奇。字石英。太倉沙頭人。少有至性。談古忠孝事。悲憤激壯。髮上衝。嘗裸立冰雪中。氣勃勃，厲聲詈久，狗勿。賣東青出師二表。必反覆流涕。日手方正學、于忠肅、楊忠愍集。心慕其為人。往往中夜起，立長嘯，聲悽愴如鶴唳。乙酉七月，清兵時突至。奇與父偕匿叢薄中。兵得其父，欲加刃。奇跳身出，乞父命。兵不聽。奇環抱，乞代死。父子皆被殺。及死，奇猶垂首著父胸，若吮乳狀。見者悲之。妻龔氏與奇同志操。倉猝殮其舅。棺柎皆盡禮。夫次之。曰：此我夫志也。及夫殮，引刀斷一指，血淋漓，悶撲地。徐拾燒爐中，曰：我誓死如此指。左右皆泣下。州守白公旌其門，曰節孝雙奇。（見黃與堅願學齋集。）

徐三瘓腳

徐三瘓腳。瀛之野民也。世業農。未嘗知書識字。少時獨知不喜奉釋氏。閭有釋氏至門，持椎逐之。覯於塗，必毒詈之，曰：懶奴懶奴。及長，因疽疔瘓其腳。故以瘓腳渾其名。行三。人皆曰三瘓腳。值明之末，耳聞紛紛起義。泣對其父曰：我家胡不起義。父曰：痴兒子。我鄉人也，而安於農。起義胡為。瘓腳大蠢其父，曰：懦夫懦夫。疾走村學究所，問忠義二字書法。學究寫二字與之。歸即裂白布一幅，照前點畫，大書二字於中。明日揭竿標諸宅前。父知之，驚墜於牀下。裂布折竿，大唾其面，曰：我一家幾死於爾也。瘓腳氣懣，襆被卧於牀，日無言。喚之起，不應。與之食，傾於側。積五日。母探之，瘓腳已僵矣。告其父曰。痴子胡以死。啟其牀。五日之飯。粒粒猶在。見沈寓白華莊藏稿。

采薇子

國初續溪之嶺北。有宿於路亭者。拾枯枝。摭野菜。入沙罐煮食之。鶉衣百結。間入書館作字題詩。詩不可解。而字甚工。自署曰采薇子。見汪有典文集。

一壺先生

一壺先生者。不知何許人也。衣破衣。戴角巾。佯狂自放。好飲酒。每行。以酒一壺自隨。故人稱之曰一壺先生。知之者。飲以酒。即留宿其家。間一讀書。欷歔流涕而罷。不能竟讀也。嘗往來登萊間。與即墨黄生、萊陽李生善。然先生對此兩生。每瞠目無語。輒曰。行酒來。余為汝痛飲。叩之。不答。康熙二十一年。去即墨久矣。忽又來居僧舍。每夜半即放聲哭。閱數日。自縊死。年垂七十矣。見汪有典文集。

朱長源

朱長源。大興諸生。乙酉夏。豫王下江南。郡縣推長源起義兵。敗被執。隸正黄旗。僦宣府人姜納吾居。性佞佛。王賜以婦人。輒辭不受。掌科楊某死於難。夫人華。隨德姬隊王嘗以賜人。夫人薙髮以距。王既賢長源。滋欲賜以婦。遣入德姬院。恣所擇。長源既聞楊夫人墮是院也。遂弗辭。見裹佛巾者。知其楊夫人。大言曰。予大興故殉難巡撫朱之馮子也。若道裝。予亦道裝。大興達毘陵。程易與耳。毘陵者。夫人故里也。夫人知其非常人。亦弗辭。長源以夫人歸姜家。向夕。夫人叩長源曰。君脫難入於危。哀難人否。長源曰。為全夫人節。非特哀之而已。是時姜納吾伏童奴數輩。偵兩人。而長源據椅誦佛。燭且盡。聲益高。至曉不輟。納吾異之。抵夜。復令童奴以班伺。長源誦如初。三夕伺之。又復如初。納吾晨興。盥洗更衣。候門啟。抱長源足。叩頭呼活佛。徐曰。君既不近婦人。何贅疣此一受為長源曰。此搢紳婦。吾非欲妻之。欲完若璧以歸。恐機洩。弗果吾願。故且同室。然非誦佛。無以明心。不意為君偵得。幸為我諱。毋敗機事也。納吾曰。君義動鬼神。毋復夕夕苦君。為治別室。遣老姬侍楊夫人。久之。聞於王。王愈益賢長源。召長源曰。君誠異人。吾為公合浮屠尖。趣長源令夫人具書達毘陵。以其母與弟來。王資送之。還平江。夫人歸踰年。長源示微疾。跏趺而化。見汪有典文集

楚壯士

楚壯士。年未二十。質[illegible]然。甚弱也。甲申秋。奉母來避亂金陵。或問其姓。曰我楚人也。姓楚耳。問其名。曰我壯士也。名壯士耳。家貧。不能事生業。時乞食市上。以養母。市上

人笑其顛。壯士亦笑曰。我顛也。冬十月。京營大閱。士卒擾攘。馳射擊技。直葦兒戲耳。閱畢。士卒奔散。壯士鼓掌大笑。笑罷大哭。哭罷走入場。場中列石鼓二。各重四五百斤。挈而疊之。雙手挾二石鼓走場中。周數匝。還分列。再走堂上。取架上刀。可六七十斤重。提走場中。盤舞。舞罷又大哭。哭罷又大笑。有言於馬士英者。召之。或曰。可得之以養母也。壯士笑曰。國賊耳。將取其血以淬吾刃。或曰。不如因之。壯士笑曰。既事之。何可刃為。亡去。後母死。或勸之走淮徐。謁督師。以貧故。不能往。乙酉春。興城伯趙某募勇敢。潛應募。頃又匿去。江東張國維者。起授戎政尚書。建節開府金陵。壯士欣然來謁轅門。有偉男子鬚眉戟豎。繡服錦幘。佩刀。坐轅門。主謁。壯士敝衣冠。足蹋蹀破革舄。揖偉男子而進。偉男子顧而笑曰。是積然者。奚謁焉。壯士奮起。取壁上勁弓二。並握一開。二弓俱折。見者莫不驚羨。偉男子竟不與晉謁。至日晡。壯士忽發大哭。取所折弓弦。疾走去。次日有人云。功臣廟樹底。壯士以弓弦自縊死。見何絜晴江閣集。

奇奴

康熙甲子秋。皇帝避暑塞外。有人衣短後。無冠。跪道旁呼萬歲。上聞。止輦問之。對曰。條奏時務十二事。上覽其奏而未半也。問若何人。對曰。臣比部郎中某甲家奴也。上怒曰。是爾所宜言耶。杖而流諸關外。監行伍伯路問曰。若何爲者。朝中人林立。少若言耶。奴仰天歎曰。吾爲人奴。雖勞苦不廢書。見今世務宜言甚多。意頗望臺省。或此月不言。必他月也。久之無聞焉。又謂今年不言。或明年。至明年復然。自今以往。不可復待。故迫而爲此耳。創甚不能行。未出關而沒。伍伯還京師。告人如此。馮子聞之流涕曰。嗟乎。奴人者不言。適爲人奴者言耶。皇帝仁聖。固能虛己納諫者。特不欲以一奴辱朝廷。輕當世士。其尊貴有位君子何等也。是奴。奴其身而儒其行。眞奇奴也已。

見馮景解舂集。

田鈍庵

田鈍庵名世亨。字子貞。鈍庵者。則以生平所往。多與利反。故用之以爲號也。先世以武功。爲睢陽衛指揮。父時暢。中崇禎辛未進士。爲盩厔令。鈍庵幼而失怙。復不見慈於母。家業飄零。一切人世易致之事。至鈍庵而所謀輒左。布政使邱公茂華。盩厔公同年友也。檄州守徵鈍庵狀州守多方延致。至則親具湯沐。更衣磬折。備主人禮。鈍庵私念曰。以往衣食。不復足慮矣。既而曰。邱公得毋以此去乎。坐未定。邱公左官之問累至。曲周李公。繼來臬豫。鈍庵以年家子上謁。李公存恤周至。許援其子入庠。入爭為賀鈍庵曰。命乎命乎。曾當有變。已而學使者以遷去歸德。遂不果試。鈍庵每出雖晴則曰是必雨。人皆笑之。已而果雨。每訪人近村。則曰是必不遇。人且不謂然也。已而果不遇。持錢入市。則曰是必不得所需。人猶疑其未可知。已而所求之物果告匱。久之。人始共信曰。鈍庵拂逆之遭。讖如所言。非誕也。見田蘭芳逸德軒集。

曲園居士曰。此等人古亦有之。太平廣記引異苑云。有人姓劉。人若與之言。必遭禍難。惟一士謂無此理。劉聞之。忻然而往。自說被謗。君能見明。答云。世人雷同。何足卹。須臾火發。資蓄服玩蕩盡。於是舉世號為鵂鶹。脫遇諸塗。皆閉車走馬。掩耳奔避。又引獨異志云。淮南有居客盧嬰。氣質文學俱為郡中絕人。悉以盧三郎呼之。但甚奇蹇。若在羣衆中。主人必有橫禍。或小兒墮井并幼女入火。時元伯和為郡守。始至愛其材氣。特開中堂設宴。衆客咸集。伯和戲問左右。小兒墮井乎。曰否。小兒入火乎。曰否。伯和謂坐客曰。衆君不勝故也。是日軍吏圍宅。擒伯和棄市。此二人視鈍庵更甚矣。

丁公子

丁公子之出亡也。乘一驢而去。念四方無能匿我者。惟故客某食於吾家久。今往依之。必能庇我。遂疾驅而抵其家。相見輒流涕。匿公子於其內。曰。姑深藏。吾入縣察之。翌日還。謂公子曰。吾家村落耳。不足隱公子。縣中某家可居也。乃與公子徒步而詣縣。中途。公子倦不能行。客忽瞋目怒罵曰。汝猶恃汝勢力耶。吾今送汝于官矣。汝不行。吾笞汝。公子大恐。伏而泣曰。公在吾家久。事急相投。公乃作此態耶。客不聽。忽一樵者負薪至。客呼曰。此丁公子也。其與我執而送於官。樵者曰。丁不丁。何與吾事。吾市我薪耳。客曰。痴奴。汝薪值幾何。獲丁公子。有重賞。吾與若公之。樵者曰。信如公言乎。恐有誤。客曰。吾在渠家多年矣。朝夕讌集。熟且久。不誤也。樵者倚杖而問公子曰。汝識此人乎。公子涕泣不能言。但曰唯唯。樵者色忽變。鬚張髮上指。舉杖擊客首仆地。遂斃之。謂公子曰。去。吾亦逝矣。問其姓名。不答而去。見鄭廉柳下堂集。

曲園居士曰。丁公子不知何人。明史丁汝夔嘉靖中為兵部尚書。以俺答入寇斬於市。妻流三千里。子戍鐵嶺。所謂丁公子者。殆即汝夔之子歟。

錢一本

錢一本字國端。武進人。世稱啟新先生。明萬曆癸未年進士。除江西廬陵令。擢御史。按西粵。會鄆傳建儲改期。抗章不避。觸諱。又疏論輔臣罪十條。疏俱留中。明年。逮孟給諫養浩。杖闕下。株連一本。削籍為民。其學凡經史濂洛關閩書。無不窺。而尤深於易。居家凡二十六年。一日。忽謝友人之鄉營治兆域。以寄寓通客自誌啟土。得宋紹熙錢。背復鐫一元字。臆之。當是紹熙元年。其年為庚戌。以日易月。是歲九月為庚戌。因作詩。有庚戌年逢未易逢。今年九月便相從之句。已歸。果九月庚戌卒。人皆以為讀易前知云。見陳玉璂學文堂集。

薈蕞編卷一終

清　曲園居士纂

沈應奎

沈應奎。字伯和。號湛源。常州武進人。爲人矜氣節。然諾不苟。喜急人難。有絶人力。置鐵簡自隨。意有不平。輒執簡起舞。光上下閃閃。颯拉有聲。舉萬曆乙酉孝廉。公車經費縣山中。與山人舁入古廟。少年數輩扛巨木榰其門。應奎睨而笑曰。是須數輩乎。揎袖平舉之。一少年指神前石鼎曰。能舉是乎。應奎挈之。行數十步復置故處。少年舌吐不能合。應奎曰。吾所至嘗欲陰求天下士。爾等不足爲也。拂衣去。河間邸舍有騾食人。觀者環列不敢救。應奎怒曰。奈何縱獸食人。持鐵簡奔入。三撲三避之。又撲簡入目尺許。乃仆。其人已失半面。伏地狂號。望應奎猶作叩頭狀。應奎少時。經鄉之陳渡里。土人家方產牛數月。力猛如虎。人稍近。輒被嚙。土人家釜甑罌缶之屬。皆無完器。屋且折其兩角。厭苦無如何。應奎瞋目久之。躍身跨牛背。牛奔十里許。應奎攀道旁古樹。并力以兩足夾牛起。懸牛於空。有頃。復榰之樹。從容而下。曳其牛。仍乘之歸其家。蓋其好奇矜氣力類如此。盧孔禮者。交河義士也。路遇不平。毆其人立斃。繫獄論死。父老衆語。道旁太息。應奎聞之。立詣縣。語令曰。方今倭躪朝鮮。交河輪蹄四接。盜賊白晝劫行旅。公何不以誤殺貰之。俾部署少年。守閭里。卒有事可致死力於君。毋徒殺壯士。令因釋孔禮。而語之曰。非吾釋君也。吳中沈某實救之。及應奎下第。復經交河。孔禮同子弟輩伏道左。迎歸。妻女治餐餅上食。兒子持土瓿出沽酒。而里中羣少年。聞沈公來。皆至其家。叉手代孔禮稱謝。又三四少年。持尊酒炙鷄至。願與沈公共飲。應奎狂飲大醉。持簡起舞。談説古今壯勇義烈事。激昂流涕。羣少年皆仰天叩頭。誓為沈公死。孔禮再拜把酒曰。孔禮與諸凡弟。既以身許公。公如有事。當率五百人裹糧服矢以待命。惟公之所使之。應奎後官刑部主事。出知汀州。税監高寀播虐。將由汀入粵。應奎大書榜示直達會城曰。税監將入海從倭。抵汀境。太守當領吏民擊殺之。寀聞。屏氣不敢經汀。尋以繼母病。棄官歸。復起南光禄寺少卿。以東林削籍。年七十餘卒。夫椒山人曰。光禄負絶人之力。又得壯士五百人。悉以身許。卒不得用以死。及光禄死。而天下且大亂。思得如光禄者。而不可得。豈非天哉。（見陳玉璂椒峰集）

吳嘉紀

吳處士名嘉紀。字賓賢。一字野人。泰州人。家州之安豐場。地濱海斥鹵。居人煮鹽為業。性剽悍喜鬬。遇凶歲。即起為盜。平居無事。口吻憤怨。輒殺人。處士獨以溫然儒者。居其鄉。初事科舉。後遂棄去。閉門窮居蓬蒿土室。名所居。曰陋軒。終日把一卷苦吟自娛。晚年善病。或并日一食。不以告人。里人未知也。近海多暴風疾雨。水湧數丈。處士廬舍淹汙。每歲水至。常及半扉。井竈盡塌。苦吟不輟。其為詩。工為嚴冷危苦之詞。所撰今樂府。尤悽急幽奧。近代嚴棲之作。鮮有過之者。周櫟園。王阮亭兩公。雅重之。有陋軒詩若干卷。版行於世。見汪懋麟百尺梧桐閣集。

孫默

孫處士名默。字無言。人無識不識。皆稱無言。因以字行。休甯人。遊於揚州。居一椽。從一奴。白衣青鞋。蔬食而水飲。鄉人多大估。居積於揚。競尚居室衣服飲食伎樂。處士望見。輒搖手閉目去。見通人大儒。即折節願交。而於寒人畸士。工文能詩。或書畫方伎。有一長。必委曲稱說。令其名著。而伎售於時也。然後快。以故四方知名及伎能之士。多歸之。朝一客至。即叩諸聞人之名。曰某某來。暮一客至。又叩之不倦。處士長身高足。深目朗眉。被服甚古。見其遇風日。以扇障面。疾行衢巷。或躑躅霜雪泥淖。知必四方客至。而處士為之來叩也。見即出卷帙。闊袖中纍纍。曰。此某某作也。如是者。自壯至老如一日。不事生產。終其身於交友文字中。未嘗涉毫髮私。死之日。猶欲斂罰。理四方友朋書疏。授其子。其重交好文固如此。（見汪懋麟百尺梧桐閣集。）

申自然

申自然。松江人。故明博士弟子。豐於財。明亡。自然棄制舉業。散家財結客。欲有所為。未發。謀洩。有司捕得之。同坐者六七百人。皆論斬。自然已押西市矣。忽有從衆中易之者。雖自然亦不自知其故也。於是自然得亡去。既亡抵家。而其家人七十二人。以自然為必死。皆先期縊死。自然之妻孕。既懸於梁。而胎隕。犬守之。鄰人之犬欲噉其胎者。守犬輒鬬殺之。凡殺犬者四。而此犬之力竭。亦死。自然既坐法亡匿。家人又盡死。孑身奔走天下。然善畫。以此餬其口。轉徙至徐之沛縣。有陳昭大者。其叔任沛縣教諭。昭大從之。見自然之畫於準提庵壁間。善之。叩之菴僧而識自然。性嗜酒。必極醉。醉則歌呼之聲不絕。至學為犬吠而後已。昭大詢之。不答。至踰年。然後泫然告昭大曰。往者吾婦死於縊。而胎隕。鄰人之犬爭噉之者。吾之犬輒殺之。凡殺四犬。而吾之犬亦死。吾每念之痛心。故醉而為犬吠也。吾家貴賤七十二人。無一生者。吾嘗赴西市矣。忽有易吾於衆中者。而吾不知脫我於死者之為誰也。吾於明時。為博士弟子。不忍故主之亡。破產結客。今雖家破身亡。不悔。吾名自然。則自然之不必叩吾之名諱也。吾為松人。則松人之不必悉吾之里邑也。然後昭大乃知自然之為人。後自杭州貽昭大書曰。吾之友陷大獄。得三十金可免死。吾賣畫於杭城。幾得半矣。將之金陵脫吾友於獄。則還就子。以遂終老約。久之自然所謀脫獄者。竟論死。自然亦於是日扼吭死。見儲方慶文集。

李篠甫

李篠甫名日燦。福建安溪人。以諸生高等貢入太學。能文章。有幹畧。安溪在萬山中。與永春、德化二邑接壤。巖谷深險。箐篁叢篠。盜賊之窟其間者。官司咸莫能詰。順治乙未丙申間。海宇輯寧未久。所在賊依險以居。率掠人。索厚賂。篠甫有弟携妻孥居山堡。一日賊至。弟及弟婦、與其從子女十二人。為賊所獲。篠甫徒步入賊營。以情告懇。更慷慨陳禍福。賊感動。將盡反其家人子弟。有阻之者。乃止。會得間。篠甫弟婦及一從子得出。十人者終無還理。篠甫練鄉兵謀劫得之。賊所居地名摩頂峰。三面皆可攀援而升。置邏卒戍守。惟山後絕壁峭立。非猿猱不能至。賊不為備。篠甫募得樵采二十人。由山後蟻附而上。令人截一大竹筩吹之。如篳篥聲。振林木。篠甫則身率鄉兵。自山下鼓噪。天將明。雨驟集。泉聲澒洞。氛霧瀰漫溪谷。咫尺不辨人。賊出不意。大驚。相奔觸逃走。葆甫遂挈其弟及一從子以歸。然尚有八人在賊中。賊恚恨。糾合餘黨及三縣之脅從者萬人。日夜挑戰。葆甫冒矢石攻殺。五月餘。所破砦以數十計。葆甫兵嘗不滿百。一日立營柵方定。軍中無糧。先遣五十人運糧城中。僅留四十人守柵。賊聞之。率其衆八百掩至。咸相顧失色。或勸堅壁勿戰。葆甫曰不可。賊驟來此必知吾虛實。以數百人攻一空柵。吾必盡矣。不如先迎之。與一決。四十人者分為二隊。以二十人守柵。二十人迎賊。隔溪水而陣。相距五步許。賊列礮百餘齊發。人皆倚樹間避之。賊礮窮。渡溪水徑前格鬬。二十人反舉礮擊之。中其渠帥。再發。仆其驫賊。驚亂。葆甫益麾兵合守柵二十人前進。格殺數百人。相枕籍死者無算。賊宵遁。葆甫直追至其所。還秀才蕭某謂曰。君家賊山下。賊動靜。必知之。君第為我言。李葆甫安溪男子。誓不與若曹共生。盍早出決戰。毋自逃匿山谷間為也。秀才具以告。賊懼。偽許還其家口。而縲縶如故。蕭聰失信於葆甫。率其族人子弟。與葆甫合兵破賊壘。盡奪其子弟八人者以歸。賊之魁某某。走至漳州請降。於是三縣山寇悉平。有司上其功。將不次擢用。而賊某降於大帥者。為讎所殺。賊黨恨葆甫刺骨。誣以同謀殺人。欲深丈入。蓧甫罪事雖得白。其功亦竟未敘錄云。見徐乾學憺園集。

吳伯宗尋弟

吳伯宗。山西稷山縣民。弱歲喪父母。兩弟俱幼相依。一日其少者忽失去。伯宗訪求數年未得。其次者忽又失去。伯宗哀切不能已。遠近尋覓。稍有音問。則以負販為名。不憚千里。庶幾得之。後其少者得之都中。為高姓人僕。高遇之頗厚。且感其兄之義。謂之曰。吾為子善撫以待。子訪求次弟有行。來時可并歸也。時已微聞其次之信。乃在甯古塔將軍所部下。甯古塔者。北去遼陽盛京尚數千里。爛胛失明。墮指裂膚之地。國家所以處罪人也。伯宗慨然與季別曰。吾得仲則偕返。不返則并吾之妻子屬予矣。至則其弟果在。赴將軍訟之。使部下將領質焉。中間伯宗忽躍起不跪。將領怒而扑之。血被面。伯宗徐曰。民非敢與官抗。適見略吾弟者。奴吾弟者。皆王法不宥之人也。美衣帽。平立官側。民兄弟良家子。為奸人誘掠。萬里投命。官不急明其冤而以罪因相待。是以不服。將領意悟。白將軍歸之。自出關至入。歷三時。其在甯古塔。正冬月節候極寒。足凍盡見骨。兄弟相扶。數日行冰雪中。僵仆幾不能起。嗚呼。其懇勤可書也。見李光地榕村集。

黃廷璽尋兄

黃梨洲有萬里尋兄記曰。義六世祖小雷府君。諱璽。字廷璽。兄弟六人。長伯震。商於外。踰十年不歸。府君魂祈夢請。卜之瓊茅蚌殼之間。茫然不得影響。作而曰。吾兄不過在域內。吾兄可至。吾何獨不可至乎。躡屩出門。鄉黨阻之曰。汝不知兄之所在。東西南北。從何處尋起。府君曰。吾兄商也。商之所在必通都大邑。吾盡歷通都大邑。必得兄矣。於是裂紙數千。繕寫其兄里系年貌。為零丁。所過之處。輒榜之宮觀街市間。冀兄或見之。即兄不見。而知兄者或見之也。經行萬里。三山獠洞。八角蠻陬。蹤跡殆徧。卒無所遇。府君禱之衡山。夢有人誦沈緜盜賊際。狼狽江漢行者。覺而以為不祥。還。士人占之。士人曰。此杜少陵舂陵行中句也。舂陵今之道州。君入道州。定知消息。府君遂至道州。榜徨訪問。音塵不接。一日奏廁。置傘路旁。伯震過之。見傘而心動曰。此吾鄉之傘也。循其柄而視之。有字一行曰。姚江黃廷璽記。伯震方驚駭未決。府君出而相視。若夢寐。慟哭失聲。道路觀者亦太息泣下。時伯震已有田園妻子於道州。府君卒挽之而歸。（見黃宗羲南雷文約。）

三烈、

濰陽于生。携其妻館穀於益都劉氏。生弱冠。恂恂雅飭。妻新婚纔踰歲。修潔明靚。常愛豔妝。書舍去濰陽近百里。抵秋。婦思歸甯。劉以道茀。懼多莽伏。尼之。婦兒女子情。不聽。愈欲往。計即往。當縞服避暴客。婦豔妝一如平時。生妻各跨一驢。與劉家一僕持梃行。不數里。秫田中忽呼哨聲。五六賊露刃出。生跳而逸。伏數步外以伺。賊急持婦。僕奮梃擊之。賊叢刃焉。遂斃。婦大呼曰。吾父吾夫。皆諸生。義豈為賊奴所辱。以手抉賊面。血濺衣襟。生聞之。奮而前。徒手搏賊。遂遇害。賊恨甚。乃支解婦。糜其體。詰旦。劉氏聞行路藉藉。往視之。收殘屍具棺衾瘞焉。其父老諸生。來會葬歸。痛哭以死。踰年。流寇陷京師。賊羣糾為大盜。與一女巫言。戕婦時。截雙足歸。置簷間。已乾腊。取而玩之。碧纈緗絢。色澤黯淡矣。慘哉。婦死於夫。夫報婦死。僕為劉氏僕。亦奮梃鬭死。使三人者。幸而膺國家之任。卒有非常。勢必扼吭決脰以報君父無難也。于生名陞。字霞舉。婦夏氏。僕名三傑。見安致遠安靜子集

劉公言

劉先生諱公言。字德白。父瑜。世襲青州左衛指揮僉事。先生其仲子也。生有異徵。少為文章。空明駘蕩。一洗程式熟爛之習。乃數踏省門。不見收。輒謝去舉子業。專肆力

於詩古文詞。汲古之餘。旁及方術諸家。而尤邃於星命之書。以人始生年月日所值星辰。推人壽夭貴賤。不失豪髮。留川韓允嘉。累困鎖院。先生謂其一生科祿。皆會於戌。當於是年得舉。人以戌非鄉試期疑之。迨順治三年。山左再開省闈。實為丙戌。韓果舉於鄉。及戊戌。始成進士。其信而有徵。皆此類。自推命數年六十當死。但不至藥裹糾纏。牀蓐淹頓。差異世人耳。歲在辛卯年數適符。老妻借舂鄰家。先生閉門獨坐。及啟扉。先生死矣。先生詩最富。所著五行之書。亦數種鏤版行世者。惟投老吟一卷。斗數九辨一册而已。見張貞文集。

王次泉

世祖章皇帝討平僭逆。撫有九有。惟天命既去於有明。喪厥師。凡陵寢所在。敕護視如故。尤哀懷宗之志而憫其亡也。嘗祭於其陵。而為文以告之。于時民間始稍稍言懷宗梓宮在殯時事。初闖賊之禍。帝后既崩。以車一乘載以出東門外。棺以柳木。置道旁。久之。僞符下昌平令葬。而不給於見錢。時皆僞官。無有為意者。于是有十人者痛哭相與出家財。啟懷宗故妃田氏之墓以葬。既掤。復痛哭各散去。十人者既不自言於官。而世亦無有跡之者。康熙十有四年。有王生潄者。狀其父之行曰。方僞符下州州藏無一錢。請於府。府若弗知也。復下之州。州官吏益怠。吾父聞。則日夜泣謁九人者。各傾其資產。得錢三百有五十千。為請於官。迎梓宮而合之于妃墓。凡畚鍤斥復之事。吾父無不親也。又曰。墓中有殿翼然者二。後殿則妃棺在焉。梓宮既下。帝居中。后居左。而易妃其右。梓宮無槨。以妃之槨承之。后與妃竟不及槨也。于是始知十人者。有王君。而其九人。則生亦忘之矣。王君諱政行。號次泉。世居昌平之福會里。祖父皆業農。不仕。君當崇禎末。官守備。顧瞻天下。慨然曰。非我所能也。遂棄官歸居鄉。樂善好施。自甲申後。益自屏跡。然聞人窮急。輒救助之。歲饑。全活人無算。嗚呼。如君之行。皆可書也。（見韓菼有懷堂集）

顧繩詒

明仁壽令顧公。諱繩詒。字敬承。故大司馬少保公。諱其志之仲子也。崇禎庚午舉鄉薦。是科得人最盛。榜首楊公廷樞。外如張公溥、陳公子龍、鄭公敷教、盛公王贊諸賢。皆宿負譽望。時論翕然。一日大會於虎邱。諸賢畢集。言論風采。各各自得。酒酣。楊公離席起。大聲揚觶而言曰。吾兄弟中有能為方正學楊椒山其人者。卒此爵。楊公蓋自謂。眾亦共目之。顧公應聲起。端拱趨出曰。小弟能為。引爵一飲而盡。一坐大驚。公生平豈弟多智、詼諧滑稽、嘗一言傾其坐人、人皆解頤、指之曰。此後物。非龍逢比干也。及崇禎末。公官成都之仁壽令。獻賊破蜀。據會城。以公循吏得民心。因遣人招公。公慷慨指天。誓不辱。即馳馬入學宮。縊而死。嗚呼。公之言讖矣。此甲申七月事也。見徐枋居易堂集。

傅鼎卿

臨朐傅國。字鼎卿。第後授通許令。有善政。升部郎。督餉違左。不如法。削籍歸。築室亂山中。置書萬卷。自號雲黃山人。以石為門。鐫雲黃山人。自序文其上。望之如阡墓間綽楔云。內置一樓。顏曰凝道。以木為複道。直通寢室。外築土為牆垣。僅與眉齊。每春和出遊。必朱衣進賢冠。肩輿。撤去襜帷。其女先適平壽張氏。貧不能具嫁裝。乃迎歸。大為治篋珥衣服。具鼓樂。擇吉日。令其壻復行親迎禮。其任誕多類此。見安致遠安靜子集。

吳野翁

吳野翁。名光。字與嚴。江南武進人。自為野翁傳以見志。其略云。野翁無姓氏。問其年。亦不記甲子。性不喜城市。雖居城市。胸中自謂有邱壑也。故自號曰野翁。翁為人少可而多怪。落落然寡所諧於世。然又平易近人。雖樵夫牧豎。相對歡然。未嘗有忤於物。少讀書。每厭章句。得古人大意。使爾欣然。晚年。一切度置高閣。編茅插籬於中田桑柘之間。十畝閑閑。將終身焉。不復問人間世。亦不復知有人間世。人或謂翁胼胝之業。田家亦以此爲苦。而翁獨甘之。無乃不近人情乎。翁笑曰。吾自樂此。不爲疲也。作苦之餘。把壺自傾。舉杯邀月。不覺歌呼嗚嗚。而翁從未嘗以詩酒問世。世亦未嘗以詩酒多翁。翁所最適意者。荆扉晝掩。閒居靜坐。曰吾於今日猶能置身羲皇以上。標枝野鹿。庶幾未遠。翁自號曰野翁。人亦因而稱之曰野翁野翁云。（見李容二曲集。）

陸周明

陸周明名宇爀。鄞縣人也。少與錢司馬肅樂讀書。慷慨有大志。以好事盡其家産。室中所有。惟草薦敗絮及故書數百卷。及卒。家中整頓其室。得布囊於亂書之下。發之。則人頭也。其弟春明識其面。奉之而泣曰。此故少司馬篤庵王公頭也。初司馬兵敗。梟頭於甬之城闉。周明思收葬之。每徘徊其下。一日。見暗中有叩首而去者。跡之。入破屋。周明曰。子何人。其人曰。漁人也。周明曰。子必有異。無爲吾隱。其人曰。余毛明山曾以卒伍事司馬。周明相與流涕。而詣江子雲。計所以收其頭。江子雲者。故與周明讀書錢公之將也。失勢家居。會中秋競渡。游人雜沓。子雲盛裝攜刀。從十餘人。登城遊戲。至頭所。問守卒曰。孰戴此頭也者。卒以司馬對。子雲佯怒曰。嘻。吾怨家也。亦有是日乎。拔刃擊之。繩斷墜地。周明。明山已豫立城下。方是時。龍舟譟甚。人無回面易視者。周明以身蔽明山。拾頭雜稠人而去。周明得頭。祀之書室。蓋十二年矣。至是而舂明始瘞之。（見黄宗羲南雷文約）

雲夢山人

雲夢山人孫斯億。字兆孺。華容人也。生而慧且美。未齔。以疹眇。七歲能賦詩。年十四。補弟子員。聲稱籍甚。久之。上書督學。棄巾襴。冠垂陽巾。渡江如淮。覽京口三山。歷姑蘇。汎錢塘。徘徊會稽天目之間。返憩金陵。歷豫章。再遊京師。日與世外人交。不袖一刺。還訪鹿門。登參山。南謁衡岳。東入郢。北遊蘇門百泉。嵩高。所至徧覽名勝。慷慨懷古。長嘯高歌。詩人莫之測也。於時若王元美、汪伯玉諸公。靡不倒屣延致山人。山人傲然無所屈。意有所適。往往不謝去。浪遊數十年。未嘗以私干人。山人曰。吾五十年來。雙履所歷天下郡國十之五。所探名山水十之七。所交賢豪大夫士十之九。今其休乎。遂歸里。入元石山中。頹然自放以終。遠近問字之士日無虛席。天下無知不知。咸稱雲夢山人。山人殆古詩人之狂者也。（見嚴首昇瀨園詩文集）

申子純

申氏自按察公天益以下，世有文筆。子純者，按察之孫也。甫周晬，母顧病殁，子純啞啞悲啼，人以為嬰兒故然。及臨殯，號泣不休，始知其為孺子慕也。父異之，乃名之曰孝。十六歲，補博士弟子。父嘗病癰幾殆，子純朝夕吮其毒，穢惡之氣浸淫臟腑，遂悶絕。恍惚至上帝所，帝曰：以汝孝，特生汝父，賜之青冰。乃蹶然醒，嘔出毒涎數升許。父喜曰：吾名爾孝，不虛矣。見宋長孺憑虛小集

竇成

竇成，蜀人，桐城守將廖應登之小卒也。應登以川兵三千防桐。崇禎辛巳，流賊張獻忠盤居六皖山中，數出攻破城邑，惟桐城不下。賊攻之益急，應登輕騎出，請救於廬州道。出舒城，方解鞍飯，賊騎突至，劫之去，因挾還桐城，使誘降。是時桐城受圍久，糧且盡，守者皆倦，有異心。賊知之，命應登擇卒中能言，為營中素信者，使招諭城兵。廖舉成，許之。賊夾以精兵二人，加利刃其頸，迫至城下。成紿曰：曷爾覓處，使守城兵得見我面，我好與語。既見城上兵，大呼曰：我竇成也。主將為賊劫回，逼我招汝等降，幸堅守城，勿生異志。賊中甚苦，西門掘地道穿城，今掘皆遇石，不能穿；且糧盡，火藥盡。賊本無多，餘皆烏合，無能為也。城中宜速請救兵。我拚死報汝城中人知。賊急以

利刃破其腦。且破且號。至死號不絕。城上人望見之。皆焚香叩首。守城官亦望而拜。迨斬割既盡。乃止。相與哭泣設主。即日建祠祀之。賊旋解圍去。(見錢澄之田間文集)

陳朗生

陳朗生名昉。樅陽人。孕十四月而生。少負奇氣。岸傲。習舉子業。非其好也。既試有司不得志。益務博覽。飲酒自適。意於詩。好李長吉、徐文長於文。喜李卓吾諸書。然亦隨其意興涉獵而已。不竟讀也。喜為詩。多自撰造。不入常格。宅故倚山。山石磽确。塊然壓宅而踞其左。君毅欲鑿去之。鑿十三年。而塊然者悉破除。鏟平半壁削立。因其方廣。構軒曰石舫。內供魯仲連、李太白、元次山、黃山谷、王文成五先生。山谷則相傳宅後山為其讀書臺。要無所據。其四先生出處學術。固不同。不知君何取而合供之一室也。自石舫循半壁上。有屋如巢。曰舫閣。閣中見江及江南諸山色焉。閣後為浣齋。以課子。而江以益廣。山以益近。君每憑檻顧望而大樂之。而君之家以罄矣。顧好客。客益盛。時時置酒石舫。召妓佐客觴。流連日夕。皆當產稱貸為之。以是益貧。崇禎壬午秋。流寇奄至。君方飲於下市。酒酣。或告曰賊至矣。則大罵。賊至。始奔回。家人業已避賊先去。君被執。至義津橋。使負擔。不勝。砍之仆地死。猶背刺十四創。砍未殊。賊去復甦。自顧頸血滿地成塊。撮而哭之。復賊至。佯死。有二小賊見之曰。此血黑。寃血也。又視之曰。陳先生也。試喚之。若能欬。猶可以活。因連喚陳先生。君微欬。喜曰。可救矣。為合其頸。取汗污氈帽燒灰傅之。上下縛定。扶起。捧其首。擁以行。行至楊老媼家。以所掠簪珥絲枲雜物給之。屬其善視陳先生也。媼視惟謹。已稍愈。拜歸。卒不知二小賊為誰氏子。既至家。故居盡燬。瓦礫滿地。即其地遽廬卧焉。是時賊去。諸子避賊返。朝夕不給。孺人出行汲。於水際得金數鋌以歸。皆黝色。似甫出土者。君死之間所從來具以告。命諸子隨孺人俱往。復得若干。於是諸子於瓦礫中梧鼎炊餅。日鬻錢數千。食飲以足。益求醫藥調治。創漸合。平復如常。噫嘻。君死而不死。乃重活四十餘年。更於廢址次第結搆。稍復舊觀。斯以異矣。人謂君性怪癖。故遘奇禍。其死而不死。則以君平生熱腸好施得報也。君嘗見有人被誣為賊者。其人實非賊。須賣婦償所失。乃得免。君慨然解囊如其數償之。婦得不去。同里生負博錢。謬以他故告急予君。君方鬻產。餘三十金。即持付之。皖人范生。於通市遏糴時犯禁。為市人裸擊幾斃。君以歸。為衣襦食飲之。事解。乃令去。其急人難如此。然君非有心要人感激。值其血性偶動則為之。亦不常為也。樅陽故有上下市橋以通。相傳橋有怪。日落輒出魅人。君嘗飲下市大醉。夜半逃席歸。叩門。家人見其獨也。大驚問之。曰。一老人提燭送我來。徧覓無有。是時市門已閉久矣。又有請乩於陶氏宅者。方縱筆。忽停曰。陳朗生過門。是人狂生。且俟其去。又一日醉卧。鄰人請乩仙至。自書姓名。則陳朗生也。由此觀之。君不畏鬼神。乃爲鬼神所畏。又復遊戲鬼神之間。豈非狂者哉。晚年貧益甚。諸子養必以酒。得酒瓶。挂樹枝上。往來過其下。輒就樹飲。醉拾敗葉破瓷片。書所得句。吟數過棄去。以爲常。改革後。禿頂服古衣冠。久之冠服敝甚。白髮鬖鬖。望見相識。即引去。紙窗堊壁上。徧書爲天下真逍遥叟。得世間大自在人。袁中郎詩句也。死年八十一。臨終自爲墓志。只數語云。平生所嗜。山水詩酒。風月閒靜而已。治亂何有哉。又自爲石舫喪制。誡子孫不得用世俗禮。親書銘旌。題爲閒翁石舫老人之柩。見錢澄之田間文集。

劉泰齋

劉若宜。字宜之。號泰齋。皖之潛山人。故明兵部職方司主事。甲申國變。公遯跡浣花庵。雜染爲僧。賊物色得之。縶至營。會賊敗。倉皇西奔。遂得逸。改革後歸皖。故與公同譜者多列當道。交相薦辟。皆不就。謝以詩曰。山僧久卸朝天路。只整威儀拜法王。自是閉門却掃。絕跡不入城市。作不入城說。託詞於老貧病。不欲以高尚爲名也。室如斗大。客至。促膝而坐。僅一傖僮。晝謀生於市。則自擎茶進客。終歲不窺門。門外委土成培塿。高數尺許。送客出。則相與攜手一至其上。以是為登眺云。自為靜室銘曰。六尺地。半間屋。靜則有餘。動則不足。不為鋪。尊為幕。冬無甚寒。夏無甚燠。常冥心時閉目。不出户庭。直遊造物。皆實錄也。見錢澄之田間文集。

周光綬

崇禎十年丁丑。永新周孝子以刲股死。邑侯閔公。命諸生採事實以聞。諸生具狀上言。孝子名光綬。字弱生。為邑博士弟子。幼有至性。父宏謨。負才以老。抑鬱善怒。輩是或非其過。綬怡然不敢懟。父寢疾浹年。綬晝夜調藥餌。坐卧牀側。再拜向醫者乞方。醫知其不治。謬曰。人肉可療也。綬信為然。刲股肉。熟而獻之。負痛傷筋。憊甚。寢於別室。父急呼綬兒安在。綬恐傷父心。聞命踴躍。蹶而來。血淋漓不止。頃之。父病篤。綬憂痛不能起。遂先其父三日死。當刲股時。父初不知為子肉。食之頗快。綬喜。復刲其左臂。家人覺。爭奪其刃。竟以此為憾云。見賀貽孫水田居士集。

髯俠

髯俠者。武昌舟子。不告人鄉里姓名。髯長尺許。分五髭。甚美。人呼為美髯艄公。目光如炬。獨操一舟。往來吳越間。崇禎時。楚黃陳大巖者有文名。訪友於金陵。僦得髯舟。見髯貌怪之。既登舟。鼓棹如飛。暮宿。見水牛十餘頭。浴於江。方泊處。髯以左右手各持一牛蹄。擲岸上。如披鼠雛。數擲而盡。其行止隨地。不擇地而泊。每至孤洲荒嶼。急難迅流。留連而止。大巖患之。髯曰。吾舟所至。海倭所不敢犯。陽侯所不能怒也。君何怯焉。每過壇廟。輒詬責鬼神。叱咤不休。忽大巖見舟尾幔內有二八女郎。嫻雅似士族子。益怪之。而未敢言。一日。曉起遙望。風吹酒帘。有惠泉字。顧謂髯。而能為我市酒乎。髯曰。諾。即索百錢去。大巖起招女郎問曰。汝誰家人。胡從髯游。髯何人耶。試私語我。我能脫汝。女泫然曰。妾杭人。從父官於粵西。及歸。舟次湘潭。盜夜劫舟。殺妾父母一家十人。投於江。欲掠妾去。俄頃髯從他舟至。揮刀殺盜。十餘人無有脫者。妾叩頭請死。髯曰。吾非盜。乃為汝殺盜者。今汝父母讎已報。吾將訪汝兄弟而歸焉。脫無所歸。當為汝擇佳壻。吾義不污汝。汝勿怖吾也。遂令妾入彼舟。髯獨宿篷上。風雨雷霆無所避。所往來四五人。相與入蛟宮探虎穴。得虎蛟肉。為脯佐酒。四五人切切私語。不知所語云何。但見哭笑無端。或登山而觀天象。歸舟不樂。取酒大醉。醉復大哭。妾不知為何如人也。語畢。髯持酒脯至。大巖迎拜曰。吾有目不識異人。遂相與共飲。飲酣。髯曰萍水相逢一言為驗可乎君雖有文無科甲相無子以兄子為嗣兄子亦無祿也大巖拜祈曰貴賤命也得一子承祧窮約所甘心焉翁曰無能為也忽蹶然起曰君有子矣吾舟處女有福相知君喪偶可配為繼室此女當生五男以君相貊止得一男今日良吉吾為君成之即呼女郎更衣取酒合巹成禮悉以前盜所刦千金歸焉大巖既婚思歸翁舁一人自挽舟送至九江縣辭曰天下將大亂君其入山自愛吾亦從此逝矣大巖夫婦牽袂苦邀之不可絕袂覆舟而去不知所之其後大巖所嗣兄子果夭所娶舟中女果產五男前四子殤惟季子存見賀詒孫水田居士集

雪裘

僧雪裘不知何方人亦不自言姓名國變後所過題壁稱雪裘子遂呼之為雪裘雪裘不誦經不持戒瓢笠蕭然獨行踽踽於江楚閩越間意氣豪上詼諧笑傲旁若無人有贈以錢布者盡以沽酒飲必極醉醉必大罵罵已必撫胸慟哭所寓多在村市與近市儒生樽酒談文終日不倦及拂其枕席則皆淚痕也好為七言詩搜奇抉奥好用險韻僻事見者驚為椒獲而雪裘全不經意醉後走筆頃刻數十首有如宿搆所遊之地詩必盈囊臨去則捲為大束以付酒家曰與爾覆甕其詩不知所感何事

所指何人。但見其悲酸沈痛。如猩啼如猿號。如怒濤崩石。如淒風慘雨。知為英雄失路。無可奈何之詞也。至雲陽。訪劉安于於舊宦某中丞家。值其衆飲。安于挽之共飲。巨觥屢進。竟不與主人交一言。酒罷。忽指堂上所懸壽軸。熟視主人曰。誰撰此文。妄以忠孝許君。君亦儼然妄受。顏何厚也。主人以安于故。忍恚佯笑曰。長老醉矣。遂辭去。入益陽。抵郭天門先生家。先生一見。即抱頸共哭。促膝細語。語罷。相持又哭。留連三月。贈以金。令遊衡岳下武當。自是江楚間無復雪蓑杖履矣。郭氏子弟問郭先生。雪蓑何人。先生默不應。再問。強答曰。雲間陳卧子。其故友也。吳人戴翁。客永新。自言識雪蓑。揚州興化人。姓李名仕魁。崇禎壬午舉人。魯王監國時。受翰林院官。（見賀貽孫水田居士集）

吳鐏庵

吳鐏庵名璪。字滌元。歙人也。與伯兄珍魯。俱太學生。席產豐饒。風雅擅文學。多購古書畫。唐宋以來名蹟。及商周秦漢彝鼎尊匜圭璧之屬。兄弟鑒賞籩豆之閒。雖鼎革之際。燕如也。乙亥寇亂。伯珍魯。罹于難。先是族有無賴子。驁獷負勇力。號千觔者。嘗有憾于伯。陰附寇。寇至。村里咸空舍以避。君趣伯避。伯謂烏合。尋撲滅耳。而意殊戀戀書畫器玩。不能舍。屬君攜其孥以行。而身自守廬。不虞千觔之媾於賊也。至則盡掠室中。毀器玩。殺伯。焚其廬而去。君號哭返。乃殯伯灰燼中。訴之有司。誓必報。及賊平。千觔逸去。君乃衣短衣。躡屩重繭。偕一二邏卒。徧大江南北不得。乃北濟河。憔悴旁皇。面無人色。有識之者憐之。告曰。爾仇在沭陽。君則趨沭陽。遇族子尚本。尚本者。幼為伯所厚。知仇所在。憤曰。我願執兵以陪。顧夫夫勇不易縶也。君曰奈何。曰有六人。可與俱。六人者。嘗因亂殺人。亡命江淮間。為驅使。予習之。於是相與見六人。而告之故。六人弗許。君出橐中金。人畀之五十。泣以請。六人曰。譬弋焉。吾羅之。汝繳之。譬獵焉。吾穽之。汝牲之。六人者乃佯謁千觔。與納交。千觔不疑也。一日。六人飲千觔酒。酒酣。猝起乘之。千觔驚而仆。急抽刀斲中。弗及。猶踣蹴人。六人者縲縛之。以授君。竟去弗顧。君告沭陽令。請繫之獄。沭陽令曰。仇耶寇耶。繳之人。吾何越俎焉。君怒。尚本謂曰。不早自決。徒生得失耳。何怒為。遂夜半手刃。凡所以戕伯狀。悉償之。焚香酹酒。呼凡魂而哭。告成事。千觔垂死。臂縛皆斷。見吳肅公街南文集。

汪渢

汪渢。錢塘人。字魏美。初為諸生。試輙高等。文奇恣汪洋。頃刻數千言。未嘗懷刺一見當事。與人落落。性不好聲華。時人號曰汪冷。年二十二。中崇禎己卯舉人。未聘婦。里富人欲女女以千金。灦不許。而錢太守以女字之。既成禮。灦從容謂錢氏曰。吾本寒儒。得連姻貴室。所望知禮義。孝事姑嫜。和妯娌足矣。侈簪珥綺繡之飾。毋庸也。錢氏於是去服飾。屏侍婢。以疏布親操作。乙酉。灦執友大行陸培。自經死。灦私為文祭之。一慟幾絕。內嫺欲彊灦試禮部。出千金。視灦妻曰。能勸夫子駕。則畀汝。對曰。吾夫子不可勸。吾亦不受此金也。當事或割俸金為灦壽。不得卻。坎而埋之。里貴人請墓銘。百金。拒弗許。自是嘗出游。之天台。居石梁左右。反河渚。徙孤山。之匡廬黃山白岳。所至與異人高士游。晚好道。能數日不食飲。有授黃白術者。試之驗。尋棄去。教以驅役鬼神。亦驗而棄之。年四十八卒。灦病痰咳五月餘。一日。晨起視日曰。可矣。命子林蓮具紙筆。自書五歲詩十句。投筆就寢而逝。詩曰。大化無停軌。道術久殊轍。住世守頑形。問塗猶未徹。至人本神運。可會不可說。冰泮水還清。雲開月方潔。一旦破樊籠。逍遙從此别。見魏禧叔子集。

薈蕞編卷二終

清　曲園居士纂

俞節孝

俞塞字吾體。號無患。婺源人。性孝友。好讀書。遇有得。顧影獨笑。坐達旦忘寐。肌膚柴立。嘗曰。使我為伊周難。為孔顏易。或疑且怪。塞曰。士不得志。必不能為伊周。我欲為孔顏。孔顏即吾心。孰能禦之。又曰。士不知命。日趨利避害。惑也。塞往年將之邑計里。橐少錢。具饔餐。甫出門。遇道上餓夫。輒捐橐予之。已念我餓若何。未幾渴就泉飲。掬水。見遺金一銖。攫視之。適如鄉予餓夫數。塞於是得不餓。比歸。念古不拾遺金。復出友贈塞者。如數置泉側。聞者嗤塞迂。塞自信益堅。平居見理明。持論峻。方避亂信州。邂逅楚別山同畝。與塞語。奇之。同畝故江陵相國裔孫也。一日問塞先相國本末具在若史氏深文何。塞曰。世詆相國姦。過也。塞以為權相耳。然權之去姦。間不容髮。惜當日不勉為賢相。貽世口實耳。同畝默不應。居白下。窘甚。會巨猾屬所親操書幣。請塞為子弟授經。歲致脯資百金。塞目攝所親曰。若豈能以金餌俞子哉。卻不報。適妄人輩書詆塞。有友謂塞曰。是非至今日淆亂久。奈何以口舌爭脂韋。弭謗可也。塞裂皆曰。予誤矣。是非不明。故爭。爭而後。是非始明。不然。春秋是非二百四十二年。皆亂世。非治世也。塞不意予獲罪仲尼深也。友人慚沮退。塞少工戈法小楷。草書頡頏鍾王。揮毫立就。以善病。涉覽岐黃家言。輯醫易。自謂不研易理不能精醫。決諸症治奇中。儕輩雖侈稱其能。非所好也。塞以古大儒自任。恥章句學。天假之年。馴致曾閔無難。不幸年五十死。葬長干破山之南。為勒其碑曰故處士俞塞吾體之墓。同學私謚曰節孝先生。（見張自烈文集）

邱維屏

魏叔子邱維屏傳云。邱維屏。字邦士。甯都河東八禧之姊壻也。父如泰直諒好學。與先徵君為至交。故特以吾姊字邦士也。或謂邱生貧甚。君女不思啜飯處乎。徵君曰。在我耳。分僮婢田宅錢財嫁之。而邦士性不事生產。內外皆倚辦吾姊。嘗絕炊。姊屬邦士借米鄰家。久不至。使人瞷之。則袖手立塘塍上。看往來行人。姊別借米炊既熟。使人請邦士食。亦終無一言也。為人高簡率穆。讀書多元悟。生平最得意所自作時文。謂包籠三百年先輩大家之長。而別出機軸。然其所作古文。乃獨為吾黨所推。性靜嘿。與人對數日不發一言。不識者以為村老。嘗不與拱揖。有問之者。日夜言娓娓不倦。至爭辯事理。輒高聲氣湧。面發赤。頷下筋暴起如箸。嘗與予爭辯時文體製及繼統者必為之子。至坐中人皆罷酒。聲震山谷。鼾睡者悉驚寤不為止。廉於財。非其義。一介不取也。志意慷慨。若揮擲千金不介意者。所居室。若斗大。牀竈雞彘雜陳。衣破敝。不能易。然人嘗迎致精舍。衣以裘緞。直著不辭。蓋視之與陋室敝衣等云。晚尤精泰西算。易數歷法。皆不假師授。冥思力索而得之。桐城方公以智。以僧服來。嘗與邦士布算。退而謂人曰。此神人也。所著易勦說易數歷書高三尺許。皆垂成未竟。他時文雖古文各百數十篇。邦士為文。深思窮力。一字不輕下。嘗數月數日不成篇。既脫稿。隨手散漫。或為鼠嚙去。或人傳覽相失。亦不自惜也。予嘗謂邦士和而介。今之柳下惠也。其不恭亦絕似之。邦士年二十三。補弟子員第一。甲申後。棄諸生服。隱翠微山中。死年六十六。見魏禧叔子集

餅庵

吳門楓江之市。有君子焉。人皆稱曰餅庵。或曰。守口如餅。取謹言之義。或曰。餅窄口而廣腹。善容物者也。餅庵幼失怙。廢學。長自力於學。好文墨士。於賢人隱君子。尤尊敬之。朋友之窮老無所歸者。曰。於我乎養生送死。於是士君子皆賢餅庵。嘗檥小舟。

問舟子曰。幾何錢。曰。若干。餅庵曰。米貴甚。如是。汝安得自活。乃增其直。故負販人亦曰餅庵盛德長者。餅庵年六十。家人將觴客。餅菴曰。吾將歸故鄉。以是費為祖宗祠墓費。吾六十善病。不於此時一拜先隴。更何待耶。於是去倡建始祖祠。修五世以上墓。拜故舊之隴而酹之。不令其子孫知。事竣。力疾游黃山而後返。識餅庵者曰。餅庵姓吳。名傳鼎。禹存其字。或曰雨岑。蓋徽之休甯人。見魏禧叔子集。

顧耕石

顧柔謙。字剛中。居蘇州之常熟縣。父龍章。府學生。早卒。家難蠭起。先世所遺資產園林書畫好玩具。以至祠墓之木皆盡。君幼。嘗同兄出門游。有數人擁之行。行乃擠墮大澤中。毋忽心動。急呼老僕往跡之。得俱不死。補弟子員。值甲申之變。君哀憤往往形詩歌。讀者悲之。君二子。長祖禹。次安世。祖禹亦棄舉子業。日侍君臥起。見君常閉門嘿坐。或竟日不食。祖禹叩頭寬譬。君乃曰。汝能終身窮餓。不思富貴乎。祖禹跪應曰能。汝能以身為機上肉。不思報復乎。祖禹復應曰能。君乃大喜曰。吾與汝偕隱耶。遂更名隱。字耕石。署其室曰伐檀。常中夜蹴祖禹起曰。汝他日得志。如舊怨何。祖禹曰。每憶幼時祖母抱兒置膝上。為言家難。及墮大澤中事。祖禹不敢忘。君曰嘻。汝何見之隘。吾家數傳以來頗盈盛。以汝祖之才。而竟中折。天也。於彼何尤。且彼敗我家者。曾有勝我乎。吾苟有力。猶當衣食而覆被之。慎無以前事為念。且夫同室之中。甯彼以非禮來。吾不可以非禮報。汝謹識之。祖禹博學善著書。甯都魏禧。客吳門。見方輿紀要奇之曰。此古今絕無而僅有之書也。見魏叔子集。

趙希乾

趙希乾字仲易。南豐河東人。幼孤。依其大母。母皆嫠婦。希乾殊有篤愛。家人嘗觀優為劇。見安安事。即用呼希乾。希乾由是小字安安。既娶婦。以不能事其姑。出之。年十七。希乾母病瘵。希乾念父之死於瘵也。心甚惶惑。詣日者卜之。日者遽瞷希乾而嘻曰。危矣。剖心其可瘳乎。聞者皆怪日者語何決至此。希乾心識日者言。歸齋沐浴。中夜起。作疏告神。書遺言付仲父及弟封識之。即取刀坐牀上。割其胸肉置几間。而是時天大風起。衝其門。希乾輒驚。為家人知之。頃之無有。希乾竊捫其心不可得。更反刀剜其胸。腸大出。心終無所取。無何。引刀斷腸數寸。內其餘。裂絮稍窒其穴。呼弟妹起。令取几上肉并腸。煮進其母。是時天既明。其仲父出見。以為希乾割股也。顧希乾血出處悶絕於牀。乃太呼。謂希乾死矣。久之而甦。此創合。希乾竟無恙。予怪希乾腸已斷不復屬。而嗽飲如恒人。求觀其胸下腸。截竹一筩置腹間。筩腰鼻皆有帶。懸繫於頸及背。承所出腸。筩既解。而腸端瀝濡濡下。如是不死。死洵不以刃刃哉。（見邱維屏邦士文集。）

彭實

彭實字茗柯。狀貌古樸如愚。平生少喜愠色。對人終日非問不答。祖志尹。阨於場屋。嘗三副鄉元。卒困窮以死。父兄力學。亦並不見於當時。以此遂絕意不令實就學。故生平未嘗從師受書。未嘗應童子試。家多藏書。私竊學焉。然資質過人。好學。通五經。博覽群書。一遍成誦。不遺一字。如洪武正韻箋。字彙小注。亦能誦其八九。邑貴冑子弟。各執一經問業。皆析義滿懷而止。為文章。極簡潔秀逸。雜小品題。其轉運結構游戲滑稽處。無一不從子長韓歐中來。以自成其為古人之文。詩自漢魏至唐宋。皆得其意。而未嘗專學。家貧。拙於治生。年三十未娶。親友斂資釀贈。始得贅潢溪龍舌村廖氏外舅予磽田五十畝。因學稼。有學稼詩。歲儉賦煩。不免凍餒。稍教授童子。取稍自給。不足則結網罟為業。有為罟詩。一襪著十年。既破不能再製。有赤脚詩。（見彭任文集。）

孝烈張公

公諱清雅。字玉楚。世居潛山縣北鄉。父純吾公。生三子。長即公。次清憲。次清寀。皆業儒。清寀死。公晝夜哭。憤以頭觸柱。遂眇左目。人咸敬之。其家在城北白玉澗之濱。距城八里。崇禎八年。獻賊焚殺北鄉。舉家遷頭塞。公力勸父避塞上。父不可。時年八十矣。公乃偕幼子超藝侍朝夕。外報賊勢急。父病將革。命公攜超藝去。公痛哭披父起。父瞋目曰。吾恨不能殺賊。同畢此命。言未訖。氣絶。猶視公。公抱父痛。幾隕復甦。超藝同僕雲滿從窖中舁棺具衣冠以歛。賊將至。滿趣公去。擗踊叱曰。吾身親身也。肉未寒而舍之去。將安歸。汝從超藝伺澗中。倘焚廬。吾以身殉。滿曰。滿年七十餘。敢惜死。願守棺。煮茶待賊。公從之。於是蹲伏梁隅。超藝匿廁舍。賊擁入。大索不得。欲開棺。滿奉茶叩頭乞免。賊將加刃。一賊曰。徐之。老僕尚知禮。一賊抽刀進逼其喉曰。出汝主。貸汝。一賊裂布拭膏。繫竿首。將舉火。滿仰屋睨公。公從梁間墮。賊大驚。斬棺。公撫棺哭。以兩手覆棺。手斷。血濺賊手。羣賊笑。賊怒。砍公仆地。超藝聞殺公。從廁旁躍出。泣求代。伏公背。賊舉刀斫其首。父子死焉。超藝死年十六。英爽不羣。賊悔而憐之。相與移棺中堂。以草覆公父子屍而去。有頃。後堂火發。滿登屋以帚漬水撲之。火滅。越三日賊去。滿泣告鄰人。乞兩棺殮主屍。長號不食死。（見王猷定四照堂集。）

李一足

李一足名夔。未詳其家世。有母及姊與弟。貌甚癯。方瞳微髭。生平不近婦人。好讀書。
尤精於易。旁及星歷醫卜之術。出嘗駕牛車。車中置一櫃。藏所著諸書。逍遥山水間。
所至人爭異之。天啟丁卯至大梁。與鄢陵韓叔夜智度交。自言其父為諸生。貧甚。稱
貸於里豪。及期。無以償。致被毆死。時一足尚幼。其母銜冤十餘年。姊適人。一足亦婚。
母召其兄弟告之。一足長號。以頭搶柱大呼。母急掩其口。不顧。奮身而出。斷一梃為
二。與弟各持。伺仇於市。不得。往其家。又不得。走郭外得之。兄弟奮擊碎其首。仇眇一
目。抉其一。祭父墓前。歸告其母。母曰。仇報禍將及。乃命弟奉母他徙。遂別去。時姊夫
為令於兗。往從之。會姊夫出。姊見之。驚曰。聞汝擊仇。仇復活。今徧跡汝。其速避。為治
裝。贈以馬。一足益恚恨。乃鐫其梃曰。没稜難砍仇人頭。遂單騎走青齊海上。見漁舟
數百泊市米。一足求載以濟。捨騎登舟。渡海至一島。名高家溝。其地延袤數十里。五
穀豐少。居民數百戶。皆蕃籍。風土淳樸。喜文。無從得師。見一足至。各率其子弟往學
焉。其地不立塾。晨令童子持一錢詣師。師書一字於掌。以教之。則童子揖而退。明日
復來。居數年。積錢盈室。辭去。附舟還青州。走狹邪。不盡日。錢盡散。終不及私。餘遼西

過三關。越晉歷甘凉。登華岳。入於楚。抵黔桂。復歷閩海吳越間。各為詩文紀遊。二十載乃反其家。仇死。所坐皆赦。母亦沒。登其墓大哭。數日不休。自此足跡徧天下。恨未入蜀。會鄢陵劉觀文除夔守。招之同下三峽。游白帝綿梓諸山。著依劉集一卷。其弟自母喪。不知所在。一日。欲寄弟以書。屬韓氏兄弟投汴之通衢。韓如其言。俄一客。衣白袷。幅巾草屨。貌與一足相似。近前揖曰。我張大羹也。兄書已得。言訖不見。辛巳李自成陷中州諸郡。韓氏兄弟避亂至泗上。見一足於塗。短褐敝屣。須髮皆白。同至玻璃泉。談笑竟日。數言天下事不可為。問所之。曰往勞山訪徐元直。韓笑之。一足正色言曰。此山一洞。風雨時披髮鼓琴。人時見之。此三國時徐庶也。約詰朝復來。竟不果。甲申後。聞一足化去。先一日徧辭戚友。告以遠行。是日鼻垂玉筋尺許。端坐而逝。袖中有周易全書一部。後數月。濟人有在京師者。見之正陽門外。又有見於趙州橋下。持梃佇立觀水。若有思者。（見王猷定四照堂集）

白衣先生

新安有隱君子。曰吳浩然。諱道配。休甯臨溪人也。當明社變革之際。徽郡烽燧四起。鄉先輩正希金公。既以孤臣誓死。而閭里豪猾鱗集。先生知其勢必終潰。與其玉石俱焚。不若潔身遁世。乃至廣山家焉。自是身被白衣。雖至市衢。未嘗變服。素不喜酒。後忽嗜之。飲輒醉。醉輒哭。識者悲其隱衷。非酒狂也。先生湛深經學。尤留心於世務。當明之季。慷慨然有所為。既以易代隱居。遂絕口不言時事。門弟子問業者。趾相錯。惟與講說經義。若及帖括體。睥睨不屑也。先生行既高。邑中遂以白衣先生稱之。識其名者。往往為之格邪悔過。謂鄭康成王彥方復出也。有司欲舉鄉飲賓。先生固卻。乃止。臨殁。戒勿立墓碣。以許平仲識得葬處之語為恥。先生介然特立之志。信可表白於後世矣。見彭定求南畇文集。

殷岳

殷岳字伯巖。先世自山西遷雞澤。父太白。仕至陝西按察副使。楊嗣昌誣以違令。當坐法。而副使以病卒。先生再疏為父乞遺骸歸。自漢中及家。京師已陷。先生遁居西山。與弟淵討賊事洩。淵被執。不屈死。永年申涵光素與先生為友。留城中。聞賊索先生。急募死士夜馳與賊戰。脫先生於難。遂渡江同游吳越。逾年乃還。吏部按籍除先生知睢甯縣事。布袍皂帽。騎驢至官舍。為政持大體。治聲甚著。涵光遺書勸之歸。先生慨然曰。我豈以一官易我友哉。遂夬請上官。投劾歸。騎驢出縣門。學官某者。送之于郊先生亟以朝參衣晝與之仍布袍皂帽還里所居鄉曰小砦草屋三間與涵光晨夕唱和甚樂也讀書必窮義理其拒異端邪說尤力知睢甯日有僧用鐵釘木室坐其內募金錢男女往膜拜先生怒欲焚之僧叩頭乞哀卒與之杖里居有祠曰三教堂塑釋迦佛像於中而孔子末坐先生過之恚甚鬻所有田改塑孔子於中俾釋迦隅坐傴僂若奉教狀既成為義學以教鄉之子弟先生產雖破意欣然自得見朱彝尊曝書亭集

戴山人

濬來戴南枝傳云戴山人易字南枝不詳其世系出處語操越音數稱說劉念臺先生及酉戌間事蓋越之遺民云來游吳門年七十餘矣蒼顏古貌幅巾方袍談論娓娓喜吟咏能作徑寸八分書先師徐俟齋性行高峻平居闔户不見一人特與山人相得稱老友先師欲自營葬地以告山人山人曰堪輿家言人人殊且君無力延致吾祖明此術當為君求之先師沒僅一嫠婦一孫孫饘粥不繼謀葬於祖塋而族人不可山人曰某業為俟齋任此事不得地一日不了於是棄絕百事買小舟徧歷諸村舟所不至徒步跋涉高山荒谷無不窮探風餐水宿無間寒暑經年乃得地於鄧

尉之西真如塢，價須三十餘金，無所出。來先以十金成券，餘將徐圖之。會來有黃廬之游，山人募於人，無應者，乃矢願賣字以買地。初求山人八分書者，非其人多不應，得者必厚酬。至是榜於門，書一幅止受銀一錢，人樂購之。貲稍稍集，又相旁地當買者并買之，凡四十餘金而地畢入。來遠遊歸，驚喜過望。既得地，則葬費猶易舉。來於是力任之，親故間有助者，而先師竟葬矣。山人非有葭莩之親、簦笠之雅，徒以片言心許，不惜傾身命以踐之，豈非天下之高義哉。見潘耒遂初堂集。

費大受

費孝子名大受，字任宇，世居吳江西操里。父九湖，母陳氏。甲申乙酉間，盜寇蠭起，盜入人家，輒執其主，加楚毒焉，以求貲，或縛去施酷刑，要重賂乃免。賊至西操，孝子扶其父母以避，而父老憊，為賊所得。孝子匿其母，而奮身詣賊曰：此吾父也，老不任事，請釋之，而以我代。賊不聽，劫其父求藏金。父無以應，將兵之。孝子以身蔽父，賊怒，將刃孝子。孝子延頸受刃，賊脅之數四，終不捨父。賊亦感動，曰：真孝子也，難得難得。併其父免之。後十餘年，邑令霍勳以綽楔旌其門，將白之上官聞於朝，孝子堅讓乃已。見潘耒遂初堂集。

馬羽長

馬鳳毛。字羽長。世為揚州如皋人。前朝正德初年。南京雲南道監察御史馬繼祖。以忤劉瑾致仕。直聲震天下。先生其五世孫也。高祖孝廉公紳。祖進士公洛。復相繼以顯。德馬一族。幾幾乎甲天下。德馬者。始御史公同朝三馬。時有德馬駿馬惡馬之謠。德馬則公也。先生才氣蓬涌。頃刻數千言。周秦兩漢六朝唐宋諸書。靡所不蒐習。所為文。世或往往不解。應小試。輒蹶。嘗扼腕大言曰。大丈夫讀書慕義。以名公卿子孫。熟識古今盛衰成敗本末。何必起而為吏乎。生不為將相。得以布衣然諾。為里閈所恃。是亦足矣。四方賓客。如吳門金申之。鹽官陳則梁。俱稱莫逆交。他若丹青繪畫。方外伎藝諸人。絡繹而歸之者不絕也。性喜潔。蕭然一室。度數百卷書。日吟哦其中。審歌曲。解聲伎。歌兒舞女。一曲入微。手按其分寸。酒闌月落。猶流連其音拍而不自已。城外十五里。有一別業。曰新莊。四面花木楚楚。日焚香啜茗於其中。泊如也。年六十有六卒。卒之前一日。語其子世芑世芬曰。吾生平讀書數萬卷。今死矣。他無所愛者。其以杜子美詩六本。李義山詩二本。而殉我焉。從之。（見陳維崧湖海樓集。）

邵山人

邵山人名潛，字潛夫，揚之通州人也。生即聰敏異常兒。顧授以經生家言則恚甚，不肯讀；或授詩賦古文辭，則大喜，晝夜疾讀不輟，閒操筆為之，則大工。山人雖名家子孫，然家實貧，性又不善治生產。婦，里中小家子也，庸奴其夫，日求去。婦既去，山人貧益甚，拾椽劃薦以自給。性卞急，與人語稍牴牾，輒謾罵。食物多禁忌，閒會食，食器中有非山人所素食者，輒叱去不顧也。里中兒爭醫笑之，山人亦不樂居里中，則去而客游。居南中，為李本甯先生上客；之梁溪，則鄒彥吉先生客之；來吳中，而與王百穀稱登談詩一晝夜也。客久不得志，閒一歸通州，而屬有世變，里門蕩析，則轉徙於皐之委巷中。山人既無婦，老又無子，僅覓一里媼給晡食。室中止庋書數十卷，門無牡戶，無扊扅，或瞰之，則繩縛其樞耳。生平橐數十金，貸諸胥脯灑剤家，息子母錢以餬口，或紿之，卒不償一錢者。縣令嘗餽以金，一夕為小偷胠篋去，立盡。山人悵且恨，與客語輒詬罵不絕云。山人於周秦兩漢六朝書無不習，尤善者文選。詩則工五言古詩，精籀篆，善八分書。最攻字學，點畫不少舛。著書數十萬言，多為人取去，殘失過半。已刻者，州乘資、失儷志、邵山人詩集。（見陳維崧湖海樓集。）

吳湛

吳湛字濟明、一字又鄴。又嘗自謂匣吟子。陽羨人也。自祖父來業農。有兄四人。皆農家者流。獨湛幼卽穎慧。年十八。應邑侯校。奇之。置第一。遂補博士弟子員。家居食貧久。鬱鬱不自樂。則從其族子禮部主事吳貞啟游於粵東。粵東多佳山水。一時名士如黎孝廉遂球、陳公子喬生、梁孝廉祐逵、羅孝廉大賓。無不與訂莫逆交。暇則狎遊虛囂間。摘其風土人物。幽麗可嬉者。錄爲粵遊日記。自粵歸。遭甲申之變。上書臺使者棄其諸生。而與里中任元祥、吳帝賚諸人隱於詩酒間。自吾黨一二人外。希識其面。燕坐一室。時見其讀王陽明、龍溪兩先生書。或與之談乾竺家言。則津津不置。又好言丹鉛黃白之術。語多蟬連不可曉。然卒以死。年三十八。見陳維崧湖海樓集。

馬雲翎

馬翀字雲翎。文肅公之孫也。君就外傅。方課以識字。頗有自解其義者。不知其所由得也。稍長喜爲詩。詩頗李長吉。而多爲餐霞御風之言。嘗夜漏下三十刻不寐。卧得詩五十章。旦起疾書。題曰鶴上謠。蓋古小游仙之類也。吳大司馬留村爲縣令。知君才。拔以冠軍。每高會賦詩。必速君於坐。以誇賓客。嘗曰。吾令無所得。獨得一才子於忠臣之門。至今言之。輒自喜也。壬子舉江甯鄉試。兩試禮部。不第。當在都有欲致君門下者。使人微諷意。君謝之。作靜女吟以自寫。好陰行善。凡饑粟而寒帛。疾與藥。而死給之棺。下及鳥獸蟲魚。歲所縱放不可勝數。乃至白死獄之非其罪。與活道殣之未殊死者。其事至今多在人口。靈巖毅菴禪師一見君。爆然曰噫。此吾二十年前同參某師也。師臨寂自言當生此世。且必在江南數百里忠臣孝子之家。吾心識其言。冀一遇之久矣。乃今見君舉止性情皆類。君亦忽忽不自以為非也。後卒依毅菴禪師於邑之柏城菴。得領悟。及病。一夕索筆書曰。刀斫虛空。于吾何有。十里桃花千溪楊柳。遂卒。年三十。（見嚴繩孫瀨漁文集。）

曲園居士曰。此傳所云文肅公。乃馬公世奇也。以左庶子死甲申之難。贈禮部右侍郎。謚文忠。本朝賜謚文肅。

雪灘頭陀

雪灘頭陀者。東吳文學顧有孝茂倫也。生而長身玉立。秀出人表。自少游於陳大樽先生之門。為諸生。有聲。申酉之交。焚棄儒衣冠。與山陬海澨之客相往來。然意氣甚豪。攜觴博簺。窮日夜不休。用是業益困。而茂倫固夷然不屑也。嘗竊慨於唐人之詩選者承譌踵繆。千百年來未能洗剔。為之揚搉論次。擇其真實者。命之曰唐詩英華。

捃摭新舊唐書以及紀事藝文志。人自為傳。臚而陳之。虞山宗伯稱其不立阡陌。不樹籬棘。分曹迭奏。煥然復見唐人面目。書成。凡扶餘日出之國。無不爭購。於是茂倫詩名及於海外。然其自為詩。每矜慎不苟作。遇有分題擊鉢者。恒終日不成一字。而閒出片語。必雋永傾其坐人。人以是益推服之。至其訂證經史。左圖右史。丹黃錯互。必窮究根柢。不泛泛為漁獵故事。故名益大起。四方之士。有過松陵者。必停橈問茂倫起居。而茂倫家故貧。或不能治鮭菜。必具脫粟。與之對飯。客每欣然一飽而去。間有留者。嘗至下榻經旬。雖瓶無宿舂。而歡笑宴如。人有窮孟嘗之目。其鄭簡往返所得投贈之作。悉登梨棗。如所謂驪珠歲鄴諸集。往往不甚持擇。世或以是訾議茂倫。而要非茂倫志之所在也。晚而鬚鬢蒼然。長眉皓齒。幅巾布袍。儼如圖畫。經生執業者日益進。抉摘字句。搜討典故之餘。必為之追話前輩風流逸事。令人聽之。娓娓忘倦。先自號雪灘釣叟。雪灘故在垂虹亭畔。為少伯浮家。天隨泛宅之鄉。海內同人賦雪灘釣叟歌以贈者。盈數十百首。其臨歿也。夢陳大樽先生招之。語頗近怪。不足傳。自為遺令。屬門生勿擬私謚。親友勿作祭文。并令諸子以頭陀殮。因更號雪灘頭陀。見徐釚南州草堂集。

吳癯鶴

癯鶴先生名亮思。字幼齋。姓吳氏。廣濟東鄉石港山人也。歷試鄉闈不第。學宮餼滿。貢入春官。崇禎十三年。有詔搜才。歲貢額外。更試百人。進。先生年甫踰四十。大宗伯林公欲楫。耳先生名。且以應選。而權貴人私其子弟親戚。先生無與援。擯不與。筆下物議洶洶。先生發憤上疏。言皇上求賢適急。而臣下奉行逾緩。皇上求賢愈公。而臣下奉行逾私。上命指實覆奏。疏言臣楚人。言楚。大學士姚明恭。以其弟居恭進。兵部左侍郎王道直。以其親戚龍納箴進。背公狥私。尤為可歎。三疏言指斥逾切。閣擬吳亮思挾私妄奏。候任官日罰俸。當是時吳貢士三疏稿。郵傳徧天下。甲申京師陷。先生時客金陵。馬士英阮大鋮表裏亂政。日畫計殺東林復社諸君子。先生仰天欷歔曰。詩不云乎。人之云亡。邦國殄瘁。已矣。遂歸隱石港山。不出。客至。飲以酒。酒酣。談往時耳目所覩記事。至更闌燭跋不休。追論梃擊紅丸移宮顛末。皆歷歷指諸掌。嘗作山居謝客篇。論國家陰陽倚伏之故。而追始禍於神宗靜攝之季。後人無以易也。先生居約好飲。偶攜族子飲鄰舍。拇陣角勝負。族子醉。拉鄰人脅仆地。詰朝死。訟之官。族子逸。先生就理。掀髯談笑。若無訟然。司理潘君恚。且以先生牴會王子雲客司理所言吾老友。嘗三上疏發大臣陰事者。歸田憊矣。褐寬博。安能殺人。速平反。引為上客。茶酒內猶得聞所未聞。司理許諾。事乃解。歸而窮益甚。然吟詠不絕口。性戇不能容人過。然語及孝子順孫義士節婦。輒紀述。淋漓跌宕。不啻親見之也。有兒女適姚踰一年寡。誓守節。歸依先生石港居。寇至渡江僑居沙洲。癸未寇警。女晨起呼家人擔松柴瀕江。盥沃更衣。輿往柴團坐。及眉目火起焚死。鄉里數千人聚觀太息以為難。先生作節姑吟。邑人到今傳焉。所著有石巖子集若干卷。見金德嘉居業齋集。

牛太初

牛翁名位坤。字調均。別號太初。世居澤州高平邑。父某倜儻磊落。好賑施。一方推為長者。翁生而英穎。喜讀經史百家言。癸酉挾策試太原。會流寇起。張甚。剽鄉井。翁聞中道亟還。翼其父避南山之南。猝遇賊。翁度不獲免。策其父疾趨身故遲遲而行。委以餌盜。父得脫。翁遂被執。刃及頸者四。斷未及喉。强以肘衛項。血淋漓佯僵卧得免。寇稍戢。益發憤卒業。肆力古今文。冀一第為父歡。父尋卒。事繼母以孝聞。未幾 皇清定鼎。翁遂混迹博徒酒人里俠以興。自豪絕不復言科舉事。生平慕陳同甫為人。晚復愛孫太初。因為號。葺一亭。顏曰六宜。偃卧其中。且讀且耕且買。以餬其口。與賢豪長者語道理。衡古今事當否。人物高下。則雄談橫辯。慷慨激直。不一字少借。以故鄉先生臧否。得翁一言為輕重。里井中為不義者。不畏有司。畏翁知。翁真不愧太邱云。翁生子三。長兆撓。進士。仲兆甲。季兆鼎。皆鄉學生。方翁之脫父患于南山也。父潛匿古廟假寐。夢神賜青獅二。忽一人蒙髮濺血持而去。覺見翁來。被賊刃創甚。如夢狀。因鑿石獅子二。期翁顯。翁不顯而顯其子。人嘖嘖以為祥。見許汝霖德星堂集。

李栩

李栩字籧篨。戶部尚書精白子。潁川人也。以明經貢入太學。崇禎八年。李自成將窺潁。栩預畫戰守計。與當事者相左。栩歎曰。潁不可保矣。吾先人止二子。弟已死。吾再死。誰主先人祀。一日逸去。人不知也。已而賊屠潁。人皆謂李公子死矣。忽挾數騎從山東來。鬏葦蹤注。結束精嚴。人見之驚喜。諸避賊逃竄者。皆歸倚栩團結。栩散家財募壯士三百。親教之。無不一當百。監司謝肇元至。始奇其才。是年九月。賊東奔至洪河鋪。栩率兵截殺之。賊夜遁去。又至焦陂集。栩偵其出沒處。設伏待之。擒賊首白虎神闖塌天等。督臣朱大典。署栩潁營都司。栩謁上官。抗言曰。前賊屠潁時。吾父柩殯於火。吾妻子皆伏節死。吾誓不與賊俱生。聞者壯之。十年八月。賊左衿王等突至潁東門。栩城門不開。出謂賊曰。識我否。賊渠帥伏短牆下。駭視不敢逼。栩選健兒乘夜四面砍賊營。賊不測其所至。比曉渡河走。栩提全軍縱擊。生擒跳澗虎油葫蘆草上飛等。溺死二千餘。賊奪回男婦七百口。驢牛千餘頭。潁城獲全。捷聞。授參將。當是時。栩威名大震。賊相戒不敢犯潁。逃賊叛將。附栩無虛日。然上官請事。須賄而後報聞。否則阻不行。故栩不得盡其所為。十五年九月。栩已招降賊首袁時中。會汴梁臨時中思跳去。而狡賊李奎。恨栩前殺其黨過多。勸時中叛栩。因邀入營議事。遂害之於王老人集。潁人聞者。無不流涕。當事亦失所倚。為之氣短。栩生平喜讀書。交天下名士。每晨具數百人食。延客分飲賦詩。聲伎滿前。酣飲達旦。遇有警。即介而馳。有古豪傑風。栩雖功不成。然數年間河洛陸沈。兩淮宴如。栩之力也。雙范光陽雪堂集

曲園居士曰。據明史流賊傳。則杞縣舉人李信者。逆案尚書李精白子也。投自成。改名曰巖。說自成勿殺人。收天下心。又造迎闖王不納糧之謠。是李精白之子李信。即李巖。乃賊也。此所云李栩者。何人歟。又史云杞縣人。而此云潁川人。則亦不合。宜更考之。

東海處士

處士姓郭。名士髦。字斯士。號覺海。太倉州劉揚堡人。幼多病。年十三病愈。始就傅負笈入城。尋師而受業焉。學益進。文譽隆隆起。而省試屢不利。疾復作。還居海上。編茅結廬。朝夕海潮聲與誦讀聲相應和。意自得也。甲申之變。妻孥避居他所。獨偕其父守舊廬。見舍傍池水汪洋。指而歎曰。此余死所也。一夕披衣起。見月光滿地。潛啟戶而出。欲自沈於水。適其父睡醒。驚呼曰。大郎早起何之乎。因遷延復返。蓋處士之欲以身殉。而隱忍不決者。徒以親故也。及移朝改朔。舊居屯兵。無所歸。遂寄居苗涇時家業蕩盡。以授徒自給。未幾父亡。自此無意人間事矣。年六十五卒。弟瀨。婦未遇亂避兵海南。望見兵至。恐被辱。遂赴海死。後見夢於瀨曰。上帝見憐。已得為水神矣。附著之。亦見處士之家風其清貞義烈萃於一門也。見唐孫華文集。

孫頴庵

孫頴庵。名和鼎。字九實。頴庵其別號。中丞火東公長子也。中丞以援勤兵譁見法。國論惜之。先生痛父以忠勞勤王事。死非其罪。比晉王裒之傷其父儀而又奉中丞遺教以伍員為父讐君之為非。孫憤鬱塞贖眂須冤。蓋無一日釋懷抱也。中丞知兵。乃其天稟。而又精於西術。凡衝堅陷陣。制勝設伏。遣間用諜。運若神鬼。至於繕城垣。製器械。咄嗟辦治。人莫窺其際。以書生贊軍事起家。歷職至登萊巡撫。所在有顯功。爲勢家所嫉忌者所撓。功罪不白。齎志以歿。所著水一方人集。其生平英謀勝算。及所歷勞績。略見此書。而卷帙繁重。先生撮舉要領。以子美出師未捷身先死。常使英雄淚滿襟。分十四卷。纂言紀事。以類相從。枯坐水亭。足不踰閾。稿凡數易。年未及耆。病轖結以死。既彌留。呼其子。不及他事。惟以先集不得行世爲憾。中丞死忠。先生死孝。蓋亦不忝前人者已。見趙俞維寒亭集。

曲園居士曰。明史莊烈帝紀。五年春正月。孔有德陷登州。巡撫都御史孫元化副使宋光蘭等被執。尋縱還。秋七月己未。孫元化棄市。此所云中丞。即其人也。登州之陷。咎由元化。安得云死非其罪。趙蒙泉乃孫氏之壻。故有曲筆耳。若頤菴者。固不失爲孝子。

二俞

義興之賢。有窮而無告以死者。曰俞紱。字佩兮。其弟曰綰。字又申。佩兮之爲人也。仁而明。強而正。早孤。事母孝。撫待又申甚有恩。又申外若疏簡。內井井有條理。事佩兮不爲貌承。中心恭謹甚。佩兮能知人。人賢不賢。一見決。事始萌芽。曰。後當如何。成敗利鈍。無不驗者。又申於人少可。世俗事不屑意。然善清言。詼嘲微中。此其所長也。凡弟並喜讀書。治舉子業。並有名。佩兮弱冠補博士弟子員。愈自奮。念厥先高曾祖。故明時相繼為達官。今門户中落。不一奮。無以答前人。晝夜刻勵。不問家有無。日用不足。促家人鬻產以給。曰無溷我。又申稍試不利。年未及壯。盡束去制舉文字。自城邑徙居洞山。師蔣偉莘人。學為詩。三年盡得其法。帶經抱史。行吟高歌。督家僮治田圃甚勤。盛夏日卓午。戴一笠巡行畔閒。呼咤指揮。汗注如雨。神色弗倦。山居十餘年。壬子歲。遘疾幾斃。秋稼被畝。螟食其心。公祖私用無所出。鬻產以給。當是時佩兮終已不得志。鬻產幾盡。二人自此困於饑寒矣。又申病中受氣訣。病起。益喜養生家言。終日鍵户默坐。廣衆對容。忽閉目無語。求如曩時詼諧嘯歌。邈不可得。佩兮既窮困。縱飲自放。遇事憤懣。飲輒倍蓰。頹然大醉。醉則忘其所之。一日以某事不平。呼酒盡醉。踉蹌夜走。誤入萬山中。虎聲四起。撼蹋山谷。始畏怖。步履如飛。神以火導之。抵山麓居民家。乃免。距所飲地六十里矣。佩兮病且死。呼又申謂曰。吾墓勿題茂才。稱醉鄉老人足矣。又申如其言。不數年。又申亦死。年五十。並不盈佩兮。無子。論曰。余與二俞子交最深。知其人之為賢也。佩兮嚴于臨財。非其應得。一介不取。晚節極貧。守之彌堅。不賢而能之乎。又申既熟神仙方士之說。冠箬冠著道士服。日以出家為念。緣佩分病。不果行。及卒。周身附棺以及葬埋。匃貸自盡。不從茍簡。事兄若此。不可謂不賢也。觀人於大且難者。大且難者然。斯無不然矣。見備欣在陸草堂集。

薈蕞編卷三終

薈叢編卷四

清　曲園居士纂

劉宏甲

劉宏甲。字天繩。單父之城南人也。父字曰具瞻。以康熙十年經歷雲南澂江府。道遠故。宏甲及其弟宏基。奉母趙氏留於家。及吳藩難作。不通問數年。寇平。道復通。宏甲與其弟。亦已先後為弟子員。乃以尋親事。請於母曰。宏基可任子職。願無以兒為念。於是以壬戌七月。攜一僕渡河。越二月。達貴州平越府。及其僕病於旅次。無何僕死。宏甲伏枕痛哭。不知所為。會居停主人王良梧者。素慷慨好義。聞哭聲。訊而心憐愛之。曰孝子也。若好將息。南行事吾將為若謀。於是良梧為營葬其僕。而宏甲病亦少差。因以言察其意曰。爾有人可共緩急。與俱之澂江者乎。良梧唯唯有間。又問曰。君以孤弱入不測新定之地。而欲求可與俱。殆非吾所知。可知獨有吾耳。宏甲感極而泣。因以酒酹道路之神。約為兄弟。離平越而去。是時越州土寇起。城鎮戒嚴。常露宿而幸無虞。良梧力也。又宜良縣裁軍。劫略路人。大哨坡遇數騎。持刃怒逼。良梧哀告以尋父事。賊義之。得不死。腰纏外舍衣被於地。曰汝好人。留此禦冬。而良梧所分挾金。獨以智匿得金。故可資以達澂江。然澂江經歷司已有別員。詢舊胥。始知其父往永昌數年矣。宏甲念當更行二千餘里。辭良梧。良梧曰。為德不卒。喜嘗以為惡行耳。他無可言者。及至永昌。始聞其父實在騰越州之界頭鎮。州過府治三百餘里。界頭又西行百二十里。瀘水出其東。緬甸八百媳婦皆在其北。有永昌張媼買一山居焉。而具譫為其贅壻。宏甲喜。倍道重趼至其門。疾入而呼。有長須出曰。來奚自。且何音似山東。蓋此疇昔從任之僕從也。有頃。父亦出。宏甲跽捫其足而哭。父愕然曰。子為誰。曰我子某也。乃亦撫其背而哭焉。於是問家事畢。命宏甲以諸母之禮見張氏。張故賢亦為慶勞云。乃婉言開導張意。以癸亥十月。奉親還單父。王良梧至鎮遠始別去。其籍本山西平陸。後一年來省。分以田宅。並其弟有妻子於單。成土著。以嘗與宏甲約為兄弟。不忍離也。其後具瞻卒。張氏與趙氏居甚歡。及既葬。亦以疾卒。宏甲附其柩於父。使張之義男宏兆主祀事。以昔母子之養田三百畝畫予之。見盧錫晉尚志堂集

徐仁襄

徐安世。字明倩。號仁襄。考諱廷錫。號穀我。以長子韶階貴。封中憲大夫。君齒居季。天性至孝。輕財好施。弱冠補博士弟子員。明天啟朝。魏璫用事。令其黨崔文昇來江南。

名為督漕。實則乘閒抵隙。借以排陷搢紳家。而轂我性嚴毅。素不悅於里胥。遂以官户誤漕。羅織轂我名以上。於是文昇疏入。緹騎猝至。急命縣令逮人。赴淮就質。轂我不得已。拂袖欲往。君牽衣泣曰。大人老矣。奈何遠行。且逼者魏璫柄權。擅作威福。舉朝士大夫俱橫被刑僇。官署一空。而𠈁兄居官久。為羣小所側目。大人往知必不免。兒願乞哀緹騎。請以身代。死生聽之。轂我强留之。不可。乃行。抵淮。文昇几坐堂上。詰責君堂下。君反復抗辯。不少屈。文昇怒杖君。君隨杖下斃。家人輿尸出。悲動行路。猝遇黃冠道者從東方來。熟視之曰。死者尚可生也。爰取袖中末藥。置創處。君立醒。黃冠倏不見。或者歎為神助云。文昇信君死事得解。君扶創歸。父子相抱大泣。繼復引觴大笑。由是邑中咸稱君孝子。名籍甚。厥後懷宗即位。魏璫伏誅。然國脈已大傷。君遂棄舉子業。鍵關遁世。時時以詩酒自娛。入國朝。與鄉黨二三君子唱酬往還。嘯傲山水。論者謂有陶阮風致焉。見儲放在陸草堂集。

瞿秋崖

瞿秋崖名士履。字縵雲。上海邑庠生。性孝友。父病劇。夜籲天。乞減己年。以益親算。居喪不飲酒食肉者三年。後遭母喪。亦如之。其篤於至性如此。初江南巡撫朱國治。

性殘刻。尤與士大夫為讐。命于令查逋賦者。臚列其名。以上聞。且請不重懲。無以示警。於是闔省搢紳之官於朝者。居於鄉者。或宦於四方者。自科目貢監以至諸生。其甲戶之名。有欠一兩或五錢。下至於三五釐者。無不被褫革繫囹圄。而郡邑庠中文學之士。無一二存者。秋崖之長兄青岑。時為粵西岑溪令。有政聲。而竟以逋糧幾被逮。秋崖與仲兄為臯相對泣曰。伯氏曾邀恩典。榮及父母。家之賴也。我名可黜。兄名不可玷。于是為臯代其兄下獄。秋崖盡鬻其田。代償厥逋。卒之青岑以降級免。而秋崖竟坐詿誤。其孝而能友又如此。庚子辛丑間。士之抱奇才負積學。而以此案終其身淹沒不彰者。不可勝數。而秋崖則以友愛得之。於是江東之人。無不嘖嘖。操觚之士。無不出其門。咸謂之江東夫子云。秋崖有子曰標奇。其文品一如秋崖。秋崖父子之在里門也。各館於某氏家。歲時伏臘。從館歸。父子相聚談。燭不再跋不休。及臥。不歸私室。父子必同寢。父抱子足。子抱父足。一若慈母之戀嬰孩。嬰孩之戀慈母。雖頭白未嘗有異焉者。嗚呼。孝子之後。必生孝子。於秋崖父子信之。（見張永銓閑存堂集）

張麒

張孝子名麒。字瑞徵。山陰人也。長於京師。十八歲遭闖賊之變。城陷時。孝子父楚遊未歸。急匿其母他所。旋挈其妻。賊已大入。度不免。呼妻刎其首。作復橫擊其面。鼻吻俱斷。乃去。遇賊縛之。榜格無完膚。罵不屈。紿賊登樓。自後窗踊身下。悶絕。樓下故亂石嶙。無寸隙。蘇視。石劃然開。身無損。忽一老扶杖至。二犬躍躍隨之。跪請救。老人曰。吾覓爾久矣。急去。吾救爾。言畢不見。出果免。又聞道涉海。溺焉。若有物負之出。得不死。妻被刃亦未殊。三日夜氣不絕。救之復生。終身不怨。又為夫置側室。乃前十年死。見王源居業堂集。

王將軍

王將軍名好智。其先山東新城人。遷遼東海州衛。少從戚將軍繼光游。戚甚重之。教以兵法。中萬歷某科武鄉試。歷任邊疆最久。及遼左兵興。隸島帥毛文龍麾下。年已五十餘。累功至副將將軍。為人高顴長須偉幹。沈勇多力。挽弓八鈞。揮雙鐵鞭。重斤二十有四。號王鐵鞭。後文龍以譖死。將軍懼得罪。帥壯士五百人。入海島漁獵自給。久之。聞周將軍遇吉鎮甯武關。遂往依焉。當是時李自成勢甚張。崇禎十七年正月。賊圍太原。分兵向甯武。周將軍再戰再捷。殺賊萬餘人。賊益兵來攻。戰不利。將軍時年八十。每食尚能盡一豬首二鵝。謂周將軍曰。事急矣。我與公共命殺賊。庶可退乎。

周將軍曰止。賊勢大。將不支。我且死。翁無疆場責。無祿。胡為爾。翁去矣。將軍毅然曰。吾曩不食君祿乎。今得効死報國恩幸也。且公遇我厚。我不應死報公乎。我八十矣。更何求。言罷目閃閃。慷慨奮袂推案起。周將軍壯之。相與痛飲。披甲上馬。時大風起。沙飛晝晦。周將軍出南門當賊鋒。將軍由北門出。為奇兵橫擊之。賊列陣十餘里。將軍揮鞭大呼競入。賊披靡。殺數百人。顧賊衆。與周將軍勢分。不能合。或傳周將軍被圍。則深入救之。不知所在。出則又入。賊大驚曰。此老將銳不可當。難與敵。乃選善射者千人。環射之。麾下士俱盡。將軍力不支。遂死。周將軍血戰兩日夜。殺賊數千人。力竭被執。大罵不屈。賊磔之。夫人劉氏率內丁巷戰。亦殺賊無算。被磔。與將軍三首同懸市上。見者流涕。將軍一僕曰王印。匍匐亂屍中。尋將軍不見。見一馬死草澤閒。泥沒腹。箭集身如蝟。鐵鞭一。倚鞍立。則將軍之馬與鞭也。印大哭。即馬傍求之。得一臂一束帶。臂有誌。識之曰。此將軍臂也。遂以帶繫鐵鞭負之。奉其臂與將軍之孫永命。招魂而葬之。（見王源居業堂集）

曲園居士曰。周忠武死甯武關。事跡甚著。而王將軍事無知者。不可不表而出之也。俗傳周忠武為亂箭射死。殆即由王將軍事而訛

秦舍人

秦舍人敬傳，字公麟，京師人。勇敢多智畧，人有急，則毅然出為排解，力護持之。孫某者，布政使子，舍人妹壻也，夙無行，與舍人有隙。闖賊陷都城，孫為賊獲，索金十萬，縲其臘。孫謬曰：吾有金數萬，匿內兄秦生所，得秦，金即得。賊果縶舍人，舍人至，見孫鞭轉哀號，睛突出寸許。遽呼曰：渠實有金付我，釋渠即有金。賊喜，釋之。顧舍人曰：金安在？舍人笑曰：安所得金？賊怒曰：若適言有金，誑，寸磔矣。舍人復笑曰：非誑也，實有金，顧危城中我貧士土垣敗牖，數萬金匿何所？我蓋受而藏之百里之外，公請釋之去，身在。過十日，無以獻，鼎鑊惟公命。賊渠共十八人，方擁婦人飲酒，嘖曰：此秀才亦適爽。雖然，而公烏能待而以十日？三日可。舍人即曰：三日可。賊大喜，縱孫去，而與舍人飲酒大醉。期三日後納金無爽。舍人歸，念計無所出，惟罵賊死耳。俄道逢一賊，從百許人，呵而過，顧見舍人，大呼曰：若非秦郎耶？今將安往？視之，則故孫氏家奴，從賊為裨將者。下馬握手慰勞。舍人泣告以故。奴問十八人名，曰：此妄耶！此甚微，何得索人金。郎君無恐。即引以見一賊魁，請令往縛十八人者，悉斬之。舍人乃得脫。舍人為文縱橫奇宕，名重庠校，及鼎革，益貧，文益高。癸卯始登賢書，甲辰成進士，丁未授內閣撰文中書舍人。見王源居業堂集。

高文彩

高文彩。字奎所。京師人。初為信王書堂官。龍飛。授錦衣衛百户。晉千户。闖賊陷京師。文彩拔刀顧其子必卿曰。我布衣從龍。得至此。不能為國殺賊。一死不足報國恩。我欲全家死國。爾得無怨乎。必卿應聲。奮衣拔刀起。先自殺其妻。文彩亦殺其妻。家人大呼擾亂。闔門男女無少長皆手刃之。一孫甫數歲。乘閒匿牀下。呼之不應。其父頓足曰。惜失此兒。父子遂相向自剄。越二日。其從兄文極使人偵之。見屍骸相枕藉。驚哭。謂為賊所屠。孫聞人聲。自牀下走出。使者曰。若非某郎君耶。抱持之。哭且問故。孫具言歷歷。如成人。且曰。阿翁連呼我。我不應。我兩日未敢出。使者負之歸。文極大驚。棺殮之。父子猶手握刀不釋。見王源居業堂集。

李若連

李若連。字方山。上林苑人。崇禎元年武進士。授錦衣衛千户。掌北鎮撫司。坐失出。降秩二等。革任家居。壬午起補南鎮撫司僉書。賊犯京師。與駙馬都尉鞏永固守崇文門。城陷。歸書絕命詞于几曰。上林李若連。為官不愛錢。身名豈肯辱。清白及黃泉。冠帶縊死。後賊居其室。見絳衣人奮拳毆之。賊畏之。他徙。人謂李公為厲鬼殺賊云。見王源居業堂集。

王百户

王百户。逸其名。亦京師人。官錦衣。與庶吉士周鍾善。鍾主其家。賊圍城。百户知不可守。與鍾約同死。鍾佯許諾。城陷。百户繫兩繯於堂。酌酒謂鍾曰。此我兩人報國時也。鍾俯首默不應。百户又曰。君名重當時。死即千秋。不則不值一錢。我平日重君以君讀書稱學者。今可猶豫持兩端乎。鍾唯唯。頃之易服竊出降。百户追及門。力挽之。鍾絕帶去。百户歎曰。周鍾降賊。不唯負國。且負我。國家設科目取士。所得乃若輩。亡國宜矣。我不忍與同生。乃縊。見王源居業堂集。

陳衷壹

陳衷壹。逸其名。以字行。鳳陽諸生。幼喜兵。好奇計。岸異負大志。鄉里一男子。忽欵衷壹門。直入叩頭求赦死。衷壹叱曰。若狂耶。我初不識若何罪。我何力赦若死。男子曰。我夜夢鬼卒攫去。曰汝應死。某惶泣籲生。過一廟。卒曰。廟中神可活汝。某因。何神也曰。此汝邑陳君衷壹也。遽挾之入。而覺。言罷。復叩頭流涕。固以請。衷壹大笑。書赦汝二字擲之。曰吾赦汝。其人欣然謝去。遂無恙。衷壹由是益自負。趨撫鳳陽米大典。聞其名聘之。不能用。三上書閣部史公。亦不用。汝甯大俠劉扁子者。聚鄉勇數萬。保山砦拒賊。獨與衷壹深相結。會南都潰。扁子自盡。其衆亦散。久之衷壹不自聊。歎曰。吾不能為將相封侯。當作神仙白日超舉耳。遂棄家為道士。游五岳。徧歷九州名勝。求神仙。涉海數萬里。訪三山。西過洱海。北出嘉峪關。東北越松花江千餘里。乃神仙卒不可得。而衷壹且老。歸語人曰。神仙必可得。但未遇耳。使我壽百年。神仙豈終遠乎。衷壹後頗得延年術。服食導引。年八十餘。精力不衰。見王源居業堂集。

王大本

尉氏有王大本者。諸生也。為賊帥封伯。京師陷。大本與他賊四人共得懿安皇后。四賊不遜。大本怒曰。此一代國母。胡可干也。手刃之。懿安死而未辱。潁上葛澤生為余言。澤生字孔霖。留心當年軼事。其言足信。見王源居業堂集。

諸天祐

諸天祐。山東東昌人也。少任俠。喜交游。倜儻有大志。游關中。數年不歸。崇禎十六年。西安陷。關中望風降附。天祐率壯士十八人。入河州據之。募兵千人。欲襲西安。賊遣萬人攻之。大敗。依山結營不敢出。久之。天祐率三十騎間道出山後。偵賊。望見賊無備。乃留騎山上。令曰。我下襲之。若見賊亂。即馳下。乃單騎緩轡逼賊壘。賊初不戒。近始呵之。天祐大呼曰。我大膽諸將軍。來取賊首。躍馬繞營走。賊錯愕。爭搏之。營亂。三十騎自山上馳下。呼曰。大軍至矣。賊驚潰。天祐擒斬數十人歸。由是名震關中。十七年。賊長驅渡河。向京師。分遣偽權將軍以精兵十萬。取河州。天祐力不支。亡走山谷間。三月。賊陷京師。天祐復起兵鳳翔。凡四十二人。鐵虎頭者。嘗從總制洪承疇殺賊立功。後辭去。隱居終南山。天祐遣其將汪鳳容、柳含往請之。虎頭慨然曰。諸公以義召我。我何辭。我年幾六十。尚惜死乎。立起謁天祐。當是時。自鳳翔以北。南達漢中。西踰隴山砦。豪傑莫不暗受天祐約束。賊中亦有期內應者。俟天祐大衆集。同日起。天祐憤不能待。與虎頭等出山號招。猝遇賊步騎數千至。即前突之。斬其前鋒將。殺數十百人。初天祐在河州。嘗與賊戰。望見賊中軍大纛。挺戈突入。賊將辟易。橫刺擁纛者下馬。奪其纛馳還。賊將隨後呼曰。諸將軍。我知公天威。今奪我纛。何面目見人。幸哀憐還我纛。天祐大笑。擲與之。至是。其將適在軍中。目曰。此諸天祐也。賊大驚。益請兵圍之。天祐知事不濟。歎曰。我起兵報國。卒困於此。天也。吾當畢命此賊。馳赴之。賊圍之數重。天祐四面馳突。王某望見曰。事急矣。潰圍入。解甲授天祐。翼之出。遂各脫身走。天祐馬蹶死於陣。虎頭為賊獲。大罵不屈死。關中豪傑聞之皆流涕。見王源居業堂集。

王義士

王義士失其名。山東人。幼業農。嘗從兄耕。時多盜。兄誡曰。慎毋聲。盜聞將劫吾牛。義士方八歲。揮鞭大呼曰。賊來即殺之。兄懼走歸。義士驅牛耕達旦。鄉里皆驚異之。及長多力。善擊刺。精火攻。膽畧過人。忠誠出於天性。嘗有友遇難。託其妻。義士躡屩挽車送之歸。周旋千里。未嘗敢仰視。以是名益重。諸天祐者。秦中大俠。驍捷善戰。嘗憤逆賊猖獗。欲合義旅勤王。與義士結為兄弟。部署既定。大衆未集。時四十二人。先起於鳳翔。賊發步騎二千急擊之。鼓行而前。天祐以二十人分兩翼逆擊。斬一裨將。殺百餘人。賊大驚擾亂。退數里。復合兵環而進。矢石雨下。四十二人談笑接戰。復殺賊數百。鏖戰三日夜。賊益衆。力竭。天祐遂為賊困。圍之數重。義士大呼躍馬馳入。左手運矛。右手解甲。與天祐。天祐不受。義士曰。天下可無我。不可無公。强擐之。潰圍翼天祐出。四十人爭呼曰。王君真義士也。遂各脫身走。天祐竟以馬蹶被害。前所部署皆解散。義士痛哭曰。兄死我不欲獨生。生終必為兄報仇。乃撫其妻子。並傾橐。招四方奇士圖再舉。會國變。遂隱身秦晉間。或曰。今在山東。人嘗見其縱鷹獵海上云。見王源居業堂集。

劉長庚

同州諸生劉長庚。字醉白。少剛介尚義。負士望。崇禎十六年。督師孫公傳庭戰殁。賊乘勝陷西安。關中望風降服。長庚歎曰。勢不可為矣。乃趨孔子廟哭拜。焚衣巾於殿下。歸而拜辭祖考。登樓痛飲悲歌竟日。題詩滿壁上。妻党氏妾雷氏子二女一。皆幼。謂其妻曰。若老矣。可無死為我撫二子。顧其妾曰。若少。將安歸。妾泣曰。君死敢不從君死。長庚笑曰。信乎。妾曰。君不信。妾請先君死。長庚大笑起而揖之。指樓前地謂妻曰。葬我於此。於時拔刀先殺其六歲女。繼殺其妾。然後從容整衣。引帶自縊死。其妻葬之樓下。邑人聞之。皆流涕。國初建祠祀之。康熙三十七年。知州金人望修其祠。訪其後人。二子死矣。獨一孫窮賣餅。乃請於學。使假以諸生服祀其先。又捐金為娶婦置產。以延其後云。見王源居業堂集。

五公山人

五公山人。隱者也。隱於五公山。故號五公山人。王姓名餘佑。字介祺。保定之新城人。

負王佐才。年七十。不遇卒。門人私謚曰文節先生。初山人父延喜。縣諸生。尚義。天下亂。散萬金產結客。三子。長曰餘恪。次即山人。季曰餘嚴。山人出繼世父建善。闖賊陷京師。山人父率三子。及從子餘厚。餘慎。與雄縣馬魯建義旗。傳檄起兵討賊。擒偽官郝丕績等斬之。大清師入。山人父為仇家所陷。執入京。餘恪。餘嚴謀曰。父死。吾兄弟何面目視息人間。仲繼世父。不可死。吾二人其死之。乃赴難。夜馳至琉璃河。聞人唱伍員出關曲。餘恪憮然曰。阿弟誤矣。吾二人俱死。誰復仇者。若壯可復仇。我死之。乃揮餘嚴去。自赴京。大呼我起義生員王某長子也。求赴死。遂父子畢命燕市。餘嚴歸率壯士入仇家。殲其老幼男婦三十口無遺。於是急捕山人兄弟。會保定知府朱甲。易州道副使黃國安。力為解。乃免。山人於是隱易之五公山。與太原傅山同郡張羅喆。呂申諸子。日相切劘。嘗集古人經世事。為居諸篇十卷。萬勝車圖說一卷。兵民經絡圖一卷。諸葛八陣圖一卷。皆霸王大略。兵機利害也。又十三刀法一卷。湧幢草三十卷。文三十二卷。其為文。數千言立就。書法遒逸。而感慨激烈之致。一發於詩。與人和易從容。簡諒。至論忠孝大節。談兵述往事。目炯炯如電。聲若洪鐘。或持兵指畫。須戟張。蹲身一躍丈許。馳馬彎弓。矢無虛發。觀者莫不震慄色動。曰。王先生命世才也。

見王源居業堂集。

胡穆孟

胡穆孟，閩人。其先以武功世襲衛指揮。父上琛，當唐藩亡國，率家人朝服北向再拜，仰藥自盡，闔門殉難，僅餘二子。穆孟其長也。穆孟少遭變故，孤苦無依。右衛守備王邦鎮有女素聰明，知大義，以穆孟忠臣之後，因許字焉。穆孟將門子，韜畧騎射，少歲習貫。鼎革襲除，無以自効，勉應武科，捷鄉試，而連江沈廷棟以同年友雅善穆孟。嘗讀書山寺，旁有荒寺，至夜輒聞人語諠。穆孟潛往窺，見燈燭煌煌，數十人列坐左右，分校簿籍，若掾吏狀。穆孟竊疑荒山中豈有長吏期會簿書如是其急耶。微詢，故有對者曰：邇者刦運將興，四方有亂民遭兵戈刑獄之厄，不可數計。凡刦中人悉已定，此其籍也。穆孟試取一帙就視，則已名在籍中。倉皇自失，衆忽不見。穆孟自是始戒心，淡然無復功名之志矣。甲寅，靖南王反，徵武甲武科以為車騎驍騎諸常侍。穆孟堅辭偽命，逃之連江，就廷棟家。廷棟房師為某縣知縣某，以事至省，廷棟具書幣修候。已入緘，未發也。穆孟竊視其書，中述靖藩舉動乖亂，人心不屬，難成大事。駭曰：此何等語，豈可形之筆札間耶？往必取咎。因取書潤色之，稍隱約其辭，自為更書，入故緘。而廷楝未之知也。以付使人。至城下。為門者所詰。索得其書。涉誹謗。發書刑曹。逮廷楝窮治伏辜。論死。穆孟聞之。直奔還。謀諸婦曰。沈七罪固當。然其母老。妻必煢煢。未有後。若殺之。痛可念。為之奈何。婦曰。沈母春秋高。臨年見愛子受戮。必無生理。其妻無依。亦必偕亡。是沈君一死而三人俱斃也。君素善沈君。安容坐視。穆孟曰。然。今惟吾可以代沈君死。但未知卿意何如耳。婦曰。殺身取義。此烈丈夫事也。君為奇男子。妾甘守愚婦乎。君忠臣之後。有呱呱在膝下。天道不遠。必不使胡氏無後。孰與沈君有滅族之慘耶。君勉之。毋以妾為念也。顧策將安出。穆孟因語之故。即赴刑曹具狀自伏。刑曹疑之。召廷楝與質。廷楝實不知易書由。爭死甚力。穆孟曰。書實吾所為。此易辨耳。今第使兩人各具書。書跡同者坐。復何辭。刑曹然之。使書。果穆孟筆。乃釋廷楝而辟穆孟。論決之日。王氏設奠西市。哭極哀。取其首而縫之。具衣服殮。且市兩棺。屬其子於廷楝與穆孟之弟。令撫視之。而自縊于尸側。觀者數千人。莫不感激泣下。傷穆孟之無辜。而歎王氏之烈。明年王師復閩。贈穆孟官。廕其子。而沈廷楝亦以武科需次授永定門千總云。見方遺集。

某千總

京師有金剛寺。蜀僧友蒼居之。萬歷末。一男子配遼東過寺。友蒼壯其貌。飯之。贈之金。國變後。友蒼南遊。過徐州。泊舟登岸閒行。至一寺。時初冬天寒。寺荒落無人居。友蒼徘徊太息。見廡下一瞽者。踞而暴問曰。公何自來。友蒼曰。自京師。曰京師有金剛寺。曾過未。曰吾所居也。瞽者矍然起曰。友蒼和尚。公識否。友蒼怪之曰。吾亦與交。但子何由知之。曰吾曾配遼東。友蒼飯我。贈我金。我不忍忘。友蒼始追憶其事。大笑曰。我即是也。瞽者驚喜。直前捉其衣曰。公真是耶。伏地拜且哭。友蒼且答且掖之起。而挾之舟中。曰子何以至此。瞽者曰。我至關東。受知經畧熊公。拔為千總。後熊公被逮。久之。聞被戮。予仰天哭曰。國家失熊公。不可為矣。晝夜哭。月餘。淚盡血出。遂以瞽。既廢。又遭亂。流離輾轉無家。行乞於此。友蒼欷歔泣下。飲之酒。大醉曰。我今其可以死矣夫。薄暮別去。次日訪之。自經死矣。見王源居業堂集。

劉龍光

順治乙酉五月。王師破建昌城。明益王遁去。長史劉君某挈家亡匿山中。卒。其伯子龍光。即孝子也。為諸生。先赴試歸吳。未得父耗。憂泣成疾。戊子歲始決策至盱江。時亂後。藩府毀廢。舊人無在者。邑有張令公祠。宿禱焉。夢中恍惚如聞人語曰。寄居石滃者。醒求其地不得。徬徨道左。遇一尼謂曰。石滃在閩廣交。今方阻兵道塞。有徑潛行。七日可達也。遂如其言。取道往。所過藤峽通仙、一綫天。皆山谷窮絕處。蒲伏晝夜行。數百里不見人煙。最後至白石嶺。嶺陡切雲漢。阪道闊者纔六七寸。俯臨不測之溪。捫壁絕險。既上復下。履巉巖。衝虎豹。攢棘被膚。血流殷足。每仰天一號。則陰風颯然。山木悲嘯。瀕於阽危者數矣。嶺盡。得村。尋得父所依姚氏居。母嘗擕人在焉。既入門。母子相持而泣。已問知父。喪行一年所。則號絕仆地。久之始甦。居數月。間關輿櫬復侍母而歸。初長史避難數遷。獨擕先世世系圖册一篋。自歲戊子、母時聞有聲窸窣出篋中。啟鐍無有。閉則復然。一日、母見緋衣人數輩、冉冉自篋中出。益大驚。遍宿而孝子至矣。其所居村。曰見娘堡。舊傳宋王龍山者。於此見母得名。異矣哉。鬼神幽明之故。君子之所慎言也。而父子骨肉之間。顛沛流離之際。又往往若有陰相之者。非苟然而已也。孝子字蓼蕭。蘇之長洲人。見姜宸英湛園未定稿。

陳繹思和本初

陳確。字繹思。金陵人。從父官長沙之湘鄉。遂家焉。為人尚大節。不治生。工詩字。所居一茅廬。書數卷。竹數竿而已。與北方人和本初、友善。本初者。其父由武舉官守備。而本初事文藝隸善化庠。名籍甚。繹思好游。歷九嶷。登滕王閣。走山陰道上。歲以爲常。本初連試有司不得志。亦下舟淮揚間。康熙癸未春。有官粤者。羅本初幕下。本初曰。吾有友陳某。客永新。不相見數載。能迂道訪之。從公游。其人許之。中途易小舟。逶迤入永新。未至。誤墮水死。時繹思從夏葛民幕永新。意怨怨無聊。移寓蕭寺。日買酒爛醉。醉則吟。揺筆如飛。閒狂歌拔劍。呼故人姓名。葛民莫省其故也。本初訃至。疾走撫棺大哭。氣幾絕。家人救復甦。有問曰。本初爲我死。吾何復求活。吾將從好友地下矣。不食卒。兩主人各厚殯之。買舟送歸長沙。人無識不識。皆太息云。見曹耀珩聽濤園集。

東江先生

先生姓唐。名孫華。字實君。江南太倉人也。別號東江。晚又號息廬老人。九歲。織簾先生顧麟士。見而奇賞之。十九歲補博士弟子員。恒爲諸生領袖。時復社餘波判二派。曰慎交。曰同聲。各各植門户。張旗鼓。爭欲致先生。先生慎交得之。而彌振。里中張氏有學山園。邱壑絕勝。主人延先生坐園中。順康之間。文風初變。操選政者無慮數十家。坊賈爭請刊布牟利。視行否分贏絀。先生乃裒名流傑構。評隲爲學山園選本。自是而諸本悉廢。業科舉者人抱一編。若金針寶筏。熟其程度。取青衿登上第。猶掇之也。而先生顧浮沈諸生中。且三十餘年。省試入場屋。常自晦匿。不欲人知。鄰鋪中有問字者。竊窺先生卷端。見籍貫姓名。驚曰。乃唐夫子耶。招手相告。語傾號舍。聚觀羅拜。請教益年五十一。始以明經貢入太學。崑山徐健庵司寇。一見禮重。時健庵以文章聲氣。籠蓋一世。海內名士奉為宗工。既盡出所緝經解。付門生納蘭容若。校讐而梓之。謂先生曰。惜未與君一一商榷也。納蘭容若者。北門相公之子也。負軼才。不永年。有弟納蘭愷功。方求知名士為師。北門相公遂禮先生。而致之賓館。愷功年富志銳。慧辯過人。每舉史傳僻事疑義。以相質難。先生引端竟緒。荅無留滯。愷功心厭氣折。後位至六卿。久長翰林。其視諸翰林。莫先生若者。先生解組後。存問不絕。為刊詩集若干卷。晚年寄草堂資。而先生始有息廬之築。當丁卯之在北門館也。先生初舉京兆試。明年成進士。年五十有五矣。念太翁春秋高。遽歸侍。時健庵司寇亦去官歸。奉詔修一統志。以書局自隨。開局洞庭東山。廣集賓從。招先生往同事。一時湖山詩酒。縹緗翰墨之樂。望而生羨者。歎為神仙中人。健庵卒而局散。北門復移書固邀先生入都。甲戌太翁趣就選。得陝西朝邑令。上咨訪實學。廷臣多舉先生以應。遂召對乾清宮西暖閣。稱旨。改授儀曹。兼於翰林院行走。蓋異數也。明年調吏部考功。又明年典試浙江。撤棘。有考功司詿誤處。公即脩然而歸。自是不復出。太翁號丹崖。湛深經術。為復社眉目。先生歸之明年。為太翁舉九十壽觴。先生年六十有四。斑衣華髮。人謂老萊子復見也。先生之歿也。年亦九十。父子大耋。若東符券。致可異云。先生為諸生。蓋三十年而贏。登第仕宦。不及十年。而優游林下。則亦近三十年。既歸田。謂人曰。吾結髮受書五十餘年。而於經學未歷其堂奧。吾將從事焉。吾以縣車之年。為鼓篋之始。其可哉。由是學彌邃。癸未上南巡。先生迎蹕於吳門。納蘭愷功以掌院學士在左右。私於先生曰。上注意先生。先生亦有意復出乎。謝曰。吾年七十矣。即在位義猶當退。顧且出何所求耶。先生不講道學。而見徹名理。踐履平實。不談宗乘。而深達諸相空諸一切。飲酒不能盡一卮。食恒不令飽。嘗云。吾見人腰腹偉然。善噉兼人。率不過中壽。衛生要術。肥不如瘦。故先生雖末年。耳目聰明。手足便利。或云七十以後令少女同起居。長則遣之。皆宛然處子也。（見顧存塼集。）

王冰庵

太倉詩人甲吳會。百年之中。名家輩出。推厥領袖。皆曰唐王。唐謂東江吏部。王則冰庵太守也。公名吉武。字憲尹。別號冰庵。公生三歲。不好弄。惟與之書一冊。則反復不厥。五歲痘疹發。瀕危而蘇。大父作痘吉志喜詩。就塾後。授以唐律。誦如素習。師出句索對。應如響。而句輒新異。壬子與經師周韋庵同發解。丙辰成進士。授中書舍人。陟民部郎。出守紹興。治用寬簡。迕大吏意。甫二年。中計典去。年五十耳。敝廬數椽。汙萊二頃。日匡坐維誦不輟。公於詩固由天性。亦稟家風。祖孫父子兄弟。人有集。而母吳夫人及三女。咸工詩。家庭無事。輒命諸子女拈題分詠。夫人為第其高下。以為笑樂。既嫁。至老猶詩筒往來不絕。明季若趙凡夫陸卿子。沈君烈薄少君。夫婦唱酬。擅婁江佳話。未足多也。公與唐吏部東江。詩名相埒。交亦相厚。然不為苟同。每集公所。若燕會。東江劇談今古。掀髯抵掌。蟬聯不斷。公則凝神定息。不發片語。有當於心。聽然而已。公艱於子。養子宗驥。猶子安國。安國為諸生。傳詩學。見顧存坊集。

毛鶴汀

毛先生名健。字今培。號鶴汀。江南太倉人。弱冠補諸生。祖中書公。欲令專事三場。為援例入成均。先生於科名得失。殊不介意。數年。選得貴地訓導。其地有齊山九華之勝。欣然命駕。未匝歲。丁外艱。服除選望江。以母老不赴。又數年。選祁門。以疾謝。竟不復出。婁東詩社甲於江左。論先生之世。首尾康熙六十年間。其初年則有十子之目。

十子以後。名流益衆。唐東江王冰庵為之祭酒。而先生已綴其列。其晚年則有蕙帶涇東洗桐裴山敬亭之屬。而先生猶儼然臨其壇。建其旗鼓。初太原王秀才漢舒工填詞。詞曰香雪無敵手。王涇東顧洗桐繼以填詞相頡頏。王詞曰香濤。顧詞曰片香。三香若鼎足。詩家皆謂餘事。因推讓焉。二子頗自負。獨下漢舒。王蕙帶效作。輒病語硬。舍去。先生笑曰。吾老於詩。不律禿矣。請嘗試之。後遂取王洗馬所輯歷代詩餘攻之。踰兩月不出戶。一日讌集。出所填詞數闋示二子。二子色然駭曰。何工之速也。相顧歎異。見顧存齋集。

嚴孝子

山陰嚴某。於康熙甲戌乙亥間。挾貲入粵東。轉客瓊州。往來貿易於海北。貲漸饒。寄籍樂會。置田園。娶婦生二子。歷三十載。未嘗通音問於家。方出門時。有子纔三齡。其婦教育婚娶。得為諸生。授徒以給食。一日。其婦呼子而謂之曰。汝父客外久。我向不令汝往尋者。以汝尚幼。且無兄弟也。今幸有孫矣。天下豈有無父之人哉。其子承命往廣州。徧問於人。或傳在高涼。或傳在粵西。於是由高州入嶺西。無蹤跡。復回廣州而資斧已竭。遂入海珠寺為傭。欲陰以訪父信。主僧憐其孝。許之。一切文疏俱委焉。雍正五年。嚴某攜貲由海舶往省城。過大風濤。禱於神而安。及到省。酬神於海珠寺。

其子為書鄉貫姓名。心頗訝之。急問其客游歲月。知即父也。泣跪於地曰。兒生三歲父遠行。今三十年矣。尋父兩載。不獲。流落為僧。日夕禱祝。今果得見吾父。而某復詳問家中事皆合。於是相抱大慟。出五十金謝主僧。而攜其子歸。寓售貨得千餘金。偕歸山陰。惜忘孝子之名。見沈元滄滋蘭堂集。

白雲先生

張怡字瑶星。上元人也。父可大明季總兵登萊。會毛文龍將卒反。可大死之。事聞。怡以諸生授錦衣衛千户。流賊陷京師。遇賊將。將肆掠。其黨或義而逸之。久之。始歸故里。寄攝山僧舍。不入城市。鄉人稱之曰白雲先生。當是時。三楚吳越耆舊多立名義以文術相高。惟吳中徐昭法。宣城沈眉生。躬耕窮鄉。然尚有楮墨流傳人間。先生則躬樵汲。口不言詩書。四方冠蓋日往來茲山。不知山中有是人也。架上書數十百卷皆所著經説及論述史事。或請貳之。弗許。曰吾以盡吾年耳。已市二甕。下棺則并藏焉。卒年八十有八。親故夙市良材為具棺槨。聞而泣曰。昔先將軍致命危城。無親屬視含斂。雖改葬。親身之椑弗能易也。吾忍乎。趣易棺。乃卒。或曰書已入壙。或曰經説有貳尚存其家。見方苞望溪集。

薈蕞編卷四終

薈蕞編卷五

清　曲園居士纂

孫將軍

孫將軍名守法。字繩武。陝西臨潼人也。家酷貧。廢書務農。然多智謀。膂力絕人。性復任豪俠。喜交游。嘗飲於市。酣醉兀兀。輒撫膺奮歎曰。不掃妖氛死不休。市人皆大笑以爲狂。時流寇猖獗。將軍仗劍入行伍。爲制府洪承疇戎旗健卒。每出。輒敢當先。以單騎擒賊首點燈子。不沾泥。斬獲甚衆。授守備。又與闖王高迎祥力戰。迎祥棄馬入溝中。將軍亦棄馬逐之。迎祥故壯悍。將軍與之手搏。卒生擒以歸。收其軍。餘賊爲之氣奪。授參將。轉升護藩練營副總兵。威望日隆。所向無前。高傑者。號翻山鷂。雄勇有才略。爲賊羅汝才副將。將軍知其可用。單騎入傑壘慰降之。傑感將軍恩。爲泣下。以父事焉。歲時必西向拜。誓死報朝廷。後封興平伯。將軍力也。李自成僭號西京。將軍仰天慟哭。棄家保秦世子。以孤軍退守興安之五郎壩。自成招降。將軍數殺來使。豎義旗募兵。約總兵賀真。爲恢復計。會我朝定鼎。孟公喬芳督關中。悲其志節。屢以書招將軍。將軍以未得手刃李賊。抱志不出。慷慨悲歌。有妻子可殺。君父之仇不共戴天等語。聞者哀之。尋為土人所害。始將軍鎮長安時。歸葬其父。偕里中父老浴温泉。解其衣。徧體創瘢。幾無完膚。人為將軍泣。將軍意落落也。為人嚴重雄威。而和平坦易。性至孝。篤於友誼。每好與儒者遊。及臨陣遇敵。則猛如虎兕。見者以其面黑。稱曰孫竈君云。用兵如神。善撫士卒。能得人之死力。廣西提督吉公孫略。副總兵孫公麟。皆將軍義兒。湖廣提督胡傻子。瓊州總兵高進庫。皆將軍門下裨將。其他千百夫長以功名起者。蓋不可勝記也。而將軍竟以抱志死。悲夫。論曰。吾為童子時。聽人言孫將軍戰功忠勇事甚悉。及後讀諸家紀流寇事始末。乃若不知有將軍者。甚矣史傳之缺也。將軍事。今關中人人皆能道之。蓋其出身如狄武襄。敢戰如李英公。而退保深山。孤軍誓死。則又田横之客也。而泯沒無聞。忠臣之血。千年化碧。可勝慨哉。見康乃心莘野集。

陳鷗沙嚴弓父

陳鷗沙先生。名所學。字行之。鷗沙其別號也。家世籍江浦。性耿介。不苟合於人。獨與同學嚴弓父交最善。一切括帖家言。皆弗屑。力鑽穴諸典籍。有疑義。必與弓父究極其指歸。弓父喜為詩。而先生晨夕與倡和。弗輟也。先生故與弓父居浦口城。鼎革後。

則手裂其諸生巾。舉巨椎椎碎其家具。命奴僕折毀其所居室數十楹。盡以其棟樑瓦甓。施道士為東嶽廟。而遯跡於窮鄉數十里地曰三汊河。編黃茅屋三間居四十餘年而卒。卒時年八十九。有詩數十卷。風調類香山。大率多與弓父倡和之作也。嚴先生亦江浦人。名天表。字弓父。其先有明時為黃海衛指揮。先生長子當世襲。乃讓其季。而己自為諸生。先生瀟灑絕羈束。諧謔似魏晉間人。陳先生鷗沙。居三汊河。而先生亦棄城中居。卜築高橋灣。去三汊河五里而近。凡一月必與鷗沙數數會。會則歔欷各涕泣。已而操筆各為詩。鷗沙性不飲。先生則豪飲無休時。間或袒韝擗。縱酒淋漓。而鷗沙則怡然堅坐相對也。嘗得櫝材。自製藏榔。凡有得意句。即書而刻之。久之榔內外皆滿。年六十餘。嗜酒如故也。一夕。自鷗沙所醉而歸。忽無病而卒。（見劉巖集）

華豫原

無錫有奇士。曰華豫原。方歲乙未。撫吳儀封張公。坐事逮。部使者偕制府。即訊於潤州。而羈管公城隍廟中。甲而守之。生獰如乳虎。非著門籍。不得輙出入。門生故吏無敢嚮邇者。豫原聞難。自無錫疾馳一晝夜。踰三百里至京口唁焉。既抵廟門。不得入而顧見有官僉傳呼來。帶弓韃騎而從者數人。至門。門焉者皆卻立。官人下馬入。從者皆入。豫原則闖然隨之入。數折而達張公請室門外。即又不得入。徘徊往來。所以屬其門者方故萬端。然卒不得入。門者曰。客何為者。始吾以客為從官人來。故不誰何客。乃令知妄男子耳。不去且得罪。制府怒。不可犯也。豫原大笑應曰。若乃以制府嚇我耶。向令吾惴惴制府者。吾安得至此。且天下事。不可知。往者張公嘗與噶禮訟矣。部使者按事至再。無直張公者。賴天子明聖。張公撫吳自如。而噶禮卒抵罪。今張公雖就逮。萬一上復有後命如異時事。若等何面目復見張公。言已。索筆大書其爵里姓名。付門者達張公所。曰可達達之。不可則以此紙上制府。言狀。惟制府死生。當是時日漸西夕。而豫原語侵制府益急。門者縮頸。既已無可奈何。則入白守者。而守者亦頗聞餘語色動。為言於張公。張公命之入。豫原乃入。相勞苦如平生歡。良久乃去。越數日。而部使者之祠報燬矣。初。部使者視學江左有聲。吳中人士。為祠於江陰。歌舞之。當張公之與噶禮交訟也。部使者按事至吳。吳中自士大夫下。遮馬首以千萬數。願無奪我張公。而部使者頗不直張公。吳中人固怒甚。及是役也。部使者與制府劾張公欺謾不讐。罪且至殊死。吳中人咸涕泣。不知所為。而會豫原自京口來。具言張公就逮良苦。則益洶洶然。顧無所發怒。豫原遂言曰。狄梁公之有祠魏州也。其子景暉弗類魏州人燬之。不復祠。今日之事。得復有香火情耶。於是衆數千人。奔部使者祠下。爭撤屋瓦擲之。以巨竿東西曳。榱棟盡折。或焚燒其餘。呼聲動天。埃起漲數十里。明日。制府聞狀大駭。陰使人廉問主名。疏以去。然竟無如何也。當是時。豫原幾不免。亦以此名聞江淮間。豫原名希閔。著有廣事類賦等書行世。其人斂退就懦。粥粥若無能者。而遇公正。發憤乃若此。上卒不用部使者議。而驛召張公。命以白衣領倉場職。（見方楘如集虛齋古文）

曲園居士曰。所云部使者。乃張文端公鵬翮也。曾以兵部侍郎。視江蘇學政。文端亦一代名臣。而此事不能無遺議云。

李復新

孝子李復新者。襄人也。世居城之東村。崇禎十四年歲饑。復新出糴於郾。土寇賈成倫劫其家。執其父際春殺之。復新歸。痛哭絕而復甦。裹刀衣縫中。日夜謀所以報父讐者。是時天下大亂。法令不行。控告無所。而成倫強悍。所以防衛甚嚴。復新伺其隙不得。且恐其他奔。即又謬為懦弱狀。揚言於衆。以示無復讐意。成倫聞之。信以為然。安居如故。國朝定鼎。復新潛之省城。訴於太守。逮問具服。繫成倫於獄。會大赦減為徒。還褰起解。復新先伏道旁。俟其過。舉大石擊之。中其腦。已死。復連擊之。解尋欲摩執之。復新曰。吾報父讐耳。豈畏死者。乃自詣縣。願就死。令憐其孝。不忍寘刑。乃手自爲狀。以具白所以。且曰如復新者。宜表其閭。以旌其孝。到府。太守難之。駁其議曰。貫成倫事在赦前。業已降罪爲徒。而李復新斃之。宜如殺人之律。事下。令不能對。縣有掾老不視事。素巧。詳文案牘。一出其手。無能易者。令强起之。乃復議曰。蓋聞父母之讐。不共戴天。古云殺人者死。未聞復讐者死也。又云凡報讐者。書於士。殺之無罪。復新固已屢訴矣。且赦罪者一相之仁。復讐者千古之義。成倫之罪。可赦於朝廷。復新之讐。難寬於人子。成倫且欲原赦。而復新不免極刑。平允之論。似不如是。父子何辜。並遭大罹。凡有人心。誰不共憐。伏願貫以無罪。且旌其孝。太守不能難。卒如其議。表其閭曰孝烈。（見劉青藜高陽山人集）

韓晉之

韓廷錫。字晉之。候官人。幼聰慧。九歲背誦六經。略無舛訛。未弱冠。舉止如老成人。家素貧。菽水不給。而臨財毋苟得。膏火不具。而開卷必衣巾。當萬曆季年。補博士弟子員。時習經者。類鹵莽滅裂。晉之必研究終始。條理貫通。又嘗以字學壞於鍾王。故悉力於大小篆。終身不作行草。雖朋友往來短札。無非大小篆也。執親之喪。三年未嘗見齒。或親戚情話。不能斷絕。則衰麻隨身。親攜草墊。在處據地以坐。識者以為今世之王偉元、徐仲車也。少時見其所讀漢書二十六册。手注。與史記異同詳略之處。細加評隲。皆作蠅頭斯籀。朱書日久。吐鉛斑剝陸離。可愛可寶。見余甸集

齊望子

齊莊。字望子。閩縣人。世居齊坑。幼嗜學。家貧不能具膏火。為人夜舂。手足操作。而置書其旁。注視之。舂事未嘗不辦也。弱冠以五經領袖童子試。當萬歷季年。閩習漸尚軋茁。至天啟初愈甚。科歲試場中。有諸生自命不作第二人者。搖筆苦吟。改竄輒數行下。旁生問之曰。君文卓完矣。為苦改處。不冠軍耶。曰然。文章早就。看來逐句可解。如何能出人頭地。須臾苦吟。改竄如故。旁生復問故。則曰。經改後。學使者不得其解矣。然吾猶能解之。必至於不能自解。方可一不可二也。爾時風氣如此。望子獨原本六經。不稍雜縱橫家語。前後衡文者。莫不以國士相賞。累十數試。輒空其群。從游數百人。往往掇科第而去。旋躋膴仕矣。望子棲遲窮巷。自甘貧賤者三十年。暮年著史論四十卷。自西漢迄於元代。見余甸集

鄭澹居

越有隱君子。曰鄭澹居先生。高曾祖父。奕葉光顯。有聲先朝。先生恂恂儒雅。不啻單素。早棄科舉之學。一意以棲遁為樂。豪於酒。遇飲輒醉。春秋佳日。喜出遊。所至。主人觴焉輒留。未嘗拒。先生工書。吾郡自徐青藤王謔菴。以書法名海內。先生起而繼之。幾與之埒。求書者踵至。先生皆無所靳。凡士大夫名園甲第。高樓曲榭。必以先生書與琴尊彝鼎相錯。扉窗几案。醉墨淋漓。獲之若珍寶。故知與不知。咸熟其姓名。嘗隻身游京師。時朝廷開館閣。招四方文學士繕緝祕書。于是四方之士。雲集京師。皆思以其技自獻。幸為主者所錄。隆恩異數。幾出制科右。先生苟欲於此時干進。彈指石渠金馬矣。而先生浩然襆被以歸。戚友扣其故。漫應曰。吾不忘紹興家釀耳。嗟乎。非隱君子。能若是乎。（見金楚杞東武山房文集）

楊安城

安城楊公。故山陰處士也。少喜讀書任俠。年十七。為諸生。思陵末造。天下多故。慨然有濟世志。與里中高才生及四方豪俊交。名日起。然坐是流離絕域數十年而歿。始公與朱伯虎吳佩遠魏雪竇游。奴視齷齪士。士亦莫之敢近。及伯虎死。佩遠入滇。雪實為怨家所構稱與張煌言交通罪不宥詞連長興錢允武允武妻貸千金屬公營救書為邏者所獲嚴拷允武索公甚急允武死不承公遣人謂允武曰吾名在牘詎能免我出則君冤自白毋自苦也遂詣獄獄具魏錢坐死公流甯古塔康熙壬寅仲冬也時大雪出塞膚肉凍結耳鼻手指觸物輒墮過混同江入那木色齊喬木夾道蔽日月老根穿裂石罅冰雪灌積馬行輒踣豺虎罔兩白晝嘯呼徹山谷同行者慟哭惴惴不免公獨周覽山川險阨歷書所見作詩歌紀其事不異平日明年仲春抵甯古塔為金元上京會甯府地近冷山五國城距京城三千里矣土人及駐防將士皆樸魯衣魚皮漢人以罪至者多依為生傭使之公至獨為屋以居入山伐木壘土石為炕皆身自擘畫土人初奇公狀貌至是益服其才公稍出漢物與市土人貴漢物爭出菽粟來易遂約漢人共賈菽粟漸饒土人既仰給於賈不敢輕漢人矣公曰未也尚不知禮教於是教之讀書崇退讓躬自養老撫孤贖官奴婢同難蕭山李兼汝蘇州書賈朱方初沐黔國忠顯弟忠禎皆廩焉贖朱大典孫婦劉振英河南李天然及其弟諸生希聲夫婦湖廣衛守備王某皆罪隸也凡貧不能舉火及婚喪者公為倡率周之富人咸具義爭助公以不與為恥曰吾不可以見楊長者公居甯古塔數

十年。安其俗。嘗奉巴將軍檄。練水師混同江。禦俄羅斯。移家卜烏喇。既而罷歸。性至孝。母喪年餘。訃至。哀毀骨立。杜門三年。子賔出塞省公。公年六十八。鬚未半白。善飯。步履如飛。燈下能小楷。語至夜分以為常。賔歸。訟寃闕下。南巡。復叩閽請率妻子代戍。衛士箠之幾斃。卒格不行。公竟歿戍所。年七十。公黑而長。修髯偉幹。娶范氏。公出塞。例僉妻行。或請代范夫人。毅然不可。三子賔、實、寵。皆夫人出。公歿。不得返葬。賔實泣請兩曹。幾二載。憐而許之。夫人扶柩入關。土漢送者哭聲塡路。公初名春華。出塞更名越。號安城。其所居鄉也。（見余懋杞東武山房集。）

呂尚義

大庾縣呂尚義。世居南源山下。其地在大庾崇義二縣之間。土出肥美。然界連廣東。層巒峻嶺。山有錫礦。礦徒出沒。峒老則亡為盜賊。剽劫村庄。人莫敢居。惟尚義結廬其下。數十年賊莫能害。尚義與妻俱善用鳥槍。發無不中。施放尤敏。十步可放三槍。每遇賊至。夫婦二槍連環不絕。歲殺賊無算。賊恨尚義刺骨。康熙四十年。有廣東萬猴山賊渠藍某。率賊二百餘人。白日持槍礮過大庾嶺。昌言將往南源殺尚義復仇。南安參將營兵。莫敢阻拒。聞之贛鎮楊鈞。隨遣二守備。率兵數百人往捕。比至南源。

則賊已為尚義擊敗。竄匿山谷矣。時尚義妻已歿。一女亦能用鳥槍。父女二人共殺賊五十餘人。其餘匿山谷者。尚未解散。官兵以林深箐密。莫敢搜捕。尚義慨然前行曰。第隨我來。賊可盡得也。尚義鷹目。洞微見遠。茅草中有伏賊。百步外能見之。發槍即中。咸驚起。遂踰山以逸。官兵環視不敢捕。惟得沙礮三位而還。崇義高令尚瑛召尚義至衙。予酒食。賜銀。欲署為捕頭。大庾令亦欲委之。彼此列狀爭於府。尚義俱謝不受委。曰。吾農民。不願充役。但兩縣官長為安靖地方計。吾所居在兩縣閒。何敢辭勞。南源一帶。吾女在可無事。其餘兩縣地方。但有山賊。吾願隨官兵往捕。賊聞吾至。即逃矣。于是兩令大喜。厚賜而遣之。然廣東礦賊自是役大創。亦不復至南安云。見李紱穆堂初稿

孝義吳君

晉江吳君歿二十年。安溪李侍講清植。始為之傳。而私謚以孝義。君諱鴻錫。字允康。生七歲。而海寇亂。考諱萬佑。挾以避居浙江。適兵部車駕司郎中滿洲噶公尼布。奉命來造戰艦。延君考於幕。數月。君考卒。噶公挈君歸京師。命其家人忠樸者父之。君請呼以叔。曰。父一而已。噶公大奇之。曰。七齡兒能辯此耶。噶公清宦。家漸困。君亦稍

長。助任牧芻。精勤勇猛。芻恒有餘。因以易錢。市書册弓矢私習之。又市果酒。就能者質焉。數歲。遂通滿漢文。精騎射。一日噶公閱射。方怒拙射者。君從旁指導。噶公謂汝能耶。汝手弓。君徐進。縱送合法。三發皆中。噶公益奇之。歲癸□君從兄雲麟。以平臺灣功。授温州營叅將。引見至京。因就噶公乞之歸。噶公喜。遽諾之。君獨潸然流涕。曰我來可以歸也。我七歲育於公所。我壯而公老矣。三子始扶攜。安所恃。必俟公子成立。我乃可歸耳。噶公聞言。持君大慟。遂不果行。正紅旗謙郡王之孫。鎮國公海清。噶公婿也。高君義。請隸其公府佐領。俾久居旗下。以成君志。從之。明年噶公果歿。夫人以哀毀得狂疾。長子和順。甫七歲。次和鼐。六歲。和麟五歲。族中之豪與隸人悍者。眈眈欲蠶食其家。君信行素孚。又材且武。諭以義。懾以威。咸莫敢如何。家故不及中人。君精心計。權子母贏縮。歲入恒倍。日以饒。延良師課噶公三子。食飲必親饋。業稍進。則頓首謝。師感之。並盡心。又親教三子國書。稍長。並為娶名族女。君尤謹於禮。冠帶終日不怠。歲時慶祝。君盛衣冠。率家人入執事。事畢。親率以出。中外翕然。和順年十六。有忌之者。擢為護軍。將困苦之。每番直。君佩刀以從。夜直則露坐終夕。人莫敢加害。顧念非通仕籍。無以免厥役。而噶公故交。無能相援者。惟大學士阿公蘭泰。曾同任兵部。又以事相失。君獨謂阿公長者。可以義動。日率三子候公門外。公得其情。果惻然。問諸子習國書乎。曰皆習。孰最優。曰和順優。公諾。以中書用之。既而首輔索公額圖。欲用其族子。君即為書。言和順孤苦狀。伺索公出。跪而上之。索公大怒。擲書去不顧。君跪其門。五晝夜。水漿不入口。困垂斃。索公大驚曰。世乃有義烈如子者乎。吾用順矣。順就內閣試。果補錄。乙亥歲。聖祖親征厄魯特。君勉順曰。國家有事。正臣子効命之秋。亦子發跡地也。亟為治裝。請從征。遂從大將軍伯費揚古。由西路進。君結束從行。數日。家中宵小。擾攘蠭起。使人追君還。君泣謂順曰。吾不得偕行矣。雖然。死生命也。戰陣無勇。非孝。即非忠。子必勉之。怒馬抵家。宵小亡匿。訖無事。而順亦自力矢石間。得功牌二。凱旋議敘。升禮部主事。有約順會飲者。以博具佐觴政。君知其匪人也。拔刀衝座。執其人數曰。飲博非居官所宜。順孤子。汝何得以此誘惑。必殺汝。刀觸席鏗然。其人大呼乞命。叩頭不已。使捽而去之。引順而歸。或問人可殺乎。君正色曰。殺人者不過死耳。吾已許噶公撫諸孤。而坐視其溺於燕朋。誠生不如死。吾死而諸孤加勉。則死賢於生矣。然順自是不復與燕會。癸未。山東大饑。朝廷遣官往賑。和順在行。君曰。此仁人君子盡心時也。從以往。分賑武城。廩未發。君即以私錢市米。因逐户稽册先量給之。念民居有僻遠不能至縣者。度四鄉中地。得南魯集為散賑所。又懼民饑久。不勝任負。日為蒸餅萬計。人給大餅二。然饑腸驟飽。有致斃者。或言先飲蘿蔔湯。則無患。亟為湯。蓋日活民無算。事竣歸。武城泣送者數千。有送至京者。歲丁亥。順奉命收密雲關稅。君贊曰。負販小民。不可取其稅。倘額不及。以家財足之可也。民大悅。競趨之。額亦敷。嗃公次子和鼎。習舉業。遇鄉試。君述先德勸課。涕泗交頤。猶懼其怠。穴其几。貫鐵索。自繫以守之。鼎驚謝。請脫繫。不許。讀益力。遂中式。以徵誤抑置副榜。君弗慊。為送例律館任校錄。鼎弟和麟。年十六。君即攜赴永定河効力。為通籍資。河故名無定河。水怒土疏。潰壞無常。君為親督畚揭。隄成。而水驟漲。君晝夜守視。增卑培薄。直隸巡撫于公成龍夜出視隄。遥見有拜於隄上泣籲河神者。召詢之。則君也。于公歎異。脫襲衣贈之。是歲隄壞者多。麟所占獨不壞。以功議敘補筆帖式。蓋嗃公三子皆賢。而君所以成之者。為尤力。君卒。三子去纓席地。婦皆披髮去璫。如居父母喪。葬之日。皆徒步扶柩至塋。蓋君所以感之者深矣。初君以嗃公育己恩。矢扶其孤。不得歸。念父母卵翼。南望輒隕涕。募良工追寫父母像。遇忌辰及歲時伏臘。率妻子泣奠。竟日。檢篋得厥考遺衣冠。就嗃公墓相近地。招魂葬之。寒食拜掃盡哀。每歲除。尤嚴餽奠。終夕欷歔。徘徊顯考及嚐公兩墓間。達旦始返。或謂屠蘇辛盤君不歸。家人何以安。則泫然曰。吾少孤。不逮養。義不當受家人之養也。年五十有八。長子世久。仕至王府親軍校。次常德。丁未科進士。見李紱穆堂稿。

盧必陞

浙之東。有盧孝子焉。諱必陞。字寀臣。號玉若。世居姚江。後遷山陰。祖諱極。生子五人。長諱芳。字南江。孝子之本生父也。次諱茂。字懷江。無子。以孝子嗣焉。孝子始生時。祖母張太君病甚。本生母朱孺人。禱天自代。是夕夢神益算。并賜汝孫。及覺而生孝子。少時知孝敬。有異敏。嘗從學舍歸。懷江公以新學生屬對。即應聲曰古君子。懷江公大奇之。九歲。南江公病。思得蟚蜞炙。孝子潛擕一筐。採沙口。為風潮所沒。得漁者救以竹筏。筐終不釋手。而蟚蜞滿貯。甲申之難。流賊未殄。懷江公負俠氣。常仗劍獨行。不知所往。孝子聞。即奔覓諸暨山中。晝循林箐隱。夜則崎嶇匍伏而行。失道投僻路。伏屍枕藉。驚跣疾奔。兩足為沙石所巉。血縷縷漬地。行跡皆血。遇一山僧憐之。挾與俱。遇虎。匿高樹。大呼山神救我。虎竟去。閱數日。得奉父以歸。壬子土寇竊發。懷江公陷賊營。孝子匍匐探其穴。贖以金。不應。繞岸哭。三晝夜不絕聲。賊感動。為引至父前。

時賊首毛袁二人。欲得懷江公降。脇以刃。不從。斬所俘者以示。又不從。賊怒。拔刃環向。刃欲下數次。孝子冒刃。叩頭血流。大呼丐命。忽狂風四起。大雨如注。舟幾覆。山黨震駭。乃得釋。時賊中有倪姓者。因而歎曰。真孝子也。乘間逸之。孝子既奉父生還。逆知賊必追。已遣人馳報張太君。盡室以行。明旦賊果追之。不及。縱火而去。先是孝子為繼。時懷江公有女。忌分其貲。百計傾之。孝子處之泰然。至是奉徐孺人命。往雲間舟過石門。盜擊之垂死。盜曰。爾死毋我讐。我奉某命來也。孝子佯死。盜縛而投之水遇富陽支姓者救之。得免。人或勸之訟於官。孝子泣曰。吾自出繼以來。蒙吾母恩育十有餘年。且母只此一女。故不忍以女故傷母心。上書徐孺人前。自謝不謹。被盜。不及他。徐孺人亟召之歸。母子相孝愛如初。雍正二年。浙江巡撫李公請旌於朝。見蔡世遠二希堂集

王獻我

王公名策。字獻我。順天霸州文安縣人。父應霖。明萬歷庚辰進士。官至湖廣參政。應霖弟應期。萬歷乙丑進士。官至刑部郎中。策舉萬歷庚子鄉試。為山西太谷令。有惠政。罷官里居。崇禎戊寅。本朝兵圍文安。人知城必陷。紛紛各以其孥出。公獨毅然曰。

同為王臣。里居何殊官次。棄城倡逃可乎。諭子孫家人。有走匿者。不忠不孝。辱吾莫大焉。舉家惴惴知必死。凜公言。莫或貳。城陷。公朝服坐廳事中。兵入。厲聲罵。遂遇害。妻妾子孫男女僕婢。大小近百口。無一免者。公三子。長曆城。次礪燕。三添丁。曆城添丁從公死。礪燕先亡。婦郭氏。嫠居雄縣光祿卿存謙女也。光祿憐愛女甚。城危時。知公剛執。難辭說。令其子潛迎女。不告公。縋城去。公既知。怒甚。遽為書絶之。縋送郭曰。吾家誓不留此臨難苟免之婦也。兵退。郭氏歸。徹後廳材。為三十餘櫬以斂葬焉。茹貧守志三十餘年。以壽終。見徐用錫圭美堂集。

謝隱君

隱君姓謝氏。名辨。字爾翼。號恕園。浙之會稽人。幼負大志。年十六。補博士弟子員。遭時鼎革。甲申乙酉間。所在蠭起。浙東山寇。以白巾裹首。號白頭兵。焚掠諸暨嵊縣等處。隱君廉得其可破狀。糾合鄉勇。夜渡七沙河灘。擊潰其衆。所獲輜重。盡散里人。是年為丙戌。隱君甫十九。以孤童子率一旅之師。用計智克敵。由是知名。明年王師南下。徵隱君至軍。參振武軍事。督武林諸道糧餉。强而後行。事竣論功。擬授殊職。隱君辭不就。浙閩總督姚公啟聖。與隱君少同里閈。以意氣相友善。後開府福州。帥師駐廈門。進討台灣。遣使迎隱君。隱君為悉心贊畫。澎湖既克。姚公欲以名上聞。隱君笑而謝之曰。吾覬得官耶。當督餉東南時。富貴可早致矣。本欲故人成不世功。故輕數千里而來。豈故人知公。公不知故人也。及姚公歿。隱君哭之慟。悼世無知己云。家素豐厚。急人之難。無少顧惜。嘗言吾為友三破家。令其人皆將相矣。問其姓名。終不答。其高義類如此。戊午自京師徙居江甯。己巳再遷江都。因占籍焉。而桑梓之思日切。每語子弟。吾邱墓在越。顧爾輩終為越人也。工吟咏。六十以後。雅不欲與人間事。惟日哦不絕口。凡其有所紀於外。有所動於中。悉著於篇。辛卯冬。一取而焚之。存者僅二三百首。閒適之作而已。後目昏。不能視。日命諸孫誦有明一代之作。據案莊聽。欣然而喜。愀然而悲。家人莫能測也。善草書。入懷素之室。所著有尺牘鈔四十卷。中朝疏稿二十卷。甲乙新聞五卷。素無疾。庚子七月。一病不復起。戒子孫曰。聖朝重遺老。他日吾墓道上。書賜粟老人足矣。年九十有三。見唐紹祖改堂文鈔。

李永昌

吳三桂叛滇中。東南騷動。江右界在兩湖閩越閒。三面鄰賊。李將軍名永昌。號鳳山。奉新人。以從譚固山收江西。起行閒。積功至把總。甲寅。檄守南豐。五月。閩賊犯城將軍鼓勵士卒。同長子世芳。三子名芳。奮勇出戰。自初八至十四。轉戰七晝夜。斬賊四百餘級。乘勝追逐。至沙洲。近賊巢。將軍所將百餘人。酣戰。分擊所向披靡。賊衆數千。從林谷中猝出。撞擠衝擊。我軍不得合。名芳以馬陷汚田中。爲賊所害。將軍戰益力。絃絶矢盡。猶手刃數十人。乃顧謂其下曰。事無可爲。吾惟以死報國耳。遂遇害。世芳將數騎。從間道突圍出。尋父弟不得。而將軍戰馬。忽從賊中歸。哀鳴躑躅。若有所訴。而後知將軍殉焉。後三日。購屍以歛。猶握刀甚固。英氣凜然。見者咸哀之。奉旨贈永昌參將。名芳都司僉書。見帥我墨瀾亭集。

慶州老人

慶州老人武平宇。不知其眞氏名。年七十餘矣。康熙戊午後。來福州。寓居余西園東偏。嘗步臨池上。與予兄弟游。爲予誦尚書禹貢甚熟。自言弱冠爲慶陽諸生。任俠好酒。嘗因醉殺所愛妓。因亡命爲賊。時天啟六七年也。又言闖獻皆後起。闖獻盛時。已革心歸明。宏光後。隸興平伯高傑軍中。腰玉矣。本朝兵南下。遂遁跡入河南。入粤。其門下人從新朝。往往有至藩臬都帥者。語未竟。泣數行下。自是數來書室。輙繙兵祭酒梅邨所著綏寇紀略。案其語。日月不失尺寸。如孫督師傳庭出關敗師狀及四鎮争揚州時事。所語尤詳。其貌不踰中人。平居恂恂。不妄發一語。不知其為武人者。遇有所感觸。輒奮袖起舞。意氣激昂。顧影自詫。謂尚可一用。燈炧話寂。則兩淚龍鍾。問之。復不肯自道也。丁卯冬。將送其女於汀州。與予兄弟來道別。云此去。將與君永訣矣。平生一腔熱血。今灰心矣。亟挽問其姓名。堅不肯應。曰。吾子尚不知。君勿復問也。明年。果卒於汀州。（見林佶樸學齋集。）

沈貞孝先生

貞孝先生者。沈留耕先生之私謚也。先生諱澂。字亦清。晚廬留耕草堂。又號留耕。本生父諱麗。本生妣潘氏。嗣父諱鈴。早卒。母姚氏。以節孝旌。先生少失恃。本生父不甚愛憐之。童時常從父至會城。城中肩摩轂擊。不能辨路歧。誤走入旗下。旗下人留以為子。遇之厚。已而欲妻以女。先生以未奉父命。固辭不得。遂潛歸。是時。本生父欲為弟鈴立後。思先生方亟。節孝亦賢。先生歸。為之娶於董而立之。先生偕董孺人事節孝。朝夕惟謹。節孝愛之若己出。時有節孝戚某代理家事。忌先生得母心。思間之。然節孝素嚴。所居有銅墻鐵壁之謠。雖至戚不得常見。會節孝病。與婢阿都謀所以間先生者。以節孝管鑰付先生。先生故質直。為母病固當代母勞。遂不辭。某因譏之曰。

姊以為澈孝乎。殆甚利若死耳。節孝驚問狀。乃婢與同詞。以執管對。節孝怒命先生夫婦出居外。屏不與見。先生自傷幼失愛於本生父。至是又失嗣母歡。憂懼不知所出。每中夜呼天。願減年以益母。又徒行數百里。禱九蓮華山。一步一膜拜。足以重繭。已而母漸愈。初母病時。先生雖屏居外舍。日往節孝所候安否。不得已私問婢。婢所對。率不實。至是聞母愈而未敢信也。會母欲檢點奩中物。先生竊喜曰。母能檢。母果起矣。然以前曾代持管鑰。中戚與婢讒。節孝疑終不解。一夕大風。節孝方獨坐。忽有呼母聲。入耳甚悲。節孝心動曰。何其聲之似澈也。驚問婢。詭曰弗聞。先是數聞是聲。亦數問婢。婢輒如是對。至是心意其為先生也。婢復對如初。因恍然悟婢之詐。而先生無罪也。叱婢立召先生。先生至。淚猶汪然。跪節孝膝前。痛哭不止。節孝亦哭。責問阿都。阿都具白前事。則皆戚其利節孝所有。誑娶阿都為小妻。而為之用也。遂為母子如初。然節孝自是默默不自得。未幾董孺人病亡。節孝益不快。舊疾復作。節孝知病不可為。而先生未舉子。即命先生續娶陳氏。數月。而節孝卒。先生痛哭。幾絕而蘇。未期。即營窀穸於里之棲軍嶴。親負土畚。為傭者先。奉嗣父之喪合葬焉。去墓數十步。有丙舍。曰留耕草堂。先生即廬於是。墓旁有田數弓。著蔴衣荷耒躬耕以祭。既終喪。

而先生亦病矣。益嘔血若膿者及百日而卒。年四十一。孤子樹德。未及三歲。後二十年。乃克葬。是歲陳孺人與姑姚同表門閭。稱雙節云。（見楊繩武古柏軒集。）

楊氏雙孝

楊氏有孝子。曰有貞。孝婦曰唐氏。有貞名士選。蘇州吳縣人。唐即有貞婦也。有貞六歲入塾。塾師講古孝行事。同舍兒多倦聽。有貞獨詰問原委。並為人解說。見者異之。或啖以果餌。必攜歸餉母。母嘗暑夜課績。有貞手扇驅蚊。仍口講所業。人咸謂是兒孝顯性然也。父公瑞。故業儒。家中落。乃謀治生。行賈中州。屢耗其貲。不得歸。鬱鬱致病。病且殆。有貞年甫十六。獨行省父。道經長江。風雨暴至。白日為晦。鄰舟覆者數矣。有貞泣禱曰。某數應死。但願一見父。扶歸故里。死無所恨。禱畢。風漸微。雨亦漸止。舟竟得全。人呼為孝子舟。時父病日久。家耗隔絕。自分無生還期。忽夢人告曰。若有孝子。行且至矣。當即歸無恙。已而有貞果至。父驚喜過望。病頓愈。有貞遂奉父歸。而身代父勞。出經營四方。從此家漸裕。父有所欲。雖遠必致。嘗思食龍眼。時遷居下堡。去城遠。而洞庭東山稍近。因渡太湖覓之。中流遇風。同舟數人皆落水中。適有救生船至。數人者為風浪衝激。不知所之。獨有貞得救。人謂此亦孝感所致也。唐氏相有貞。

事舅姑。初有貞家貧。脫簪珥佐朝夕。復遇歲歉。身食糠粃。而甘旨不缺。隆冬寒甚。以針指所得。置棉衣四。父子姑媳各衣以一。氏謂有貞曰。舅姑年老。非重棉不能禦寒。吾與君尚壯。可忍耐也。因解衣衣姑。有貞亦解其衣衣父。夫婦俱單衣卒歲。卒無悔恨。姑多病。常沈迷牀蓐間。一日雨甚。雷電繞屋不止。氏跪階前禱曰。氏果有罪。不敢逃死。但勿驚吾姑。已而雷止雨收。姑忽起曰。媳安在。吾病行愈矣。姑後病疽。醫者咸謂不治。氏抱姑大慟。親以口吮之。出膿血數盌。明日醫來曰。毒已盡去。今可治矣。數日而姑愈。聞者以爲奇孝。古未有也。居喪哭泣盡哀。目腫出血。歲時祭享。夫婦盡志。淚下霑衣。年老不衰。人以是稱爲雙孝。見楊繩武古柏軒集。

東氏三節

三節者何。東氏三節也。東氏者何。河南光山縣人也。光山縣人何以祀於通海。東氏有婦曰盧氏。死於通海也。盧何以死於通海。以其舅東旭謫戍通海也。旭何以謫戍以官御史也。官御史而謫戍。其以言得罪歟。其非以言得罪歟。不可得而知。而考其時。則當有明洪武年。旭謫通海。遂死通海歟。非也。死於中途也。死於中途。盧何以死通海。旭既死。有司起其家以續戍也。起其家以續戍。於是旭之妻。旭之子。旭之女無一免焉者矣。東欽者。旭之子也。為光山縣生員。率妻及妹奉母以行。未至戍而亦中途死者。其母也。既至戍而謫海外者。其妹也。未幾而欽亦死焉。欽之死以戍兵調征和泥。歿於陣也。于是乎東氏所遺。惟欽妻孑然一身矣。其妻痛一門喪亡俱盡。孑身無子女。日夜號痛。誓守節終身。以奉東氏祀。困苦窮陋。衣食常不給。然志彌堅也。俄而某姓者。謀欲聘之。欽妻峻拒之。言者不已。遂縊於室。鄰究而救之。得甦。遂不食。鄰婦勸之屢。日氣稍平。某姓又強致聘具。欽妻棄其物門外。拊膺大慟。仆地欲絕。復不食者三日。適欽妹自海外來。勸使從己。避於其家。欽妻許之。行及海畔。令欽妹先行。度相距遠。遂躍入水中。欽妹急還救之。則死也。即盧氏也。死之日。洪武辛未七月二十八日也。嘉靖丙戌歲。立祠于湖上。盧氏之死也。以念夫也。欽之死也。以代父也。旭之死也。以承君也。婦以夫死。烈也。子以父死。孝也。臣以君死。忠也。三者天下之大節也。而萃于東氏一門。于是額其門曰。東氏三節云。見趙城集

薈蕞編卷五終

薈蕞編卷六

清　曲園居士纂

曲阜顏氏事

曲阜顏檢討光斅。海内所稱學山先生者也。光斅同母兄弟三人。伯光猷。由翰林出爲安順府知府。稍遷河東鹽法道。光敏由中書爲吏部考功員外郎。父某。母朱氏。魯藩近屬也。明崇禎十五年冬。我師入内地。郡縣失守。時光斅祖賡明。以河間太守。闔署自焚。家人呂某。從烈燄中抱主少子逃匿。後爲壽州通判。光斅父聞亂。急省親河間。我師已下兗州。道梗不得前。父踰城傷足。爲邏者所及。見偉幹修髯。不忍殺。詰所藏。以實告。即共輿至家發藏。果然。旗長知爲亞聖裔。乃大驚曰。二等聖人後。固如此其不欺乎。遂詢一家老幼所在。答以親守嚴疆。妻子逃散。生死皆不可知。旗長始言河間守已焚死。或言近郊一少婦。不肯入伍。被斫。父曰。此必吾婦也。往視猶未殊。急裹創載歸。則又驚曰。二等聖人家男女盡如此節烈乎。已而圍解。呂奉主少子歸。獨不知光敏所在。光敏甫二歲。孫嫗抱走被擄。嫗固黑而有力。汲水負芻糗兼二男之力。營中利賴之。不殺。其兒或更相嗢抱。至關外始得間脫走。距兗州百餘里。嫗一日盡氣奔回。則巷無居人。蠨蛸在戶。以爲主家已喪亡。倚墻悲哭不能止。曰吾重跰至此。祇爲顏氏一塊肉。令安所置之乎。良久。得一人。告以顏氏已歸曲阜矣。此空宅也。嫗聞。收淚遽起。時日將暝。嫗又狂走三十里。抵曲阜。顏父在庭。嫗無所見。直入內室。以光敏置朱氏懷中。曰還主嬰兒。拍地大笑不止。朱曰。汝顛耶。嫗笑既久。乃徐言亂離後情事甚悉。朱曰。自今以後。嫗永子之可也。後光敏得官。常迎養嫗。逮嫗死。爲持喪三日。光猷光敏。皆先母十年死。朱氏享年九十。一日沐浴冠帶。與家人訣曰。吾可以逝矣。端坐而瞑。朱夫人族某遭亂散走。婢張氏抱嫡子流離旁郡。行傭不給。一巨室以朱氏子爲嗣。已用巨室籍。爲諸生。會今上初載。下寬大之詔。俾先朝苗裔。得復本姓。歸其田廬。張氏乃爲朱氏子泣言所以。朱氏子既復姓。乃置酒召耆老及諸所與游者言。欲爲張氏加冠事之如母。張氏艴然曰。吾朱氏之不成妾也。今主君主婦何在。而吾敢乘時竊位。吾以姐始。亦以姐終。願勿復言。見張符驤依歸草。

郭海若

先生姓郭氏。諱允觀。海若其字。山陽縣學生。少持重。跬步不苟。學者皆尊事之。游其門者數百人。閩都御史子。弗閑於教訓。都御史弗能禁。先生以歲首謁文廟。遭闖子於途。衣婦人衣。怒號之。予杖二十。且曰。閻氏子非吾徒也。都御史踵門固請。乃麾之。蓋見絕於先生之門。懼鄉里終身以為疑。議其言規行矩。風度凝遠者。不問而知為先生弟子也。鄰災。延燒數十家。先生親殯在堂。卒不得動。火及門。先生號泣徬徨。闔門伏棺上。欲與親骨俱燼。四圍盡爇。而先生居舍。巋然獨存。令表其廬曰。孝子之門。海州一老先生。與先生同姓。避亂。攜妾僑山陽。有子八齡。而同姓病困。妾苦啼。慮無以送死存孤。同姓曰。聞此間有郭海若先生。義士也。亟請以往。則言身後欲以累公先生深念久之曰。公所託不敢辭。然當歸謀所以安公妾者。乃惟命耳。遂去。旦夕復往。謂同姓曰。公可以瞑目矣。吾闢舍旁一室。以閑置公妾。雖盛暑不得出。吾令人穴其窗。度可饋食。兼有一老嫗與起居。公八歲兒。吾教之。不令絕公讀書種子。其區區衾斂。更不足為公憂。同姓遂瞑。先生殯葬之成禮。迎其寡婦孤兒於家。館餼之。久不厭。孤兒年十八。補海州學官弟子。於是同姓妾。閑置已十年。先生乃破戶出之。俾與俱去。且曰。吾幸不負若翁垂絕之託。吾家貧。本不足以贍若母子。顧義不得辭耳。令若長。宜自供母。而歸守先人廬墓。吾又為若營館穀。不憂無以為生也。同姓子與其母感泣。乃謝去。先生行誼。卓卓可稱道。多此類。（見張符驤依歸草。）

咸默

咸參軍名默字大咸山陽縣人也少補諸生負氣節用邊才薦為左懋第參軍先是崇禎末懋第奉使察核左良玉軍未報命而北京陷宏光襲位懋第請往哭寢園通盟好默以執事從既至燕懋第辭氣不撓因留不遣江南尋入版圖所在嚴薙髮令懋第從事副將艾大選率先應詔懋第怒笞之大選愧憤自殺懋第遂論死棄市司務陳用極遊擊王一斌都司張良佐王廷佐守備劉統皆同日就刑于時默慷慨流涕曰不有死者何以報國不有生者何以報公乃負懋第骸骨葬之萊陽又歸葬用極於崑山皆哭之成禮一斌以下四人為埋屍燕山潛識之默既沒人莫知其處晚託業青烏芒鞵所至人有識之者曰故參軍辛巳秋始識默于淮陰讀所作哭萊陽詩以為此皋羽之徒也相與抵掌易代時事默言南中爭王之明時已親在燕都知烈皇之無嗣亦已決矣而廟算之巧欲渙敵國之人心故與之以成方遂使自為瑕釁而奸臣不察區區用售不疑之故智何其愚也又言三百年之天下時文壞之嗚呼豈不然乎見張符驤依歸草

滄浪水樵

滄浪水樵者。逸其名。父為隆武顯官。與鄭芝龍不協。仰藥死。水樵傷父死國事。易代後。不求聞達。惟以名山水自娛。五岳四瀆。遊蹤幾徧。貝勒初定七閩。下教錄用故明大臣子弟。水樵不出。則使索之山中。水樵蓬首披麻。出見使者曰。哀哉天乎。奈何僇然衰絰之中。而靦顏衣錦臨民者乎。使者感動。終喪後。屢辟不起。或徵其辭。水樵慷慨出涕曰。吾極知興朝用人不次。無論憑藉先人餘蔭。足以坐致通顯。即令某提三寸管。與諸少年角。亦未必不博一第。今已矣。自吾考逆溯而上。世為亡國師保。受恩深重。非他族比也。已矣。長為農夫以沒世矣。生子不令就試。但知書識字。諳於大義而已。海甯張子聞而高之。欲邀與語。水樵嚚然鼓櫂滄浪而去。或曰。此前孝廉興化李季子也。（見張符驤依歸草。）

高查客

高君不騫。字查客。世稱小湖先生。松江華亭人。仁皇帝南巡至松。詔求名士可備顧問者。提帥張侯雲翼以君對。以布衣召試行在。稱旨。是日閱射畢。命獻詩及駢體序。日已晡。不創稿。立成。繕進。大悅。賜帑銀百兩。又命張侯贍其家。俾扈從入都。既至。賜第西華門。供奉內廷。偕翰詹諸臣纂書南薰殿。累朝秘書。多貯皇史宬。人莫至。命君乘廐馬入直檢書。御衣御書御硯。內府珍味。賜賚與諸臣班。紀恩詩屢奏。未嘗不稱善也。如是者九年。上以君効力久。欲予翰林官。諭掌院事揆學士敘。有現缺。以高不賽補擬。時中允缺官當補。而事閣銓曹。不下。君亦退讓。不願躐取通顯。遂授翰林院侍詔。兼三朝國史館收掌官。纂書如故。君乞旨。敕所司引行釋褐禮。許之。人以為榮。居官二年。因乞假葬母。遂予假歸里。不復出。幼多疾。十三始識字。十五畢四書五經。通其義。不屑習舉子業。著述程古作者。挾詩文遊吳越間。朱檢討彝尊高學士士奇。咸推轂君。太史何焯張大受輩交莫逆。所至文壇騷幟。傾其坐人。然不求聞達。自署華鄉釣師以見志。是故行年將五十而後受知天子也。及其歸也。年及耆矣。園廬數椽。從深竹間入。俯臨荷池數畝。敗壁頹垣。圖書充積左右。蕭然自得也。問字求詩筆書翰者。限幾穿。肆應習霍。茂不滿志去。亦以是給朝夕。與縉紳文學。說古今典禮據經援史。紛紛不已。大吏涖斯土。及四方使軺至者。恒造廬。君必延見。精力健王。善劇談。騎從饑疲徙倚。窺賓主方促膝抵掌。民事損益。邦邑利弊。留連未能別也。林下二十九年。如是者以為常。娶徐氏。生二子。俱前卒。六十四。側室生子羽翼。府學生。八十生子為人後。八十四生子本李。君教子。以窮經博古。勿專尚舉業。羽翼十六始冠。行筵曰醮客之禮。近代未聞也。君食椒而壽。冬至後。無病卒。年八十七。所著商榷集。羅裙草傳天集。松圩書屋集。晚歲爲詩。尤典奧。必自注釋來處。見黄之雋唐堂集。

楊藝

臨桂楊義士。名藝。行二。字碩父。福王時。廣西巡撫瞿式耜客也。少年落魄。任戇言人休咎頗中。動無所忌諱。幕中人稱其痴。藝因自號楊二痴。終已不合去。順治六年春。定南壯武王孔有德帥師入湘潭。執何騰蛟。傳檄至粤。粤人懼。時式耜以閣臣留守桂林。而張同敞督師以禦我。七年十一月。王破永及全。直抵靈川。入嚴關。諸僞將遠遁。同敞乃乘夜獨泅灕江入桂林。見式耜相對泣。相誓以死。王既下會城。執瞿張令降。不從。幽之月餘。而後殺諸市。式耜被執時。家屬匿藝所。事發。並執藝。藝不屈。王義而釋之。式耜死。藝服衰絰。懸紙錢滿衣。行窸窣有聲。號哭營市間。見纓弁袴鞾短後衣者。輒叩頭。請言於王。收斂主人。王聞之曰。瞿某有客。義若此乎。并同敞屍許之。遂得葬。時有釋性因者。永明王時給事中金堡也。謫戍不赴。爲浮屠於桂之茅坪庵。亦上書定南王。言收斂瞿張事。其略曰。古之成大業者。必表揚忠節。殺其身而愛敬之。若唐高祖之於堯君素。周世宗之於劉仁贍。元世祖之祭文天祥。明太祖之祠福壽。是也。襄國之忠臣。與開國之功臣。皆受命於天。以分任乾坤之事。天下無功臣。則世道不平。天下無忠臣。則人心不正。事雖殊。軌道實同源。王既殺兩人。則忠臣之忠見。功臣之功亦見矣。抑又王見德之時也。夫殺兩人於生。王所以為功於本朝。禮兩人於死。王所以為德於天下萬世也。請具衣冠。為兩人斂。并擇付親知。歸葬故里。則王播仁義之譽於無窮矣。侍者詣府將投書。遇藝。藝知已得請。遂不上。後以其書貽瞿氏式耜。予梓其書以行。而不及藝。由是楚粵閩但知性因文字有力。而藝泯泯也。堡後徙粵東。更名令釋。號澹歸。有集百餘卷。其言藝事甚詳。且曰。以吾書掩藝功。吾為竊名。瞿氏子為負德。式曰。藝。式耜同邑人。見黃之雋唐堂集。

王默城

王君諱之麟。字對揚。默城其號。常熟人。庚子舉於京兆。雍正六年揀選知縣。君願改教職。遂補淮安府安東縣學教諭。明年淮屬大水。上臺檄君分查安東飢戶。時一望瀰漫。君乘小舟行田中。舟膠。乘馬。馬躓。乃騎牛。衣履霑塗。徧歷村戶。得飢民二萬餘口。以報縣令。令愕眙曰。君所查一隅耳。多若此。如合縣何。請減之。君曰。吾所目擊皆旦夕死。孰當賑。孰當死。不知所減。爭不得。馳訴於府。府難之。適布政使白公按行至君痛哭陳所查災民寒餒待斃狀。力懇全賑。白公心動。許之。旋委君倲賑。時無穀。以銀代。君計銀經胥吏手。災民十不得五矣。乃按戶口。親自核析。爲萬餘封。三日夜始竟。目眶盡赤。是時飢民洶洶。縣令出賑。裂其輿。丞往。脫其鬚。君至。則老稚懽呼曰。活我者。師爺也。於是他所未經君勘者。胥怨當事。因并檄君覆查。自東邑及鄰境凡十八處。復得應賑者數萬戶。當事重君。悉如所報。全活甚衆。乾隆二年秋。邑復被水。君奉委查賑。自八月至十月。冒風雨霜露。跋涉沮洳泥濘閒。無晷刻息者。自十一月嚴寒。疾疫方作。君感之。卒病僵賑餓廠中。星夜舁歸。遂不起。見沈起元敬亭集。

顧玉停

顧陳垿。字玉停。號賓陽子。太倉州鎮洋人。乙酉舉於鄉。康熙閒。以薦入湛凝齋。纂修六壬易課律數淵源中和樂府諸書。書成。議敘補行人司行人。君資稟超卓。讀書必詣微。多冥契創獲。不主故說。爲詩詞。數百言立就。逸趣坌溢。然以爲戲。其傑構必窮日晷。力追古人而後止。詼諧跌蕩。善談言。於義理精奧。是非疑似。以單詞剖。晳然洞然。聞者頤解心折。遇所不可。持論齗齗。賁育不能奪。乙酉計偕入都。常客相國西田公所。公以國士目之。癸巳萬壽加科。春鄉秋會。常熟嚴僕少虞惇典湖北鄉試。君故交也。邀君往。閱事畢。而嚴公病劇。執公手。欲有託。君許以送喪歸里。嚴額謝而瞑。君經紀其喪。弔者至為之拜賓。送柩東下。中道。嚴公長子至。或謂嚴公子來。君從此入都。尚及秋試。君曰。吾已許嚴公矣。可食言乎。卒送抵家。遂不會試。輦下公卿聞之。益以是重君。安溪李公。虞山蔣公。爭欲羅致門下。君不可。在湛凝齋也。所纂修皆出君手。每書上。聖祖必嘉獎。屢得溫旨。總裁於是契君。禮遇出同館右。時總裁館事者。皆藩邸也。邸貴重。館中人惴惴將事。承意恐後。君氣和而守介。非館事。邸有所委。輒不應。廩餼外。邸有所贈。同館皆受。君獨辭。某邸有著作。必屬君點定。一日。盡駁其稿。邸怒擲稿於地。君徐拾起曰。王何怒為。去取在王。邸復詰。畢竟誰是。則曰。陳埢說較長。既退。衆為握汗。同館方學士苞曰。君奈何捋虎鬚。君曰。吾所守者。是非之正。守正無罪。阿則罪矣。明日。邸卒從君說。愈推重。稱為顧夫子。未幾賜第京師。飭官津送封公來京就養。封公至。君方在熱河。聖祖遣官護君回京省視。諸異數。皆邸轉奏之力也。然竟不得一第。每榜前。嘗謂顧玉停作會元。乃稱及榜發。主試者以不得顧玉停為恨。及第者亦憾榜無顧子。及就館職議敘以去。諸邸咸惜之。而君顧不以介意。為行人。頒詔於浙。浙撫方監臨鄉試。移文欲止詔書境外。以俟撤棘。君移覆接詔重於監臨。且非內簾比。使臣不敢宿君言於荒郊也。撫軍遽出迎。詒人謂君得使臣體。性至孝。先居母喪。不飲酒食肉。不內寢。麻衣草屨。未嘗一日去身。末俗。吳喪衣墨。見君衣如雪。婦豎嗟歎。目為真孝廉。自行人假歸。侍奉封公益謹。家故貧。閒出負米。不踰百里。復不踰一旬。乾隆元年。詔起官。辭弗應。尋詔中外舉博學鴻詞。顧公琮巡撫江蘇。欲以君應。君力辭。而王宮詹奕清。已以名聞部檄敦迫。竟以親老辭。封公歿。君年已六十有三。哀毀一如居母喪。余時官河南。欲延主大梁書院講席。援范文正公憂中掌學睢陽故事以勸。君執象山責呂東萊故事。堅謝不赴。少讀皇極經世書。至無口過易無身過難。無身過易。無心過難。四語。憬然汗下。後讀參同契。首楞嚴。謂性命之精。在此二書。實一貫也。手自箋注。晚讀象山集。掩卷歎曰。先生之學。以躬行實踐為主。謂其近禪者。妄也。自命為象山後人。有以程朱之學諷之者。君亦無所迕。然所心得。所服膺。則在是。君生平絕學有三。曰字學。曰算學。曰樂律。嘗造八矢注字圖說。謂字學居六藝之末。聲音樂也。形體書也。而口出耳入。手運目存。則皆有數焉。惠學士士奇。孫通政勷。得其書。置酒延君請其說。君為言經聲緯音開發收閉之旨。及每矢實義。一矢未發。則聲不能出。字有所避。八矢盡而音定字死矣。二公歎為天授。在湛凝齋。外廷送算學三百餘員候試。主者令君與試。聖祖親策之。得七十二人。君爲冠。内廷呼爲算狀元。君於字學算學。溯流窮源。遂通樂律。兼精醫術。所著有洗桐集九卷。抱桐集三卷。八矢注字圖說一卷。鍾律陳數旋宫知義各一卷。無益之言一卷。讀四書偶見三卷。讀内則一卷内則音釋一卷合注龍虎上經參同契二卷。注首楞嚴五卷。癸巳治疫記三卷。見沈起元敬亭集。

邱天民

滕縣令邱君天民字次衡。襄陽宜城人。雍正八年選拔入貢。故事。貢入太學。次補教職。世宗不次求才。特詔天下貢士廷試。後引見拔其尤以知縣用。君得與選。發往山東試用。初攝霑化。坐事被劾。後河東制府王公薦。復起攝鄒平。旋調陽信。時有老瓜賊出没山東河東直隸閒。爲行旅患。老瓜賊者。專伺孤客。一賊昵客同止宿。誑客早行。餘賊爲坎道旁。俟客至。蜂出縊客。破其腹。裸而埋諸坎。攜贓以逸。慘毒甚於他盜而地無屍迹。死者家不得死所。無可控。賊不巢聚。捕治不即得。乾隆五年。巡撫朱公奉上諭嚴緝。擇幹吏八人責之。君與焉。半載後。君訪得賊首楊姓。誘之至。其人魁岸駢脇。年五十餘。能數人敵。庭詰之。無懼色。君念事無左證。不可以刑。好言語之。潛令人取其家所藏贓物示之色微沮卒不吐復飲之酒至五斗賊大呼曰今日願就死耳具吐平日殺人狀及年月日殺者姓名瘞屍所同黨某某漏盡四鼓盡得實翼日飛檄分捕同黨盡獲三省謀殺五十餘獄皆具得所埋屍二十六撫軍具以報咸置之法自此瓜賊滅迹君之功最先時沂水有曹黑三人謀死馮石二人一事獄久定君鞫瓜賊時賊具言殺沂水二人狀乃知殺人者非黑而黑已斬二人在獄衆謂前人不欲平反君曰黑死誤耳一誤可再誤耶力白於院讞定乃出二人於獄前令及主是獄者皆獲罪於是民胥頌君神明而忌者遂衆旋以卓薦調滕縣失知府意被揭去官見沈起元敬亭集

隨州牧翟侯

翟侯名枚吉浙之秀水人治隨十年凡為民去害興利者不勝述其最大而奇者丁酉平逆一事初湖南人萬育生自言有妖異術能致神兵奸民附之陰結為渠帥者六七人偽造劄四出煽誘連河南旁近郡聚徒至數百人謀於隨之光化舖起事康熙五十七年四月某日燒民廬舍持梃刃大噪趨據獸山居民出不意無以禦賊至山半風雨大作砂石飛擊面賊驚潰民乘勢發壘石擊之賊不得上乃徑趨州城呼聲

聞數十里。沿路焚劓。而隨素無防守將卒。變猝起。州民大恐動。侯見事急。親跨馬。將左右數十人。大呼吾民勿怖。第從我立取賊。民喜躍。立聚數千人。擁侯馬而前。賊望見稍卻。侯馳入賊中。叱從騎。縛其魁六七人者。諭其餘曰。賊魁已得。汝曹皆脅從。吾當言上官。宥爾命。有敢抗者。吾縱騎殲爾矣。衆皆崩角稽首曰。公幸活我。是日也。賊以辰來。至申而定。縛七人外。餘數百人皆散。不知所之。蓋侯素嚴保甲。賊初入境。即廉得其跡。侯故密有備。故倉卒出此奇。當是時。民咸以為神。先是獸山寺中。舊藏兵器若干。夜中居民望寺内火光燭天。爭趨救。則所藏刀箭鎗礮皆起赤燄。熊熊然如是者三夜乃息。及賊發。縱火燒民舍。勢甚洶洶。總督滿公。率諸監司。急勒兵趨隨。比至。州事已定。侯俘七人以獻。滿公大喜。即以囚畀侯。命竟其獄。獄上。督撫杖七人斃之。見王汝驤集。

田贈公

田贈公名雨時。字霖商。陽城諸生也。明末流寇入山西。所至州縣。多附賊。陽城人聚而謀曰。賊所過以城坑者。必盡殺乃已。今旦夕至。且若何。贈公曰。舉城畀賊。城中人皆賊矣。與為賊毋甯死。然徒死而城終勿完。死無益。不如避之。賊何利吾空城。且無所肆其毒。與其以百萬衆攖賊鋒也。衆曰善。陽城得弗殘於賊。亦無一人從賊者。方賊之逼也。贈公盡室行。當是時幼子年幾歲。兄之孤年五歲。及郊。猝遇賊。公度弗兩全。遂棄幼子。而負其兄之孤入風神嶺。竄崖谷以免。賊去。贈公。返而求諸途。則幼子匍匐深草中。望父而啼。攜以歸。俱免於難。鄉人高其義。多以鄧伯道事歸之。贈公曰。不然。吾子與兄子均耳。顧當倉卒時。念伯氏所遺止此子。此子死。是死伯氏也。吾不忍。以吾子易伯氏。終亦不忍。必死吾子也。屬有天幸。果不死。藉令竟死。若謂我忍棄吾子。博名高耶。願諸公勿復言。迄終贈公世。竟弗言。故相國文端公者。贈公仲子也。未嘗知有存兄子事。久之。文端公令英德。少宰甬江仇公過焉。前所存兄子曰慎典者。與少宰縱談生平事。具道五歲時從叔父避賊始末。少宰作而起曰。是史氏之責也夫。翌日為文。表贈公之墓。其事乃大著。（見汪由敦松泉文集。）

范芝巖

介休范君諱毓䭲。字芝巖。明初有至剛者。自介邑徙居張原村。七傳而至君祖肖山公。家大起。市易邊城。以信義著。國朝定鼎初。召至京師。授以職。力辭。因命主貿易事。賜產張家口。為世業。歲輸皮幣入内府。子德淵繼之。中歲感疾歸。君代其事。承祖父遺業。曉暢邊地阨塞險易。蒙古諸部長。往往知君名。親戚內外。藉君衣食者數十百輩。君一見。悉知其人。材具短長。敏鈍程材。而授之事。事無不舉。燕楚交廣諸大都會。多所置辦。從君口授指畫。雖生其地者弗能易。生平坦肝膈示人。人樂為用。康熙丙子丁丑間。聖祖有事準噶爾。官軍餽饟率以百二十金致一石。且或後期苦不繼。辛丑西征。官運視前值為準。君孰籌之曰。三之一足矣。遂以家財運饟萬石。贍察漢叟兒軍。費一如所計。刻期至。無後者。雍正五年。世宗討策凌。師出西北兩路。籌饟孔亟。怡賢親王知君前運饟有成效。以君名薦。立報可。君感上知遇。悉力自任。計轂多寡差道路遠近。以次受值。曰洪郭爾鄂倫。曰鄂爾坤推河。曰塔木爾。曰查克拜達里克蒙古爾拖羅海。曰烏里雅蘇泰白格爾。曰察漢叟爾。而以科卜多為最遠。其值自一十一兩五錢。至二十五兩有差。其先後籌運米石。有請於察漢叟兒官倉存賸借支補運者。有請於直隸山西州縣。及湖灘河所倉粟支給。而輸其值歸司庫。俾出陳易新者。有頓遞於羅鄂波。沿途支給者。擘畫悉中機要。計部一如所請。不少掣其肘。君益得自展布。車輛駝負。所需人工牲畜。器具資裝。芻糧鞅靽。率先期集辦。臨事咄嗟應手。得經窮荒沙磧不毛之地。崇山沮澤。作屏夷治。接軫銜尾。幕府所在。儲胥充裕。

軍得宿飽。前後十年。所運米凡百餘萬石。所省大司農金錢六百餘萬。較最先所定值不啻百億萬矣。辛亥壬子間。寇犯北路。所失米十三萬餘石。牛馬橐駝稱是。憲皇帝命據實報銷。君以軍興急。不可懸待。復補運如所失數。費白金百四十有四萬。不以上計部。至大兵既撤。所運科卜多米。胥改輸近地。計部概以近值核銷。運戶前所受遠值。當追繳。君曰。運戶悉窮乏。所受值隨手罄。改運已無力。況追所受值乎。且追亦何可得也。即如所改地償其值。而代輸所應追者二百六十二萬餘兩。先以歷年應領米鉛價九十餘萬兩扣抵。餘立五限輸計部。乾隆三年。奉命採辦洋銅。運京局。以抵分限應輸之數。又奉命採參烏蘇里綏分。歷三年。所入視前為多。迄不敷成額。八年部議。以應折參價。及所逋運值凡百十四萬兩有奇。悉辦洋銅輸西安保定湖北江西江蘇五布政司備鼓鑄。銅產東南外洋長崎諸島。賈舶風帆出沒洪濤巉巘中。倭夷居奇留難。承辦官屬十餘年。不得如額。指為畏途。君曰。吾受恩重。此吾分也。立遣人駕巨舟赴洋採辦。其始終任事。不擇險易類如此。以雍正七年特恩優敘予太僕寺卿銜。再加二級。章服同二品。前此所未有也。十一年以部案波累削職。而所供辦悉如故。國家因才器使。善用其長。委任當而無遺賢有如此。而君之智力。誠亦有過人者。蓋兩得之矣。見汪由敦松泉文集。

李孝子

李孝子。名維熤。字裕光。江南寶山人也。生十歲而父歿。哀慕逾常兒。終三年不離柩次。人呼曰小孝子。家貧無以養母。乃棄舉子業。任門戶。力求甘脆進母。而自食藜藿。母偵知之。呼與共食。遂長齋淡食以慰母焉。母得喉間疾。醫不能療。孝子籲天三晝夜。母夢道者授以針曰。以汝子故。為汝治之。汗流浹背而愈。又嘗患背瘡。醫言當用艾炙。孝子恐母不勝痛。先自試。輒以大痛乃止。稽顙北辰。願己壽以益母壽。母亦獲愈。雍正十年七月。海上颶風大作。孝子所居江灣。距海不二十里。水至屋將圮。孝子負母匿几下。俄鄰屋俱毀。而孝子屋獨全。從兄錫泰巡撫廣西。欲招孝子俱行。孝子曰。吾安能以一日而違吾母哉。遂謝之。先是孝子喪父逾年。又遭祖喪。數年無以營葬。常布衣屏居。不與宴會。人或勸之。輒流涕曰。禮不葬不釋絰。吾有痛于中也。及卜地饒浦。隆冬冰雪。手運灰土。僵卧垂絕。有匠人過之。熅火灌以湯。乃甦。體素羸。竟以是劇。將卒。善屬二子事祖母。奉母手大慟。瞪目而絕。見彭啟豐芝庭文集。

阮世恩

阮君世恩字聿修。桐城人也。父曰暉吉。兄世忠。兄弟兩人。生而相友愛無間。相對則懽甚。一人以事出。則皆終日徬徨不寧。夜常同榻而臥。有疾病則親視湯藥。未嘗須刻離。世忠讀書佛寺。忽嘔血。世恩時以為憂。丁卯之春。世忠自為棺。而世恩監匠者髹漆其上。漆者言。兄死當在七、八月。世恩即慘愴悲懷。自以二子小百、曉日。皆成人。而兄一子。無母。且幼未授室。願以身代。禱于上下神祇。凡刺血書詞十七紙。而世恩是年遂得疾。踰年世忠病甚。醫多言不治。世恩與同榻臥。而使其二子更遞候夜間。則復禱如前。又刺血書詞十七紙。世忠尋愈。而世恩遂於是年七月四日卒。然不以告於世忠。既沒。而曉日出其父書詞。然後知之。烏乎。世恩可謂善事兄長者矣。見劉大櫆海峯集。

趙萬全

明莊烈帝時。會稽人趙應麟者。為書生。貧不自得。託教授去遊北方。與其家約。幾年當復還。後絕無有聞知留所者。應麟有子萬全。始二歲。依母丁以居。及年十許。問父何忘返。今為何在也。丁持萬全泣曰。兒知憶爾父。安使爾父誠得歸。卒撫汝乎。萬全遂大痛。食飲臥夢。若不甘者。至十九。請於丁。願出求父。丁勿許。萬全曰。母固憫兒獨。

兒去。無奉母者。雖然。願即行。勿顧時月。幸必以父還。始應麟困敝甚。走之京師。冀以獲富貴。久客。益流落挫折。崇禎末。大盗入國都。天下鼎沸。干戈棘道路。客游者多不得歸。應麟自咤意失。竟轉徙趙代之間以死。棄其家二十年矣。萬全既獨行求父。遍淮南北。環齊魯秦豫。返燕薊。嘗數日乞不得食。裂趼乳血。髮肉脱易。枵然如斷榴然。終已不遇。心疑應麟死。覩骸骼之殘委溝野者。劙膚血滲之。堅不入。乃舍去。復號呼於塗。萬全之始出也。懼己不省父狀。取牘書應麟鄉里名氏年歲。張于背以行。久之。乃至馬邑。邑故山西邊。萬全旁皇邑中。不得去。張文義者。邑人也。聞之歎曰。豈爲趙君兒乎。急走來。覘誦所負牘。良契。文義趨萬全。過我。過我。勉具客。我幸識而翁。昔亡自兵中。稱何從來。五十餘耳。顧已耄。即無所寄食。窮歸我。嘗爲我主書。方且哀其旅死也。而梛封之。手樹之柳。亦拱於原。得示子矣。萬全擗地哭。奔之隴所。仆地不能起。己太息曰。吾初誓求父生迎使還。天實靳毒予。雖然。固甚不安于藁。痛若罪。腰脊庶招魂魄歸。猶或少解吾母。竟裹應麟骨。步負以復於其家。萬全既歸。極勞勤養其母。母亡。舍於墳三年。以康熙乙巳歲卒。後四十年。大官有廉其事者。表萬全異孝。爲祠之廟。琢石旌其門。見胡天游石笥山房集。

李晉福

李晉福者，事景州諸生趙遵譜爲僮。崇禎中，兵入塞，破畿南郡縣，略地至景州，晉福方隨遵譜行野外，倉卒被擄去。家人未知也，去數日，晉福潛自兵中還，言狀，遵譜家皆痛哭，旋呼晉福，已不知所之。意其亡去也。後三歲，遵譜忽自歸，家人且懽且愕，以問遵譜，皆晉福所爲。晉福初以被擄告其家，即從遵譜出塞外，備歷危苦。遵譜初見俘時，本乘馬，馬爲人奪，與晉福徒跣行，居塞外久之。有騎過，遵譜識爲己馬，直奪之，騎者怒，拔刀斫遵譜仆地，流血幾死。晉福負歸土舍中，求藥裹創，僅乃獲愈。遵譜性蠢負氣，不能爲人下。晉福戒曰：若此且速禍，當忍俟之，脫可得歸。縱不然，猶幸免爲人戮，而尚欲如家居態乎。兩人在兵中，日益習。其弁校試問晉福，晉福詭言遵譜吾弟也。兵中嘗呼遵福有所役使，晉福輒曰：彼小弱不任，爲代遵譜役。兵中既多喜晉福者，後稍弛其防，晉福乘間，乃遣遵譜亡歸，竟得至家。遵譜歸一年，晉福亦逃入塞。見遵譜，相持泣也。遵譜於當時無晉福者，擄死久矣。晉福崎嶇不顧患難死亡，以從遵譜，卒能全而脫之，而已亦免焉。彼所謂古烈丈夫之風者耶。（見胡天游石笥山房集）

戚弢言

戚孝子名弢言。字魏亭。德清人。父麟祥。康熙己丑進士。官侍講學士。以納故禮部尚書蔡升元妾被劾。學士故隸尚書門下。部議援卑幼擅娶尊長妾為側室例。發遣寗古塔。時孝子已登賢書。隨父往。茹氈齧雪。萬苦畢嘗。孝子朝夕左右。無倦容。渠帥咸敬禮之。歷五年。雍正庚戌會試。孝子欲弗往。學士强之行。道出賀蘭山下。驢逸去。襆被盡失。孝子徒步走。會日暮。迷失路途。有老人持燈火導之。追及驢。老人倏忽不見。孝子嘗言宵行時。北風捲沙。林木怒號。狐嗥虎嘯之聲。不絕於耳。自分幾無生理也。及至京師。襪穿履脫。兩足僵裂。沃以溫湯。半日始醒。赴禮部投名。去試期僅二日。主者憐之。得入闈。竟以是科成進士。分發福建學習三年。令連江有聲。乾隆初。詔刑部行文赦諸罪人戍邊者。學士格於吏議不果赦。孝子聞之。頓足泣。欲去官。或告之曰。不念得少俸以為菽水計乎。且機會尚可俟也。孝子不得已。視事如初。未幾。制府郝公玉麟入覲。孝子往送。伏地不起。叩首乞代陳。郝公難之。孝子膝行前。持郝公裾號泣言曰。弢言所以緩須臾死靦顏而食祿茲土者。冀得一當明公意。雪父冤耳。今明公置勿理。復何望哉。引佩刀欲自裁。郝公眙瞬。亟止之。孝子旋取所上書出袖中。皆刺指血為之。郝公素愛孝子能吏事。及是惻然動容。許諾。比入告。天子憫之。特旨放學士還學士以迎養至連江部民擔酒為賀孝子與之飲盡歡而罷益勤厥職明年學士病卒孝子與櫬歸哀毀骨立未終喪而卒時乾隆七年九月二十二日也年四十有四見章有大集

盧象晉

宜興盧象晉字晉侯在天啟崇禎間與兄象昇弟象觀皆以氣節顯名於時象昇殉難死賈莊國變象觀起兵事敗死震澤時母李太夫人年已七十餘矣有何姓者與其族某訟辭連象晉逮象晉急薙髮母相累不聽守驗視其頂髮偏募謂已薙復生象晉厲聲曰未也守怪之趣薙髮象晉曰我先朝遺老也兄弟俱死國吾頭可與髮俱斷吾髮不可薙守怒榜掠之具獄當大辟巡撫疑之詰責郡守郡守懼緩象晉死乃遺書脇其母象晉不薙髮罪且及太夫人自詣獄持象晉而泣守猝入縛象晉而髡之既而釋之既出獄則辭其母投佛寺為僧太夫人卒象晉視含斂會葬畢即棄去遊名山大川所至一宿又去人無識之者長子勵徧求之僅一再見之上郡鄱陽間一日忽返宜興其弟之子以尚止象晉象晉曰我將死矣我歸我告爾葬處乃自題其碣曰委骸磯且戒之曰慎毋棺盛以缶遂終見胡宗緒環隅集

何靜山

何鼎字夏九。號靜山。其上祖當宋南渡。徙自河南。元武宗至大三年。始卜居浙之山陰。自六世祖詔以下至公。世居山陰。其著籍於湖廣之靖州也。由公之再從祖希公。以康熙丙午舉湖廣。授河南長葛縣知縣。歲旱蝗。禱於神。蝗滅。某甲殺人。辭連乙。屢鞫不就理。公怒。擲刀於地。佯笑曰。甲豈殺人者哉。甲即起持刀去。還詰之。甲伏罪。上官奏循良。公第一。擢江南安慶府知府。調浙江嘉興府知府。公越人。例不得調越。天子曰。朕知子山陰人也。雖然。何嫌何疑。而引避哉。遂之任。與其鄉人訣曰。今日予越人也。明日嘉興太守矣。初太恭人之有身也。有道士款門而語曰。汝家任子二年而生。生而秀挺絶貴顯。家人異之。已而果然。蓋公任二十有四月而後生也。公子五人。皆仕宦。經亮。經文。經永。經襄。籍從楚。起貴。籍從越。見胡宗緒環隅集。

薈蕞編卷六終

薈蕞編卷七

清　曲園居士纂

汪龍

汪孝子龍。歙縣人。祖客死蘇。柩殯舍。父之鳳。斲往迎。溺采石。當是時。龍六歲。哀慟如成人。母偕祖母止一室。龍日夕侍。無違禮。比稍長。詳祖柩殯寄狀。太慟。拜祖母與母立起如蘇。會撫軍禁淹柩。令無主者趣焚之。龍徧索柩無知者。復大慟。自分柩已焚矣。歸邸面燈坐。偶繙卷帙。行間忽忽現徑寸字二。曰以京。以京者。龍祖名也。龍驚起諦視。字輒隱。已而忽忽復現。悟曰。神其以銘旌兆乎。復往訪。倏遇灌園叟前告曰。是役吾所隸也。略悉從柩顛末。龍偕叟往。諸殯柩縱橫錯置。陰風颯颯射毛髮。在晝猶昏。秉燭下上不可得。復匝諸室柩左右前後視。又側卧地仰視。卒不可得。最後一室。叢柩紛如。抵拒撐拄中拂塵睨視。斜隱露漆字七。幾漫滅矣。再三諦審。祖名良是。撫柩痛絶。絶而蘇。當是時限叢柩不可出。議毀牆。倏雷雨大作。牆外崩。柩出。見者以為孝感也。龍謝叟奉柩還。色養祖母母終其身。方龍之奉母以居也。一夕疽發於背。委頓甚。秘勿使母知。入侍譚笑。揚揚如平常。漏再下。告退出寢門。輒仆地。舁牀側卧。始徐徐呻吟。曰醫至。割腐肉。以藥裹創口。復徐步整冠入侍。越數旬而始復。母竟不知。孝子時年六十三。後五年卒。康熙中有司上其事。詔旌其門。(見馬紫祖雋)

桑文侯

桑翁諱天顯。文侯其字。世居餘姚。遠祖仲才公仕於唐。歿為明神。載在祀典。族姓環廟而居。悉安耕讀。自翁遷錢唐。斬新其堂構。督其子弢甫。辛苦問學。學成名立。卒光顯其前人。世咸歎翁有子。翁童時。以孝聞。後以捍衛鄉井。辭功不受賞。遂以孝勇大著於時。家酷貧。無以為養。廢書治生。力為善行。至老如一日。翁行三。昆季相繼歿。十三喪母。十八復喪父。父患反胃。飲食鮮進。謀所以療父疾者靡不至。五六十年來里中有稱善養其親者。其人輒蹙蹙曰。吾何敢望小壽伯。有不善養其親者。其父母詈之。即曰。若奈何不效小壽伯。小壽者。翁小字也。甲寅。耿精忠反。翁年甫冠。衆服公義勇。請於官。推翁為練長。翁默禱於祖廟。即誓衆廟中。導以進退更番之節。約束既定。一軍兀然。九月一日。海上賊舟大至。忽遥望空中。火炬燭天。旌旗紛簇如雲擁左右翼。環甲突出。戛聲鏗然。中一人盛服勒馬立。揚鞭指麾。遂驚遁。海上居民具見之。皆咋舌以為誠感。至今海頭高阜。矗立者數處。潮上不能嚙。即昔日防哨出沒地也。土人因呼弃公墩翁既學治生。尤精岐黄術。窮探古方。自以意酌量損益。望色洞臟腑。立起奇疾。風雪酷暑中。一聞剝啄。披衣遄往。所全活無算。不取直。即有與者。緣手散盡。臟盡或無以卒歲。意恒晏如。一夕里人入戶。四顧無人。取物納懷中。翁與子從屏隙窺見。亟搖手屏息任恣取。既去。戒子勿洩。曰。吾不能早周急。令至此。可愧也。又偷兒連夕入戶。坐守驅之。後夜分穿穴者再。翁以鐵器擊地。厲聲曰。偷不可為也。其人躍出。伏於地曰。自今死不敢為偷。顧無資以營生。奈何。翁憫之。給以十緡去。卒改行為良民。孜甫業以文章發皇其篤行。同學生無以抗衍。或謂翁曰。翁積德生此高才郎。即惶遽却立曰。昔人種德。謂後世必有為三公者。吾不德。亦庶幾後世必有為端人者。高才能文章。兒何遽能爾。然亦非所靳也。年七十。有司議舉翁鄉飲賓。力辭謝曰。吾何德以堪之。後九年而卒。翁雖遷錢唐。未嘗一飯忘故里。尋常與人語。語皆錢唐。至歲時享祀祝告。則喃喃操土音。每至餘姚省墳墓。顧孜甫泫然曰。他日幸葬吾先人側。吾魂魄應惓惓此土也。孜甫泣受命。大殮之夕。雨如注。號奔而來者塞衢巷。哭立雨中。良久不忍去。則昔日受恩與起奇疾者也。見馮榮祖集

陸德本

陸紹源。字德本。荆溪蓮溪里人。幼倜儻若成人。當明季政衰。賦役煩重。父濱洲。又不善治生。致逋賦。役急逮之。而諸子皆他適。惟君最幼。獨在。慨然曰。吾雖幼。亦子也。奈何使攘攘者圂吾父。則隨役以往。不令父知。至縣。縣令方怒甚。坐堂皇。督逋賦。階下鞭撻聲如雷。人人股栗。次及君。君徐行前曰。民逋糧。罪當死。死杖下無辭。願謁一言。畢命無憾。令見君年小。霽顏曰。若亦何言。曰。公欲糧完耶。逋耶。令曰。國課安敢言逋。曰。公為民父母。欲民生耶。死耶。令曰。吾亦欲民生耳。曰。民有兩言於此。一者民生而賦入。一者民死而賦逋。夫民積歲而逋之。安能一日而入之。公緩其期。寬其政。令自今粟自石至斗。銀自兩至錢。皆續入而不加責。則民生而賦不逋矣。不然。民且死杖下。安能使杖下之鬼供賦哉。令曰。孺子言是。與定納期而返。時甫十有二歲。聞者翕然稱曰能。年十八。則又有北解之役。北解者。明時所謂白糧運者也。明初都金陵。內膳米皆民所供。後遷北平。詔蘇松常嘉湖五府。供內府白秔秋米。及各府部秔米。凡十六萬石。俾民運不以軍。而運道出長江。越金焦。泝黃河。經呂梁上候遷頓莊十有六閘。過北海口。入通惠河。其險阻既非民所素歷。而運軍又數凌壓之。爭道。故遇險輒覆。覆則身葬魚腹。復於其家責償。鬻妻及子者無算。以故聞簽為領解。舉家號慟。

君聞發。慨然曰。父兄勿憂。源願往。期年畢達而返。聞者益翕然稱能。爭欲一識其面。鼎革時。土寇掠其村。挾君去。至其寨。魁大驚曰。此陸公也。鄉里被公澤多矣。我何敢犯禮而歸。見任啓運清芬樓集。

姚孝廉

孝廉姚之琅。字樹西。號梧軒。漢陽黃陂人也。姚故世族。當孝廉時猶未衰。顧無貴介氣。布衣蔬食。淡泊自甘。性卞急。不能容人。遇有非禮者。輒面爭之。嘗居京師。其鄉先達為詩會。大集鄉人。招孝廉往。至則高會飲酒。孝廉進而言曰。盍拈韻。其曹曰。姑緩已而酒酣。孝廉則又進曰。盍拈韻。其曹曰。苟藉此以聯桑梓。申款洽耳。奚以詩為。孝廉艴然曰。我以諸公為文會。是以詰朝來。今若此。此佚遊也。何以會為。拂衣竟去。孝廉方居鄉。其所受知者適為令。孝廉不一私造。令召之。輒託故謝。及令去官候代。則日踵其廬。雖大風雨必往。讀書不屑屑訓詁。好為詩。時有奇氣。尤熟二十二史。郡縣多聘主誌局。森然有法。與人談古今事。慨慷持所見。雖羣非之。不少回。至口沸目赤。必伸其說而後已。自少時慕閔仲叔范史雲之為人。一介不苟。妻冷氏。荊布操作。能成其夫子之高。見邵大業謙受堂集。

倪懋功

倪公懋功。諱國珍。其先江南人。我朝定鼎。有邦俊者。以勦撫十三家賊。爲成都撫標游擊。家焉。公其孫也。寡言笑。尚氣節。康熙丁酉舉於鄉。雍正壬子。揀發粵西。授義甯令。義甯之東北曰雙江。苗民雜處。與楚城步綏甯二邑紅苗接壤。計千餘里。凡口小。堡七十有二。大小寨凡數百。鳥言露居。不通教化。百年來僅設雙江巡檢。以羈縻之而已。公既至之明年。楚人黃順英吳萬金煽惑粵苗。偽稱名號。公捐金。令堡目密入苗峒。誘出擒之。諸苗覺。中道劫還。合楚苗爲奸。公牒文武諸大府。請兵防衛。提督譚某。發兵四百駐之。苗稍靖。當事者意在撫。公力陳利害。勿應。知府張永熹。巡檢蔡多奇。迎合上官意。曰。小醜何能爲。但得一二人。往陳大義足矣。當事者以爲然。遂撤防衛之兵。而遣公與多奇及縣丞吳嗣昌等諭之。公歎曰。此所爲投虎以肉。徒肆其噬耳。然業奉成命。不敢辭。數日近苗穴。遥望苗人蜂擁蟻聚。喧聲震林谷。多奇潛易衣逃。衆俱股栗失色。或告曰。虜逆已決。不去禍將及公。公曰。吾固知犬羊之性。不先於威。不可以德化也。去則示以怯。今日之事。有死而已。惟朝廷印篆不可失也。付健役自間道還。曰。諭我義甯父老。堅壘城垣。以待援兵。無復念我。言畢。正襟危坐。顏色不亂如常。僟而苗突至。取弁官及隨行隸三十餘人盡殺之。禁公於土窯。絶粒六日。縛至烈日中。去其褻。掘土埋足至膝。强之降。公罵曰。逆虜。吾汝父母。汝速死吾。敢辱吾耶。苗以紙筆付公曰。若能為書大府。償黄金萬斤。得不死。且歸若。公裂紙擲筆於地大罵曰。逆虜。國家失一縣令若毫毛。汝類當無噍類矣。苗怒。割其齒。血流被衣。公罵聲益厲。齒盡。截其舌。公不能言。猶仰面噴血作罵狀。苗衆爭擊死。沈其屍於潭中。事聞。當事者護前非作公罪。上復遣貴州總督張某經略楚粤。與提督某合兵剿之。殲其魁。得公屍。并公前後狀具奏。賜祭葬。贈奉政大夫。按察使僉事。廕其子。見彭端淑白鶴堂集

石哈生宋石芝

石哈生者。或曰秦人。或曰蜀人。長七尺餘。力能扛鼎。無妻子生業。自鬻於西安某家供芻米薪水之役。惟謹。無大小皆喜之。居常寡言笑。無喜愠色。人莫測其為何人。詢之不言。問其名。亦不告。因共呼為哈生。哈生者。諺所謂無能而虛生也。獨與富平人宋石芝善。石芝嘗游滇南。察吳三桂必叛。因潛遁。及三桂之叛也。我朝遣大將軍商善貝勒。及將軍班第討之。與賊相拒於滇之石萬溪。其山三面險峻。獨一面稍平。賊據之。期年不能克。朝廷復遣張勇助之。勇兵西北人。滇路崎嶇。值霖雨。多疲敝。扶杖

而行。旗軍見之。撫掌笑曰。是尚能殺賊耶。號其軍曰張娘子軍。於是石芝黃冠道服。詣勇轅門。軍校疑為賊諜。拘以見勇。石芝長揖不拜。勇詰之。曰。某與將軍同里。聞將軍善將畧。兼下士。特為百萬生靈塗炭而來。獻破石萬溪之策。勇奇之。以禮見。屏人語曰。策將安出。石芝曰。賊所恃者。石萬溪也。彼負險以抗。必將深老吾師。故為將軍計。利在速戰。非用奇不可。勇曰。用奇奈何。石芝曰。此山東南隅。有間道。險阻無備。可通人。旗軍攻其前。將軍以銳卒襲其後。樹旗鳴鼓。令軍士齊聲大呼曰。大兵已據此山矣。賊衆聞之。必驚怖散亂。破之如振槁耳。勇善其計。次日。大將軍督戰。勇託病。使副將將其兵以行。而潛引三百銳卒。從間道步行。沿嶺攀葛以上。悉如計。賊兵果亂。遂破萬石溪。勇以為能。留軍中參議。其後平定諸藩。多出石芝策。嘗閒居。與勇語曰。某生平少知己。勇曰。如某者。不足為公知己耶。曰。某與將軍一言偶合。非知己也。所稱知己者。獨石哈生而已。及歸西安。每訪哈生於其家。必攜酒從後戶入。相見。偕至僻地。趺坐對飲劇談。談罷大笑。笑罷復大哭。興盡。棄其飲器而散。又嘗於將軍幕中大會賓客。設席虛左。或問之。曰。此待吾友人石哈生也。俄而哈生華冠褐衣草履。昂然而入。揖衆直踞其席。石芝傍侍。執壺傾酒甚恭。哈生亦不稍遜。持杯豪飲。傍若無衆賓客也。衆大驚駭。卒莫測其為何人。後哈生病篤。其主人將為殯殮之具。哈生曰。待吾友人宋公備之。主人憂其不及。有頃石芝果至。哈生張目視之。不發一言。遂卒。石芝之為痛哭。竟日。厚葬成禮而去。天下既定。將軍勇。欲表薦石芝於朝。謝之。贈以金亦不受。遂隱於華山云。石芝一出而為張將軍畫策。建奇勳。功成身隱。哈生見重於宋。其才智必有過人者。乃為人奴而不辱。彼其中固有不可測者耶。哈生既沒。或傳其善天文。故明宗室子。以石為姓。有託焉爾。要之此兩人。亦奇矣哉。見彭端淑白鶴堂集

宋釋之

宋釋之。家富平。好讀書。貧無以資。有渭南石哈興者。傭於釋之鄉。見而奇之。縱令學。以其值給之。發憤鍵門。徧讀諸經史。自朝迄夜。漏下十餘刻不衰。每丁夜居鄰睡醒。猶聞度紙聲。顧不為章句學。學成。賣卜長安。靖逆侯張勇。方少賤。食伍常從卜。輒效。心奇之。屢立功。至建牙。欲偕往。釋之不可。乃以千金壽其母。迫與俱。事必諏而後行。其秘謀密計。人莫得聞。然勇所向制勝。皆本於釋之。故秦人謗曰。勇之功。釋之功。無何。吳逆蠕動。勇督師鳳翔寶鷄間。是時三藩聯絡。勢甚猖獗。自大散關以西。皆屬於逆。逆屯兵關口。有驍將馬三保。在滇素所委任。傳令三保至。兵始出秦隴。諸戍卒洶

洶無鬬志。日夜望三保來。即欵附。勇雖擁重兵。而部下解體。一日迴顧與室。釋之潛至。拊其背曰。嘻。公無以逆故。勇愕然曰。將若何。曰。安坐封侯耳。再問。不對而出。勇思居恒遇機要。釋之不盡言。而半語隻詞。靡不奇中。乃一意堅壁。嚴斥堠。申約束。士伍肅然。既而三保爲子娶婦。遷延不至。七月。淋雨浹旬。軍皆黑痢死。勇鼓行蹴之。不交刃而蕩平。逆授首。蓋天祚聖朝。而釋之先見若此。事定。勇受上賞。封靖逆侯。勳高傲睨。獨嚴憚釋之。釋之視一切世故。泊如也。以師事哈興。於是歸。大陳金幣。邀哈興至。欲拜之。哈興瞪目厲聲曰。始吾以若爲非常人。乃爲他人作嫁衣裳。反以是啗我耶。不顧而去。釋之奉母老。青鞋布襪。徧游名山川。勇蹤跡不可得。或云訪王無異於華山。入不返。當靖逆侯時。天下初定。呼吸風雲。凡珍奇瑰異。王侯卿相所不能致者。皆歸於勇。勇必爲釋之壽。釋之曰。若功成。吾去矣。勇固留。防衛甚周。一朝。扃戶不啟。勇排闥入。則釋之遁矣。凡帳依然。所餽金寶珠玉。皆區之土牀中。籍記分寸不失。夫天下衣冠方幅。藉藉稱自好。而錙銖成市。所爭毫釐。反顏相向。視釋之爲何如。哈興卒無聞。士論尤高於釋之。釋之能前知。世多異之。或伺其出。竊發其篋。亦無他奇。惟多有太一占。（見劉紹攽集）

曲園居士曰。劉繼貢所為宋釋之傳。與彭樂齋所為石哈生宋石芝傳。互有異同。叙宋事。劉不如彭之詳。而石宋張三人交誼本末。則劉傳較具矣。故並錄之。惟石哈生為石哈興。宋石芝為宋釋之。音近字譌。未知孰是。

王時翔

閩之建甯。爲縣二。曰建安。曰甌甯。境域遼夐。民多山居。竟歲或不入縣。令是者。率季冬歷村落。督逋賦。名曰鄉徵。雍正十年。鎮洋王公時翔令甌甯。將舉是。約以一箯輿。一僮一役往。客爭之曰。君行日主進。夜必會之。民多道遮行乞判狀。須二記室與俱。僕從胥徒數十人。毋省輿馬。飲食問甲長。意重煩之。俾知吏來不易。早急公也。建令亦期往。盛騶從。且偕牙儈癘丐行。太守聞之。急召公曰。國家惟正在此一役。君儒者也。約己懼無以集事。何弗詢建令。公皆謝之。太守賓客。相與笑之曰。迂。比出舍。甲長道見公。色大沮。呼之。逡巡。甲長飲賦者也。令行責供具。甲長藉肆侵呑。聞公捐舊例。則無以魚肉。公知其意。詣人聚。集父老子弟曰。鄉徵所以便汝曹。無跋涉。省糧糗也。顧輿從所從。梁肉芻茭。供自甲長。甲長于汝曹取盈。視糧糗費數倍。吾故單車弗挾客會計判狀。力能辦。則決不待時。否則歸而治之。非晚日需飯一盂。蔬一盤。令自治之。

安事𫏋民爲。于是甲長束手。不敢譁于鄉。父老子弟。固已心感公矣。而建令到鄉。重箠楚。民憚之。皆亡走山谷巖石間。令不得民。則掊鎖啟扃。搜取鷄豚牛馬米鹽之屬。牙儈估以入賦。巨室則令癘丐卧其戶。罵之。甌民益相戒爭輸。是時甌民德公。而建民畏其令如螫。既匿不復見。令停數日。無所施。及歸。鷄豚牛馬米鹽之屬盈庭。而不可作賦。儈持適市。則市滿酬賤。癘丐卧其戶。卒無得。亦竊散去。賦終虛。而甌民攜錢持錙來者。踵接肩摩。至道不得行。甫浹旬而賦完。公上考。建令坐下第。太守賓客。乃相與嘆公之不迂。儒之可用。見劉紹攽集

康績

義士姓康。名績。字方陸。陝西人。有文武才。而豪於義。見不平。怒從中出。弗自禁。方國家有事西陲。其王督邊事。募能效力運糧糗者。績慨然應募。至半道。會歲荒。民乏食。無以自存。績即盡以所運賑貸。而歸白其狀。願自償所運也。王愕然。而重其義。軍法當斬。乃上狀云。績法宜死。而心宜生。上異而赦之。王知其賢而能也。留帳中參機宜事。王或過飲。以女樂自娛。輒諫。王改容謝之。一日。復極飲爲樂。績躍踰垣入。立王前。王悚然。績指羣飲者曰。皆若輩導諛耳。持拳縱擊。拳之所下。筋絕骨折。號痛不勝。王

震懾。爲踸乞乃已。有縣某好富暴橫不義素矣。弟死孤幼。欲逼其婦嫁而奪之財。婦堅不從。網以計。將不脫。績與其儕飲。或歎息。訊得其實。弟故某庠文弱生也。績忽不見。行途中。遇乘馬者。假之載。乘馬者難以不識也。績推之。奪其馬而馳。至冶者家。不言所以。取重斧而去。踵暴橫之門。鼓樂喧闐。人馬蹂雜。以彩繒橫縛輿甚固。將肩之行。績近而呼曰。輿中爲某嫂乎。內聞呼聲。亟口喊救不絕。碎輿而出之。蓬首涕洟。寃慘不可名狀。暴橫者出不意。率羣暴奔至。績提斧迎擊。輒倒。衆奔潰。婦奪績斧。復擊暴橫者頭如泥。曰。毋以死累君也。之官。績曰。吾惡其不義而殺之。婦曰。渠第仆之地耳。碎其首。塗其腦。我也。會邑人臚不義者暴橫纍纍上官曰。如是猶未足伏其辜耳。遂皆貰其罪得不死。又某邑宰。貪虐甚。民蓄怨久。會旱不雨。宰弗顧。民請於遠方能禱雨之道者。至。懇祈雨降。宰怒。鞭道者示於市。民狂沸。宰出。績自肩輿中曳出。衆叢毆之。瓦礫如山。而屍爲虀粉。大府憤宰之不職。爲民殃。而又素愛績仁義之士也。俱弗深究而與衆薄其譴云。曾他出。宿於逆旅。見老嫗攜小兒至。兒戲仆傷面。一少婦出。撫其兒批老嫗頰者數。績以爲此主母也。然兒自仆耳。無與老嫗事。何不審耶。既有告以此乃阿姑者。績怒甚。氣從項中燄起。直入。捽少婦出。捶之無算。幾死。夫自外至惶恐。愬責其大不孝。叩首求免至再四。久乃得解。其義氣之不可犯也如此。見葛祖亮雨閒閣集。

薛孝子

薛孝子陽生者。名有年。常之武進人也。孝子之父晉申。年五十。生孝子。家貧而好施。常苦不給。孝子甫就塾。即慨然曰。吾當成父志。既冠。力田治生。麤給饘粥。有從弟某。孤弱不能自存。孝子勉為完配。且置產以贍之。族黨閒有匱乏者。父所欲周卹。靡不遂也。父嘗病目。幾喪明。孝子走數十里外延醫。嘗百藥不效。乃子夜跪而舐之。久之翳盡。得復見天日。父又遘疾。勺水不入口三晝夜。孝子焚香籲天。願以身代父。夢神降。稱巫咸。曰。汝子孝。上帝許活汝矣。驚呼家人進粥。啜之盡二盂。明日病良已。優游里閈。以樂餘年。孝子時屬親朋具酒肴。閒進博奕諸戲具。逋錢纍纍。稱貸以償。父不知也。日進杖頭取適。以為常。父壽七十八而終。孝子廬墓下。天寒月黑。悲風蕭颼。孝子拊膺夜哭。與嗥狐啼猿相應和。如是者三年。其後遭母喪。孝子痛母如父。目失明。耳失聽。血枯骨立。見者以為人腊也。積哀成疾。疾亟。口念父母不置。嗚咽而卒。論曰。毘陵朝京門外。蓋有兩孝子云。何孝子者。幼失父。即外出求之。走萬里。歷十餘年。卒得其父以歸。而辭孝子則依依子舍。委曲承歡。服勤至死。先是有陳甲者以府佐攝邑篆。建生祠於郵亭之東偏。竟以墨敗。紳士仍其室為一龕。祠兩孝子於其中。春秋合祀。（見吳龍見蔚帷集。）

王恩榮

王恩榮者。字仁庵。山東登州府蓬萊縣人也。蓬萊縣小吏尹奇強。性險猾。頗以巫醫之術。有寵於官。恩榮父永泰。因買產與角口。被毆中要害。立死。時恩榮甫九歲。祖母劉氏年高。門戶軟弱。訟之官。不得直。僅給埋葬銀十兩。祖母內傷自縊。恩榮母劉氏健婦也。瘞其姑。藁厝永泰棺於市。僦屋其旁居之。大書曰。豎子。殺爾父者誰也。泣血三年。病甚。呼恩榮至榻前。授以官所給銀曰。汝家以三喪易此。海枯石爛。存此志恨不可忘也。豎子識之。恩榮既窮羅大事。家盡落。依舅以居。厲志讀書。稍長。補諸生。誓於父柩前。尋仇。以斧自隨。其舅患之。誘居長山島中。禁勿令出。因諭之曰。豎子之志固當。但殺人者死。是國法也。爾父之鬼餒矣。恩榮流涕聽命。恩榮晝取史記伍子胥白公列傳朗讀。讀已痛哭。夜靜焚香。長跪告天。絮語達旦。時或困倦假寐。輒連聲魘厭。大呼怨家在此。年二十八。舉子。辭於舅。曰。可矣。遂行。踰月。忽遇奇強於道。揮斧急擊。稍遠不中。乃投以石。仆地。道旁人爭抱持之。得免。奇強諱不言。裹足不出。一日偶立門首。又為恩榮所見。直前斫中其首。帽厚偏引至耳。扶傷脱走。其家奔訴於官。時已年遠。吏胥案牘無可證。恩榮出毋故所斷銀陳之訟庭。硃批爛然。旁以血書鈐之。縣令歎曰。至性人也。何不幸而遇此。吾欲尼爾。則傷終天之恨。吾欲聽爾。則違累赦之條。周禮調人之法具在。各為趨避已耳。恩榮于是噭然而哭。縣令亦哭。堂廡內外觀者盡哭。恩榮既再舉不得。奇強亦遠遁棲霞。相隔八年。適逢萊縣人有患病者。力延奇強禱治。奇強亦以事久稍安。入城過一小巷。四顧無人。方徘徊間。俄而恩榮突出扼之。奇強皇窘。伏地乞哀。恩榮謂之曰。吾父遲爾久矣。遽劈其腦。腦裂。以足連蹴其心而絕。于是見者驚出不意。相率前擁恩榮。恩榮笑曰。豈有白日殺人。乃畏死者。遂自縶赴縣。會奇強家訟當日永泰故自縊。非毆死。縣令欲開棺驗視。恩榮請曰。小人已有子矣。甯抵死。不忍再暴父骸。以受毀折。叩頭出血。縣令惻然。乃為博問於介衆。皆曰。恩榮言是。遂徑詳法司。法司議曰。古律無復仇之文。然查今律。有殺擅行凶人者。予杖六十。其即時殺死者不論。是未嘗不教人復仇也。恩榮父死之年。尚未成童。其後疊殺不遂。雖非即。猶即矣。況其視死如飴。節烈之氣。有足嘉者。相應特予開釋。從其諸生。即以原貯埋葬銀給還尹氏。以章其孝。且將具題旌禮恩榮之。勇聞之。見有司曰。豎子求見其父母耳。夫人遭奇禍。以邀旌門式閭之榮。又何忍矣。法司歎曰。汝亦賢者也。遂止。而祀其母於祠。時康熙四十八年也。（見全祖望結埼亭集）

王元趾

王文學元趾。名毓蓍。紹興會稽人也。幼時樸吶不慧。就塾師受句讀。若不甚記憶。年十六。才學為文。即遠過作者。尋補邑諸生。聲聞日起。多四方之交。其所至賓朋高讌。好挾小史歌兒。彈絲品竹。雜坐命觴。呼盧投壺。酒酣以往。調笑跌宕。竟日夕忘倦。素出念臺劉公門。最契重之。甲申之變。南都新政。元趾逆知其敗。遇越人有自白下歸者。從訊時事。輒搤腕浩歎曰。休矣。吾恨不立磔柄人肉。喂吾家豚犬也。大兵南渡。比戶醵金。具牛酒迎犒。元趾以大義白雨兄曰。弟已矣。身為越國男子。豈蒙面活耶。雨兄意稍難之。元趾笑曰。舍生取義。吾不食言。願以稚子為託。既而復為致命篇。又上書念臺劉公曰。門人某已得死所。願先生早自決。毋為王炎午所弔。蓋聞公赴水不沒。餓十日。未瞑也。肅衣冠出。榜其詩文于宋義士衛士唐公祠。趨文廟四拜曰。君殉國。士殉泮。正也。泮水淺。乃之柳橋下。家人聞。以報雨兄。雨兄曰。噫死矣。吾弟哭而迹之柳潭。見元趾端坐水一方。衣冠如故。顏色不變。同邑有儒士潘集。字子翔。聞元趾殉。為文慟哭之。竟出東門外半里許。袖二石。自沈渡東橋下死。（見柴紹炳省軒文鈔）

佚老人

佚老人姓顧。諱大信。字成之。一字天目。晚年乃更號佚老人。嘗言吾靜觀世人。熙熙攘攘。非役於名。即役於利。莫不終其身焦愁其心思。耗敝其形神。奔走於萬物。而不能自休。而吾幸無慕乎彼。得優游閒適。以老佚矣。以此自稱佚老人。老人不絕物為高。亦不苟徇時俗以為和。人情所共為。不必不為。人情所共好。不必不好。但涉而不著。每於其中蕭然焉耳。既著身黌序。已而上公車。一再不售。即棄去。獨注意古文辭。尤專精於詩。雖疢病危苦。幽憂拂抑。艱難困阨中。未嘗一日輟吟咏。所存稿填委篋笥。至莫可清錄。於古人書。多所涉獵。悉曉解大義。刊訂譌舛。箋評音注。丹鉛不去手。四方有高僧逸士。騷客詞人。及挾醫藥卜筮諸方技來者。人人厭其欲以去。性通透疏脫。冬一裘。夏一葛。裁取足蔽體。鄉故多先達。衣冠輿笠。烜煌一時。老人時方袍幅巾。掀髯抵掌於其間。詼諧謔浪。若不知其為顯貴。飲酒不能多。有設具以招者。亦欣然往。往輒先醉。醉即頹然假卧。鼾齁。座客號呶。主人擎曲。或優伶歌妓。婉轉雜沓於前。弗知也。善鑒別古器物。真贋立分。一切法書名畫。及種種諸玩具。儲蓄多有。值好友相對。時出品題高下。遇知交能賞識者。輒持以贈人。故家無長物。老人於世閒。既淡然一。無所營。其性情所寄託可得而指數者。於業。嗜為詩。嗜著書。嗜點定簡冊載籍中疑誤。嗜名理清言。嗜作書。嗜鋤泥種竹。於花。嗜梅。嗜菊。於禽鳥蟲魚。獨嗜蟄。謂其聲清越激揚。似異人長嘯山谷閒。於境。嗜雪。嗜月。嗜舟行。嗜空林遠眺。於味。嗜茶荈。為著書一編。曰茶約。品泉瀹具候火貯湯諸論說。補茶經茶訣所未足。老人著述甚富。今梓以行世者。如茗鐺隨筆。夢萱堂稿。白門社刻。梅菊新篇。蟄響茶約諸集。其一班也。見王大經獨善堂文集。

夏羽王

公諱其字羽玉。棠邑人。幼倜儻有大志。既就外傅。喜讀先秦兩漢文字。作舉子業。發明大旨。不以絺章琢句為工。每就試。操筆疾書如宿構。名噪一時。周藩延為世子師。先生據皋比闡經義。世子北面執弟子禮。王亦虛懷折節。不敢以食客視之也。流寇圍汴。城堅而守固。王既捐金募士。畢力防禦。而公更從中指授方略。以是屢敗賊。乃夜占星緯。知不可守。遂辭王冒雪歸。公歸。而賊決黃河以灌城。城潰。人服其見幾之早，旋以明經考上第，授武昌司李，未赴，而國變。公微服南遷，卜居南郊芙蓉山之側，自號芙蓉老人。葛巾野服，不入城市。與二三老友談經味道，暇則課諸孫學業，丹鉛考訂而已。素癯康勝，不嗜飲。己丑冬，忽抱微疴，因自念洗腆酳爵，古以養老，亦以養病，乃小飲數杯。每歲時伏臘，花晨月夕，輒陳觴列豆，兒孫侍坐，或擊案高歌，或持杯長歎。甲子春，不豫滋甚。仲夏望前三日，召家人語曰：此月之十七，吾將逝矣。乃命筆作絕命詞，及期晏坐而逝，年八十有四。見張怡白雲集。

仲子

辛巳冬，汪文烈公假滿入都，至慶雲，邊烽方急，公以傷臂調治，寓城外逆旅中。稍愈，散步驛舍，見貯餉若干。公駭然曰：盜賊公行，此豈貯餉地？且司農仰屋，若胡為滯此？解官答曰：主臣有之，但賊騎充斥，途無行人，若此纍纍者何？欲入城，而令病之，閉不納，奈何。公懣甚，歸詢邸主人曰：此間頗有俠士可與語者乎？主人曰：去此二十里，有仲子者，仲由之後也，豪有力，鄉里畏而服之，然不可招致。公欲晤，則就見之。公曰諾。凌晨持名刺，邸主人導之往，至則告以故。仲子曰：是不難。公以木天貴客，為國事下交，士為知己死，已矣。三日後，當為公解赴司農，取部收來。公曰：善甚。須護騎幾何？當謀之邑令。仲子掀髯笑曰。若輩何用。用若輩何為。某自有所與游者。公以名紙全福二十。單帖二百來。公曰諾。途費幾何。曰是無煩公慮矣。長揖而別。三日後。仲子報謁曰。人力集矣。公與解官語之。乃同至驛。則櫜鞬而魚列者。約二千人。衷甲裹糧。儼若營陣。公駭然曰。諸君何來。曰皆某同人家子弟也。因呼其長二十人。拜公廡下。曰此皆壯士。某所與游者。命取餉出。皆緘木鞘中。曰是不可以遠行。亟碎之。分攜以往。解官恇懼不敢任。公曰無傷。是在我。遂碎之。分置橐中。上馬馳去。時多為公危。曰此輩舉止頗似大盜。萬一去不返。奈何。公笑曰。安之。世豈有欺人烈士哉。不半月。主人言仲子單騎歸矣。公急出逆。曰若何。曰幸不辱命。袖中出部收與公。公大喜曰。前同行諸君若何。當語令一犒之。仲子笑曰。此輩豈屠酤。須酒食耶。幸事畢。各返村舍矣。公曰君大將才也。當特薦君。且大用。仲子怫然曰。此非知己之言也。我以公憂國急公慨然見信。試效一臂耳。此世界豈容我輩耶。幸勿復言。一揖徑去。明日。公肩輿往謝則應門者長跪以辭曰。主人與客為泰山游。昨暮即行矣。見張怡白雲集。

曲園居士曰。汪文烈公名偉。字叔度。休甯人。寄籍上元。崇禎元年進士。十一年由慈谿知縣行取入翰林。擢檢討。都城陷。自經。贈少詹事。謚文烈。本朝賜謚文毅。明史有傳。此事不特見仲子之才幹。亦見汪公之識力。然餉銀在塗。逆旅中一翰林官碎其鞘。而分授之不知誰何之衆。解官不敢爭。縣令不敢問。亦可見前代法令之疏闊矣。

胡上琛

胡上琛。字席公。始祖某。佐高皇帝有功。世襲福州右衛指揮使。舊制。勳衛得與試武科。丙子中式。甲申闖變。公倡義勤王。乙酉典禁軍。授御營都督。爲鎮國將軍。未幾。關兵撤。公自延平步歸福州。寄老母及妻子吳舡。獨與妾劉慧娘留。曰。城破我殉國。慧娘曰。公死妾亦殉。公於是豫求毒草蓄之。及大兵入城。公易朝服北向拜。次拜其先人。次拜老母像。乃設案危坐。坐慧娘於側。供具如常。既酣。索所蓄草根搗入酒。各飲巨觴。毒未發。公起步數巡。復坐。笑曰。藥豈不靈乎。又嚼其葉吞之。須臾終。慧娘亦終。俱端坐不動。見薛鎔南窗草存。

吳子方

吳楷。字子方。閩縣人。性樸直。不容人過。輒謾罵。始爲郡諸生。至丙戌當爲歲貢生。關閩將不守。自榕城移鼓山。爲終隱計。是冬。關果撤。乃祝髮稱冒僧。鼓山固名勝。距郭三十里。逸人韻士。載酒遊。則訪昌僧。昌僧與語極歡。間有所錯愕。必唾罵乃已。或貴人至。則謝不與通。永和尚者。開堂鼓山禪院。為天下僧俗敬禮。時接見護法諸貴人。昌僧不悅。罵永和尚。永和尚亦輒謝。戒其徒。毋犯昌僧云。（見薛鎔南窗草存）

吳隱君

吳隱君威克者。孝子也。父華元。以誠慤交於士大夫。崇禎末。有丁員外郎。奉詔採銅滇蜀。與華元善。挈俱往。病卒於黔。凶問至。威克年甫十八。麻衣芒屩。辭家遠奔。行次潯陽。值左良玉兵敗于賊。舳艫相銜。沿江殺掠。威克不得進。甲申六月。南都李博士頒詔往蜀。威克從之。張獻忠既屠楚犯蜀。黔粵滇雲皆震動。督師李若星駐偏橋衛。扼五省要害。將軍方國安屯常德府。殘破後。涉江乏渡。一翁駕小舟至。熟視曰。子何為者。抑似重有哀者。子將何之。威克泣曰。僕歙人。籍居儀徵。將求父柩於黔。失路。恐客死不得與父柩相見。翁曰。毋悲。老夫方將軍幕客也。可隨吾行。至常德。以屬副將王某。抵偏橋。距黔尚六七百里。王曰。前此不能相伴矣。地險多苗。其慎之。威克泣別。所過萬山矗立。有狖無鷄。犵狫乘亂截劫。遇棺輒疑藏金。必破之。威克叩頭流血。得免。掠衣糧繫錮。夜逸去。跣走十五日。抵貴陽。見親柩。擗踊氣絶。經日始蘇。徐乞募舁夫。

跪而告曰。吾曹遭斯亂。姑同寸進覓食。衆曰。吾曹感君識孝。忍不助力。於是取遵義山中間道無煙火。拾橡栗充食。晝則同衆舁棺。夜則相與擁肩露坐達旦。二十晝夜。至漢陽。乙酉三月抵金陵。以世亂不用術家言。竟渴葬焉。見顧景星白茅堂集

義烈黄公

黄公名明邦。字君亮。歙之孝行里人。父桂。以繪事擅名一時。公夙具巧慧。善談諧。能世父雅藝。遂耕硯自給。壯不婚娶。所需日用飲食。皆手自庖爨。汲名泉煮佳茗供客談笑終日不倦。乙酉九月。大兵入郡。公掩扉絶食。示諸子弟曰。余雖山澤褐夫。衣草茹菽。受本朝雨露且七十年。安忍復見此事。子弟勸慰者。多嚴謝之。居恒所御紙屏竹榻。皆分布諸子弟。是夜引被儘臥。引匕首自刎。漂血盈席。諸子弟奔奪不得。截喉。篝燈諦視。公猶瞑目張髯。抵夜午。抉脰而長逝矣。其族之儒者相與議公私謚曰義烈先生。見許楚青巖文集

舊叢編卷七終

清　曲園居士纂

周貞靖先生

周貞靖先生齊曾。字唯一。癸未進士。除廣州順德令。自解官歸里。丙戌後入山為沙門。人稱曰囊雲大師。其歿也。里中謚為貞靖先生。不使淪於沙門也。先生生平出處大節。及他言行著作。俱岸然無所附。自為童子時。讀論語孟子治本經。俱不喜兼集注。率大書正文。默解其義。是其少讀書也。蓋不附傳注。諸生競為揣摩場屋之文。先生盡擺落華藻。自書所得。會試吳磊齋先生奇其卷。判曰自成一解。遂得中進士。是其為制義也。蓋不附主司。當先生時。三吳諸名士競尚標榜。先生漠然無所向。是其於士類中。蓋不附品目。其為順德令。治行第一。當事使攝香山。香山時為上相里。先生與相忤。即日解組。當事留之不得。是其為吏也。蓋不附上官。不附鄉大老。會稽行朝失守。浙河以東士大夫率俱出。上謁郡縣。通往來。先生不可。盡薙髮入山。白石一鋤。蒼松一笠。同年生有為郡觀察。招以書。先生謝不往。且曰孤雲去來。朝不知暮宿所。從此無更費八行。是其出處大節。蓋不附一世。先生家居。每一匠者入門。即審視其法。自仿造所用器。輒能善其事。及於盤谷構山房。束竹覆茅。盡出己手。得懸崖一奇木。製為養和。日坐卧其間。拾燒餘以為爐。狀絶古。先生復能受勞苦。其入山當由一溪。水嘗沒踝以上。先生謂過溪若須筏。即須竹。須舟即須版。須篙須梁。即須編柴。即待負亦須人。不如用吾腳吾脛自善涉。嘗與諸禪人涉。俱不脱芒屩。先生謂沙石齒齒。芒屩質柔。不及吾足版。竟跣而涉。萬悔庵先生嘗訪先生山中。先生為設麵。下以蘿汁麥甚麤。先生笑曰。此吾上客供也。時諸公避跡沙門。率受諸釋老衣拂。椎鼓上堂。稱其法嗣。先生獨不肯。雪竇石老人。其欲傳先生蓋久矣。然微聞先生時一歸村居。仍入彥倫之室。遂得止。是其避於釋門也。蓋不附釋門。間為詩古文詞。未嘗有所擬議。單言片句。不蹈前人。是其為文章。蓋不附諸大家作者。梨洲黃先生以先生與會稽余若水合銘。兩先生風格並高。未嘗相往來。先生謂自潔其身耳。吾耕不須耦者。吾負不須戴者。是其避世也。蓋不附同隱。（見李鄴嗣杲堂集。）

吳重光

吳重光。桐鄉人。幼失父。恃其祖成立。祖尋故。與幼弟居。粗知書。以家落不竟讀。好氣任俠。先是光外姑。絶愛憐光。苦其貧。出若干金為營衙胥。作門戶。一日。衆胥割與例金。詰所自。衆告之故。擲諸地曰。此業錢也。安所不得一盂飯。乃從地獄中覓衣食乎。自是絶足不入官。甲申春。官征三餉甚急。挈弟之鄉理蠶務。完官稅。提筐桑於野。風聞燕京不守。棄筐走入城。問京城壞乎。衆雜曰然。皇帝奈何。曰與城同壞。帝二子何在。曰闖業自帝。安所得二子者。捫腹曰。痛甚。繞屋而啼。踰牆入。仰天號曰。一至此乎。小人革命。逞伴皇帝死足矣。作數字。押硯底。遂自經。弟以蠶飢桑不至。覓兄不得。入城跡之。鄰母曰。頃聞哭聲戶出。而扃如故。可疑也。急排牆入救之。無及矣。其硯猶濕。

見周拱宸集

馬生

馬生。甯夏人也。幼工騎射。讀書曉大義。不喜爲經生制舉藝。見天下方亂。歎曰。誤天下事。制舉經生也。以任俠。流落山東河南北間。夙善羅汝才。高迎祥。李萬慶輩。羣賊渠作亂屠掠。馬生輒棄去。弗與遊。嘗過朱仙鎮。拜岳忠武祠。爲文祭告忠武。時明崇禎十三年也。是年河南諸土賊蜂起。開州袁時中者。衆數萬。最雄傑。所部年皆四十下。健壯標悍。號小袁營。壽州賊蓋有袁老山。時中故號小袁營以自別。十四年。時中度可衆二十萬。羣賊多懾附焉。自成攻陷洛陽城。尋圍開封。破歸德。諸土賊多來附。十五年。朝廷命兵部侍郎某督援勦兵援開封。自成復陷歸德。開封亦遂陷。時中以其衆合自成。自成許配以女。除歸德城外地。豎高臺十座。列騎張纛。徵梨園伶人十部。臺並奏樂。伎演曲其上。馬生乃往說時中曰。將軍視闖王何若也。附之為尊。安乎。兵興以來。王嘉允被誅陽城。高迎祥劉哲獻俘闕下。混天王授首於祖大樂。黑殺神飛山虎擒殺於盧象昇。他如顯道神爬天玉獨行狼等。悉以怙逆昧順。身蒙顯戮。將軍視闖王何若也。附之為尊。安乎。時中躍起曰。作賊豈本願。我獨不得傅汪二公歸命耳。孫督師阻域逕闖。丁公恐未足以共濟。君其為善圖。無兩相負。生於是走援勦軍門。拜伏侍郎前。力為時中乞降。侍郎乃索輸賂百萬為代請。生因極言時中實無有委積。且須四五十萬。生更反覆陳說。慷慨涕泣。候軍門數日。因大言曰。時中為自成軍鋒。素有郄。且冠雄諸賊。將懷不並立之勢。若諸路官軍進蹴其前。時中從中起擊其堅厚。自成可一戰擒也。異時闖部不從萬監軍說。招納羅汝才。俾賊至是可為近鑒。今失此機。生見神州陸沈矣。侍郎終以弗輸賂故。竟不為受時中降。十六年。自成殺賀一龍羅汝才。奪其軍。汝才大呼。恨未能從馬生言決降。固當至此。時中聞之益不平。蓋當許女日。時中已引軍去潁亳間別營矣。至是復用生計。斬自成僞官。並游騎頭送河南巡按御史乞降自成以軍攻殺時中而小袁營以滅自成部曲至百萬衆馬生曰我不忍獨負時中因自縊岳忠武祠內馬生嘗導李萬慶降萬慶者賊中號塌天者也襄城之役卒能臨危致命賊非盡無良在御之者耳馬生生平惟稱生不自名見何毅晴江閣集

曲園居士曰考明史崇禎十五年春正月癸未孫傳庭為兵部侍郎督京軍救開封六月庚申詔孫傳庭出關兵部侍郎侯恂督左良玉軍援開封此云援勦某侍郎蓋即侯恂也明季政以賄成并軍前事亦取辦於賂烏呼朝政至此不亡何待

陳曹二子

陳子名允昌字充彝鎮江丹徒人少為諸生薄制舉業從事天文地理律歷旁及太極六壬奇門諸書與同縣曹子去非相友善陳子學既博人鮮窺涯際乃語去非獨解領明崇禎時徐相國光啓推定歷用勾股測弧法主黃道緯度陳子顧言未悉合參取劉基郭守敬一折衷利瑪竇間以占候罔不驗吳姓將出師先事向人言輔臣行出將弗及寇決還已而言果中大兵未渡河輒數語人某時渡河某時且渡江生平所著天文地理圖說卦變論星辰躔次歲時占驗教學參同辨正凡若干卷曹子

去非名廷傑。家貧善讀書。更喜飲酒。以跛坐卧一小閣。元日拜先聖廟。與師景城何公神主。終歲不再出。酒後擲管。立草數千言。家人告薪水匱絶。咿唔弗顧也。陳子數諷止其飲。曹子笑曰。遭時濁亂。我當與陶阮仙遊。子達者。顧止我飲乎。明天啓閒嘗一至京師。代諸詞臣館試。輙擢高等。館都御史楊漣家。時漣疏糾逆奄魏忠賢二十四大罪。疏艸出曹子手。曹子閱以示陳子。陳子覽未畢。色勃然變。數咄咄曰。謀害皇親一案。引督師輔臣為徵。此大錯。國家方倚高陽公為安危。致奸璫日媒孽君側。其不壞我長城倖矣。然璫運已促。諸君留身為新主資。甚踰於捐軀無濟也。初奄黨疑疏出繆昌期。陷之獄。曹子心竊恨之。是後遂杜門不出。見何黎晴江閣集

曲園居士曰。楊忠烈劾魏忠賢二十四大罪。世莫知其出曹廷傑手也。宜表而出之。然二十四大罪實無謀害皇親引督師輔臣為徵之說。此所云云。又可疑矣。

張三愛

張三愛。歙人也。年四十。不妻。受役於其主。主貧。或告之曰。妻之可乎。張曰否。愛主在。不並受他人恩也。主固老縣令。逋租。令索租急。當予杖。愛屢代主受笞至百數。不少懟。愛為人修長。且健筋力。多種蔬。售悉以其貲歸。輒充衣肉於主。且曰主老。不忍一

日衣肉缺也。獨養母所充衣肉與主同。一日母病且篤。愛家貧。自度力難置藥。乃乞牛羹於道路。路人曰。若愈母。便可以肝愈之。趨而禱於神曰。母病。人告我以肝愈我且以肝愈母。乃出短匕首。自劃其胸。五臟皆見。不見肝。復默禱之神曰。久矣哉。愛之不誠也。須臾肝墮出。愛急伸右手。以匕割肝如指許。徐以左手緩緩還其破肝納於腹。束以白麻。以肝和羹奉母。母一飲而輒愈。先是愛恐自昏憒。默祝於神。至是不大痛苦。明日。其凡聞諸醫。醫七日而創亦愈。愛主老。未受允。以弟之子嗣。嗣為人性黠驁。數恚愛主易簀時曰。若事我。我且逝。女可便逃去。愛弗肯。事兩嗣如事主。且曰。不敢受主遺墨。輒遽齒平人自大也。嘗與其里人修荒墓之約。凡里中貲乏不能以掩者。無主暴露者。愛自度貧無力。悉相率其鄰近。荷鋤載畚。以封築完固之。見王鳴雷中秘文集

程士章

孝子姓程氏。名士章。伯達其字。世為歙巖鎮人。生未識父。父巖註以太學生操鹽筴。開種邊陽外。未幾卒。所交馮都司者。葬之高達子阡。付牒守焉。語蒼頭識其地而歸訃。於時孝子生六年矣。母王得訃。慟幾絕。孝子亦慟絕如成人。其祖拊之曰。兒至性如是。他日歸骨有望矣。蓋姑語慰王耳。孝子聞。輟哭瞠立。問邊陽道。人嘖異之。二老

暨王相繼厭世。孝子年十二。稍長。惴惴懼不立。王前已爲聘鮑氏女。既受婚。謀之比鄰翁。將爲父歸骨。翁語孝子。遼陽八千里。徒御風而往乎。因言之方司徒任子以巽。而授計焉。以巽心重孝子。常語人吾當成其志。孝子用是依之十四年。適以巽暴卒。孝子大慟曰。天不欲吾歸父骨。而奪方公乎。巽子士達。慨然曰。父志也。諭諸同志而身捐其半。以三百金假孝子。孝子感泣。遂辭行。蓋是時蒼頭可法。八十猶健也。挈之從。孝子附舟入漕。夜夢天坼。若有神謂之云。覺而水發舟中。衆譁莫措。孝子泣禱。水忽退。舟衆弗測。至直沽。發裝。則魚茸鱗。競謂孝子異人。不知爲孝子也。歷八月。始抵其地。訪高達子。已久下世。主僕惶惶莽曠。一路人睨法不去。法就詢。則高子世勳。故童時執役註者。因相持泣。出牒證墓所。孝子具棺啓窆。則儼然冠服眉鬚也。伏之慟。再拜起。遂失所覩。惟聚骨而已。孝子以生未識父。不敢誤萬一。嚙血濡之。良然。手其骨。諸指如或撫之者。集而失一膝。孝子慟曰。是其安之也。忽巨蛤吠不已。且若乘物焉。視之。即膝在焉。易殮。以一羸載骨。南道山海關。羸躑躅不進。孝子持註出關故符。焚而號之曰。父可入關矣。跋若掣而羸從入。自是道無留。凡四月抵家。未至一夕。孝子妻鮑。夢偉衣冠丈夫偕王坐堂上。明日註骨至。合王葬焉。見王焯鴻逸堂集。

吳虛壑

王不庵有吳虛壑小傳云。虛壑吳氏。名懷。始安人。早喪母。從父厲齋公南雍。落落鮮合。寓齋公卒。虛壑遂孤身狂走。西登嚴子陵釣臺。默坐竟日去。乙酉春。予游天姥。獨踞峯頂。有風自東北來。山谷鳴吼。亂雲如擲絮。偶諷太白句。失聲長號。虛壑聞之曰。是奚為者。循聲而至。相見則大喜。一語連日夜不休。自是浙東千里名山大川。毋論昔人扣舷伐木之地。即古今共棄。人所不道者。予兩人無不歷險窮支。往往落日孤峰。徘徊不忍去。時有蔣生者從予遊。每佳處。輒為吟詠以示兩人。但顧笑而已。蔣生竟不得意趣所在。月餘先舍去。虛壑乃出所經山川險隘遠近諸圖數十幡示余。余以各得辨證之。虛壑復大喜。酌酒慷慨謂予曰。予有父兄在。非可同余浪游。余將舍予孫往。苟慊吾懷。熱骨寒泉無恨也。未幾去而復來。來又去。數載始聚。予曰。可已乎。曰未也。又忽去。後予遁於禪。聞虛壑在吳。吳中人莊事之。有以詩文贈質者。一日即棄去。諸人則日置酒擊鮮為奉。虛壑傲然曰。爾將尸居吳懷乎。竟馳去。詣余。余固止之。而虛壑是時亦倦游矣。友人曹生謂予。虛壑奇男子。既鮮兄弟。不可使無嗣。予語虛壑。虛壑良久曰。必貌陋無一能。非處女。則可。生不測所謂。予曰第從之。得曹氏女曹適洪者。姿首既拙。僅能事中饋。閒則兀坐如立榴。予過虛壑。必聯牀夜話。往往達旦。曹生亦時時來。聚杳不聞帷內聲。食具即自供。午夜炙酒瀹茗不倦。予因歎曰。此眞吳虛壑婦也。虛壑喜讀史。至是益肆力焉。嘗於夜讀有感。撫案痛哭。聞窗外有物騰突去。叢篠作摧裂聲。簌簌動人。次日見籬下虎跡。大小不一。谷口農家犬豕。皆爲虎攫去。虛壑貽予柬云。中夜忽感舊游。放聲一哭。林間葉落不已。山婦執壺起。立助予哭。聲震空山。虎豹聞聲遁去。此時況味。恨不得王生共之。予賦空山哭紀其事。又數月。虛壑竟去。期於次春還。不至。前所從遊蔣生者。有故人自衡山歸。言虛壑卧病山寺。予念甚。屢於夢中哭之。又越歲竟不至。亦無從通一字。後有識虛壑。而自楚來者。曰。聞有狂生久病山寺中。後不知所往。或云虛壑已歸粵。或曰猶在衡永間。予曰。虛壑安所歸哉。殆死矣。其婦還依母。則猶曹生授餐也。見王煒鴻逸堂集。

黃孟通

黃孟通名憲。華亭人。少即無賴。年十三。誤殺人。逃之嘉定。日糾里中小兒爲搏戰戲。一日羣衆聚大塚間。命羣兒列於前。獨坐石臺上。指揮叱咤。有老人睨之曰。孺子喜是乎。何不從師。孟通怒。欲毆之。近輒顛仆。遂拜於臺側。師之。盡得其技擊。嘗附一商船。舟人盜也。縛其商沈於水。語孟通曰。汝自投死耶。孟通視諸盜中。一人持大斧。獰甚。因偽伏哀請。遽起奪其斧。斫之。盜墜水死。餘皆驚遁。孟通起商於水。得不死。操舫急去。易舟。匿蘆葦中。羣盜跡至。不得。乃免。商人以百金謝。不受去。既復以殺人下獄。暨得出。乃從吳淞千總張裔興。挾鹽徒出沒海洋。裔興敗。孟通潛遁太倉。值觀察沈公選將材。拔用。孟通矯捷過人。每從檣上窺賊。能相去數丈。持刀躍入賊舟格殺之。賊覘知孟通。即避去。又嘗入嘉定訪舊。已醉卧。主人慿程訴其仇。孟通默無語。數以空拳擊柝。既得其里居。曰吾欲睡。卿可去。主人去。孟通踰垣出。抵所讐之居。急叩門。以他事引出。拳殺之。明日傳其死。主人奔告孟通。謬相稱快。竟不言也。賊犯安慶。孟通隨總戎許自强進剿。宿松之敗。自强僅以身免。孟通獨將三十騎。縱橫賊隊中。歸而備兵使者馮公。奉巡撫張公命。選將材。孟通復就選。諸藝過人。而不譜策論。視平日之能文者。奪其策以獻。遂得第一。謁謝時。馮公稱其文武材。孟通以實告。公益喜曰。此即英雄舉動也。白之張公。授把總。後以訐某副將貪汙。為自强所惡。魋之海舟中。見王煒鴻逸堂集

榮小兒

棠小兒者。古遂城人也。父凱殁。家落。母趙氏。雖不岀貴族。聦依人作臧獲。久之。竟無棲止。乃假市廛中邏卒半舍以居。草簾葦薦。鶉鷸衣。苟延已耳。小兒幼痴聾。父母以其痴也。不命名。但以小兒呼之。人呼之亦同。自壯至老不易。小兒既痴。不能貿易。兼無資。日乞於市。性至孝。每出門。必向母叩頭。歸亦如之。食必跪進。擇其旨者食母。餘自給。母食之甘。則起舞。否則泣。或值所乞無幾。母留之以啖予。小兒見食不如常則泣。如是者終身如一日。小兒雖行乞。主人重其孝。無空者。或間以酒肉饋之。坐是小兒得養其母。至七十餘。以無病終。死之日。小兒痛不欲生。時人哀之。為助棺。葬於邑西之三郎山。自是小兒日則叩頭於母之舊坐處。歸亦如之。擇其乞之旨者。不得跪進。每傍徨瞻顧。泣不已。冀北舊俗。清明前三四日。爭挂紙錢於邱隴。麥粥杏酪以祀祖先。趾相錯也。小兒走墦。饋遺盈簋。攜之二郎山祀母。憩卧古樹下。為狐狸鴉雀食之。比醒。疑母之果食也。踊躍起舞。既而覺其非。伏地大慟。土為之溼。鄉之耆老聞於邑宰。邑宰賺孝子扁旌之。小兒不知。行乞拜跪自若。每思母。哀哀而已。年七十餘亦以無病終。土人義之。為附葬於其母旁。見陳鍾燕山草堂集永嘉狂生葉尚臯。字天章。順治丙戌秋。甌始歸附。尚臯婆娑市上。或歌或泣。如優人狀。家有妻女。皆棄不顧。夜則偃卧市旁。或數日不食。如是者八閱月。丁亥仲春上丁。狂益肆。陳詞孔子廟。横甚。郡伯朱公。執白兵使者。雜治城隍廟中。時尚有欲活尚臯者。曰且繫獄。在獄三月。多作詩歌。一日。取毫楮作自叙。賦絶命詞。以手扼吭而斃。時端陽前一日。故其詩有未斟蒲酒腸先斷。不沐蘭湯骨已香之句。（見朱鴻瞻竹園類輯）

坦然先生

先生姓周。諱文煒。字赤之。祥符人。素行屹立。人稱為如山先生。先生曰。吾如山哉。吾乃坦然者耳。因以自號云。少以文自豪。尤喜賓客。嘗數至千金。輙為人緩急立盡。而先生固安之。游太學。久以例補諸暨簿。諸暨令某貪而善鬻獄。每以意旨諷先生。先生固爭之。有妒婦以炮烙斃其妾。令屬先生驗。邑人觀者傾市。先生逮婦痛笞之。人無不稱快者。其夫詭曰。是婢也。毆婢死。法不至抵。先生曰。創非刑斃人。家自為律。其罪甚於殺人。奮筆擬死比。復令。令已入其夫重賄。庭質婦。觀者隨往。見令。反杖妾父。所引斷。乃如其夫所言。遂相與譟于庭。謂令乃不若簿。令方抱慙憤。及先生至。又屬詞色與令力爭。客乘閒謂先生曰。先生自屹然如山耳。安所見坦然哉。先生曰。噫。此固吾之所以坦然者也。當爭則爭。于吾正為平易。而子何疑哉。今日夜銜之。而先生初不以為慮。方日與其邑人陳洪綬者為五洩游。歷七十二峯且徧。往返至六七。每當奇曠處。洪綬作畫。而先生自為詩。卒以忤令。左遷王府官。屬會母喪過哀。竟以病去官。家金陵。教其長子成進士。出為濰令。歷官中外。至戶部侍郎。人以為先生榮。而先生自若。于所居為昔有園。與向時賓客觴詠其中。謂之秦淮釣侶。又豫置一棺。當風日晴好。被酒入則。使諸孫羣繞呼之。或擲梨棗出。使競相奪拾。以為笑樂。更自撰為墓志。無何而侍郎被讒。詔詰獄。客為先生憂。先生曰。吾今固甚念之。然吾生平無一念足死吾子。而吾子又類我。於理不死。行當雪耳。卒與客飲酒自若。已而事果得雪。如先生言。子二。長即侍郎。名亮工。以德業文望著。學者稱櫟園先生。次亮節。（見董以寧正誼堂文集。）

蔡湘

蔡湘字竹濤。松江上海人也。幼穎敏。讀書目數行下。里有董先生者。授湘學。悉以藏書畀湘。因得縱覽博通。年十八。治裝别其父母曰。兒居海濱。終無所成就。願北學中土。庶從賢豪閒游。歸侍大人未晚也。遂渡江踰淮。客齊魯。已而轉入京師。南海程職方見湘詩。大為延譽。於是萊陽宋觀察。新城王考功。皆迎致之。湘才既高。性又伉爽。不肯脂韋從俗。醉輒詈其座人。人目為狂。沛縣閻山人。飲合肥龔尚書坐。尚書酌山人曰。君名能相人。此閒誰定奇士。山人睨視良久。掀髯曰。吾所知布衣一人。殆異才。公曷致之。問其名。曰上海蔡湘。尚書立騎邀之。湘敝衣冠。惘惘而前。一座為改容。已各賦詩。衆客方沈吟閣。而湘泚筆疾書。不加點。尚書擊節。歎其敏且工也。經歲西去。踰井陘。將歷龍門太華之勝。經太原。會嘔血。太原周郡守館留之。其友潘稼堂見湘稿向作多削去。問之曰。燔矣。君其謂我畫地而趨乎。即此亦烏足存。庸詎知異日之不為灰燼乎。未幾之交城。謁趙令君。令君與語相得。館之邑署。旬餘始出。龔宗伯程職方兩手書。訝其初不以通。曰公賢。無須此。所以出視者。不可沒兩公愛也。在交署七月。病劇。潘自太原往視之。執手泣曰。君來。吾瞑矣。問所欲。曰吾負大人。吾負大人。為吾謝職方君。不及報矣。須臾氣絕。年二十六。見周篔採山堂集。

金文

金文者業販鹽。浙中為東南財賦之藪。而海濱斥鹵。鹽賦興焉。給引於商者。曰官鹽。舍是悉為私販。賣及買者兩罪之。文少與仲氏出沒江湖閒。凡販鹽之徒。遇輒相邀奪為利。獨文兄弟所至。人無敢攖者。既而仇家縛仲。刺兩目縱之。文為稍戢。來家禾之梅里。歲丙戌。鼎革之初。愚民多相聚為盜。距梅里半舍。曰嘉會都者。為其藪穴。四月下旬。盜率黨來劫。居民狼駭豕奔。恣其焚擄。是夕。文載鹽五六艘歸。近市。望見火光。知有變。乃部署諸艘。退伏支港。約曰。賊歸。繞出其前後。呼應相接。并力擊之。賊可殲也。乃率四五人往據移寶橋。橋為賊歸要路。文持槊。餘人彎弓貫矢以俟。羣盜舟方滿載。首尾銜次。相與謳歌笑樂。是夜雲霧塞天。相對昏黑莫辨。而賊舟炬火獨明。將至橋所十餘丈。大呼詰曰。來舟何為者。盜錯愕罔對。矢發貫賊手。賊遽擾亂。後舟詰之如前。不能對。輒注射之。餘舟擁擠不敢復前。賊數十人。乃執炬持器械。舍舟登岸。適伏舟衝賊前至。呼詰相應。文輒持槊從橋上躍就之。左右刺賊前二舟。舟擾。後賊皇遽。亦多赴水以逃。文躍入賊舟橫刺之。是時伏舟出賊後者亦衝至。相與呼應。遂合力奮擊。聲震四野。賊不支。愈擾亂。顛仆落水。溺者甚衆。其登岸散走竄伏榛莽葦荻間者。村人又搜括之。皆反手縛送至文所。文至西塘口。南面坐。諸人持刀斧繩索。立其旁以聽命。列羣盜於前。驗其衣溼及體裸者。多推入水中。間或擲火焚之。其强武有力為賊首。及偵探為賊耳目者。疑似間不能悉辨。死八九。方是時。兵燹猶熾。

盜賊多有。故文以匹夫得生殺之。莫有非者。羣盜就戮。率恣意以逞。或繫樹仰射。或斷手足。或截腰剖腹。血肉淋漓。而觀者方恨賊深。不以為怪也。是日有一塾師晨出。露草沾裾。疑盜也。縛而焚之。頃其徒來。始知故非盜。其他冤抑者可勝計哉。是役也。盜約計五百人。自溺死者三之一。縛而投水者五之一。斬斫焚燒死者十之一。餘則散走村堡。擊掠以死。其得免歸者。不過十數人而已。里人多其功。向所載鹽大室。斤率以百計。小戶以差減。咸五其價償之。并所入盜遺金錢衣飾。充溢棟宇。家大殷富矣。初文少壯無室。窺酒家女新寡。有姿容。且能持門戶。求焉不獲。至是強擄負歸。人不敢問也。時有曹某者。曾與文角訟不相下。一日出郡。人舟皆失。蓋文陰賊之也。其縱恣如此。方其擊賊也。當事異之。欲招致麾下。文謝曰。某一介無他能。會賊自潰散。因擊之。某何功焉。卒不就。顧謂其曹曰。吾少無家室。嘗觸法犯禁。不以為慮。今幸有妻。且衣食粗給。又安能趦趄俯仰。為人驅役耶。乃大治其室宇。華美越常。製服用器具。務求精麗。日與其曹縱博劇飲。妻為擊鮮割臑佐之。未幾。晨出近鄉。竟為人磔殺。莫知主名。後鄉人有疾。常憑依焉。禱之則愈。見周賀孫山堂集。

八大山人

八大山人者。故前明宗室。為諸生。世居南昌。弱冠遭變。棄家。遁奉新山中。薙髮為僧。不數年豎拂稱宗師。住山二十年。從學者常百餘人。臨川令胡君亦堂。聞其名。延之官舍。年餘。意忽忽不自得。遂發狂疾。忽大笑。忽痛哭竟日。一夕裂其浮屠衣服。焚之。走還會城。獨身徜徉市肆間。常戴布帽。曳長領袍。履穿踵決。拂袖蹁躚行市中。兒隨觀譁笑。人莫識也。其姪某識之。留止其家。久之疾良已。山人工書法。行楷學大令魯公。能自成家。狂草頗怪偉。亦喜畫水墨芭蕉怪石花竹。及蘆雁汀鳧。翛然無畫家町畦。人得之。爭藏弆以為重。飲酒不能盡二升。然喜飲。貧士或市人屠沽邀山人飲。輒往。往飲輒醉。醉後墨瀋淋漓。亦不甚愛惜。數往來城外僧舍。雛僧爭嬲之索畫。至牽袂捉襟。山人弗拒也。然貴顯人以數金易一石。不可得。以故貴顯人欲求山人書畫。乃反從貧士山僧屠沽兒購之。一日。忽大書啞字署其門。自是對人不交一言。然善笑而喜飲益甚。或招之。則縮項撫掌。笑聲啞啞然。又喜為藏鉤拇陣之戲。賭酒勝則笑啞啞。數負則拳勝者背。笑愈啞啞不可止。醉則往往欷歔泣下。山人有詩數卷藏篋中。秘不令人見。山人題畫及他題跋。皆古雅。間雜以幽澀語。不盡可解。面微赬。豐下而少髭。初為僧。號雪個。後更號曰人屋。曰驢屋驢。曰書年。曰驢漢。最後號八大山人云。見邵長蘅青門簏稿。

唐太史

太史唐公名夢賚。字濟武。淄川人也。生有異資。二十三歲登上第。入詞林。三年授史官。章皇帝初親大政。一日。有中涓奉二册書至政事堂。命詞臣之通國語者。繙譯以進。乃王匣記元帝化書也。公曰。此非聖之書。何由得瀆御覽。詰旦拜疏。陳說孔孟之道。謂不在六經之科者。不當並進。越數日。又爭御史張煊給事陰潤事。侃侃數千百言。甚切直。惡之者。必欲得而甘心焉。卒賴聖明。僅罷官去。閉戶讀書。益肆力於詩歌及古文詞。世皆推服。性耽山水。日與司寇高公念東。宮詹李公吉津。徜徉嘯傲。爲林下遊。歷燕趙吳越。悠然忘返。在廷諸大臣有欲薦之者。公遁跡惟恐不深。雖姓字亦不輕示人。桐城方樓岡學士至廣陵。一大吏問曰。公同年生有方吉者乎。方愕然。大吏曰。旦有懷是刺見顧者。問何自。曰自山東來。微聞其從者曰。已丑進士也。故問公。方曰。此必予友唐濟武也。拆其唐字爲姓名耳。追之不及。見王晫霞舉堂集。

胡孝廉

胡孝廉名貞開。字循蜚。生而夙慧。九歲時。父仲宣國博。同叔休仲庶常。攜之過苕溪。

溪有施竹楗截流而窒魚者。庶常戲問曰。楗前後左右。皆水也。魚觸楗當別去。何依於此。為人所烹。對曰。獨不見蒼蠅之投窗紙乎。求進大猛。求明太急。知進而不知退。見明而不見暗。是以不免。比長。補杭郡諸生。游吳門。訪金沙周介生。約合南北同人結大社。檄徵四方文輯萬餘篇。選八百有奇。名石鼓桐。鏤版行世。孝廉少任俠。好與邊人武士接。習弓馬。旁通劍技。有蕭塘顧四者。以善相馬。游貴公子之門。偶攜婁東貢家紫騮來。孝廉以百五十緡易之。常馳戲兩峯三竺間。一日從湖隄出定香橋。會樊學使致虛。讌僚友於湖。酒酣步隄上。小坐龍王堂桃花下。肴核既具。意氣方豪。孝廉忽驟馬直前。勢不能東。几席為之傾倒。落英如雨。坐客皆辟易。有仆地者。學使怒。命隸追之。至隄盡處。有橋。橋上輿臺廝養羣執梃杖截馬首。禁不得行。孝廉乃退馬違橋六七丈。提鞭外向大喝。一縱。徑過。度葛嶺。迤邐循城而東。涉沙河。出舉亭之背。穿林越莽而歸。日尚未暝也。學使以大索不得。令城中凡有馬者。悉詣官接驗。孝廉聞之大笑。年三十八。舉於鄉。為崇禎己卯歲也。流寇起關右。朝廷從大司馬議。令今年鄉試舉子。於中式後別試騎射。如果超距破的。該撫按即行咨部。擢以異等。顧天下承平久。士大夫恥言介冑。佔畢家多不識決拾為何物。九月上旬。監臨王侍御同主考衛宮諭顧兵諫洎提調監試諸司。升武帳。集舉人於壇下。張侯載射。衆謝不能孝廉騎馬。挾大黃拓。弦三發。皆貫革。主司大喜。明年下第南還。遇賊於汶水之西。同行者瞻顧不敢進。孝廉怒馬獨發。抽矢引滿弓。逐賊四十里。過市下馬。裸衣踞胡牀納涼樹下。諸同行者方到。相與上酒樓劇飲。咸驚歎為天人。甲申後。將以孝廉老矣新令。仕宦者不應認。禍且不測。制府聞孝廉名。强出之。署嘉興府刑官。兼攝鹽官縣篆。選湘東司李。謫商邱丞。罷去。所至具有實政。然皆非其志也。嘗謂耳體空。受感最捷。因號耳空居士。孝廉本無意於時。既歸。乃鑿宅之西北隅為池。卷池土而上。為岡為堪。為絕壑。為磵道。為小橋平坡。坡之脊。築室三楹。轉而入閣。閣旁複道。架小屋五椽。蝶叟藍田叔。倣南宮父子雲山一版。因顏曰米山堂。堂中設長几一。以庋書畫。方几二。以時食飲。竹牀木凳。石盌瓦罏。不使有塵俗氣。虛閣望遠岫平疇。四時陰晴變幻不一。屋內書數架。備觀覽。早起參楞嚴經一則。自言收其放心。非佞佛也。飯罷讀史。有當意者。隨筆記之。午餘臨法書一兩行。或作奇峯一幅。以寫胸中壘塊。客到則烹岕茶。劇談世外事。小住即與蔬食濁醪。為秉燭之歡。興至。步月。不送不迎。雖居近市廛。閉門風雨。如深山然。故仍稱孝廉以明志。見王晫霞舉堂集。

陸承祺

陸孝子名承祺。字又祉。父夢蘭。客死粤西鬱林。時方軍興。踰年而凶問至。承祺與弟承祚。年尚弱。號慟拜辭其母王氏曰。兒不得父骸。不生還矣。家酷貧。二子煢煢走萬里。道乞食。其閒疾風盲雨之所飄搖。懸崖絶壑深溪仄彴之所危恐。山妖水蜮猩鼯豺虎睢盱而上下。而又有烽烟戎馬關塁譏訶之警。卒至鬱林。入鬼門關數十武。有老嫗煮糜以給餓者。二子踸問父柩所在。老嫗指叢箐中云。彼纍纍遺棺。率朽敗不可問。傳聞是中有浙江人。是耶非耶。二子乃詣前刺血滴骸。凡閱十餘棺。皆格不相入。二子乃拊膺呼天。哀感行路。而忽遇父故人。道棺在蕭寺。二子隨以往。撫棺一慟。皆隕絶。時聚觀者見二子死。皆大呼孝子孝子。急以水漿灌其喉。久之承祚醒。而承祺竟氣結不屬死矣。承祚孑然。匱兩骸。左擔以出蠻煙瘴雨之鄉。繭足黧面。還家報母。母已蓋棺數日。先是承祚道遇鄉人寄書歸。母慟嘔血曰。不意吾兒先我見夫子於地下也。既卒哭。歎曰。夫柩已歸。吾何戀。絶粒六日而歿。見馮景解舂集

俞老僕

馮山公有俞老僕墓誌曰。老僕姓俞。名文。金華人。少讀書。明大義。身長八尺。廣眉修

觭耳長三寸許。發聲如鐘。為讐家所陷。因於獄。吾父出之。德焉。委身為奴。老僕性嚴。未嘗見齒。儕輩憚之。然事主恭謹。老僕析薪姑蔑山。家中爨不乏。嘗行山遇虎。挺擊之斃。人勸勿再往。老僕不應。其婦哭而牽其袪。老僕怒叱曰。人生聽命於天乎。抑聽命於虎邪。絕袪以去。時年七十矣。予兒時好嬉戲。老僕常柔聲規戒。予易之。不以介意。數抽棘為矛。與鄰兒十餘輩戰於園。皆蒲伏而歸。老僕有子。年與予齊。亦召之使戰。老僕聞。笞子數十。予始憚老僕。從此罷嬉。老僕在家日少。歸必問予所讀章句。請誦之。熟則大喜。以山中五色文石獻予。予樂焉。每歸自塾。釋書於几。揖父母起居畢。徑詣竈下。望薪有無。以驗老僕至否。蓋予年十二。猶數望薪。老僕一夕醉。進諫曰。官乎。此非弄石時矣。日長炎炎。去成人幾何。不書之愛。而石是好。蘭溪之石可勝幾乎。失時不學。負老奴矣。其聲益微。予悲傷其意。且心怍。遂大奮於學。然猶歸家數望薪。念老僕不念石也。康熙癸丑秋。漱廬大火。老僕年七十九。左擔而趨出於火中者。率為人奪去。惟老僕不失一物。至今又十許年。耄矣。不能入山析薪。猶自扶杖至江干。問薪價低昂云。老僕在余家三十八年。未嘗一日病。今丙寅夏。卧牀不起。聞予自淮歸。強起。謂其婦曰。扶我謁相公。老僕于余凡三易稱。兒時曰官。壯有室。則曰爺。予游京師。上書當塗。名聞天下。老僕歎曰。此真相公矣。遂釋至今。葢老僕三易稱而予髮亦種種矣。没之日。予見薪而泣。明日執爨者告市薪。予益泣。斂之如禮。葬於不食之地。遂誌之。見馮景解春集。

畜叢編卷八終

清　曲園居士纂

金隱君

金隱君名光字公絢義烏人也少好學凡天文地理奇門遁甲歷律醫卜等書靡不畢究性好遊居家歎息曰丈夫固跼蹐戶庭邪時熹宗時毛帥鎮東江金君附商賈至其地縱觀海外形勢大喜無何政府惑處士策授謀殺毛帥帥麾下枕戈泣又數見疑靳餉麾下舊部憤曰大將軍死一書生吾屬安向遂掠定長山五島率民兵萬餘航海歸朝而金君始罹難矣時崇禎甲戌七年即大清天聰八年也南望輒淚下南人為將領者客金君時諸道統帥智順王等求操觚客卒不得智順王廉知之召金君智順王者平南王始封爵也金君佯為許諾典書記惡西僧多雜處弗與言乘閒逸去國法嚴笞之百又逃縛而大創之又逃督捕者請於朝將斬之坐金君纛下帳下爭以酒肉進金君釃酒啖肉大笑曰速殺我吾生不能歸魂歸矣智順王大驚馳馬至若非金某君誤矣別以他囚殉舍人子流涕謂金君曰王愛公奈何負王金君悟入謝王王大悅凡十年王倚之如左右手然南望必淚下喜登高山觀日曈曈

升則大喜或悲哀雪涕以頭頓地人不測其故一日又出游西僧躡其後稍選騎相
並望其山形盡白山腰懸紅燈二山忽動跡之乃巨蟒也金君驚將返轡西僧曰愼
無恐吾命之退馬上嗚嗚作梵語蟒如疾風駛去金君歸語人曰吾向惡若曹繼自
今毋輕相天下士順治元年王從攝政王及恭順王懷順王入山海關會平西伯兵
大破賊李自成走之遂入京金君與俱入關時策馬歎息泣下曰吾曩日冀魂歸今
生歸矣未知較魂歸奚若大清定鼎都北京更從王定太原克延安明年下九江左
甯南全部降品隲諸降將數與金聲桓語聲桓欲得金君王不許其後聲桓敗王笑
曰吾從其請汝敗矣金君亦笑曰聲桓不得光故至於敗又明年取湖南王與諸王
會師咸重金君王入朝改封平南王王欲敘金君功固辭己丑王始與靖南王取廣
東攻南雄取韶州襲清遠降從化始抵廣州運籌發策敵無不知有金君者諸將欲
屠城必勸王戒止凡二年始克廣州又二年定高廉雷瓊等州戰耳疾徐咸受成筭
又明年大破李定國於橫州敘平粵功當同三品固辭不拜金君欲歸隱王卒不許
王以其子尚郡主三辭不允始成禮金君歎曰王遇我厚失我初願奈何吾航海北
渡十有一年從陸入關當時不能退今又幾何時言未已淚下文村者故明虎賁將

軍王興所踞地也。處萬山中。左峭壁。右大海。陽為順而實不臣。羊腸鳥道。剌竹叢雜。即步兵短刃。卒不得入。思持久困之。一日。興遣卒謾罵曰。若陳兵百萬奚益。汝軍中金先生自來。吾降矣。守陴者以告。明日。復謾罵如故。金君聞之慨然請行。王及旗帥督撫大吏驚曰。蠻無信。奈何失金君。金君揖列座曰。光應去。令一騎釋甲前導。傳呼曰金先生來。村口卒馳告興。興曰。偽耳。令素閑諜者覘之。急奔告曰。果金先生。興命輿以入。徑數里。甲兵糗芟山積。興出迎。問曰。君護騎幾何。金君曰一騎。興曰。君何信我。金君拱手曰。汝先信。吾安敢不信若。登堂磬折如容禮。王將軍從容言。吾祖宗受約束。為藩籬外臣。於今二百八十餘年矣。曩者藉兵雪故主仇。感泣至再。雖然。興豈為降將軍耶。語未竟。忽一人啟扉突出。則故明侍郎。前兩浙督學臣王公應華也。與金君有舊。相持拜跪。哽咽卒不能語。王將軍設席。呼二人曰。且飲。一飲凡三日。王將軍把臂歎曰。君來。興宜踐前諾。命五子出拜。指金君曰。汝曹善事汝父。更酌金君酒。眦目撚鬚降席請曰。興死矣。興毅魄不死。藉汝大書冢前大明虎賁將軍王興之墓足矣。金君瞠目錯愕。應曰。諾。王將軍召妻妾登層樓。自爇連珠礮。轟然雷震而沒。越三日。金君攜其五子出。納敕印土田冊籍。降者次第出。金君曰。興獨焚。亦忠臣也。吾不負死者。勸王請於朝。䘏其五子。鑾奇感泣。而金君名益著。金君佐王幕。始終不受官。然金君隱軍中幾五十年。王欲官其子弟。卒不許。登粵王臺。凌風長嘯。謂吾曩時濱海觀日出。今又濱海數數觀日出。吾得跳天門。依日月足矣。臨死嘆息曰。吾少時幾死而不畏死。今老矣。顧遲須臾死。顧齷齪以死。隱忍五十年。竟死矣。金君未死時。澹歸大師。為君作留須子傳。（見林璐歲寒堂存稿）

草薦先生

草薦先生。不知其名字氏族。始居豐樂橋南。又徙而之鐵冶嶺。經歲不出戶。一日。客訪其居。童子曰。方卧薦上。未敢通。日移晷。徑披其帷。闃其無人。已而床上有聲磬欬覓唾壺狀。始盤旋下牀立。帳啟露薦。語曰。天寒甚。客從何方來。先生裹氈幘。加以布帽。帽束悅望之。頭上高二尺許。坐語移時。呼童子進酒。衣厚如重鎧。袖臃腫。手不得卒把杯。望其床薦。高於几。追而視之。計二十八簾。夫牀高五尺耳。受薦二十八簾。簾以寸計。高二尺八寸。受卧只二尺餘。扳而上。如登山。偃而下。如墜谷。勞矣。無何。先生醉。又上薦卧。案上詩文高與薦等。竊而讀之。似不從人間來。客大笑曰。昔司馬子長好游。故其文日益奇。乃公跼蹐戶庭。固於薦上得之者也。先生踞薦。不得坐。忽下牀曰容悉知我。吾束髮以還。日與名公卿賢豪長者相把臂。迄於今有蟬蜕軒冕者。有山林終者。有自髡頂為僧者。有小草坐寒氈者。有起以大慰蒼生者。有墓木已拱久者。有餬口四方。金盡裘敝者。有憔悴且行吟者。吾老矣。猶得卧薦上。迫季秋。輒益薦。吾不意竟益至二十八薦也。汝慎無言。吾又將卧。於是里中人咸呼曰草薦先生云。或曰。先生毛氏。名先舒。字稚黄。古錢唐人。見林璐歲寒堂存稿

夏士友

夏士友。江夏人。孝子也。居保安門外。家故寒微。十餘歲喪父。業薙髮。以養母唐氏。不足。則減己食。母之養。未嘗缺。鄰里有邀食者。必先為母市肥甘。然後往。不忍背母獨美食也。每天風寒。晨起自炊。温語慰母曰。天寒甚。無遽起。炊熟。爇炭置床前。温語奉母飲。食畢。則又温語曰。兒出市即返。老年人須善自愛護。無為風所襲。如是者二十年不少懈。凡力所獲。悉以養母。故年四十而猶未有室。邑某姓有妾。不容於嫡。欲嫁之。或謂之曰。夏某事母孝。盍贈焉。遂以贈士友。士友欣然。以為可以代母之勞也。居半載。士友自外歸。婦與姑詬誶於室。士友淚流滿頰。嗚咽而言曰。吾安用汝為。吾有汝以慰母也。汝不能慰吾母。吾安用汝為。携至某姓家。涕泣道其故而出之。後年餘。

士友以疾卒。母痛士友亡。而悲己七十之年之將擠於溝壑也。日夜哭之哀。有張姓者晉人。僦居於鄰。聞之曰。此老嫗何哀若是。人告之故。曰嘻。世固有孝子其人。而母不得終養者哉。我養若母。且我得與孝子為弟行。幸甚。遂詣其家。匍匐母前。願為義子。月供薪米。奉以終身。見傅以成集

貞憲先生

貞憲先生姓王氏。諱泰際。字内三。中崇禎癸未科進士。與黃陶庵先生為同邑同年友。陶庵集中有答王研存書。商畧處患難。為隱身不出計者。即先生也。其書中之言曰。吾輩埋名不能。而潛身必可得。冠婚喪祭。以深衣幅巾行禮。終身稱前進士。一事不與州縣相關。絕迹忍餓可也。又謂此大關係處。不得不以真語就正。前世如龔君賓謝疊山及國朝龔安節。而在其商畧不過如此。噫。黃先生與先生皆非畏死者。苟可以不死。而仍不失吾之所守。亦何必以其身委之一爐。士之有君。猶女之有夫也。其以身殉夫者。烈也。終其身守之不變者。貞也。士不幸而遭國家喪亡之日。所出惟有兩途。與夫既嫁而孀居者。何異哉。黃先生既所處在必死之地。而死之得其所矣。先生適當可以無死。而完其終身不改之節。一如黃先生書中之語。亦復何憾哉。先

生所居。在縣之六都。家本崑山。遷至嘉定。三世皆隱而不曬。先生三子。兩孝廉君霖、汝楫、汝。皆居於城。然人罕有於城市見先生者。縣屢舉鄉飲大賓。曰。吾第不死而已。柰何以此困我。食淡衣麤三十餘年。以丁卯之冬。無疾而卒。殮以深衣幅巾。如平日所服。邑之學者。私謚曰。貞憲先生。見張雲章樸村文集。

菊隱先生

菊隱先生姓陸氏。名元輔。字翼王。嘉定新涇里人。初就傅。即知向學。既長。取十三經注疏伏而讀之。章通句解。寒暑晝夜無所間。嘗夏夜酷熱。斗室中蚊聚如雷。同學者造先生。先生方危坐讀儀禮。執筆丹黃。汗流被肘。呼之不應。因前勸先生曰。鬱蒸如此。盍少休乎。先生曰。果熱耶。吾心入書中不自覺。其勤學如此。明亡。兵至嘉定。陶庵以下。相與抗節。先生脫去弟子籍。分將潛深伏奧。以布衣老矣。而當世大人先生。以其經師。必欲力致之。先生念己於前朝未有祿仕。出亦無害。而以貧故餬口四方。亦非不義之粟。故以禮來聘者。先生不之拒。於太倉則太原王氏。崑山則東海徐氏。南陽葉氏。長洲則廣平宋氏。而東海公乾學。力趣先生入都。則又有宛平王公崇簡、孫公承澤、蔚州魏公象樞、江寧王公宏澤。皆虛己授餐。或俾子弟執經焉。先生所主。既皆海內巨室大家。發其藏書。益資宏覽。每擁鼻比則前後書卷。屹然如城。手披口吟。午夜不輟。又往往徧借異書。手自繕錄。腕脫不倦。積多至千卷。先生於是遂博極天下之書。康熙十七年。詔舉博學鴻儒。前大學士吳公正治首以先生名薦。州縣敦迫至京。先生念異時師友嘗抱隱痛。又既棄諸生。不欲違初心。召試。詭不入格。又多規切語。主者得之。不敢獻。然先生輩三四人。諸公雅重其名。因奏未與選者。年近七十以上。加中書正字等銜以寵之。時先生年六十有三。具以實對。遂罷去。先生前後客京師。幾二十年。諸公貴人爭羅致之。慮不可得。海內魁士名人。咸欲就先生質經義。天子嚮意儒術。累召文學侍從臣。親試賦詩。記說箴銘等。或有所徵用故實。欲考其所從出。或時被顧問。懼不能對。咸退而諮先生。先生為具道某書某事。輒舉其詞與其首尾。即檢書以驗。無一誤者。士大夫相語。往往稱陸先生。雖不舉其字。而知必其人也。束修所入。大半用以購書。在京師有書數千卷。力不能致之家。以是欲去而徘徊者二三年。既歸。貧不自給。復館徐公家。所著有十三經注疏類鈔。續經籍考。明季爭光錄。蒲隱紀聞。及文集各若千卷。先世本姓王氏。曾祖松。撫於陸氏。遂冒今姓。見張雲章樸村文集。

唐復思

宋介山有唐復思傳云：唐復思，閩人也。不知其出處。國初往來嚴州之淳安、遂安諸山寺。康熙十九年，余嘗遊遂安，見僧舍郵亭多有唐復思題壁，書法老縱，詩思悱孤，放而不自容，知其為高隱者矣。明年，余復至遂安，一日過同鄉程廷周家，見席中一老人豪飲，而巨顙豐頤，長目顧盼。程更出圖畫十許幅，請老人南嚮坐而題詠。老人則執筆崛然起，視之則真七尺古丈夫。署紙尾則曰唐復思題。余始驚即唐復思也。為人嚴立不倚，惟放廢於酒。遂人言其初入縣南門也，已沈湎矣，僧伽帽，插花袒臂，欹倚歌道中，而人既閩產，烏言嘵嘵。時山谷猶多警，門者以故縛之。縣令則陰察其非常僧，而陽以為醉僧也，笑釋之。由是遂常游食於淳、遂之諸山寺。至甲寅滇閩叛亂，而淳遂之地年餘忽不見唐復思蹤。及歸，乃云自秦中來。縉紳之徒因疑其志異，稍稍謝絕之。余自程廷周家識先生後，明日過訪之。往還既數，而先生有攜杖童子漸與余習熟，因徵以先生事跡之。童子曰：我不知吾先生，但常見其中夜起視星氣，有時或哭。而其枕匣有大銅章一，閒嘗啟匣手弄，秘之，不知何為者。余意童子則未睹官司符篆耳。然則先生固前朝仕官者耶？又一日過先生，先生病，更暴作心痛，見余至。瞠目而視曰。復思死矣。恐死而世不我知。然復思非我名。而唐則我外家姓也。余為烈皇帝御覽進士。言至此則淚。又曰後仕宏光語未絕而適痛稍差。遂不復言。固問其姓名。亦終不答。先生病愈乃去。遂而之滈。二十九年先生又在臨安。臨安之廣文某謂先生即莆田之進士林鐸云。見宋和雪晴軒集。

黃道本

黃孝孫道本者。武昌人也。字羽南。始名士鵠。以夢其祖母易今名。當其祖母死。孝孫目泣血浸至嘔血病三年矣。其祖母夢之曰孫易名道本則壽可五十五。是時孝孫年十九也。年十六。即刲股療祖母病。著孝。先是父母舉孝孫輒夜啼。母抱之久且急一夜啼更急。母與父時皆年十五。至是其祖母過而讓其婦曰。老姑豈易得孫。而少婦殊不難其子也。遂自抱乳孫至去乳能言。即口授孫論孟。孝孫年二十。即以幕游今四十矣。嘗曰。道本以貧而託於幕。雖寡學問。然頗知大義者。以從乳口中熟祖母訓也。當祖母病篤時。其母亦病。孝孫思刲股以療祖母。乃私草一疏告。母竊見疏草。泣曰。我婦兒孫也。吾當割。欲抽刀以割。孝孫泣曰。母病何堪割。且兒即母也。請易割。於是母子皆未割而心相防頃之。孝孫託宿外館延醫。竟割股。當引刀下肉時。則頭目昏昏仆地。一人俯而曳之起。鬚尚被其輔頰間蕭蕭也。反顧忽不見。明日和樂以進。而祖母夜已死。以館宿去家遠。不知也。至則始聞號泣聲。入視之。尚微一息。乃以藥投之。竟蘇。孝孫念曰。吾股一割且起死。再割不愈病乎。遂夜宿城隍廟案間。漏再下矣。抽刀割。若有物肘之者。遂撲地不省。及覺則五鼓曙。孝孫喜曰。神不我割。病當愈。因復筶卜。亦云愈。至家。其祖母果稍愈。無何。忽病篤竟死。孝子痛神之誤之也。故目泣血。浸至嘔血病三年云。見宋和雪晴軒集。

義行李叟

李叟振陽。諱生春。商邱人。薄有田廬。力耕而好義。有從伯者善治生。銖累所積至八百金。比疾革。趣召叟至。則無所語。如是者數。終不及語而卒。叟奉諱往赴。則管遺者迎哭戶內。已而指橐中裝謂叟曰。此汝伯終身所蓄也。遺命畀汝與爾兄平分之。向之所以屢召汝而終無言者。為此耳。叟聞之。哭曰。伯雖無子。固有女在此。八百金皆伯父忍嗜欲。瘏手足。所經畫而積貯者也。豈不欲有子而遺之。不幸終無所出。而至於大故。顧以義割恩。不畀其女而畀某兄弟。某何心私擅之。昧義而傷伯之隱。向之所以數召而終無語者。固命我矣。顧以某所應分者。均之二姊焉。及兄至。奉其半以進而告之故。兄曰。汝能是。其以我為獨匪人耶。其悉輟以資伯女。勿更言受金事也。人嘗售宅於叟者。價劑既立。予之直矣。乃不責以移居。逮數歲。聞其家有鬩牆變。察知其由。蓋以移房故。叟置酒召其兄弟曰。野人幸有數椽。避風雨。忍使同氣異宮而交相為瘉乎。因折其券棄之。曰。汝兄弟其終有此毫末之值。鄉供伯仲一日歡。其後貿遷嘉善。有負其貸至數百緡者。計無以償。謀鬻其子之夫婦以雛。叟遽止之曰。奈何以抵債傷父子恩。勿庸。其人謝曰。公德我良厚。無以報。即輟子夫婦終事公。叟曰。欲完人骨肉而自有之。是陽義而陰為利也。余豈忍出此。揮去不顧。叟之重義輕財多如此。見田蘭芳逸德軒集。

寒支先生

先生李姓。勝國諸生也。甯化泉上里人。名世熊。字元仲。自號曰寒支子。自經史子集。以及秦漢唐宋近代百家。靡所不覽。獨好韓非屈原韓愈之書。故其為文沈深峭刻。雄偉淒麗。奧博離奇。雖非盛世和平之音。蓋自稱其所遇也。時當天啟崇禎間。若預知有甲申以後事者。每論古今興亡。儒生出處。及江南北利害。備兵屯田水利諸大要。未嘗不慷慨欷歔。惓惓有所屬望。大清定鼎。閩中尚擁唐王。未歸命。故大學士黃道周。何楷。並薦寒支尚志博學。徵拜翰林博士。不赴。丁亥王師入閩。序應歲貢。辭自是杜門絕迹城市。有觭齕於郡帥者。帥遣桀生移書逼入郡。寒支復之曰。天下無官者十九。豈盡高士。來書謂不出山。慮有不測之禍。夫死生有命。甯遂縣於要津。且余年四十八矣。諸葛瘁躬之日。僅少一年。文山盡節之辰。已多一歲。何能抑情違性。重取羞辱哉。時蜚語騰沸。勢洶洶不測。寒支矢死不為動。疑謗亦釋。寒支既以文章氣節著一時。名聲大震。辛卯壬辰間。建昌賊黃希孕。剽掠過泉上里。有卒摘寒支園中二橘。希孕立鞭之。駐馬園側。視卒過盡乃行。粵寇至。燔民屋。火及寒支園。其魁劉大勝遣卒撲救曰。奈何壞李公居室。是時天下人雖盜賊。亦知有寒支矣。乙卯。耿精忠反。遣偽使敦聘絡繹踵門。寒支嚴拒之。自春徂冬。堅卧不起。乃得免。寒支自甲申以後。山居四十餘年。鄉人宗之。晚號媿庵。顏其齋曰但月。年八十五。以疾卒於家。見藍鼎元鹿洲初稿。

丁隱君

丁隱君名敬。字敬身。號鈍丁。自稱龍泓山人。家在候潮門外。鄰保皆野人也。釀麴蘖以自給。身廁傭販。未嘗自異。顧好金石之文。窮巖絕壑。披荊榛。剔苔蘚。手自模搨。證以志傳。著武林金石錄。分隸皆入古。而於篆尤篤嗜秦漢銅器宋元名蹟。入手即辨。性躭羣籍。家貧不能出重資購買。門攤市集。眼光所駐。無留良焉。小樓三楹。屆庋滿室。皆異册也。詩學其所專長。布衣金農相距一雞飛之舍。與之齊名。美辭秀異。敢或不及。鋪陳終始。豪放不可羈縻。農不能逮也。寒人張沅字畏廬。號歔邨。老棲荒江之上。兀傲自負。敢與酬和。疊險韻至無算。而氣不竭。故談藝者。以城南為詩國。閒房冷剎。青林丹嶂之區。足跡無不到。題詠無不及也。鄰人不戒。災及其廬。所收蓄皆盡。而樓亦燼焉。方制府觀承。愛其鐵筆。媚制府者。欲得其一二方。通意指。而惡聲殷牆。屋驚而逸去。江苑卿春慕其詩。將之武林。以幣贄。謝勿與通。晚買宅於張紗衕。將遷矣。而以母柩先往。親串有以不吉告者。勿為動。曰。吾母不及見也。未幾。竟死此宅。見杭世駿道古堂集。

孫夔臣

孫孝子夔臣。先世居江南休甯之桂里。父學詩。遭亂數遷。定居常熟。遂為常熟人。孝子生三歲。生母程歿。育於女兄。稍長。隨父讀書虞山中峯寺。冬歲盜入攫衣物。孝子驚起。獨身追之。盜顧曰。兒不惜命耶。孝子曰。父凍且死。敢惜命耶。盜聞言。擲一被去。

父病水蠱。孝子日為父摩腹。口就臍吸之。歷數月。病良已。已復病泄瀉。中裙廁牏。皆親自澣濯。不以假人。先是孝子母沒時。其父未有定居。既家常熟。乃使人改營宅兆。承事者。詭云遷葬已畢。及孝子往省。竟不知母墓所在。於是慟哭行求。哀感行路。有告以桂里宗祠栗主。例書生卒年月及殯所者。孝子匍匐入祠。祠主積多不可辨。而亡失者。亦往往有之。存否不可必也。且拜且慟。慟絕不能出聲。宗老急呼之甦。曰。墓在墓在。孝子張目持告者曰。墓安在。即謬應曰。主在東廡。得主即得墓矣。至東廡拜捧一主。果孝子母也。族衆咸歎息稱異。既啟視。知母厝東門路旁園中。孝子悲號撫臆。捧主就墳。露處者累日夜。又以去家遠。乃即其地買田。供祭祀焉。孝子生不識母。哀思特切。有從母金。與母相依久。每命畫師畫像。質之於金。歷久弗克肖。孝子念從母老矣。脫不諱。誰省識者。中夜彷徨。涕泗交下。詰朝畫師持畫至。曰。昨夢一婦云。至自桂里。醒憶所見。亟繪以來。金見之曰。似矣。目未肖也。孝子喜且泣。越數日。畫師復夢前婦曰。我孫女貴孫目肖我。貴孫者。孝子同母兄之女也。旦遂以告。即重畫示金。金顧孝子泫然曰。此何肖汝母之甚耶。孝子泣。家人聚觀者亦泣。鄉里聞知。翕然稱為孝子孝子云。（見寥鴻章南雲書屋文集）

鐵脚板

鐵脚板者。眉之鄙人也。姓陳名登皥。生有膽識。膂力過人。家貧。獵獸自給。常赤足逐鹿豕。奔新斬叢竹中里許而足不傷。人目之曰。此鐵脚板也。登皥曰。呼我甚當。於是足不著屨。行縢止及脛。終身如常。獻賊據成都。遣僞將耿三品等略眉。先期傳示云。除城盡勦。民不悟。攜老幼入城。乙酉正月五日。賊驅城中人至原田上盡殺之。又搜戮四方居民。登皥突起忿言曰。洗頸待死。與抗賊殺死。等死。奈何袖手待盡耶。遂裂白衣爲旗。招各山亡命少壯。大書於上曰。敢與殘忍流賊張獻忠爲敵者從我。數日內。不期而集者千人。登皥持獵械。負柴弓竹矢。赤足先趨。千人者各執白棓相隨。據城西醴泉河。斬木立柵。標所書白旗於前。名曰鐵勝。鐵勝者。取己勝賊之義也。遂與賊持。前後殺獲甚衆。賊大懼。取道潛移東館。登皥又令民兵數百。具羊酒僞爲投順者。賊帥納之營中。夜半。登皥率衆大至。鳴金鼓。火攻賊營。數百人從中譟而應之。內外夾擊。賊衆大亂。死者不可計數。乃遁去。於是眉之多月鎭。斑竹王二郎壩諸村各聚衆自守。皆名其營爲鐵勝。賊聞之不敢逼。而鐵脚板之名大播南川。嘉定向成功。亦起師拒賊者。有衆五千。欲節轄登皥。不從。率兵圍之甘溪口。登皥勢弱不敵。力戰死之。成功駐兵石佛跕。修木城。鑿濠塹。招集三萬餘人。分五營四哨。抗拒官兵。丁亥三月二十八日。我朝肅王以大兵至。攻破木城。成功中流矢死。其黨乃平。（見彭遵泗集）

唐肇虞

吳縣唐孝子肇虞。字順江。父歿時。孝子尚幼。執喪如成人。晝夜哭不絕聲。母止之。孝子曰。母哭能禁兒勿哭耶。家故貧。母以女紅佐薪水費。孝子見之。心怦怦焉。恨不得致甘毳以養母。使母自勞苦也。稍長。治生理。晨夕色養。母樂而安。明政不綱。四方盜賊竊發。甲申。世祖皇帝定鼎燕京。而江南土寇獨未寧謐。所過刼掠一空。孝子奉母適山谷中。行數日。倉卒遇寇。失母所在。孝子呼天號泣。誓不獲母不獨還。遂徧訪村墟邑井閭。無影響。旁及他郡縣僻地。亦無知之者。時兵發四起。孝子宵行晝伏。屢與寇遇。僅而獲免。渡江而北。復從北而南。足跡所經。凡數千里。再歷寒暑。風餐露宿。艱苦備嘗。孝子體素羸。至是憔悴骨立。非復人形矣。會天下已定。避難者稍稍復城市。一日孝子過金陵。衆以其形之異也。詢所自來。孝子泣以實告。有一嫗前問曰。若毋非戴姓耶。孝子曰然。嫗引之歸。則其母在焉。且喜且悲。相持大慟。旁觀亦為之墮淚。孝子侍其母歸。又十餘年。母以壽終。孝子壽亦永。歿之時。年七十有三。子若孫。皆克有成立。見倪承茂峴塘集。

蔣適園

公諱堅。字非磷。號適園。江西鉛山人。精法家言。諸侯爭迎之。代州有大獄。因纍纍牘可隱。撫軍檄嵩嵐牧甘公辦治。甘聘公往。讞立具。殺七人。釋無辜者百八十人。酒姓娶婦月餘。弟迎姊歸。將入村。失姊。懼反誣酒氏。官下酒氏翁於獄。七年不決。公從太原返。吏指前樹林曰。此酒氏家也。公心動。棘馬而之乎山凹。有人扃戶博。瞯之一兒覺異。拍髯者肩告之。衆咸嘈曰。鬼耳。人則安能來。公馳歸。白甘公。簒取鉤距。果髯者所略也。臨汾令某縱吏暴征。民變。棄家登山。撫軍檄澤州牧佟公辦治。聘公行。日馳三百里。至平陽。能屬者裁四騎。山上人如蟻蠓。樹鉤鉏為兵。張旗洶洶。公手令箭而先周山呼曰。撫軍知爾等良也。為奸胥逼反。特遣佟使君來活汝。宜各審爾家有目者視此箭。山上人禁聲稍稍下。公導餘騎入縣廷。民礫山積。令從夕室出。率犯法吏六人跪佟前。民環門而罵。欲毆之。公叱曰。勿妄動。有王法在。乃榜吏於庭。血流。民懽噪拜謝去。次日四鼓。聲官吏詣省。白撫軍。撫軍大悅。飲佟酒。而手炙鹿尾啖公。公幼即以智俠自居。七歲。隨叔父詣法雲堂聽僧誦經。廡下坐。縣捕數人。私語某寺僧被殺。

主名不得奈何。公辟耳於叔曰。殺人者堂上老僧也。叔訶之曰。渠誦經屢顧。不在經矣。故疑之。捕者牽僧去。一訊而服。十七歲阻風瑞洪鎮。有少年同舟。舟人餔食。少年登岸。再食再登岸。公疑而跡之。見其蹲古廟大鐘下。色𤋮然瞠也。曰。余南昌熊白龍家貧。告急於河口戚。不遇。反寄食於舟人。未償其值。而又阻風。舟人將不余食焉。故避此。語畢泣。公亦泣。彊入舟。與共食而資以金。熊感謝歸。邀過其家。見母。誓為兄弟。居亡何。熊來曰。權弟金獲利三倍。今將販繒臨安。無所託母妻。故來。弟知吾父有養子曰蛟乎。素無行。脫有故。弟善持之。言畢去。逾年。繒主人執訊來曰。熊某死矣。餘金若干。目且瞑。屬曰。為我報蔣君。公陰念歸熊喪。非蛟不可。而蛟見金必叵測。乃札覆主人。授部署法。遲十日。告熊母。母果遣蛟往。已而召公哭曰。蛟至浙。兒骸已焚。闖然在桶。舟人負之納我圃。此外不有其藏一錢。奈何。公慰母再三。而身自往圃哭視畢。走出。母牽公袍曰。聞繒主以兒金寄君。金之來由君。然貿易者與有勞焉。盍析半惠老身。公未答。蛟突前睨曰。須南昌廳事明之耳。公叱曰。何必南昌廳。召二三鄰父來即明也。蛟嘖嘖向公去。俄而龐眉者六七叟至。公曰。所以囁嚅者。受亡人託防蛟故也。防蛟為母故也。今母見逼。不得不速明。請詣圃。乃繞桶而號曰。白龍知我。白龍知我。斧之。覆底脫。鏡三具墮地。光瑩瑩然。鎔金也。裹以簿劵。衆取視感泣。歎老嫗目眯不知人。未幾。蛟果竊金遁。公有神力。而敏於為善。遇盜許昌。兩騎截路中。五人行刦。公怒。射一人顛。再發再顛。盜驚。舍所刦者搏公。公縱馬入。刺殺一人。馬逸。公作躍起。復殺二人。餘盜乃竄。被刦客為公牽馬出林。羅拜問姓名去。又嘗行嵩嶽道中。兩峯夾溪。天暴雨。泥沒馬鼻。有婦抱兒騎。一童子負筐從。公慮其溺。救之。非錢莫以也。乃解數緡挂馬首。須臾婦溺。童子驚亦溺。公大呼。救者贈錢萬。搖其繩錢鏘鳴。途人應聲往。皆掖之起。送甯其家。公四十六歲。始娶鍾夫人。生子士銓。官編修。公捐館時年七十一歲。猶及見士銓舉於鄉也。見袁枚小倉山房集

侯夷門

天台侯嘉繙。號夷門子。字元經。詩文迅疾。十指雨下。字跡旁行斜上。如長河堅冰。風裂成文。莫知條理。而天趣可愛。先受知於督學帥公。貢於鄉。連試不售。出為主簿。調江甯丞。既不得志於時。愈自縱。一日大醉。登報恩寺殿。摩古佛羅漢數百尊。各贈詩萬餘言。箸其頂。箕坐大呶。窗外風雨暴至。電光燭其手。益喜。奮筆不能休。且吐且書。取殿旁石臼戴頭上。折旋舞如風。衆僧疑為鬼神異物。不敢逼視。酒既醒。雷雨亦息。

觀其詩。奇字奧句。不能讀也。舉其臼重二百斤。鎮江黃太守慕其才。招至署。未浹旬。早起不見。覓之。赫然死廁旁。（見袁枚小倉山房集）

劉剩庵

劉先生永錫。字欽爾。號剩庵。魏縣人。中崇禎丙子鄉試。癸未選長洲學教諭。署崇明縣事。庭無留獄。未幾遭鼎革。隱居相城。有大吏造其室。欲強之出。先生袒裼疾視曰。我中州男子。年二十。渡漳河。登大伾。躍馬鳴鞘。兩河豪傑。誰不知我。乃以此相逼。將謂我畏死邪。取壁上挂劍欲自刎。門人抱持之。得解。尋移居陽城湖之濱。妻栗氏子臨。女貞。織席以食。先生攜席市中。見者呼席先生。食不繼。時不舉火。有遺之粟者。非其人不受。有老奴從魏縣來。勸之歸。曰。室廬故在也。先生曰。我非不欲歸。奉君命來此。義不可歸。命其子同老奴歸。謂祖宗邱墓。責在汝。麾之去。時歲荒。得食愈艱。每雜糠粃作飯。妻病不能下咽。竟餓死。先生未之長洲也。以女許字同邑某氏子。某氏官於粵。音問阻絕十餘年矣。至是請於父曰。兒不辰。遭國家之變。翁家生死存亡不可知。留其身為大人累。無為也。遂自經死。其子同老奴歸。傷於盜。墜車折臂。歸即死。女死之日。聞適至。先生既無家。買一破船。往來江湖間。嘗泛舟中流。鼓枻而歌曰。白日隨兮野荒荒。逐鳧雁兮侶牛羊。壯士何心兮歸故鄉。風水蕩激歌聲甚遒。聞者哀之。某尚書念其窮。招之往。先生曰。尚書為黨魁。受主眷。枚卜時。天子以伊傅期待彼。豈忘之邪。卒不往。志老而彌堅。訖窮餓死。弟子徐晟陳三島。友人陸漋。經紀其喪。葬先生於虎邱之山塘。晟字禎起。三島字鶴客。長洲人。漋字秋玉。常熟人。皆志士。漋無家圖己像於水墨尺幅中。自號水墨中人。（見沈德潛歸愚文鈔）

張士仁

孝子姓張。名士仁。字奉田。崑山雪莊里人也。父文元。母蔡氏。孝子方六歲。母病篤。號泣籲天曰。願減兒壽。活我娘娘。叩頭流血不止。見者哀之。母病旋愈。年十三。與父同寢。父醉臥。有仇家預伏牀下。孝子忽心動。起剔燈。仇露刃自牀下出。孝子呼父不應。遽以手當之。指欲墮。度不能免。乃涕泣延頸求代。仇感動。擲刀於地。呼其父醒曰。爾有此子。吾不忍害爾也。父惶遽如夢中。良久始定。兩人矢天日。釋怨如平常時。母歿。孝子哀毀過禮。三年中枕席血痕斑然。已而父娶後母李。母性卞急。小不可。洸漬疊加。孝子跪而解。不得即不起。母怒解。乃起。久之。母化而慈。撫之如己出。孝子嘗於冬夜遇火災。從鄰起。延及寢室。倉皇中負其父出。復冒火入。負其後母。母復抱幼子。力既不勝。煙焰迷目。幾不能出。忽返風回火。俱無恙。先是孝子父以力農爲家。家漸起。能恤其族黨里人。然以不能徧及爲恨。至孝子治田。尤有法度。每歲入倍於尋常。家稍贏。凡姻族婚嫁喪葬。力不足者助之。無力者代之。鄰里有以無業及急難告者應之。至於賑飢者。衣寒者。藥病者。棺殯者。至老不衰。當事行憲乞之典。時論謂有孝有德盛世所重。欲舉孝子。以光大典。孝子堅謝之。年八十五歿。見沈德潛歸愚文鈔

謝振宗

謝孝子名振宗。字奕超。會稽人。山西稷山令雨亭公兆龍子也。雨亭公去任。囊無賸金。亦不負人錢。平陽守馮國泰。奕超婦翁也。居官豪放。病卒。侵官帑二十萬有奇。傾家資不足。抵株姻黨乞貸者。馮氏媳誣指稷山三萬金。按無左驗。媳曰。婚家月通財需。左驗耶。牽連質證。時護晉撫高成齡鍛鍊之下。雨亭公稷山獄具。奏立限追繳。踰期予大辟。限將屆。禍不測矣。奕超年二十餘。誓以死救父。瀝陳冤狀。莫爲省覩。雍正七年三月某日。冒死進天安門。攀石柱。袖椎擊落石獅首脊。守者驚起執訊之。奕超曰。無慮我逸也。父冤不伸。來觸禁死耳。甯避禍邪。出冤狀累累數百言。即日上聞。天威大震。越日。命往黑龍江充當苦差。議者謂奕超無生理矣。聖恩寬處若此。其有以

感聖心也。踰年。馮氏所誣金。邀豁免。出雨亭公於獄。奕超抵配所。上自將軍都統。下訖小吏旂民等。知奕超以救父得罪。稱謝孝子。謝孝子。奕超心懷父母。無一日釋。乾隆七年。雨亭公凶問至。奕超哭曰。天乎。父死不得奉含歛矣。煢煢老母。誰為供菽水者。悲痛之聲達戶外。聞者無不泣下。將軍傅公森廉其事。憫其情。謂都統卜公巡察富公曰。謝某以孝得罪。與衆殊科。皇上孝治天下。我不忍孝子老死沙漠也。無慮格於吏議。具疏代爲陳請。疏上。奉旨。謝振宗准其回籍養親。見許朝集

畬叢編卷九終

清　曲園居士纂

祝曰三

祝曰三。佚其名。故相國高公宏圖家僮也。明亡。相國時已致仕。寓會稽野寺中。聞變不食。家人環泣。諫不顧。已而開目索飲。祝年十二。侍於旁。進曰。大人幸復食。飲祇可惜枉餓過三日。公頷之。遂閉目。絶粒九日卒。相國之支族將軍文熠。微時與祝兄弟交。命子孝廉某。呼祝為丈。往來侍酒。跪起如子姪。將軍都統江西。孝廉初得舉。倨貴家居。廣闢亭館。置姬妾。日夜飲酒高會。將軍年老。思子不時至。親友皆勸駕。久之未有行意。祝聞之。晨往孝廉飲倦臥攲枕。使兩女子捶臂。召見祝坐對床。都不言。但吭喉高歌蔡公思子一闋畢。遂趨出。孝廉即日束裝。祝隨至南昌。將軍歡甚。贈衣一襲。精於繪事。寫人物如生。鄉人重其義。所至。延為上客。見法坤宏鏡野文集

嘯莊先生

先生諱廷翼。字虞鄰。即墨人。晚慕阮嗣宗之高致。自號嘯莊。世父副都御史琇。世所稱華野郭公者也。公中年無子。愛先生聰慧。立為世嫡。晚乃舉二子。公連疏權貴直

聲震天下。公殁。二子方提抱。權貴黨餘。謗讟騰興。先生懼。謀所以自全。乃痛斂圭角。黜聰明。一意放浪於酒。年甫三十。絶意仕進。築慕雲樓藏書。閉門誦讀。言不及世事。客至。飲以酒。自飲巨觥為一隊。座客以次角。製酒牀。出飲他家。則舁牀以隨。日暮大醉。舁而歸。以為常。乾隆某年。天子録用故大臣子孫。先生仲弟廷翥。以孝廉起家。知嘉興府事。幼弟廷翕。舉辛酉孝廉。公去世久。謗讟息。先生亦頹然老矣。晉司馬昭歷論朝臣。獨許阮嗣宗為至慎。余於先生亦云。（見法坤宏鏡野文集）

汪霖

汪君名霖。字雨蒼。號榆園。歙西巖鎮人。身長不滿七尺。英毅精悍。雖強武者遇之皆自失。常游武林之西湖。衆無賴子弟數十百人。方刦持一新安客。勢洶洶。張甚。薄視之。則故人也。君怒。奮臂直入。翼故人。縱横出數十百人中。數十百人咸自盪擊顛踣。股栗匍匐。有僵不能起者。君顧視大笑。徐把臂去。又嘗渡錢塘江。潮怒舟没。君攫身入巨浪。左右騰躍提擲。盡出溺者。排岸觀者如堵。呼聲若雷。皆以為神人。於是人爭傳君材武。有願奉千金請授技者。君麾之去。自悔曰。以拳勇名。非夫也。終身不復言技擊。性好客。善飲。飲酣。縱談前代興亡治亂賢奸義烈事。輒抵几慷慨。若不自勝。坐客皆竊竊詫歎。以為狂。君既不遇。生產日薄。一日。婦脫頭上簪易斗粟。市人倍與之。君曰誤也。歸其贏。冬夜行市中。見裸臥而呻於途者。即褪且覺。急歸持所覆衾覆之。然家故無餘衾也。晚歲縱情詩酒山水閒。或童冠者舊雜坐。竟日燕笑。無倦容。時復曳杖獨出。意行無定向。偶過村巷籬落閒。聞吟誦聲。輒低徊駐聽。聲寂乃去。葺一椽。劣可容膝。課其子。手書為善最樂。讀書更佳。八字顏之。指謂其子曰。此吾志也。汝其識之。年七十有二。以太學生考授州司馬。卒於家。孫百名。乾隆癸未進士。見鄭虎文吞松閣集

姜瑢

滇有孝子。曰姜瑢。其先江南人。愛嵋峨山水。築圃於南河濱。遂家焉。代有聞人。而清可公尤善詩。瑢父文柄。詩人清可之裔也。性嗜飲。每貿易得錢。輒償酒債。瑢痛母早逝。事父先意承志。竭力供子職無缺。娶趙氏。生承宗。承先。趙故。繼娶楊氏。賢。克相夫志。相與操作養親。親嘗遠出。久不歸。音信闃寂。瑢憂甚。乃訣妻子。裹糧周尋。遇父於九江。相持大慟。勸之歸。乃喜。家貧。析薪治圃為養。先儘父酒資。餘膳家。晨出採薪。必挈壺置擔閒。反攜酒刈蔬。妻潔治以進。閒或因事偶滯。疾歸。妻楊已命子取酒奉親矣。厥後家益貧。父為罷飲。屢勸不聽。命子承宗跪請曰。孫力能負薪矣。吾父給衣食。

孫供祖飲裕如也。祖非飲不樂。異自苦為。翌日。適山樵採。買酒以歸。共勸酬飲。嗣日習以為常。及親沒。春秋祭。提父嘗飲壺薦酒。哀慟墓前。楊氏卒無子。又娶關氏。生承澤。聰慧能讀書。有其先清可公風。承宗承先力圖謹事瑢。瑢五十壽終。今人過南河。稱其圖為孝子圖。（見周於智集）

傭者誰

郭昆甫有傭者誰傳云。北平傭者。不傳其姓氏。但號為傭者誰云。傭為人勤。誠質寡笑言。氣力過人。日所食亦倍於人。甚見重於主人。主人者。都御史魏公也。傭有兄一人。貧失業且老。不能自存活。往依之。食主人食。既數日。傭心獨念兄非己。無所得食己且為傭食於主人。主人以己故。暫食兄。兄食主人食無功。義不以己兄故多食主人食。而己非主人食。又無所得食兄。乃亟請於主人。計其常所食之數出。衆自爨。減其食之半。以為兄食。又時取其傭之直。節省之。具肉食為膳。常少。度不得皆飽。膳具。則託以事出。令兄前食。食已乃至。啖其餘。兄或不留餘。輒以草具自飯。其兄安之。久之。兄乃以肉食可常繼。閒一不得。則怒且詈。人所不能堪。傭前謝焉。顏色愈和。事之數年。終不改。兄亦如故。於是人皆稱傭之賢。而以兄為非人也。宗伯方公曰。彼兄乃真賢者也。夫外人德之可也，吾弟德之不可也。彼惟不外人其弟，故以食之得肉為常。其得之，是弟之能事我也，安之也固宜；其不得之，是弟之不能事我也，怒且詈之也亦無不宜。如傭者，豈不謂賢乎哉？猶全乎人者也。全乎人之與全乎天者，相去遠矣。見郭焌集。

鄭賓日

常州之鄭，初在南唐保大中，有本初者自新安仕晉陵，卜居郡西北江濱，曰鄭港。二十三世琢庵公章，為邑諸生，生三子，長曰之罕，字展宗，又字賓日，世為武進人。六歲，大父留耕公授以小學，問：「問兒喜書中何句？」對曰：「仁者不以盛衰改節，義者不以存亡易心。」大父奇之。留耕公之妻惲，有段氏妹，以其孤女孫約為昏姻，故君聘於段。已而女患風病，右肱折，右足跛，欲辭婚。君甫九齡，父詢之，對曰：「是不歸，兒無歸矣。」曰：「後得無悔乎？」曰：「大人義不以孤女負諸兒，忍負心耶？」年十九來歸，踰年患目疾，遂瞽。段勸君買妾，君不肯。琢庵公笑曰：「予嘗以劉得之取瞽女為難，不意汝今能之。」越二年，段卒，父為繼室於卜。廟見後，即令謁段之墓，而迎其母，顧養之終身。卜氏以田六畝歸君，曰：「母遺命也。」君卻之。年三十一，入府學為諸生，授館於外，所得脩脯養親及兒弟之子。為從兄弟授室。無私財焉。妻卜卒。遂不娶。先是族人修譜。遠引漢康成宋沖素為始祖。而削本初公以下十一世。琢庵公力爭之。不得。至是君命其子環更正之。以不敢誣其先也。君嗜學。工古今詩文辭。與同縣劉文定公為老友。文定以宰輔家居。過君竟日談。君猶呼之曰世兄云。見朱珪知足齋集。

翁運標

翁孝子曰運標。父惺庵。餘姚諸生也。孝子父好遊。其後遊死於楚。而家人不知。以為遊故自若也。孝子無他兄弟。有姊一人。其家恐並失孝子。往往禁孝子求父。孝子求父。經年不遇。輒追孝子反。孝子娶婦有子。成進士。終不能自抑。一日心動。告母曰。兒不得父。兒不活於人世矣。母抱孝子而泣。孝子去。求父五年。無所遇。徬徨泣於路。路人皆憐之。往宿南嶽。嶽神啟孝子。孝子如神指。抵道州新塘。遇老父焉。老父有弟遺舁葬附流屍不死。德而葬之。留屍物為驗。老父出驗。而流屍者。果孝子父也。一市皆驚。孝子後分巡道州。建父祠新塘。朔望祠。見朱仕琇梅崖居士集。

項為楷

項孝子名為楷。字端培。歙南文公舍人也。父一溶。字鑑亭。客荊州。產素豐厚。性豪筴豁達好施。母程氏。誨子尤嚴慈備至。是時孝子年僅十四齡。其兄爲模。年僅十七。壬申春。母年三十八歲。病且殆。呼兩兒而泣曰。嗟乎。吾兒愼自愛。吾佐汝父經營構恨不及享其成。且恨不及見吾兒之樹立也。是時兩兒晝夜侍榻前。及母歿。欲偕居墓側。曰。吾兩人不能隨吾母於地下。忍使寒煙冷露。棄吾母於荒原乎。既而孝子沉思良久。謂其兄曰。吾兄弟皆依母塋善矣。顧念吾父客游。誰歟司管鑰。吾父在室。誰歟侍晨昏。兄年稍長。可以延賓客護門庭。弟幼。無能爲役。兄侍父。弟侍母可乎。其兄泣而諾。既而殯母於卉山隝中。孝子縗絰至墓前。即留宿不忍去。使人謂其父曰。兒願侍吾母終三年矣。父強之歸。即誓以死。父命人百端勸慰。皆弗從。父亦憐其孝。乃構數椽於殯旁。延師而授讀焉。廬中僅留一老僕。供炊爨。給茗漿而已。孝子朝夕奠者。呼母而泣。終歲不一歸。惟元旦造家。至父前跪拜畢。即返墓廬。當夫返照將終。愁雲密合。四山皆亂冢。啾啾聞鬼哭聲。或震電晦冥。雷雨交至。孝子則跪櫬前而泣曰。兒在此。母無懼。每夜分篝燈。則吟誦聲與悲泣聲相間。行路者皆惻惻動容。非至性之感人。能若是歟。見曹學詩香雪文雋

王林屋先生

先生姓王氏。名愫。字存素。林屋其號。世居太倉鎮洋縣之東鄉墅溝。祖諱玠。始入城居南園。父香濤公。性倜儻。喜賓客。先生少穎異。讀書園中。賓至則侍杖履。談文考義。必中理解。老宿咸心折之。弱冠補博士弟子員。顧性不好帖括。嘗下帷默坐。為深湛之思。暇輒作畫。寸縑尺素。皆有態度。既念香濤公年邁。冀以科第顯其親。乃屈意揣摩。至廢寢食。入闈日。苦心孤詣。不苟下一字。恒以嘔血污卷被放。壬子主司歸安吳牧園得先生卷。欲以魁麟經。卒以後場一二字駁。自見遺。自是先生知窮達有命。澹於進取。益以詩畫自娛。詩宗王孟。高簡駘宕。超然町畦之外。畫於諸大家臨摹殆遍。瓣香尤在吳興富陽。重江疊嶂。長林古木。鬱勃滿紙。而不失清遠秀潤之致。京華故交。有欲薦入畫苑者。先生笑曰。余自知才不足用世。故寄意丹青。奈何借胸中邱壑為終南捷徑耶。晚患失聰。於人世事都不措念。乃一意作畫。請乞者戶外屨滿。先生亦樂此不疲。煙雲供養。神采清劭。卒年六十有八。見毛詠集。

王仲穎

河間王仲穎先生。諱之鋭。號退庵。仲穎其字也。年十四。讀書至吾十有五章。瞿然曰。先師成童。已志大學。吾去成童一年耳。曾小學之未通乎。苦心焦思。深自淬礪。愛中庸齋明威服語。書揭卧次。夜必整衣端坐。或竟夜不寢。康熙丁丑學使安溪李文貞公按河郡。以課講受知。曰南方無此學質也。選貢之。使從遊。既擕之直撫幕下七年。盡聞文貞性命河洛算數音韻之學。文貞入相。招至京師第邸。與景州魏大司空廷珍。交河王少宗伯蘭生偕。一日語三公曰。盍從我往迎駕熱河乎。於時內廷新立隶書房。集文學才技之士。先生心知將薦己也。不欲以捷途仕。辭。文貞心重之。不復强。已而魏王入內廷。癸巳魏捷鼎甲。辛丑王賜第。皆入翰林。先生怡然安之。獨與江陰楊文定名時。以切劘身心。研究經義為務。文貞常語人曰。從吾遊者不啻數千人。然而潛心學問。不求聞達。南楊北王而已。其為文貞推重如此。館於恂邸。王雅敬禮之。一日小疾。王遣醫來。醫著方必首蓡。蓡出王府。先生曰。吾疾果非蓡弗瘳乎。醫曰。此故事耳。蓡出可弗用也。先生笑命去之。以纂修周易折衷。敘廣東陽春令。至數月。不能桔槔獲上。改教職歸。雍正六年。里洊饑。先生家餒困。依所親河南確山令。適有旨召詣京師。將有質。豫督不知所緣。逮之。鋃鐺送刑部。至則以固無罪也。一訊罷遣。除萬全教諭。乾隆四年。趙泰安相國疏薦其學行。擢國子助教。己巳冬。詔舉經學之士。梅總憲瑴成、何少司空國宗。並以疏舉。壬申上詢國子耆學。祭酒以三人上。先生興爲。召之見。病不能行。其二人皆超擢司業。而先生竟以明年謝病。卒於家。（見戈濤集。）

袁昌齡

烏程有刲肝以療母疾而愈者。有司與其國人。咸稱曰袁孝子。孝子名昌齡。事在乾隆四年。時孝子年已五十有二。其母年七十有一矣。方母之疾也。孝子婦已前死。一切煩縟之事。皆孝子親執之。至是醫療百方。卒無效。病且殆。徬徨無措。昏悶中若有告之曰。服龍肝湯。疾可瘳。顧龍肝安可得。忽念己生之年。歲在辰。辰龍屬也。得非神命我刲肝乎。乃潔誠虔禱。夜半扃户。以刀刲胸之左偏。深寸許。以指剜取中熱如沸湯。不得入。昏暈而僵。旋似有趣之起者。驚視創處。肝已突出。遂割之。作湯以進。疾良已。人無知者。越數日。近出過橋失足。顛於橋下。創裂暈絕。子宗耀亟往把持歸。解衣見胸次束以帛。血斑斑然漬其上。猶靳請之不言。泣固請。始言之。子倉黃延醫。用善藥敷治莫效。夜又若有告之曰。服藕汁可愈。如言而創始合。今甘泉羅君懷閬之親式其閭。他日人有訟其子不孝者。有司訊於市。延孝子並几坐。指以示其子曰。此刲肝袁孝子也。居同里而不知所效邪。杖之。孝子憮然不甯者累日。越十二年而卒。其母後一年乃終。（見盧文弨抱經堂集。）

張乞人

張乞人，永清縣南門外貧民也。父歿，行乞養母。止無廬舍，穴土為居。會天大雪，知縣魏繼齊過其處，聞歌聲出地中，怪之，左右曰：張乞人也。呼出問之，答曰：今日我母生辰，歌以勸餐耳。命車載其母子至官廨，繼齊母餽其母大布及粟，繼齊餽乞人錢十緡。乞人叩頭曰：官母賜我母，不敢不受，官賜我，我不敢受。繼齊曰：與其殘盃冷炙日夕沿門也？答曰：殘盃冷炙，我母安之久矣，且無所污也。我愚民，不知此十緡，官何所受之？我母年八十，我年六十有一，為官清白，百姓足矣。繼齊慚汗下，不復强授焉。為營室於城內金花巷，將命居之，乞人負其母去，不知所終。見趙佑清獻堂集

姜元凱

姜孝子名元凱，華亭人也。五六歲，往來親黨間，與之棗栗，輒勿食。問其故，曰：我以奉父母也。父游京師，奉母家居，晨入學，必執書囊依膝下，既問安，然後去，暮歸，牽衣侍側，或誘以嬉，不一動。比歲祲繼疫，孝子默禱于神，方夜讀書，聞空中語曰：里中有孝子，勿可犯。時道路死者相枕，與孝子為鄰者皆無恙。一日隨父渡江，中流暴風，舟幾覆，孝子哀慟籲天，忽若有挾之以登岸者，人咸以為至行所感焉。聖祖南巡，內大臣

馬公扈蹕至松。館孝子家。欲挈之往京。以親老辭。未幾其父失明。孝子迎醫療之。百無一效。竟嘔血死。其臨終詩曰。但願曾西養曾晳。誰知顔路泣顔回。聞者莫不悲之。見黃達可樓集。

牟康民

牟生康民。當天啟初。蜀中安靜無亂形。牟生遽投牒告於巡按御史吳公曰。明年蜀有難。定之者方伯朱公。朱公者名燮元。號恒岳。山陰人也。方是時。吳公老。將挂冠歸矣。而朱公亦適以齎捧行。吳公率群僚餞之郊。既畢。乃屏人流涕謂朱公曰。公此行。毋久稽。是閒生齒。何啻百萬計。將寄命於公。且夫牟生者。年雖少。天下奇士也。他日即有事。宜與牟生謀之。朱公大駭。不解所以。姑唯唯。及奢酋之難作。朱公始大悟。急具禮幣聘牟生。牟辭不至。復書累累數百言。大約謂朱公宜竭力守禦。毋憚百日勞苦。賊今走矣。果百有二日而圍解。先是牟生居內江山中。上官無知之者。而賊故知之。奢酋既至成都。即遣數騎往跡之。謂之曰。牟生在者。為我捽以來。至則牟行矣。他日聞牟生坐室中讀書。徹晝夜如故。又遣騎往跡之。則又行矣。賊亦以為奇。其後天子命朱公巡撫蜀。又命公總督滇黔楚蜀兵。討水西賊。牟生不肯一至軍中。然軍中有大進止。必飛書問牟生。牟生坐山中。懸斷數千里外。歷歷不爽毫髮許。善名聲之將叛也。牟生豫以戒朱公曰。天將雨。穴中蟻且鬬。牟生語皆奥。不甚可解。而驗之輒奇中。崇禎十一年。牟生書至曰。公今年剋度不佳。當尋赤松之約。某亦塵緣將斷。不久留人世矣。亡何。朱公卒於軍。而牟生亦不知所終。見茹敦和集

曲園居士曰。明史朱燮元傳。初官陝西時。遇一老叟。載與歸。盡得其風角占候遁甲諸術。將別。語燮元曰。幸自愛。他日西南有事。公當之矣。內江牟康民者。奇士也。兵未起時。語人曰。蜀且有變。平之者朱公乎。是牟生之事固見史。惟所謂老叟者。又不知何人也。

和州二薛

和州二薛孝子者。天門山南陳橋洲農家者傭也。兄名文。弟名化禮。有母老矣。兄弟相與謀曰。有母而無以為養。非人也。母老有二子。而不得具甘滑瀡滫之奉。以盡天年。母所生子。非人也。顧我兩人貧甚。何所致之。計可以得錢致養者。獨傭耳。然兩人俱傭。是無子矣。母側不可不計。一人在母側。一人出傭。傭者出。一人在者。則潔治茅屋。中央坐母。絮絮語移日。以俟傭者歸。日將旰。傭者擔荷自村外來。白粲一甑酒一

壺市脯或生肉。用楊柳貫魚。輒以至。至則兄弟奔走。臠切熟烹。酌酒奉飯。跪以進母。問母甘否。母食且頷之。則跳舞以侑食。日以為常。時或天寒朝冽。伸手皺瘃。母為之不饗。兄弟左右抑搔撫摩。更負母出曝於戶外。一人前後為侏優斑斕。郎當作態。以博母笑。久之。母益老。篤病且死。所傭主家怪二傭久不聞。而心念力田絕人。無過此二人者。蹤跡至其家。二人則支離骨立。不可起。見人至。哭益哀。主人不忍視。為逡巡留護。向鄰人索粥糜。冀活之。數日。兄弟竟俱死。知州何偉書表其廬。學正徐世濂為作贊。後四十四年乾隆丙子。徐世璉來知州事。世璉。偉之妻之姪。故知孝子事。至則問二薛後。已無人。廬已無有。而偉書及世濂贊。顧在僧寺中。世璉太息曰。是則奈何。會有言偉與石參先後知是州。有恩於和。和人合祀之。曰雙清祠。今二薛孝子。何公所表也。宜可祔於是。迺取書及贊置祠中。而為二薛孝子立木主祔祀云。見朱筠笥河集。

張淑旺

張淑旺。海豐人。年九歲。父存心。商於塞外。既行。絕音耗。淑旺依母以居。旋卒。乃營葬其母。為姊弟畢嫁娶。移居宛平。冀近父得遇。知父蹤跡者也。已而聞在瀋陽。往從之。既至。無所遇。慨然曰。我不能徒返也。塞外縱苦寒。然商者麕至。彼以利。我以尋親。畏道遠而徒返。是視親不如利。將何以子為。於是裂素總。書為零丁。標於背。遂行。兩年歷古北口熱河土城子諸險。屢瀕死。不為阻。然卒無所遇。最後至錦州。禱於神。詞甚哀。有門而聽者。趨告曰。奚乃肖昌黎張存心邪。存心僑昌黎。故齊魯間人也。自言有妻子在鄉里。足不良於行。老矣。不能歸也。子盍求之。如其言往。詢之土人。言悉驗。閭里皆來觀。曰。此張存心子也。孝子也。然而爾父前死矣。導之登北山坡。得其冢。乃召其弟淑啟同奉骨歸。與母合葬。更為制服三年。見朱筠笥河集。

吳憲

明天啟中。吳氏有名憲者。始自歙遷於杭。為杭之始祖。憲字叔度。一字無愆。明制。設科之法。士自起家應童子試。必有籍。籍有儒官民軍醫匠之屬。分別流品。以試於郡。即不得就他郡試。而邊鎮則設旗籍校籍。都會則設富戶籍鹽籍。或曰商籍。山海則設竈籍。士或從其父兄遠役數千里或千里。歲歲歸就其郡試不便。則令各以家所業闢著為籍。而就試於是郡。杭為南方一大都會。故來有商籍也。憲與同邑汪生文演。上書當事。力言杭所以當設商籍者。臺臣以聞。報可。於是憲遂得試於杭。而為商籍諸生。杭之有商籍。皆憲倡之。憲與一時知名之士。考地吳山之陽。建書院以祀朱子。歲時朔望。則咸來登拜。以其暇日。更立期會。為文章相礱錯。今所謂紫陽書院是也。方熹宗朝。諸郡爭為魏忠賢建生祠。而杭州之祠。巍然與紫陽書院相逼處。其黨謀取書院地更拓而大之。憲聞。令長子瑗招同學諸生數百人。會祠下。瑗慷慨曰。鸞鳳不與鴟鴞同巢。麒麟不與狐狸同野。今日是矣。諸生皆慟哭。既發憤爭門而入。守者不得禦。則更指忠賢像大罵。罵已。則共擊碎之。投溷中。盡撤其祠。書院賴以不動。閹黨以憲名聞。時方起大獄。因羅織之。主者構憲廷訊不服。即逮京師詔獄。少子爽從行。將以身殉父也。明年忠賢伏誅。事得白。放歸。遂不仕。而獨肆力於詩書及古鼎彝碑版。六代唐宋以來書畫可珍玩者。既作樓以貯之。又刻水晶徑寸。以小篆法書樓名虛白室。憲日日讀書。則必手書書一卷。書成。必取虛白室印。印卷首。而藏其刻本於樓中。不復讀。徐徐出其所珍玩。摩挲考據。至秉燭而罷。有子四人。伯瑗。仲琦。叔璣。季瑛。皆不仕。年皆過九十歲。未嘗析居異爨。或偕行出游於兩峯三竺之間。衣冠顏色。典型儼然。好事者。或畫商山四皓圖。以傳其事。琦之曾孫名祿乙。字鎦闇。孝友君子也。避雨於市。古貨器者之次。買水晶小印。持歸家。於故書卷首合之。宛然虛白室章也。見朱筠笥河集。

許四先生

先生諱某字季覺。海甯袁花人。行四。皆曰許四先生。少以俠聞。既而折節讀書。以聖賢自任。親歿。水漿不入口者七日。杖而後能起。自呼復含斂。以及殯葬虞祔卒哭祥禫。皆依古禮。世俗不知喪禮。有非笑之者。不顧。卜塋兆於某原。躬自畚鍤。負土成墳。廬舍朝夕號哭不輟。何商隱。姚埶庵。兩先生往弔。相謂曰。吾輩當盡禮。慎毋倉卒為其所陋也。約日至墓所。使介通命。先生固辭不獲。始受弔。號泣降自墓門東階。拜其辱。然後升哭拾踊者三。兩先生出。先生送於墓門外。拜而稽顙。姚何兩先生歎息曰。近世以來所未見也。先生身長七尺。白皙。鬚眉如畫。吐欬作洪鐘響。稠人廣坐中。議論鋒起。即遇甚口者。無不折其角而去。出而交游四方。公卿大夫聞先生名。爭致之。海昌頻遭饑饉。先生致書當路。議甚剴切。當路韙其言。海昌多巨族。先生籍記其姓名。下注某出粟若干。榜於通衢。以片紙責取。巨族素信先生。無有難者。共得粟數萬石。又籍記饑民村里年貌并户口多寡。按日到城隍廟。以次而給。人人得所欲而去。初先生與同邑查某投契最密。查擬巍科。躋貴仕。先生杜門隱居。甘貧食淡。查沒賜祭歸葬。葬地侵許氏祖墳。兩家子弟交搆。先生曰。吾終不以死友責祖父也。訟之官。連年不決。查許本通家姻戚居閒者以十數。先生誓曰。頭可斷。此地不可讓。聞者乃止。後查以通海客誣先生。大吏鐵鍊周內。置先生於獄。會有知其誣者。營護得解。仇者百計必欲殺先生。先生乃走山陰避之。數年卒蹤跡得之。使幹役十餘人鋃鐺繫以去。先生知不得復生。義不辱。因於獄中碎磁器作屑吞之而斃。見黃璋大俞山房集

芮處士

溧陽處士芮城。字巖尹。農家子也。幼隨父過村塾。聞羣兒讀書。纔一徧。各為覆誦如流。乃令就學。補縣弟子員。旋食餼。是時明社將亡。流寇訌海內。惟江左半壁晏然。知名士方盛修壇坫。而城獨與同邑陳名夏、趙理之、吳穎、彭旭、史燧、馬世傑、世俊等。合社講學。以忠孝大節相切劘。稱瀨上十三子。甲申之變。聞朝臣或遁或降。而名夏官給事中。亦污偽命。則益悲咤。爰賦滄浪吟數十篇。且歌且泣。聞者擬之謝臯羽西臺之作云。福藩稱制。捕諸從逆者。名夏逃歸里。詣城。城面壁卧。曰。君已不死。安用子見為。名夏跽且哭曰。嘗再縊。不幸為救者誤。城厲聲曰。胡不三。亟麾令去。及我朝受命。諸人多以文章勳業奮跡自庸。而城已謝諸生服矣。名夏柄中樞。屢專使以大魁招城出。不應。隱居荒野。幅巾裹髮。終身弗變。初名夏之歸自北也。彭旭率同學攻訐之。

過後修郄。將中旭以危法。既成獄。適奉敕來江南。城乃乘肩輿往而扃其外。名夏喜。遽出。迎叩何言。城隔帷語曰。從公乞彭旭耳。名夏立應諾釋旭。訖不一見而返。城於書靡所不讀。嘗有賈挾二十一史。截僻句挑之。城應聲。指卷頁無一錯。賈不取值而去。一異僧自遠方來。博辨罕對。比推七十三甲子溯歷元。僧大歎服。乃下拜。或曰。僧故崇禎朝名進士。隱於浮屠者也。城之學博而能精。經史疑義。具載匏瓜錄。他著述半為人吏名刋布。其卒也。前一日。階前紅牡丹花盡白。（見彭光斗雲溪草堂文鈔。）

顧童子

顧童子。吳縣人。年九歲。遭母疾且殆。藥不效。童子宭從鄰家賃薙髮刀歸。止戶外。爇火煮湯。握刀割肱肉置鐺中。方沸。母呼湯急。遂傾盞中。以進。母飲之盡。而童子袖間血漉漉出。母驚問故。以實告。鄰家聞者。爭來觀。為裹創。母病起。童子創亦合。於是吳人嘖嘖稱顧孝子。居無何。孝子以家貧隸樂部。為伶人。遂隊至安慶。按察使王君。聞其割肱事。召見童子。出金八十兩贖之。名之孩良。字以九齡。館之內署。令從師讀書。迎其母而養之。居三年。王君遷布政使。以詿誤去。童子惘然無所依。遂奉母歸。巡撫楊公。前在安徽時。故相識。因令入平江書院。從學於講教平先生瑤海。先生為言之太守李君。與其同官四人。醵金二百五十兩。以其息膳母朝夕。復屬縣令。為買屋以居。見彭紹升二林居士集。

曹起鳳

曹孝子名起鳳。字士元。先世徽州人。父子文。遷崑山。賈於蜀。歲寄金錢歸。俄而耗絕。孝子年十六矣。有蜀客來問之。曰。噫。死矣。問死何地。弗知也。孝子大慟。絕而蘇。將往求其骨。貧不能行。長洲潘君為縉。好義士也。贈孝子百金。將行。其叔父尼之。願自往挈其去。久之。無所獲而歸。孝子既壯。每念父。輒憤痛欲絕。潘君復贈之金四十兩。遂就道陸行。道河南歷陝西。走成都。南抵滇界。西達金川。書牒於背。逢人輒哭訴所由。無知者。逾年金盡。返成都。乞於徽蘇人之為客者。合助之。得二十金。禱於諸葛武侯神示所向。遂東行。道險。踵血流。匍伏失道。七日無人蹤。及酉陽。積雪盈尺。不能前。蹐土穴中兩日。有土人項生。許生過之。聽羣鴉繞穴而鳴。即之。見僵尸焉。而氣微屬。視背牒。咤曰。孝子孝子。掖之歸。飲以湯。問故。止孝子宿。進酒肉。弗食。曰。誓不見父棺。不食此矣。其夕。夢經荒原。一老父與數人坐林中。見孝子拍手大笑。語曰。月邊古蕉中鹿兩壬申。可食肉。覺而識之。遂辭去。兩人止之。曰。此處逼苗疆。天寒地凍。前行且餓死盡度歲乃行。不得已從之。一日隨兩人出行。過荒原。如夢所見。白楊下有棺纍纍然。孝子心動。淚下不止。兩人問故。語之夢。兩人曰。有徽人胡生者居此日久。盍往問之。從之。胡生良久曰。噫。信頗記十年前。鄉人曹氏客死。殯于是。以所遺牙牌納棺中。其殆是乎。然非白之官。莫驗也。遂引訴之酉陽巡檢。巡檢告知州白君。飭里長察諸棺。多有主名。一棺獨無。啟棺見骨。孝子漬血驗之。沒骨。棺有牙牌。文曰蕉鹿。孝子曰。是矣。月邊古胡也。蕉中鹿牌也。何疑乎。遂拊棺大哭。收骨行。項生許生為設祭。祭畢。以餕肉食孝子曰。向之不食肉者。未見父棺也。今則既見矣。憶與予遇穴中。日在壬申。今六十有一日。而又值壬申。夢盡驗矣。豈非天哉。孝子起再拜謝。兩人交餽之贐。孝子遂負骨行。既歸。母見牙牌而哭曰。嗟夫。此我鎖匙牌也。爾父出門時。取鎖及牌去。不見是者二十餘年矣。復取棺以殮。而納牙牌焉。葬崑山之郊曰朱提村。孝子收骨時。在乾隆十四年。既老尚健飯。月必再三詣冢上。灌所植樹。刈藤蔓。徘徊久之然後去。見彭紹升二林居士集

盧太公

太公諱存心。字敬甫。其先為范陽盧氏。隨宋南渡。五世祖臺。始遷杭州仁和之東里。

太公少穎敏。讀書數行俱下。家有書數簏。桑先生弢甫。每來就太公談至夕。挾兩冊去讀之。太公亦夕讀兩冊。明夕又更互讀之。且相見各舉所得相考證。如數指上紋。如道家常纖悉事。相與拊掌稱快。因名其居曰三益堂。已而兩人同補諸生。皆第一。太公為文。下筆輒數千言。為詩輒累百韻。桑先生亦然。有倡必繼。繼必務出奇以相勝。桑先生語太公曰。吾兩人生相得。死當相鄰。他日將雙冢於湖山之畔。一題曰大清文人盧君之墓。一題曰大清詩人桑君之墓。不亦快乎。桑先生素以詩自雄。尤以文推太公。故其稱如此。已而桑先生自悔其所為。一以躬行為先務。太公嘗應博學鴻詞徵。弗就。晚日益韜晦。粥粥若無能者。子文弨。官至翰林院侍讀學士。（見彭紹升二林居士集）

蕭日曠

蕭孝子。諱日曠。江都人。其母朱氏病且殆。孝子剖脇割肝。使婦虞氏和藥進母。母愈而孝子死。孝子既喪。虞氏謂母初愈。不當使聞悲慟。乃匿語姑曰。日曠商出耳。殯孝子他室。奠則麻衰絰而哭孝子。入則常服而奉進食藥。孝養十餘年。姑死。虞氏守節以終。孝子事在康熙時。墓在梅花嶺東。邑人祠之於墓側。（見姚鼐惜抱軒文集）

許永科

許孝子名永科。婺源許村人。初就塾讀書。遇天地君親字。必起立莊誦。父起碩。嘗役甲催科自塾歸。知父往邑。當受責。夜奔赴。願以身代。邑令嘉之。父獲免。或赴宴會。父母所嗜不敢食。必懷歸以進。父病。醫欲驗糞。科嘗糞。母臧氏病奄牀笫。衣不解帶者閱四旬。父母沒。廬於墓前後六年。既歸。遇生辰及伏臘。則設饌爲位。拈香往墓請父母歸饗。途遇牛馬。輒引避。曰。毋或驚犯也。有榛荊。剔去之。曰。毋刺衣履也。經里閈門閾。祝曰。無傾顛。迎至家。請即席上食如平生。久之乃餕餘。既畢。如前導復於墓。祝寢息。乃返。鄉人或愚之。或疑其矯。科行之如故。歷三十年。或以他事出。其妻代行之。一如禮。初習舉子業。親沒。不復應試。乾隆癸酉。郡守何公達善。廉知其事。大書因心篤孝四字贈之。科大驚。痛自責曰。不能揚名以顯父母。乃以父母博名耶。甲戌補博士弟子員。案發。嘖嘖人口。爭聚觀許孝子。壬辰旌表建坊。見王佩蘭松翠小菟裘文集。

銀查子

銀查子沈氏。諱鶴齡。字海籌。德清縣之新市鎮人。慕張騫乘查入斗牛事。故又號銀查子。幼不慧。日讀書三四行。列喉吚唔。頸面甚赤。及掩卷。卒不能誦一字。好以片紙置書下。作繪事。貽同塾兒畫人人肖。畫蟲鳥蟲鳥肖。師戚以夏楚。弗止也。後移家杭州。悅寫貌者陳蒼霖。遂往受業。既卒業。不敢自炫鬻。曰。奈何奪吾師衣食耶。尤善臨摹古人仙佛神鬼士女。及龍虎鸞鶴之屬。或自出機軸。亦深得古人妙意。出藍之譽日起。益不自安。去游嘉禾姑蘇。所至輒爭致。然不受迫促。一圖或數年不成。有欲速就者。紿之去。閉深齋中。而扃其外户。焚香瀹茗。飲饌惟所欲。多陳列名畫佳硯。其摩挲贊歎者。即奉為潤筆資。然後伺間語之。初甚艴然。既知不可出。遂留二三日。為成之而去。性好游。稅駕地必窮極佳勝。衣履喜奇古。不久即棄去。更為之。故所得緣手盡。有金陵富人某。挾萬金來新市貿絲。耳銀查子名。因所主者延之往。儀節頗闊略。中作。設飯又不具賓主禮。銀查子怒。推案起曰。來來。爾貌不敵一駿驢。顧欲畫工我耶。又讓所主者曰。君誤我。令筆墨數十日臭。遂袖所畫紙趨出。明日富人欵門謝。禮益恭。卒不顧。有以銀查子名聞上游。致書勸駕。銀查子曰。一富兒尚辱我。況青油幕下面孔耶。竟不往。丙辰秋。右體忽不仁。卧牀笫久。性益卞急。時欲引刃自刺。曰。方恨不能乘查泛天河。乃使我至此極耶。竟鬱鬱死。時丁巳六月八日也。銀查子天性放曠。口吶吶如不能語。又善忘。有詢其年者。輒瞪目不能答。及其含毫舐墨。心靈手敏。古畫過目。終身不忘。與其人殊不類異矣。見沈赤然五研齋文鈔。

薈蕞編卷十終。

清　曲園居士纂

徐驪

徐驪。蘭溪人。七歲失父。及長。有巧思。其俗設祭。每刻楮作魚龍花鳥。置盆盎間。驪為之。工不與他人等。以是鄉里報賽。輒多得錢。市肥鮮以奉母。必揖值以告。俾食而安之。已常蔬食。弗之共也。母疾。禱於神。刲左肱和藥以進。疾良已。母歿。塟費龍山下。乃築及肩之墻。度木焉覆以稻草。上漏下濕。非人所居。迅雷大風雨。則終夜起。立篝火燭之。蝘蜓即且之屬。纍纍也。時見雄虺猛獸。近墓輒避去。旁近人或求與語。必諄諄勸其為善。久而化之。禾稼既熟。周數里不設守望。歲時有擕菜茹拜驪父母墓者。因以遺驪。驪弗受。即傾筐而去。驪嘗掘地作潭汲水。人稱為孝子潭云。邑令左君聞之。乃詣墓所。揖驪出。為沐浴易衣。導以儀仗鼓吹。觀者如堵墻。驪猶不欲去。號哭乃行。左君使從書院肄業。歲給麥八石。驪曾祖介昱。曾祖妣余氏。年二十而寡。攜其子依母家以居。為諸嫂執爨。終歲勤苦。年三十。而傴僂如老婦。兒年十三。復攜之以歸。歲大祲。哭曰。天乎。與兒俱死矣。夜夢神語之曰。有雞可賣。何泣為。詰朝視塒桀。無雞也。

見藉床草在門後。試屈折之。宛然鷄也。悟曰。此豈可賣耶。復翦紙為冠距。傅之翼。命兒攜以適市。人競取之。一雞得三錢。母子藉以俱飽。蘭溪院長姜炳璋作母有雞詩曰。阿母饑。饑兒啼。兒毋啼。母有雞。有雞無饑神告之。母青年。貌若媪。索雞不見雞。乃見藉床草。屈草作雞形。翦紙翎與爪。一雞三青蚨。百雞一束藁。雞乎雞乎饑母飽。母有曾孫。其名曰驌。三年藉草。二親墓旁。白日暗黃壚。雞聲號曉霜。一門節與孝。千秋揚其芳。見莊炘集。

邵如椿

邵君諱如椿。字莊園。浙江紹興人。考南之。挾申韓之術。游陝西最久。君遂占籍咸寧。補弟子員。能世其父業。攜筝就通渭知縣之聘。乾隆四十九年五月。甘肅逆回田五由鹽城南竄。距縣城信宿而近。諜者以告。知縣將逃。君曰。子宰一邑。而使城中生聚皆陷於賊。其可乎。且逃則死於法。守則死於賊。與死於法。寧死於賊耳。縣令許諾。然恇怯不任事。君乃立於門闑。袒而大呼曰。好男子當從我守城殺賊。俄頃應者數千人。乃令壯者執刀矛。老弱運礮石。並集城上。而身率猶子曾燮。登西壖以當賊衝。十一日。賊至城下。城垣庳薄。又倉卒不能具火器。賊蟻附而上。君手短刃。格鬬良久。不又。被執。見賊方屠戮。乃曰。首議守城者是我也。何多殺他人為。賊遂斫額。批耳。斷頤。洞腰腹。劃左右臂。凡十三創。而曽奮力捍衛。亦被十一創。偕君罵不絕口以死。知縣匿旁舍得免。事定。逮入都。以失陷城池論如律。見莊忻集。

吴漫公

漫公。情諳而性狷者也。少時讀書不成。然通六書之義。事之所指。形之所象。與夫形聲會意之趣。轉注假借同異之說。有號為丈人者所不能知。而漫公一一知之。由小篆而上溯之至於大篆古文。鐘鼎款識之別於時代者。靡不徧覩而盡識焉。既知之。又學而能書之。故他人之書。由真行而通於隸篆。漫公書則濫觴於篆籀。已乃順而撥之。於是行楷八分。皆有法度可觀。然家貧。必自食其力。乃曰。雕蟲篆刻。豈壯夫果不為耶。遂肆力於繆篆。工摹刻。售其技。而因以名於時。江寧沈君凡民。權徽州府同知事。以篆刻知名者。久有天下圖書第一之目。見漫公所作。嘆曰。藝蓋至此。漫公喜。將往謁之。一日。沈君至府。漫公望見之。華顛白鬚。面斑斑如凍黎。乃竦然而咍曰。吾觀若長我且三四十年。我如其年。藝或當過之。遂不復往見。其自矜而善謔也如此。人無識與不識。欲求書分篆刻者。苟見其面。攀延之。未嘗辭。至或數日不歸。思歸矣。

或援而止之。則遂止焉。巨室富家知其如此。以為易致之也。冀其一來。要之且至於再三。往往終年不見其至其家。有吉祥喜事。賀客滿堂。坐中必無漫公。初漫公為汪氏學生子。一母既不能乳兩子。而家貧又不能致乳者。會吳氏佩蘭翁。亦貧家也。無子。遂抱歸乳之。而翁旋卒。母氏青年守節。撫之育之。俾至於成人。母卒。格於律例。漫公乃請於郡守徐公。縣令張公。並給匾額以褒之。合於名律養子從姓之條。遂成室於吳。娶王氏。而漫公所自出之母年老矣。思念之。因言於吳。為娶曹氏。已而漫公所同產之兄死。有一子。亦相繼而亡。於是漫公寢疾。自念不能起。乃親書遺言。付二子士懋。士慎。而命士懋承汪氏祀。蓋士懋曹氏所生子也。此所謂亡於禮者之禮。其亦禮之善物矣夫。漫公名兆楙。字儁千。號曰漫公云。（見程瑶田集）

張若筠

張君諱若筠。字竹鄰。丹徒人。好學。於書無所不窺。聞有異書。輒重價購之。或手迻謄校勘。矻矻不少休。同縣蔣舍人宗海。藏書三萬餘卷。多善本。君所藏踰二萬卷。而法書名畫。吉金貞石之文。別為卷軸。不在此限。京口士大夫收藏之富。推此兩家。君性簡重。寡言笑。不妄交人。晚年。益屏人事。掃一室。日坐臥其中。子弟僮僕。非呼召不至前。沈潛玩索神凝氣斂過之者以為無人也。與兄坤。弟堂。相友愛。家有園亭竹木之勝。兄弟並能詩。善飲精鑒賞。暇日。具壺觴召朋舊。流連倡和。互出所藏元明人書畫。品題甲乙以為樂。坤子鋆堂子鉉。及君之子銓。亦能詩。鋆兼工畫。揚州某氏藏書。為江淮閒第一。其子孫不能守。君聞。即冒風雪渡江。購得宋槧書數部以歸。鋆為作風雪載書圖。一時名士。皆為之題詠。京口多佳山水。君興至。即出游。愛八公洞林壑幽邃。讀書深雲精舍者數年。大江南北名勝之區。屐齒殆徧。而杭之西湖。凡七至。君少以諸生高第食廩餼。循例貢太學。遂不就試。其居鄉。睦婣任恤。樂振人之乏。總嘗以田百畝。為書院諸生膏火資。邑有留養局。以養鰥寡孤獨貧病之人。君以田四百畝佐其費。鄉人德之。嘉慶三年卒。年六十四。見劉台拱集。

董十先生

先生名懷書。字邃學。世居宜興縣西南山中胥井村。號胥井董氏。父啟峯公舉五丈夫子。先生其季。行十。學者稱董十先生。生有異稟。跅弛不羈。五六歲時。鄰家釀酒。仰卧其下。以口盛之。大醉。淋漓濡首。顧聞讀書聲則喜。竊聽一二過即背誦如流水。九歲就鄉塾。穎悟絕人。年十一。瀏覽左國漢史諸書。輒捉筆為文。勃勃有奇氣。尋丁父喪以貧故。廢學業農兼服賈。伯兄某以百金命之潤州貿易。數月。傾其資而歸。兄大怒。先生雅不屑意也。然緣此益窘。乃更折節砥行。發篋陳書。晨耕夕讀。或采樵山中。高歌秦漢人文字。尤嗜韓昌黎。吟誦不少輟。里中課藝。常荷鋤往。援筆立就。每冠其曹。名震一邑。工文士爭先結納。於是輟耕樵業。教授生徒。而所得脩脯。輒以沽酒。垂手立盡。貧益甚。酒興日益豪。每醉。則哭。或放聲長號。儕輩胥怪之。以為狂。平川蔣公以詩古文辭伏一世。猶心折先生。謂其子楚踊曰。此振古豪傑士也。年垂三十。尚困童子試。一日。自塾中歸。聞縣試期迫。即夕秉燧夜行。試畢。復夜馳歸。往返二百里。深山峻嶺。高吟長嘯。聲震林谷。竟冠一軍。即於是年籍於校。先生長身鶴立。慷慨負大節。以古人自期。家徒壁立。而揮財如糞土。意氣浩然。公正事。輒發憤。遇豪強黠桀。不少懾避。而山棄升科一事。有德於民滋鉅。其他義激公憤。挺身犯大難者數矣。卒得無恙。亦屬有天幸云。生平尤篤友誼。應試澄江白下。輒沽酒置精饌。招同志諸人痛飲。雖金盡典衣。不顧也。嘗曰。考試甚苦。余獨甘之。非為沽名。樂與素心人共晨夕耳。先生歿後。頗著靈異。聰明正直。死而為神。理或然歟。墓在寒墅祖塋側。過之者。雖樵夫牧豎。必肅拜。殆類江都相之下馬陵云。（見儀研琇編圖古文集）

郭六

郭六者。江陰市人也。其鄰吳某。以乙科將令青神而艱於裝。吳之僕有紿六者曰。若居積於市。掊据所得。日百錢耳。曷以所有奉我公。隨官人高車駟馬。且償而息十倍。六是之。乃罄其貲。得百金以獻。而隨入蜀。既至青神。六無一長。居署中。執爨而已。久之。吳公亦已忘郭六之所以入蜀也。而役使之。其公之子若猶子。下至臧獲胥役使之。而六亦不自言。日執爨事惟謹。久之。吳以侵冒單儲落職。於是諸子諸猶子。下至臧獲。各席據其貲。或不告。或詭告以故。皆去。比吳入獄。挾襆被從者。郭六一人耳。吳公性仁而闇。諸子用事敗之。以至於敗。既敗。諸子爭擁厚貲歸。而吳公特貧甚。六忍饑寒。事之彌謹。時獄中謫官凡數人。常詩酒過從。六竊私念。我公數飲食諸君。而諸君閒至。醴酒不設。非報稱禮。乃私以百錢市酒脯。伺公與客談且久。而敬進之。客既去。公問。以情告。則怒而詈之。六直受。不敢出一聲。詰旦竟去。去久之。突以僧服至青神。復謁公。泣拜階下。公且喜且泣下曰。若胡以僧為。余所虧項賴僚友相周。十有六七。倏諸子鬻產至。可千金。幸而集。猶有首邱想。而胡以僧為。袖出一金。若持去。伺逆旅中。朝夕當入見我。六頓首謝。去之旅次。忽病。略不省人事。沈沈如醉。凡十月。而吳卒以限滿不償論斬。斬之日。逆旅主人彊扶六起。椎其胸。號而告之。六瞋目直視。忽疾趨出。至市中。伏公屍而哭極哀。一市人胥出涕。既殮。瘞城外隙地。凡知公者咸來唁。六衰麻被體。執杖匍匐柩前。稽顙答拜。慟如孝子云。儲玉闇者。故嘗之青神。交吳公雅知六。因勸之歸。且曰。爾有父母。曾聘妻未娶。豈得僧終異鄉者。余不久南還。盍隨我返。六不應。既而候玉闇於寓。泣而告曰。六不歸矣。黃連二觔。幸致六父母。為贍老費。囑六妻速嫁。六不歸矣。則再拜號慟而去。異哉。郭六之為人也。無故棄其垂白之親。已聘未娶之妻室。捐百餘金。隨人於七千里外。而為之賤役。為之子。甚而為僧。其無乃非人情。然以其人親所生之子若姪。暨用事童僕。籍其財。掉臂去不顧。而一鄰人之子。又愚其破家自隨。而訖患難生死以之。則又何也。不亦異乎。見儲所輯偏園文集

張瑛

張瑛字玉采。汾陽縣人。家素饒。每於歲杪。出粟若干。周鄉鄰中之貧者。以為常。康熙三十六年饑。瑛既出財粟助賑。而賑所不及者。持田契求售。踵接於門。皆自貶損價值。瑛第如其願售之。價視平時。蓋不及十之二。於是得田且千畝。明年大熟。瑛徧榜各村曰。願贖者聽。匝旬盡贖去。其行事大致類此。瑛所居曰西官村。先是順治六年。

姜瓖之亂。東宮村趙姓者。衆棄亂刦其家。男婦俱被殺。獨一稚子奔至瑛所。瑛納之。衆來索。瑛曰。是不可得。必欲得者。吾兩村且鬭。視強弱。及亂平。瑛助趙氏稚子白諸官。治罪者十餘人。嘗盜賊之蠭起也。瑛之村人。將逃避賊。瑛曰。賊至。知而先離散。能保。即獲全乎。孰若為守計。衆以村故無堡寨。未可。難之。瑛曰。堡寨誠不可猝為。環村而溝焉。其可。遂相率為溝。廣一丈有奇。深約倍於廣。東西設吊橋各一。又以其家樓堡。封貯村人財物其中。既而賊大至。踰溝。村之人退入。瑛見一賊方據椅坐。左右指麾急趨。有力者舉石礮投擊中之。身首俱碎。立斃。乃其渠魁也。餘賊怒。攻之急。樓上瓦石亂下。不得近。乃取薪積於門。欲火其樓宅。傍有井。僅供汲用。至是泉忽大湧。男婦遞傳水於樓。以撲火。賊計不得施。又失其魁。數日稍稍去。瑛曰。可以出而逐之矣。相與持械出。大呼擊鬭。賊奔潰。方是時。瑛年纔十有九。遠近村被賊殘破不一處。而瑛之村獨完聚如平常。人服其智勇。瑛九十有一歲。視聽不衰。不脫齒。行不杖。一日無疾卒。（見戴震戴氏遺書。）

王敏

王敏。汾陽縣武生也。廉潔自持。值歲饑。斷餐二日。得一飯。弟手白金至。曰。少易粟。敏正色語弟。奈何干人敗家風。令持去。嘗有督理事。司出入事竣。衆揞餘金曰。準材計費。不宜餘。殆君之物。雜入於内耳。敏曰。諸君謂我貧。意以餘金畀我。公事不可實私橐。友以其困。欲有贈。袖百金至。坐語竟日而返。難出之袖中也。遠近咸呼王廉士。然生平勇於為人。衆以公事宜謁有司。二日不得達。敏至。徑入陳。衆方疑畏。而敏詞氣慨然。有司無以屈之。卒如其請。一友人觸官長。在縲絏。親戚畏避。而敏往來省視。官長訪知其名。不加怒也。敏老而無子。一婢自幼畜之。長有姿容。或勸納以為妾。敏曰。吾貧困。何又重累少年。尋有不惜三百金來贖此婢者。或以勸。答曰。貧吾分也。恥因婢取財。況不得其所。彼之生死事大。吾雖終窮。弗忍為。於是即為擇配嫁之。敏嘗徒步赴省試旅舍中。遇一稚子。察知為被誘者。走百里送歸其家。則寡婦撫此兒。忽失之。正遑急不欲生。望見兒。母子如獲更生。願酧謝。敏曰。吾憐稚子無依耳。何謝為。遂行。敏狷潔多近義。是以人嘖嘖喜稱道。年七十有一卒。送葬者塞於途。（見戴震戴氏遺書）

董丙齋

董君諱達存。字華星。號丙齋。先世自歙授公博古官於毘陵。因家焉。君七歲就外塾。矢口成文。家故貧。且體羸多病。而刻苦自厲。不間寒暑。中乾隆庚午科舉人。登壬申科進士授國子監學正。以太孺人齒高，遂請終養歸里。太孺人壽九十六而卒，君哀慕如嬰兒焉。家傳青囊書，少即有神解。後出游，復獲異人授。凡形家日者星禽壬遁諸術，無不洞達其奧，然頗自秘，惟以相宅墓請者，準應之。所至為人審決衰旺，更易向背，克期輒有神驗。以此名日隆。東南自大府以下，每營廨宇，必得君一臨相度為幸。所聘遺亦不貲，而君受之灑然。行囊及家，未嘗自潤。購吉壤，為先人改葬，建宗祠，置田百畝，以供歲時祭饗。所居數椽，僅蔽風雨。冬夏衣故裘葛，塵垢色黯，弗厭也。會郡東郊欲建普濟堂，贍老疾之無依者，久未經始。君慨然獨捐千金倡之，乃得集事。君藹易近人，而遇所不可，夷然弗屑。嘗有淮陰鹺賈具重幣延君，中途忽不就，單車徑走二千里外，為故人卜兆域，以踐宿諾，飄然而返。其孫介如此。（見錢維喬《竹初文鈔》）

洋和尚

洋和尚，南豐瑶華村人，姓曾氏，名不傳。人以其兩目頗綠睛，頂髮禿，但呼洋和尚云。年十五，為邊將所掠，負軍裝出入塞上。壯，遂趫勇雄其曹。能馳騾馬，挽強弓，左右射。閩與三桂叛，南方騷然，潛脫身歸里。聚子弟之壯健者，陰部勒之。尤有智能料時變，知耿精忠必叛，叛必遣賊由汀州窺南豐，趨江西。謀築砦保鄉民，先挫賊鋭，得三百餘人。椎牛軍山神廟。瀝酒歃血。慷慨諭大義。綠睛光閃閃。衆感泣怒憤。願效死力。仰見神面黴黧。衆喜曰。神助我。神助我。軍山者。南豐邑之鎮山也。高聳天表。村距山近。多詭嶂奇石。上有天生城。樏可砦。其最險者。曰虎頭砦。多石屋。可容千餘人。南僅梯一綫如穴。縋之上。塞一石。可限萬夫。足砦兩翼。可出守望。洋和尚笑曰。天險賜我。賊不足禦也。乃聚糗糧。厲器械。備井竈。陂瀦泉流。指畫戰守計。徙闔村民居其上。寄語城中人。爾第固守。吾必盡剗之砦下。已而賊前鋒果至。先是洋和尚勇聞江閩間。賊計啗以官。作鄉導。及至。仰望砦形獰惡。斗絶如虎牙。下矙四壁。皆欲攫人。猿猱無敢踰。旗幟鉦鼓殊森嚴。賊既膽讋。雲梯呂公車不可試。砦中飛石摽䂭如雨下。擊殺賊數百人。賊怒。毀村屋材。薪其下。思燔砦。而石壁皆含泉脉。天生滋潤。水恒淋漓。滴火不能爇。賊計窮。請其渠曰。砦險而固。破不易。盍棄之而趨建昌。渠曰不可。建昌有官兵在。吾戰則洋和尚必躡吾後。背腹受敵危矣。以一月粮攻之。必殘。然後西出耳。遂掘塹守之。乘間出他村焚掠。洋和尚佯與衆賊歃飲。俟賊少怠。率死士二百餘。從他險縋而下。直斫賊營。砦上婦女各擊銅器助鉦鼓。聲撼天地。石泉風樹皆震嘯。若萬騎下。賊駭懼。不知所為。自踐踏。戮之過半。洋和尚斬其渠頭。大呼。鼠輩敢辱吾刄。令汝敢逆戴其頭來。既歸砦。謂其衆曰。小勝勿驕。賊必悉精銳來。吾粮僅足支一月耳。寄遣健足齎血詞。間道赴省城告急。十餘日。偽帥李。以大軍繼。洋和尚預設伏磨刀渡左崖穴。俟賊半渡。標弩突發。射殺前隊數將。賊駭多墮盱江死。氣為奪。掎砦切齒罵曰。吾不血此砦。齏洋和尚肉喂犬。誓不生。遂掘長塹。築高壘。待砦粮盡。乃屠之。洋和尚每出奇計射賊。相持三十餘日。賊不能動纖毫。而江西大營援兵至。偽帥迎戰南豐東郊。官兵陣稍卻。洋和尚盡其衆下砦。奮力夾斫之。賊大敗。遁歸汀州。南豐以全。帥召洋和尚至。給牛酒慰勞曰。使江西半壁不動者。汝功也。將奏之朝。予以官。洋和尚叩首固辭。帥曰。義士義士。即百年後。汝鄉人當祀之社。厚予白金彩繒。洋和尚盡散之鄉人。葺破廬。安生業矣。乃日與其徒。蓑衣草履。漁釣射獵為樂。春秋佳日。擊鮮提瓮。登舊砦。狂呼酣飲。逍遙四十餘年。歿壽八十。鄉人憶帥言。塑其像。鍪而鐘祀諸社。歲旱。以簫鼓彩幟舁行墟市中。呼曰。洋和尚來。洋和尚來。天果雨。洋和尚終身無妻子。老猶自製竹扇。易錢沽酒。醉作擘窠草書。甚怪也。見張九鉞陶園文集。

溫樵水

樵水姓溫。名廷鈞。字右衡。樵水其別號也。祖籍浙之長興。高祖美如。遷仁和。樵水生及晬。因厭其啼。置其祖膝上。季父世珍。讀書其側。啼遽止。遽頷頹。為讀書狀。已乃咿唔成聲。日為常。五歲。其季父語以讀書樂。則欣然偕白其祖。就隣塾記誦之。捷常兼他童子。年十五。入邑庠。二十赴省試。貢於成均。其學業始嗜詞賦。熟精於文選。所作乂手立就。奇字㸔如。觀者嵬目。才名播一時。久之。乃謂所業弗善。取六經三史熟之。條其疑義。作古今體詩文。率行以唐宋大家法。雖應試不易也。雖躓。不悔也。嘗語其游曰。讀書不第。自不折閱。不汲汲於經史。而以兎園册子老乎。同里陳翁寅。以窮經論史為業。名流就攷問者。日無虛。年倍樵水矣。而相得如等夷。每著經說。必俟其過從商校竟日。每詠史。必索和焉。樵水性貞介。氣清可畏。人以是多望之。見其來。稍稍引去。然語崖岸嶄然之行。則莫不推樵水第一。語能詩之才之浮於名者。則莫不推樵水第一。年二十八。病心血耗卒。卒前三日。猶寫書陳翁。論韓詩商頌說。翁議刊其遺稿。屬其季父蒐輯於其家。苦散佚。不多有。見蔣師爚敦艮堂集。

王次瑶

當世多治鄭氏易。網羅放失是正。文字彰矣。德清王君南湖攷證之作。句櫛字比。疏通證明。使北海微言。復闡於既絶之後。厥功偉焉。君諱璣。字次瑶。南湖其號也。晚又號退思。乾隆甲午科舉人。丁未會試。大挑一等。分發直隸。補成安縣知縣。少嗜易。著易集解。備究衆說。又能研窮形聲訓詁。作集韻正。以糾曹氏刊本之失。作說文編韻讀各從義。以補徐氏朱氏之音。作爾雅足義刊誤。以匡邵氏之違。既而覃思畢精於鄭君注易之意。心知其故。攷經以釋文為主。不言鄭本者。舉所標他本參訂之。攷注則汎采羣籍。擇善而從。旁及異義。以附鄭說。因推所存。知其所佚。引伸觸類。以達厥指。官成安時。以風俗敎化為己任。聽事之暇。召邑諸生。以講經說義。吏胥子弟能文者。咸進與焉。有飾氏兄弟爭田相毆傷。置之一室。使不傷者養傷者。而身譬喻之。兄悔悟泣拜。讓田為公產。上官以為賢。將換授繁劇。意不樂。引疾去。讀書終身。君世居德清千秋鄉之闕山。六世祖樵移居於南莊。祖繼聖。父元鼎。兩世居杭州。君仕而歸。卜居秀水之秋涇橋。葬於錢塘長壽鄉白沙山仙家隴。見王宗炎晚聞居士集。

跣足傭

跣足傭者。楚人也。陳其姓。才高其名。少孤鮮兄弟。窮不得活。去之寧州東南長茅里。終歲傭人。以脫於饑寒。跣足役作。雖巉巖荆刺中。履蹈如坦途。無所苦。人以是羣呼跣足傭者。傭狀甚癯。蓬頭垢面。膚如漆。擁敝衫。補綴針紉。纍纍若蟣虱然。嚴冬無床褥。褸稻草藉地而寢。嘗暑月從客宿館舍。客張帷。夜半苦蝨。不得寐。起燭之。則傭方倚墻壁齁鼾。雙眸炯炯。恣蝨嚶唱唱咀噬。客叱曰。獃子何不揮之去。傭笑頷之。睡如故。生平不葷。不飲酒。不畜妻子。其傭於人也。日取十錢。多與之。不受。暇則閉戶掘履。三四日不食。亦不饑也。掘土納積。月檢視。遇廢疾饑寒者。出授之。往歲傭冒暑踰毛竹山。喝甚。求飲不得。幾死。適刈蕨者憫之。斷節揉汁以甦。傭歸。盡發所藏。即其地搆亭。日煮茗飲行者。又廣其惠於他地焉。一日。傭被髮持長鑱。雜眾中芟人田。眾再休。獨傭俯首痀瘻。刨鋤不輟。眾固止之。固勿聽。眾怫然。既相與斥之曰。吾儕與子。俱傭也。傭無常主。吾儕食倍子。取又倍子。而人卒不聞異視子。然則子何太自苦為。傭曰然。子輩所求乎人者。誠是。雖然。吾性拙。又衰。得飽一日。腹即窮一日力。猶懼怠事獲天殃。敢舍業嬉乎。今子輩不已之求。而使吾效尤可乎。言訖。愈執業不輟。見萬承風思不辱齋文集

李松亭

李君諱鑛。字興凡。號松亭。其先范氏。自宋世居登封。為著姓。迨明中葉。有諱尚者。遷魯山。遂別族為李氏。君姿貌沈毅。目炯然射左右。望之屹不可犯。然性獨樂易。好與

人酬接。庭前蒔老梅數株。多叢竹菊雜花卉。身自灌溉。有老松僂偃如龍。蒼鬣壓屋脊。君顧之而嘻。輒盤桓其下。號所謂松亭由此也。暇則摹繪事。酒酣引筆落落自喜。或劇飲懽甚。與好事者校拳勇。大相娛樂。以故人多愛從君遊。有梁驁者。依門下未幾。以他事被繫。君身在任。而驁潛逸去。蹤跡莫可得。幾為當事者所中傷。君益不置意。而好客如故。他日。君獨游縣之東山。遭羣惡少。脇挾一少年。少年左右顧顛躓不肯行。詢之。則羣惡少出穢言。欲行强污者。君大怒。徒手搏數人。盡仆。奪少年以歸。遣僕護送之。固近村田家子也。君負氣而尚義烈。其遇事奮發類如此。見武億授經堂集

李仲謀

李君坊。字仲言。後易字仲謀。籍祥符。入開封府學。為廩膳生。方十五六歲時。伉俠慕交游。然性尤簡易。奴視其儕伍。居嘗佯佯不適。欲得友有風烈者。或以某告。君趨見而返。恚曰。向殊妄聞。此曹徒一行尸耳。乃勞某過從耶。他日。君在京邸。鄉人官廣平者。慕君。邀君主某幕。不合意。棄去。閒從李西村官所。前後幾五年。自西村初署縣事及得補實。君恒不避嫌怨。為之左右。其僮奴僕御胥吏外内聽役。日有常約。違輒痛繩之。或有驕頑。君手扑其人。一署飲喑。莫不屏懾。後西村以憂去。君於交代委籍悉

強力綜練。條分簽疏。事覈其實。以故與後事者怍。至詬厲。不少顧。俾西村幸無累。然後自謀歸。策蹇走三千餘里。轉貸以抵里門。至是亦倦於游矣。初君在京師。謝弔者當過一顯人。自具小柬。書名投其門。竟去。人多以是非君。君曰。吾狙野習。安識所謂士大夫禮。且如公等揖。即謹易手本。亦與今外司道府謁尚書同儀。獨非僭耶。禮不下庶人。吾諸生。何殊於庶人。幸勿復言。聞者羣服其辨。而不知君固負氣。以詭詞辭也。見武德授經堂集。

彭梅谷

彭梅谷。名遐齡。明末奇士也。家河南魯山。生十月。能言。十歲。通毛詩禮記春秋。比長益博綜羣書。下筆千言立就。兼嫻武畧。能騎生馬駒上坂。馳左右射。發無不中。自謂辛稼軒。陳同父一流人。崇禎丙子。年十九。應省試。以五經格於例。置副車。改就武闈試。裒然為解首。撫按以文武才薦。而廟堂循資格。寢不報。己卯。再以五經試。仍置副車。自是遂罷舉。益務為任俠行。總兵陳永福招之。遂暫留參永福軍。潼關兵敗。永福降賊。梅谷陷其軍中。先是賊相牛金星本寶豐舉人。授經寄縣。館梅谷家。梅谷幼師事之。及金星從賊。往來河南。嘗蹤跡梅谷。梅谷深自諱匿。至是聞在永福軍。大喜。趣召之曰若我弟子也來則立富貴不來且死梅谷大言曰若已為賊即死豈從賊邪金星命收之而梅谷已竊騎逃一日夜馳五百里越太行乃得脫間行至江南虔時事無可為謀歸夏邑中途遇盜刦不得已由故人薦入直內院數月出主江浦簿忤上官拂衣歸順治八年卒於百尺河之野年三十四先卒時自撰年譜謂生平流離奔走無日不在憂患中遺詩一帙亦多感時念亂識者讀而悲之見咸學標鶴泉文鈔

董靜芳

董靜芳祝魯齋婿也為人孝友勇於義自以幼失怙恃既贅於祝傾貲為外氏養生送死最後有信陽負骨事初魯齋祖廸前公由副貢令清苑有五子十孫登進士舉茂才者八先後殂謝盡君皆塟之獨魯齋之伯中調公病卒莊浪官舍叔愚亭公客死信陽骸骨久未歸魯齋老貧無子言輒涕泣告其女以為大憾君聞而心識之會游秦偏訪得中調公後人以告魯齋喜曰吾祖其不餒矣顧叔向為異鄉之鬼可若何魯齋沒後十數年君有武昌之役遂取道德安府貽書應山令莫公子搜告以收骨事給文沿途查詰由應山至信陽州百餘里耳州城北有瑚璉書院者乾隆丙子丁丑年愚亭公嘗寄教於此院側伴書庵老僧猶能言之而未詳死狀時知州事者

請公以諫鄉人也。撰以文。翌日遣役來。得公之去妾春梅。嫁後復寡。言公有殤女。曾許字醫官吳楝之子。又紹興徐書紳者。久負公之銀。乃共謀藁葬於城北三十里許梁家墳。時徐已故。吳年八十餘。偕之出城。荒塚纍纍中見羣鴉噪一大樹。跡之得土中作碑鐫曰。浙杭海寧縣歲貢生祝諱濬字愚亭公之墓。吳曰。此徐所立也。三十餘年矣。請於官。收骨貯橐中。歸瘞之祖塋。告祝氏家廟。此癸丑冬事。先是君之伯慕梁公殁。其長嗣曰可大。無子。而久客於慈。君喟然曰。大宗何可絕。乃乞其弟虎文子善餘。攜之武昌。後之。蓋其往也。為董氏綿宗祀。其歸也。為祝氏發旅魂。數月之間。兩舉孝義事。厥功偉矣。見周廣業蓬廬詩文集。

趙雨亭

趙雨亭名璣。安徽桐城人。少讀書。性倜儻不羈。輕財重然諾。有古俠士風。丁未歲過表甥大名尹葉君暘署。甫踰月。暘緣事戍伊犁。戚友倉黃星散。奴僕脫身去。暘父母老且病。痛子孑身投荒。日夜憂泣。雨亭毅然曰。與人共安樂而不與共患難者。非義也。玉門關界不能生度耶。余雖老。尚堪一行。遂偕往。躍馬鳴鞘。略無難色。至伊犁。將軍愛暘才。置幕中。甚得所。雨亭始告歸。曰。汝居此安。余且歸。復汝父母。當再來。終不使汝寂寂萬里外也。歸一載。賜母卒。雨亭慮賜聞訃哀毀。復往慰之。至關外。聞賜隨將軍移駐塔尔巴哈台。改轅而北。將軍聞雨亭至。降堦執手曰。義士果來矣。敬禮愈重。由是雨亭之名大著關外。將歸。將軍厚贈之。俾同貢馬者行。重其義也。先有葉椿者。賜族孫。河州牧中之子也。以監粮事久戍伊犁。雨亭再出關。椿母以金託寄伊犁。伊犁在烏魯木齊西。塔尔巴哈台在烏魯木齊北。相距遠甚。音問阻絶。雨亭歸。路出呼圖壁。遇巡檢陳君栻。陳亦皖人。因迹椿。始知椿死伊犁久。雨亭曰。椿家無三尺童。白頭老母。日望其子歸。今椿死遠域。旅魂飄泊。情何忍。且余既挾若貲來。當攜若柩歸。因與陳君貸貲助費。迂道八千里。載其柩以歸於桐。（見李符清海門文鈔。）

羹湖先生

先生姓王氏。名繼統。羹湖其别號也。生有異稟。神寒而貌癯。幼從塾師講肄經學。稍長。即旁通諸史百家。以名諸生。丁明之季。乃絶意仕進。退而放浪於荒墟絶嶼之間。扁舟草服。自樂也。未幾明亡。乃益頹然自廢。不求聞知於人世。世亦無有知之者。一日。停舟江上。擊楫作歌以自娱。其聲鏗然。若擊金石。鄰舟皆起坐驚視。是時海宇初定。值英王巡行江上。亦於舟中聞之。心奇其人。欲致不得。因以請而後就見。懽然談笑如生平交。偶及世故。且喜其才。因給劄。命出爲丞佐。對曰。臣故村野鄙人。粗得具雞黍課漁稼。以終其天年足矣。安能有豪毛之利益於國家耶。其奚堪此郡佐爲。長揖。不受而歸。日鍵其户。足不履城市者且二十年。著有冀湖文集若干卷。見蛩蛉集

滕家瓚

滕家瓚者。麻陽縣人也。居高村。與苗壤接。乾隆六十年。苗民石三保等叛。大掠麻陽。家瓚悉出家財數十萬。招集鄉里丁壯數千。以禦苗。殺賊無算。苗深讐之。一日。家瓚率衆守溪口。苗賊驟圍高村。曰。出家瓚乃已。於是家瓚之族弟家泰。挺身出而語其村人。豈可惜吾一身。而延害一村。遂大罵賊。我即瓚也。賊刲家泰皮。家泰罵不絶口。至死不更一辭。又執其家口。始知其非家瓚也。瓚聞而馳歸救之。已無及矣。家瓚屢以殺賊有功。大吏具聞。上命賞以八品職官。一日戰歸。福督部覲見勞之。家瓚曰。瓚既受國恩。敢顧家與。且家已破矣。苗讐也。有殺賊報國而已。復慷慨往溪口。與數百人共守之。賊大至。急攻之。家瓚力鬬。絶援。其從者曰。賊指名索夫子。殆難免矣。盍易服而行。以求援也。易服而死。賊去。官軍至。求家瓚所在。以易服故。賊不識其屍。遂收其屍瘞焉。家瓚仗義輕財。好施與。又善撫衆。有信行。遠近之人。一時皆慕家瓚名。不

舉其姓但稱瓚也瓚有力嘗負一鐵礮擊賊輒殪云見徐鐵處玉山閒集

張星象

張星象字介萬古田縣學生生有異稟嘗作書數千言抵龔進士景瀚願受業為弟子龔奇其文言於督學朱文正公歲科兩試拔冠其曹試事既竣公選九郡諸生之尤者福州十人外郡二十四人肄業鼇峯書院親課之寧化張騰蛟孟詞最為公所賞識介萬異軍特起乃拔戟自成一隊閩中因有二張之目時閩藩雨松徐公與文正公同號知人能得士嘗謂朱門之有介萬如韓門之有劉叉也癸卯鄉試將揭曉文正公置酒招致門下士孟詞輩皆在坐介萬葛衫躡高屐最後至公目笑之曰昌黎詩有云冥觀洞古今象外逐幽好可為孟詞詠又有云雜作承閒騁交驚舌牙讙非介萬其誰既而孟詞領解在坐者多獲儁而介萬報罷介萬文詰屈生澁不可句讀一題入手狂搜險覓得未曾有非文正公莫之奇介萬亦淚簌簌然落謂從此長已矣新督學至公薦士十人介萬與焉且恐其文不得當以為是實神駿當相賞於牝牡驪黃之外新督學惎其言書院初課故抑之且面加誚讓介萬弗能堪自念居深山讀史漢談荀揚十數年不遇一遇矣又不能及時自奮道師方行而齮齕之者

踵至。懼一旦遭黜辱。為當代大賢羞。時方寓龔家。早飯罷赴書院課。而是日賞未作文。嘿嘿不樂者終日。次早獨行。出西門。至虹山橋。徘徊橋上再四。遂自投於水以死。年止三十有一。龔使人尋之書院。不得。啟其卧室。於案上見其訣父書。及與己訣書。拍案驚呼曰。介萬死矣。三日。得其屍於白沙鋪。端坐沙中。面如生。其下有清泉一泓。先是介萬喜扶乩。有白泉沙者附焉。辨論相往復。文思益奇。至是而其讖乃驗。龔既買棺以殮。呈其書於徐公。且述其死狀。公喟然署其紙尾曰。嗚呼。生真死矣。自石君去後。余不能早為扶植。致生益孤憤。余不能辭責矣。介萬卒之十年。孟詞始登癸丑會榜。為忌者中傷。乙卯赴補殿試。卒於京邸。竟不得成進士。與介萬皆酷貧無子。詩文皆散佚。見朱秉鑑茹古堂文集。

薈叢編卷十一終

薈蕞編卷十二

壽先生

清　曲園居士纂

乾隆五十一年。林爽文反臺灣。不旬日。有衆數萬。於是隳彰化。陷鳳山。所嚮如破竹。獨淡水城不下。淡水圍竹木為城。無土石。自其年十二月至明年五月。攻最久。而城獨完。民不為賊。文武官莫在。惟諸暨人壽先生為之守。先生姓壽名星。字同春。以字行。而壽先生之稱為著。以習文法。佐人治吏事。至臺灣。當是時。淡水同知潘凱前沒於生番。代者程峻方按捕大甲。城中空無人。爽文以其衆入。程峻子倉卒攜印走。而峻別戰死。先生與其輩數十人。俱縛坐堂皇下。賊故聞壽先生能識官事。顧不知孰為先生。一一詰何之。已乃從先生求計畫。先生曰。而屬以烏合之衆。頓兵荒城中。何以食官軍。至聚而殲旃。靡及矣。凡兵分則見強。合則示弱。而奚若。賊故搜城中無積儲。則皆曰然。因脫先生械。留其黨守城。而自出四掠。於是壽先生客淡水久。其胥徒皆故執習。其士民皆故信服。頤指目語。精神響答。潛糾義兵。風雨倏合。出不意。就同知廳事。駢斬留守賊三十六人。即日閉城門。為朝廷守。賊聞大駭。悉衆返攻。先生部勒其民日夜登陴。樵蘇既斷。發屋掘鼠得鬨。輒出選鋒擊賊。有死者。明年五月。賊稍稍引却。道路通。署同知徐夢麟始以印至。次第招安白石湖。勒洗金貂尾寨。擒叛官彭喜。一切倚先生為辦。是時爽文負隅。據大里杙自固。我兵環營其外。疑莫敢入。先生不勝忿。謂夢麟曰。賊介恃其衆。今日戰。明日戰。可勝殺乎。不如入也。速入取其首。餘將瓦解。夢麟以其言上書軍門。不報。三請。然後得。指麾由大里杙分六路進攻。先生別以若干人由西路入。而鹿港之兵。還延失期會。既入無援。馬蹶被擭。賊恨先生久。至是大喜。相與攢刃支解之。時先生年七十有一矣。又明年。嘉勇郡王渡海。檻爽文斬京師。臺灣平。有旨贈先生知縣。廕其子聰一官。見王芑孫淵雅堂集。

吳鈞翁春

吳鈞字陶窣。自號曰玉田生。江蘇華亭縣人。其曾大父懋謙。以能詩。有名國初。世謂之華亭山人。至是百餘年。而鈞復用布衣稱詩。鈞生平不應舉。不知家人生產。所好讀書。旁通天文勾股金石篆隸刻印之術。而尤自力為詩歌古文辭。其於文。好深湛之思。於詩。不苟作。務自矯厲。不同俗。性介潔。時時為人教小蒙童以食。有一子三女。無完衣。所居梅花書屋。在城東委巷中。詭垣塌井。鈞處之浩然。不輒受人一錢。人亦不敢輙餽之。華亭自明入本朝。代有聞人。文章氣節翰墨昭一世。鈞生衰絶之後。憫傷鄉先生風流墜地。文獻軼亡。乃日曳敝屐。蹩躠閭巷間。訪尋遺文。渝墨故紙。手自編寫。人各為傳。欲用漢唐人總集之例。悉録當時撰著。勒成一書。以為掌故。未及成而卒。年五十四。鈞雖静退。足迹不出數百里。交游不過五六輩。無由自發其恢奇。然既讀書。考論天人之際。究觀今古。其氣耿然不可下。又頗近酒。酒酣謼嗜。輙以誚其坐人。人莫識也。既以窮死。縣人乃掇拾其所為獨樹園詩。鼠璞詞各一卷。為刊版以行。鈞故寡與。獨與其同縣翁春交善。翁春字曙鳩。一字辨登。亦字濟生。别自號石瓠。不知其家世。小時與母沈居北郭外菜花涇。挑菜自食。偶過里塾門外。里塾兒負課。春為誦之如流水。塾師怪問。則曰。顧常往來聞師教讀。習之耳。指其字。初不識。春便從塾師乞問大義。歸而以意推測句讀。遂自能讀書。又别丐市肆舊筆。從牆壁間畫字。人以是誇詫之。聞於縣貢生姚培謙。姚故以著述自名。家多藏帙。奇愛春。畀以所宜讀書。且周給之。使卒學。已而里人沈大成致之門下。講以所聞。遂能詩。於詩好元人。不言李杜。於作字好孫過庭。其為人耿介。與鈞相似。博覽感激豪宕不如鈞。而周謹亦過之。對客清坐。如木佛。寡言笑。有招之飲。靡不往。歲常拜培謙大城墓下。與其里人沈梅相交懽。餘三十年。生館其家。死殯其室。梅亦雅操士也。先時大學士諸城劉公以侍郎督視學政。行縣聞其名。欲見之。不可。公乃手書爲卷以贈之。旁縣王侍郎昶中歲假歸。禮先於春。春亦莫逆也。性篤孝。善事其母。不娶無子。有同産弟。不知書。其故人門弟子相與葬春。并葬春母。又裒校其所爲賞雨茅屋詩四卷。與鈞詩偕行於世。

見王芑孫淵雅堂集。

錢繼升

繼升。錢氏。昌其名也。居吳江之保障里。今屬震澤。崇禎八年。以選貢授郡通判。不就歸。是時天下多盜。而含山盜最桀惡。繼升家饒於財。一日。有二人踵門云。奉主命貸銀數千兩。必得以返。詢之。乃含山所遣也。繼升勞以酒食。爲好言慰之曰。銀不能卒備。幸緩數月。當齎至山中。其人約期而去。繼升念曰。盜不可藉之銀。且豺狼無饜時。不如以家之所有。募士守禦。庶幾全吾鄉里。因具狀請於官。得便宜從事。乃立格募兵。歲方饑。聞者先後至。家有大木仆地。繼升言於衆曰。能舉此木者留。未幾。有崇明武學生黃扶搖等四人至。皆黃姓。號曰四黃。遂命訓練曹伍。里人吳彥康等。亦別集壯丁自衛。皆聽繼升指麾。含山盜惡繼升負約。率其黨至。鉦鼓喧闐。若甚可畏者。里中武士皆持兵彀弓指之。盜惶駭。詭言吾曹欲往木瀆取粮。不過假道貴邑。何紛紛為。繼升使謂之曰。爾既無意侵掠。何不藏爾兵器。盜不得已。舉兵器斂之。繼升縱兵奮擊。盜殲焉。久之。盜有沈判者。乘大舟。擁黃蓋。駐野泓蕩。聲言欲為含山報仇。繼升兵少力不敵。時職方主事吳公易。以兩都失守。倡義起兵。有衆數千人。因抵職方借其兵。職方初難之。卒與舟師二百。而黃扶搖等率之以歸。繼升偵判船設砲。患之。遣人偽為乞人。至其船丐食。潛以鹽滷滴礮中。及判發礮。皆不起。繼升用砲壞其船。遂獲判。先是扶搖獻計。謂盜來必乘舟。舟必蔽以葦席。若用綵附篠。而灼膏射之。則糜爛矣。從之。於是盜船盡焚。煙焰四起。李膏樂者。判黨之勇者也。繼升與搏戰幾殆。有許某者。斬膏樂。懸其頭溪橋。繼升乃徐訊所獲之盜。殺其素為盜者。赦其脅從者。頃之。盜復夜入里中。不遂。自是不復至。閩藩聞繼升名。使以禮聘。謝不往。而吳職方敗走。大軍購之甚急。跡及繼升。繼升與吳彥康皆被逮。繼升有辭得免。并彥康亦免。繼升與弟威皆能文。威中順治丁酉鄉試。以同榜有事。謫寧古塔。繼升亦牽連至京師。病卒。見張士元嘉樹山房集。

鄧觀瀾

鄧君觀灝。萍鄉故家子。幼有至性。隨父悔庵公官京師。師授詩至蓼莪。輒泣。人異之。父遷蜀提刑。以巡鹽舊案。逮還論死。賴朝恩矜緩。繫囹三載。灝夙有匄贖志。父慮其無濟也。漕督楊勤敏公。諗乃公為吏郤清介。官當不以貪敗。為灝謀者屢。乃徧走齊鄭燕趙間。嘗夜隮叢莽。狐鬼嘷嘯相逼。一僕劉章。阻勿行。弗顧。遇獵火出焉。閒關抵京。訴步軍統領阿果毅公。叱曰。爾擅入禁地。不畏死耶。命縶暗室。君度父無生理。誓自殞。守者一武弁聞哭聲。詢故義釋之。他日。復伺閒訴於相國傅忠勇公及阿公馬前。傅語阿曰。穉子冒譴救親難能也。宜上請。阿亦惻然。二公取其辭入奏。得旨准贖。傳遣飛騎為孝子賀。蓋深重之也。納鍰入。父獲免。見劉鳳誥存悔齋集

周書昌

周先生永年。字書昌。濟南歷城人。結茅林汲泉側。因稱林汲山人。先生衣服飲食聲色玩好。一不問。但喜買書。有賈客出入大姓故家。得書輒歸先生。凡積五萬卷。先生見收藏家易散。有感於曹石倉。及釋道藏。作儒藏說。約余買田築借書園。祠漢經師伏生等。聚書其中。招致來學。苦力屈不就。縣令胡德琳。延先生與青州李文藻同修歷城縣志。即出其書。肆力搜討。既成。學士朱筠。目以詳慎。後成進士。欲入山治儀禮

被徵纂修四庫書。授翰林院編修。文淵閣校理。當是時。海内學士集輦下。皆欲納交投刺踵門。然深相知者。新安程晉芳。歸安丁杰。餘姚邵晉涵。數人而已。借館上書為四部考。傭書工十人。日鈔數十紙。盛夏燒燈校治。會禁借官書。遂罷。先生於經史百氏之言。覽括畧盡。觀其大義。讐章不句。自謂文拙。不存稿。故歿後無傳焉。見桂馥晚學集。

吳大始

吳君諱宗元。字大始。號岱芝。浙江石門縣人也。少敦至性。砥節勵學。以歲貢生終。嘗遊省會。天台齊息園師。主敷文書院。執經從焉。書院居萬松山頂。有一樓居。極高虛。君榻其上。每日讀經史雜文。至午刻。則始去。取工部全集朗誦之。聲徹遠近。每首必百過。隨以丹鉛。率至夜分屏止。次日復然。先是君熟於明詩綜。所作詩。酷肖高青邱李崆峒諸家。嘗錄以正於息園師。評點訖。謂曰。詩儘佳矣。百尺竿頭。可進步乎。李杜韓蘇四家外。勿觸目可也。自是遂專志杜陵。性奇偉不羈。不好與凡人儔伍。嘗與朱笠亭。沈雲樹。蔡漫叟。諸先生相唱和。餘弗顧也。嘗言吾少時。曾作一圖。横劍三尺。南華翁居左指說之。一虎士類荆軻者。居右聳聽。己居中央。作撫掌大笑狀。名曰說劍圖。其雄致如此。既專精讀書。不下樓者月餘。忽值意有所會。輒入西湖山中。經宿不返。每談及浙東山水如天台雁宕赤松四明諸勝。輒勃勃然欲往。然卒不果。以老親在堂故也。自壬午至甲辰。迎鑾獻賦者三。受知於竇東皋李鶴峰錢穆軒諸學使。復攜詩質於沈歸愚先生。名稱籍然。屢擯棘闈。一不以介意。謂子姪輩曰。吾以勵汝曹耳。通塞之故命也。亦時也。吾不得而知之矣。中年後頗出游。南浮嚴瀨。北抵燕臺。東至登萊瀕海諸郡。游蹤所至。慷慨懷古。一寓於詩。客囊如葉。不計也。歲戊申。子文照領鄉薦。赴都門。君欣然束裝同往。泊舟京口。抵焦山。大雪忽作。遂冒雪登岸。冰凝路滑。截燮竹作杖。歷崎嶇而上。懸崖冰箸長二三尺許。拂之鏗然有聲。乃觀周鼎。讀瘞鶴銘。謁焦先生像。俯眺海門。周覽崖壑。比返舟中。已濕透重綿矣。其豪曠好游蓋天性然也。鄒曉屏先生聘入山右學使幕。得一佳卷。輒朗誦不去手。素不讀律。而明敏有斷制。鄒公每以大案相質。未嘗不心折。晚歲家居。栽花課孫。里中以詩文就正者踵相接。有片長。津津樂道。預修嘉興府志。表揚節義。不下百餘人。精醫理。頗諳內典。耽心禪悅。手輯四十二章經。施諸寺院。蓋閱歷既久。進詣益精。從前雄傑之氣。爾時淡泊之神。不知者謂為殊趣。在君則一以視之而已。歲庚申七月初十日。微疾。正襟端坐而逝。年六十九。有南樓稿若干卷。見戴殿泗風希堂集。

吳祿室

吳翁名祿室。字在中。涇縣茂林都人也。父一橋。早卒。母楊氏。遺腹生翁。家貧廢讀。有戚某攜之至南邑。為人襄質庫事會計。旁午無少閒。然念念不忘母氏。一夕薄暮陰雨中。蒼頭持書至。翁色變。以為吾母病矣。啓緘讀之。信然。即擬疾馳歸。其肆主慰之曰。君固當速歸。奈大雨如注何。翁不聽。持燈就道行。至次晚。則前溪阻隔。大水汪洋。求一筏不可得。天忽昏黑。居人動色。以公無渡河為戒。翁曰。不念母。何以子為。燭跋易以新。光散亂不甚明。遂脫衣履。擎諸手。徑衝波去。初祇沒脛。愈進愈深。至中流燈失。水沸騰。直際頸頷。翁號泣曰。天不使我見母耶。俄而身體上竦。浮出水面。兩足跟如有物度之立者。忽撞入淺瀨。則安然登岸矣。旋着濕衣履。魆行。踉蹌抵其家。叩門入省母。母曰。苦我兒矣。日者言我年盡五十一。今已及矣。忽得膧脹疾。飲藥無效。殆將不起耳。有頃醫至。診視訖曰。疾不可為也。翁聞之。痛迫於中。俯首雨泣。旋閃入廚下。袖一刀。詣無人處。以口嚙左股。刃之。得肉寸餘。聶切如泥。暗投烹鼎。雜諸羹以進。母嚥之。疾頓瘳。自後更二十有一年。至乾隆乙卯。母始卒。初翁受創後。痛而躃。半晌時。強起。漬血痕。裹以布巾。甫畢。鄰人見翁神色異常。時詢之。不告以實。嗣後見翁舉臂無力。且不時病。何而觀其稞堅。詢始知之。仍戒勿洩。見朱龍集。

許剛中

君諱穆宗。字剛中。號履亭。姓許氏。世為海寧人。早失父。家貧。乃輟儒業習賈。無一椽之居。賃屋於吏部橋南。奉其母。而身往來吳越間。嘗雪夜步行百里。并日而餐。母供養備已。而家日裕。作室龍山之龐橋。名其堂曰經德。樓曰碁樓。塾曰汲修。以孝友忠信教其子。延名師誨之。學皆克有成。君貧時。嘗夜得遺金於途。伺其人而還之。為人賈。有誤畀以五十金者。數百里返之。其營宅也。里人有將構釁者。潛以骨一匣寘其下。君見之惻然。命改地瘞之。加蓋薦焉。其人大感愧。一夕移之去。且詣君謝。君終身不言其人。嘗就相人相。曰公瘦形鵠立。音聲越然。身有二十餘子。如丹砂。法當立其家。然有大厄。今且至已。熟視指之曰。此所謂陰隲。又免矣。未幾。鄰家火。火延三十餘家。比至經德堂。風返火息。有於火中見神人。立導火行。至君之屋而沒。羣以為陰德之致云。見張惠言茗柯文集。

僧如鵬

如鵬。不知其何處僧。宋先生大樽。遇之天台。則以為台山僧矣。舊傳台山中虎不噬生肉。麋鹿見人不驚。古以為佛國。諸老僧多聾茅居之。狀甚癯。問其年。搖首不答。與之金帛。無受者。是既可怪。今聞如鵬偉然七尺軀。目如巨星。語纚纚喉音。如古吐今。何為而亦於是邪。入其茅。不設門戶。聞其吟聲。石裂而谷響。紙稿投大鐵甕。人鮮得見之。天下僧寺。天台方廣。尤多度前代大藏佛書。如鵬借之觀。期月以徧。茅中無食具。日或飲一瓿水。盡一溢米。或數日否。其貌益壯。豈不更怪矣哉。（見陳斌白雲文集。）

何梅生

君名承先。字梅生。甘肅武威人。幼而夷曠。邈然高厲。嗜讀書。熟于注疏。尤精綜史漢。凡鄭賈之說。顏李之注。皆言之鑿鑿。如以弗貫肉。乾隆乙卯鄉試經題。為詩小戎首章之前六句。典試者苦不得佳構。從落卷中。搜獲君文。考據獨詳覈。激賞之。視所謂四書制義。皆超逸。非俗手可辦。乃拔第一。為解元。時典試者。湖南羅翰林修源也。得君喜甚。延譽公卿間。而其名日起。嘉慶乙丑成進士。改庶吉士。戊辰散館授知縣官福建長泰。君於事。御之以簡。時或登山臨水。賦詩自娛。而尤湛于酒。庚午調南安。未抵任。病卒。繼君任者。曰鳳。有神降其署。畫字槃沙中。為詞一闋。署梅生。眾懼曰。梅生先生來也。先生喜飲。曷飲乎。則又書曰。予為盧江城隍神。將至某處鞫案。忽忽不暇

飲。見張樹養素堂集

沈屺望

沈祖惠。字屺望。號虹舟。烏程之馬要人。父在莪。贅吳江平望李氏。祖惠生而母卒。育於外王父母。仍為外氏贅壻。外氏無嗣。因冒李姓。乾隆壬申。領解第一。其秋會試第二。改復沈姓。除江西高安縣知縣。祖惠殫精帖括。弱冠有聲。屢困場屋。年三十四。游陝甘學政幕中。始銳意詞章。為西征賦。兩年乃成。賦既脫稿。并自注合一萬五千六百四十許字。賅洽閎深。上掩潘岳。交河王侍郎蘭生曰。千餘年鉅製也。其詩亦各體穩稱。五律尤高渾峭拔。逼真唐音。年四十一。而倦游。以帖括授徒鄉里。潛心理學。厭薄詞章。先時業。李棠之漱麓。與並世名流絕不通聞問。並世名流亦鮮或稱道之。登第後。為四書講義。自負理學正宗。復不為時論所重。以故祖惠畢生無詞章名。亦無理學名。及卒。其高弟子王元文。蒐輯遺詩。得三秦游草四卷。洞庭游草一卷。拾存草二卷。經進草一卷。謀付梓。不果。余得之。合編為虹舟集。見嚴可均鐵橋漫稿

吳星萃

吳君諱星萃。字東聯。陽湖馬蹟山人。父桂枝。以名進士為經師。受業弟子數百人。修

撰金先生棧。太保大學士董公誥。其尤著也。君未冠。即補學官弟子。已而依董太保於京師。凡客京師三十年。屢試不售。欲南旋。因循不果。年未三十。即喪婦。無子。亦不更娶。有友人姚君者。官曹縣令。請於太保。偕君而東。嘉慶十八年。林清之黨。將為亂金鄉。令吳堦。捕得崔士俊。即羽檄各縣緝賊至曹。姚令不之信。君力陳利害。並為設鉤致方略甚具。姚意稍動。而吏役多賊黨。奔告其魁。知事洩。遂先期攻縣署。入之急求得君。叱曰。勸令捕我輩者汝耶。君曰然。恨令早不聽我言。使汝曹猖獗至此。吾年七十有二。豈畏死耶。賊益憤。攢刺之。被數十創。姚令一家亦遇害。賊去。有營兵數輩至。君卧積屍中。見之。呼曰。吾已無生理。幸加刃。令我即死。兵憐之。為斷氣管。乃絕。吳堦既得崔士俊。旋誅其黨數十人。金鄉獲全。遣人閒行。求得君屍。棺斂如禮。請以君名附奏。得旨。入祀忠義祠。見陸繼輅崇百藥齋集。

樵煙野客

盛子履有樵煙野客傳云。樵煙野客者。居於韜光靈隱之間。丙子秋。余過西湖冷泉亭。憩飛來峰下。聞呼猿洞口。有吟聲。攀崖入。有屋數椽。童子倚門。余問吟詩者誰。不對。請見。不許。固強之。乃導余入。松毛為籬。藤蘿屈曲。屋小而深。筆牀茶竈。位置整潔一客凭几而吟。年六十許。頎然秀削。清而不枯。鬚髯蒼然。衣冠甚古。揖余問所從來。
余曰。聞吟聲。故來。客曰。余不知詩。何能吟。且請坐。命童子煮茶。談吐極清遠。其音吳
音也。叩以姓氏。不答。亦不問余姓氏。余心異之。見几上寘山居圖卷。自題樵煙野客。
即呼之曰樵煙客。喜謂余解人。見余扇頭自書秋草詩。頗欣賞。取別紙手錄。字法秀
勁遒逸。於宋大家中。絕似山谷。余更異之。客呼余為秋草君。薄暝。余辭去。客亦不復
留。越三日。余復造焉。則客已先坐冷泉亭。邀至舊所居處。瀹茗溫酒。摘園蔬。烹池魚。
殷勤勸餐。笑語款洽。酒半酣。縱談史傳。上下千古。如示諸掌。兼及文章詞賦。升降源
流。羅列淹貫。而於近人著述。皆似無足當意者。余大驚。索其詩文。則皆隨手散棄。惟
示和余秋草詩四首。讀之。琅琅然。瑟瑟然。而頗有哀悽之意。余屢詢之。客曰。僕非逃
世者流。少年亦嘗弋獵浮譽。中年人事多故。鬱鬱不樂。所居近市。往來皆駔儈。無可
談者。余乃攜書一篋。放懷山水。作詩文以自娛。此處離家不過二三百里。然已六七
年不歸矣。余為黯然。客曰。君可作竟日談。遂欣然留宿。自童子外。別無他僕。門庭闃
然。一樽相對。意致閒暇。余又以里居姓氏問。客曰。君何俗見之未除也。竟不告。明日
余歸。客吟孟襄陽待到重陽日。還來就菊花之句。一笑而別。翌日。余復往。則落葉滿

階。蓮門深掩。立於叢篁雜樹中。見水聲潺潺過澗。一僧從澗後出。余問客何在。僧曰。容為誰。曰。樵煙。曰。樵煙為誰。余指其廬。僧曰。是僧童子。買小舫。載書篋。移居於雲棲寺後矣。余悵怏而歸。夜不成寐。晨起策蹇孤往。歷梵村入雲棲深處。徧問之。茫然不知山中有是人也。見盛大士蘊素閣集。

王瘦山

瘦山王氏。諱爔。字緝熙。華亭人。家亦貧。瘦山刻苦讀書。為學官弟子。授徒養其母。道光三年。夜霪雨。江以南皆澤國。松江尤甚。斗米錢五六百。瘦山脩脯不能餬其口。然堂上甘旨無少缺。未幾疫大作。母遘疾不起。不克斂。貸三十鎰始成喪。然後不盥洗不寢息。埃垢積首。泥生髮膚。搏膺而呼。悲酸結塞。一日。天未明。憑棺慟哭。退而自書曰。不孝子王爔。生無以為養。死無以為禮。以親喪故累人。不如死。即潛入後舍。啓其扉。扉臨河。自投於河而死。平明。家人起視。後舍扉啓。庭中闃無人。大駭。適買棉紗人來。曰。吾見南門大張涇東岸。白楊樹下。有一尸麻衣草屨者。此其是耶。急覓之。則瘦山也。面如生。戚族賻以斂。皆痛哭。買棉紗人亦大哭。有吳司訓惕庵倡義葬其母。并葬瘦山。卹其寡稚。月如千錢。見盛大士蘊素閣集。

許所望

許所望字叔翹。安徽懷遠縣諸生。工為詩。而通兵法。喜慷慨趨義。嘉慶壬戌冬。宿州亂民王朝民、李勝才、破宿州。所望嘗率其戚屬王冠英。出積粟三千石餉軍。且助平賊於陳家集。嘉慶癸酉秋九月。河南亂民李文成據滑縣。內結林清。驚京師。其黨走山東。林清既伏誅。山東平。王師方會圍滑縣。兩江總督百齡駐徐州。安徽巡撫胡克家駐亳州。為江南防守。亳州有歸德人楊七郎者。盜魁也。擁衆引河。集其黨洪廣漢據保安山。與潁州亂民沙占魁等互勾結。伺隙未動。胡中丞知所望名。以書招之。使帥鄉勇助防勦。所望集邱惠齡、張國綱、謝崇訓等十一人為隊長。率八百人至亳。乃晝策曰。楊七郎猛且狡。聞吾在軍。備且密。宜計誘之。命張國綱、謝崇訓率健兒八人偽為逃亡。投詣楊。楊果喜。越五日。誘至邱家集。楊忽疑曰。若為許所望來耶。時楊衆百餘人。崇訓出不意。斷楊左臂。衆大驚。張國綱疾呼曰。吾張國綱也。立刺殺數人。國綱萬人敵。與邱惠齡同攻破宿州城者。賊素震其名。遂大潰。所望率兵至。賊黨擁七郎奔。或謂七郎死于路云。於是保安山洪廣漢衆亦大潰。沙占魁等竄至永城白廟。所望追殺數人。會滑縣平。其餘黨來合。與亳賊南焚會亭。所望戰於公基湖。令列十火鎗土埤上。曰。賊至二百步發令。衆伏地勿動。曰。鎗發。乘煙突擊之。賊大潰。追數十里。斬獲無算。亳州罷防守。蓋不煩五營一弁一卒也。當百制府防守徐州時。儀徵縣屠倬。率河南人張永祥團練鄉勇三百人。將助徐州。防事平。解去。張永祥嘗以鄉勇四百人。擊破川楚賊於盧氏縣。議功補外委。張永祥不知書。而恂恂如讀書人。人呼之為張鐵鎗云。謝崇訓以功授練潭汛。所望兩辭盧鳳道珠隆阿及胡中丞之叙功。以諸生應鄉試。見陳用光太乙舟文集。

白廷英

白君諱廷英。字嶽鍾。始祖貞。興平人。前明漢中教授。遂家洋縣之仙里村。君讀書通大義。率妻子耕作養母。中年家漸饒。七十後。復閱舊書不倦。數為適人排難解紛。而無所取。建宗祠。延師訓里中弟子。纂族約家法。意嚴嚴不苟。乾隆乙卯。君年六十八。縣廷舉鄉飲酒之典。君力辭未與。鄉人咸謂君之齒德固無愧也。是時湖北教匪縱横。嘉慶丁巳臘月之末。由蜀渡漢江而北。約十餘萬。蹂躪終南之南。近山幾無完村。明年戊午春。督鄉人築村後之張家寨以避寇。二月二十四日。賊陷城東雍家寨。使人馳覘之。歸報狀。君熟視己寨曰。吾寨庶幾免乎。厥後賊數萬突從東來。鄉人望風股粟。多不敢居寨上。寨上人不二三百。賊急攻。鎗矢雨下。君戒寨上人堅守。而賊衆大呼曰。逃為善。否且屠。衆莫固志。丁壯悉由塞而墜去。賊蟻附而登。君知不免。大罵遂遇害。君之次子。筐君頭負去。賊逐之。筐倒。頭落山下。從弟廷才。廷揚。亦抗不屈。俱戕。且焚之。明日。舉家號哭求君尸。尸焦爛不可識。以右手駢指辨得之。頭不可得。諸子號呼禱祈山靈。得於谷底。次子婦李氏同日刺死。又殺其二孫。寨之將陷也。有健者以石碎賊之腦。立死。或曰。君之姻黨張清。或曰。君之從孫德助之從子文翠。被脅不降。至寨西廟壘子。縛梧桐下。剖其腹。梧桐由是立枯。見岳震川賜葛堂集。

魏興

興安新城城隍廟旁。有孝子。曰魏升。父成祥。母張氏。生二子。長魏興。次繼宗。成祥早歿。皆充伍鎮營。嘉慶二年。繼宗戰死龍王溝。興以母年將八十。貧不能娶妻。遂退伍樵傭以供母。嘉慶五六年間。歲凶。斗米過千錢。嘗易米為母作餐。而私食糟糠。腹常不果。今興年六十九。無以養。拆屋半間。賣瓦木易米。又賣屋後柏樹。安康廩生張鵬翼聞其事。欲親見狀。晨訪之。託言買柏樹。將入門。興阻之曰。毋。母尚未起。令鵬翼從牆外望見焉。入門炊爨。了無欵曲。鵬翼往新城。每日自塾歸。過其廬。輒私窺之。見魏興侍母。左右扶持。問燠寒。如孩提狀。因問其鄰童子。魏叟與其母。日何食。童子曰。興喫包穀麪。其母所食。麥麪也。鵬翼訝興目不識丁。人方厭其聾騃。事母乃能如此。方其壯年。能樵傭易食。今年衰。不賣屋樹何待。賣屋樹後。又何物奉母耶。知府上元葉君莅任。鵬翼上書言其事。請以粟周之。葉公從所請。每月禮賜之粟。繼又捐廉為之區處。作長久計。使興母子飽飫以為常。見岳霞川賜葛堂集。

徐金霖

徐金霖字翔千。號湘坡。為長洲諸生。世居吳縣洞庭之東山。里人以徐夫子稱之。欽其行也。居父喪。哀毀骨立。母嚴太孺人以悲痛成心疾。往往喜怒失常。嘗終夜不寐。惟聽人歌。始睡去。公於是令諸婢皆習歌。時或怒。盡斥諸婢去。命公及其弟諱文鵬者歌。公不能歌。取古詩曼聲誦之。弟為之和。又以弟體弱。恐其以勞致疾。因請曰。是恐且音不佳。不如我善歌。太孺人頷之。於是命公獨歌。每夜深。諸婢睡熟。公獨嗚嗚不已。輒至達旦。或命之舞。輒奮袖低昂。作拍張狀。見顧莼集。

汪良緒

孝子姓汪氏。名良緒。字纘武。吳江人。世居城中。其父邦楨。以好博破家。母張氏。直諫忤意。為所逐。孝子日夜號泣。求返其母。父怒。并逐之。於是奉母至平望之戰河。依其妻父王某以居。久之。父窘困不能自存。亦來依其子。初汪氏本素封。張亦饒裕。母雖被逐。尚攜其奩中物。值數百金。孝子為置田四十畝。以供養膳。至是父又盡斥去其田。乃貧無立錐。惟賴孝子館穀以養。然孝子奉事惟謹。即與他人言。未嘗一語以父為非也。暑月多蟲。為父置帳。輒鬻之。以償博進。孝子撤己之帳以與父。父又鬻之。如是再四。孝子無如之何。則亦裸臥飽蟲。晨起蟲跡斑斑然徧其體。其妻欲為之假帳度夏。孝子蹙然曰。吾父無帳。吾其忍安寢乎。其母抑鬱多病。孝子親侍湯藥。未嘗稍離。母歿之歲。適館他所。聞母疾作。亟歸。而河冰合。舟楫不通。徒步數十里。值津渡處履冰而過。見者皆股栗。蓋急于視母疾。不自知其蹈險也。其居母喪。哭泣無常。朝夕則寢地不脫絰帶。雖寐必屢覺。覺則連呼阿母不止。鄰人聞者皆為流涕。如是久之。遂以毀致病。未及終喪而歿。歿後。人視其枕。則以麻布包土塊也。年二十有八。無子。一女尚幼。孝子能為詩及古文。有遺稿若干首。（見顧汝敬研漁莊集。）

壽州某孝子

壽州某孝子。生而父以歲凶出謀食。遂不返。孝子長。母告之。既貧且足跡未嘗出里。

閒。漠然無可為計。見其鄰有招魂者。私念虛空可以神氣致。乃於人靜後。登野橋四面呼父。半年後。聞一面似有應聲。益疾呼之。又數月。聲漸近。久之若咫尺。乃問曰。吾爹耶。爹安在。曰吾死矣。循聲往。骨可得也。明日。裹飯而往。循聲行。竟夜三四十里。比曉而宿。遠夜復行。三數日。聲止不前。比曉乃詢其里人。言姓名狀貌。僉曰。是某也。死四五年。已瘞某所。因發而抱其骨以歸。母方以孝子不返。屬里中求之。而孝子已負父骸至。乃大駭。羣稱孝子焉。嘗授州中人。令補藪州志。久而忘其姓名矣。見李北洛觀一齋集。

浦近倫

浦孝子。名恒。字近倫。常熟縣東北鄉。曰福山鎮。瀕海而俗獷悍。浦氏獨柔愿。至孝子尤恂恂如不勝衣。家貧。販於江北。一夕心悸。曰。吾父殆病矣。急航海。颶風陡作。檣帆摧折。前舟俱覆。傍人不知所為。孝子自操舟。徑渡。父果病亟。孝子事醫禱。目不交睫者十晝夜。刲股進之。竟獲瘳。又數年乃卒。孝子縛草墓側。日負販養母。夜則宿草舍中。值風雨。嚴坐達旦。人多憐之。孝子弗顧也。孝子年六十餘。每祭奉栝棬。未嘗不泣下。嫁其兩妹。析家具三之。曰。女弟猶弟耳。方父病亟時。鄰夜火。既延及矣。孝子以身蔽父。風猛甚。火忽越廬而過。左右鄰蕩如。而孝子家獨無恙。孝子父士瑜。善事母。數歲時。侍母食。日止粥一餐。士瑜食故緩。所持實空器。母察而憐之。近倫之孝。有自來矣。見孫原湘天真閣集。

曲園居士曰。王藝齋家相名香堂集。亦有浦孝子傳。言父疾。割股以進。母病。復割股。妻王氏竟以哭姑死。其妹當母病革時。亦割股。一門純孝。尤所難也。附著之。以補斯傳之缺。

呂德興

旌德廟首呂氏。有樵而孝者。曰德興。以鬻薪為養。性質直。與人無拂。有不可。雖衆強之。弗能得。人號之曰冷面。惟事親則融融然。所居先世遺宅。與衆十數家分室而居。一日。宅中火起。衆盡出。孝子不見父所在。亦出。出而求其父不得。則冒火復入。見其父於煙焰中。欲負以出。而火延無路。父麾之曰。我已老。不得出。數也。爾徒身犯火可脫。顧我俱死何益。孝子泣曰。父在火中。子焉有出之理。遂以身擁衛其父於所居室中。俄而室之四周盡燬。而此室獨完。孝子與父均無恙。人見其冒火入也。曰是必死相與歎息。見室未壞。異之。既得其狀。則皆曰。天相孝子。天相孝子。事在康熙十七年。今其室尚存。村人咸目其地曰火羅圈。室曰孝子居云。見董桂敷自知堂集。

戴兆茶

旌德留村。有戴孝子。名兆茶。縫人也。少隨其父以縫衣為業。年十三。母歿。哀毀異常兒。以父故時自節抑。每忌日生朝。則慘泣踰日。事繼母如母。既娶。常執業隨父不離左右。父病噎。孝子亦自減飲食。百計求所以療治者。不得。則刲肱肉爨以進。卒不起。孝子慟甚。既葬。廬於墓。朝夕稽顙哭。聞之者為之感愴。墓距家三里許。念繼母。時歸省視。止於中堂。不入內。妻出見。但戒以善事養。語無他。及居墓者三年矣。其情如一日。里人時於暴風苦雨中。見墓所若有神物來降者。又有芝草之異。以為孝德所感云。（見董桂敷自知堂集。）

程永傳

程孝子。名永傳。字子亮。小字八十官。世居婺源城西。父宗裕。服賈楚蜀間。十餘年不歸。無音問。死生莫知也。當父出門時。孝子甫四歲。家貧。年十二。即隨祖父習賈江右。既而母及祖父相繼卒。孝子年二十。乃孑身走數千里。尋其父。旅食或乏絕。既盡楚地。入蜀。抵重慶府。詢之鄉人客其地者。則其父實死於是六年矣。孝子慟絕。亟叩求其墓。人曰。初葬江南義冢。後有故交石某。以其地卑濕。移至高原。未審其處也。孝子則日泣。從故葬處躡山越阻偏求之。不可得。返守故葬處。晝夜哭。有老僧導以禱神。如其言。依方步祭以往。距義冢蓋十數里。高阜蔓草中。一碣露出。逼視之。則其父姓氏里居具焉。孝子跪而抱之曰。吾父在此耶。哀號不自已。觀者為隕涕。遂啟壙。視棺前和字符合。乃扶柩附舟東下。舟中坐臥不離柩。朝夕食必奠。遇三峽大江彭蠡風濤之險。輒撫棺哀籲於天。既歸葬。服喪三年。於是邑中人皆稱程八十官孝子也。見董桂敷自知堂集。

江廷爍

江先生諱廷爍。字英三。號蓮峯。系出蕭江。先世自邑之江灣。遷城東。祖父以上皆未列士籍。先生少讀書。貧不能從師。諸經皆自誦。年十八。為邑庠生。乃肄業郡城紫陽書院。從方遠滈鄭炳也諸先生。學為時文。其文以前明隆萬啟禎諸名家為宗。尺寸理法。芟除枝葉。獨樹質幹。試輒黜。終不改。為人介直。自生徒束脩外。不妄取一錢。先生為塾師。神恧氣肅。終日不出館舍。督課有常。講書詳盡。無燕談之友。歲首末離塾。不過十日。故生徒無曠業。邑中稱良塾師者。僉曰江先生江先生云。見董桂敷自知堂集。

畬叢錄卷十二終

清　曲園居士纂

俞鎮璋

俞君諱鎮璋。字佩廷。號素園。世居安徽婺源縣東鄉永川里。遠祖皐。宋末以春秋經學著聞。入元。不仕。君少孤。有兩兄一弟。同鞠於母家。壁立。衣食皆母倚。母晚病。君夙夜侍。既歿。常思。既遷居。顏堂曰思恩。雖耄。述母常淚下。初母命服賈。無資。後以才實著。或貸之金。乃鬻茶於粵東。自後歲常之粵東。粵東人士。及諸商旅。接君者咸信悅君。稱曰大伯爺。大伯爺。里諺尊稱也。君老。不粵遊。寄聲問俞大伯爺者。猶歲時相繼。商人重利。君以義。初鬻茶主於某。後某虧洋人金。諸商恐累。易主去。君曰。故交也。獨不去。而是年洋總商事者適更代。代者至。與某前厚。令諸洋人毋促其金。售茶必自其出。於是諸商去者復來。某薄之。而益重君。君於是利亦倍。家寖裕。顧約如寒素。而豐於義。里中立義倉君命諸子捐白金數千兩以倡。大吏上君名。予獎。見董桂敷自知堂集。

方錦全

旌德方君錦全。世居隱龍。方氏故旌望也。國初。有字季玉五玉者。兄弟皆好善。君自隱龍徙居版書。家不逾中人之產。而高樸惻隱。有其素風。年七十。偕妻汪氏進香九華。過太平縣許家磡河口。見山水驟漲。木橋被衝。縛筏以渡。有隨而漂没者。盡然傷之。即欲易木以石。歸而省嗇衣食。計日儲資以待。至道光二年。思償宿願。而其地已有先君而為之者。今所建仰山橋是也。君乃慨然召其二子大廷、大成謂之曰。人之好善。誰不如我。人既為之。而我獨無所效乎。於是其所居村口有長楓樹河。發源績溪。水勢較許家口稍殺。河身亦稍隘。而每逢春夏盛漲。其奔衝漂没之患則略同。君自以年老。舉所積資畀二子建造石橋。且令速成之。以及身親覩為快。次年值大水。隄岸頹壞。工費更繁。君慮事之不集。遂得狂易疾。大廷等赳期於五年二月興工。橋成而君疾愈。蓋時年八十一矣。君之欲建許家岸橋也。志在必成。徒以歲之不易。力之未有。閒不成於彼而卒成於此。大平麻川。一名仙源。今以名是橋者。從其始願而稱之也。（見胡承珙求是堂文集）

徐有章

徐孝子。名有章。字子簡。其先名復泰。自崑山縣移居吳中。考曰明。字自遠。明崇禎末。選拔貢生。遊都下。甲申之變。孝子生一年矣。明之兄吳庠生曰時者。挈孝子隱居靈巖山之象形巷。不復出。順治初。方需人才。令勝國貢舉人並就吏部常調。孝子父明為人所待。度不免。就注廣東瓊州府某縣教諭。寓書於兄。以妻子為託。時怒詢之。曰。生無相見音問遂絶。而廣東為桂王據。洎其滅。尚可喜鎮之。後連亂不定。明之作止不可悉。久乃審其棄官為僧。蓋徼於兄之言云。孝子稍長。壻吳江金文通公鄖第。朝夕南嚮悲戀。曰。吾父何往乎。遂裹糧若浙若閩。而廣之瀕海。若負山流土所治。靡不至。觸戈矛。犯蛇虎。三十餘年無所聞。自是終身慘切。無伸眉日。傳適遊之士。往往萃滇蜀。然二方尤荒懆。孝子年六十矣。益令家人縫氈製跋蹻。為萬里行計。會婦家金氏授四川松茂道。招孝子往。則喜曰。吾自此穿褒斜。入劍閣關。由江油左擔。窮黑水。入番境。不得父。將自越巂涉大渡。至兩林。盡滇界。金沙之源。雖足之窟。必有遇。不則僵仆霧露。不空歸矣。呼畫師圖其貌。與家人訣而行。至松潘。未幾。病卒於城西南之大悲寺。其二子某某。挾圖迎其喪。臨發。往辭金氏。返見圖像。有書數行云。形容憔悴。獨坐何為。紙上相逢。令人傷悲。又系七言詩四句。不署姓名。墨瀋未乾也。驚問寺僧。曰。適某寺老僧來書此。自言亦姓徐。吳人。二子大駭。浼寺僧往跡之。曰。日暝且城下鑰矣。比曉叩其廬。應者曰。作出未歸。歸無時也。二子欲止柩期必遇。金氏再使人探之。則已打包去。因止之曰。爾祖已離世網。度必不歸。且知爾父歿於此。適來即逝。豈而兄弟所冀遇乎。二子不得已。奉孝子之喪而歸。明竟不知所終。（見沈欽韓幼學堂集。）

陳紹蕃

陳翁名紹蕃。字翰亭。世為常熟右族。父廷安。既殁。奉母益虔。隆冬必溫衾。俟寢而後即安。夏日則以井水貯盆。徧涼牀簀。數易不懈。或遘疾。則衣不解帶。手治湯液以進。兄弟兩家。父析爨。各欲迎養。翁卻之。蓋其母非翁不樂。翁不見其母。亦不樂也。壯歲鰥居。有勸續娶者。輒堅拒之。常謂人曰。我雖無婦。必不令我母甘旨有虧。正恐續者。不能如我母之意。反累我母不適耳。嘗清曉謁廟。為母祈福。路過石梅。滑入深澗。攝衣上岸。衣不沾濡。人以為神明護祐。興福構造祖塋。督率工匠。晨出暮返。一夕。夜半獨步歸。大風炬滅。時星月無光。迷失道。纍纍叢薄。傾跌數四。忽見燈光遠映。如有在前引之者。遂循其光而行。抵家。雞二唱矣。人尤以為孝感云。（見王家相茗香堂集。）

孫脯

孫先生名脯。字仲山。辛酉。其別號也。武威人。祖詔。官湖北布政使。先生少孤。乾隆庚申。學使嵩大司馬拔貢成均。先生年未冠也。而劣於文。既以高等為貢生。鄉人竊議之。以為大司馬與方伯有舊。故膺此選。先生聞而媿焉。發憤為學。適遭母喪。廬於墓三年。晝夜讀書不輟。學漸有成。而是時山左牛木齋先生運震。宰平番。木齋號博學士。多就之者。先生喪既除。往從之學。同門為吳進士墱。吳孝廉鎮。吳秀才懋德。皆負儁才。善詩文。有三吳之稱。先生來學既晚。質又魯。木齋未之奇也。而先生勤學。心專容寂。物不能搖。木齋每於課期。張盛宴演劇。約諸生先納卷者入座。文不就。不得與於酒。課每吳墱先納卷。文且佳。先生深思力鋭。成文甚艱苦。終木齋之世。未獲一與於宴。而文亦佳。木齋嘗曰。吳趨溪氣輕清而上浮。孫仲山氣重濁而下凝。固皆奇士。而孫之品。視吳為優。趨溪。墱字也。其人不羈。故木齋云。先生學既成。於制藝所造尤邃。以乾隆庚午領鄉薦。辛未成進士。是科狀元吳鴻雅以制藝自負。見先生文。欣賞焉。欲彙梓其行書。為孫吳合稿。先生以吳文肥重。不之許也。而先生文名。自此譟四方矣。官廣東翁源知縣。性坦率。不能事上官。未幾罷去。浪遊江湖。凡數年。落拓以歸。歸而從學者日衆。先生隨其材之高下。而導之文。各就乎範。往往擬高科以去。嘗語及門。制義代聖賢立言。非體會聖賢之理。文未有不駁雜者。以駁雜之文弋科第。幸得之矣。其人亦必駁雜。此世之大患也。先生名譽日崇。至今陝以西言理學。必曰孫酉峯。酉峯名景烈。武功人。乾隆己未翰林。而言文學。則曰孫仲山。其為學者所推服如此。見潘艳奎集。

孫福

孫孝子名福。元和縣人。生三歲。其父游雲南。久之。絕音耗。孝子稍有知識。從母索父。知其故。則唏然曰。是豈天上耶。兒當別母往矣。母以幼小之妄語也。呵止之。年十二。家日窘。急養母計。不得已而傭於人。積貲十數年。遣嫁其妹。娶婦奉母。乃泣下。長跽請曰。兒終不能為無父人矣。婦侍姑。兒尋父矣。母亦泣下。止之曰。兒父之出。廿餘年矣。雲南路一萬餘里。父即生。兒能識耶。則是終不得遇父。兒不得父。兒且不歸。老身將寒餓死。孝子大慟。又一年。有赴官雲南者。復請於母。母無如之何。遂受傭往。抵雲南。徧問無知者。孝子於無人處。仰天泣。又時時從睡夢中躍起。或憐之。或笑之。一夕。忽夢有人如神人者。命孝子往見父。孝子遺父時。方二歲。實不識父。而夢中神人為孝子言。從予往。當見父。則果見一老人。貌類己者。攬裾欲言。一哭而醒。以為積思所致也。後二日。於城南市肆。遇一老人。如所夢。詳問姓氏及鄉貫。真其父也。喜極而慟。慟定言所夢。父乃定期偕孝子歸。蓋其父初至雲南。拙治生計。稍後貨骨董為業。有所積。方切歸思。而又恐廿餘年中。人事變遷。歸且無以為家。比孝子至。知妻尚存。女已嫁。子有婦。則欣然欲歸。孝子辭其所傭者。奉父就道。而父於途中感危疾死。見朱駿知止堂集。

沈仁業

沈先生諱仁業。字振先。吳縣人。父某。服賈安南。娶於會安地之林氏。林氏生二子一女。先生為長子。年八歲。隨父航海歸。而常以母羈海外為憾。父歿。先生年已長。乃圖父生象。渡海省母。凡二年。竟奉母及弟妹以歸。初賈人至安南。娶彼中女為婦者。不得攜婦入中國。先生之至會安。又值兵亂。林夫人攜子女竄山谷中。不食七日矣。先生求得之。而無所為計。有彼中人翁隊祿者。義而陰脫之。具舟。舟及海。颶作。觸五指山。舟人恐。手足失措。先生抱母泣。仰天而呼。有東風自空來。挾舟過山。達廣東之瓊州境。瓊州故海口。凡與安南貿遷者。皆由是入內地。國家設重鎮於此。譏察甚嚴。先生至瓊州。而外洋女不得入中國。上下傳覈。稽留久之。涕泗以請。莫應也。有老吏稔其狀。謂康熙間曾有是事者。檢故文書中。得前案。乃得如例以歸。見朱綬知止堂集。

李文淵

李文淵。字靜叔。益都人。生九月而能言。早孤。嘗詈其師。母刑笞之數十。乃折節讀書。以古人為師。視流輩鮮當其意者。事母孝。母多疾。而靜叔知醫。故母尤倚之。歲丙戌。靜叔病。母持其手泣曰。爾死。我何生為。靜叔亦泣對曰。兒無患也。靜叔夢雨雹及已身。覺。以語妻。妻曰。聞姑言。夢雹者。喪父母。非吉徵也。未十日。母果病。靜叔彊起視藥。目不交睫者數日。母殁。病遂劇。自為文。志其墓。又月餘死。既含而蘇。然毀瘠日甚。明年春卜葬其母有日矣。靜叔復病。自度不能送葬。日夕哭。至嘔血不止。比葬。舉家扶柩出。惟一醫者守之。靜叔不食亦不語。閱三日卒。以衰絰歛。年二十有六。靜叔之兄素伯。工古文詞。故靜叔亦好為古文。所著論辨說。凡二十餘篇。嘗言昌黎韓氏之說。後人陰祖而陽絀之。如云性有三品。而後云所以為性者五。蓋已分氣質理義而二之矣。後人謂分氣質義理言性。自宋儒始。何也。呂東萊疑為兼愛。以其言一視同仁。而未及篤近舉遠也。然則原人一篇。兼西銘之旨而過之矣。後人尊西銘而不及原人。何也。又言唐詩於本朝事。每無所忌諱。猶變雅之遺也。忠厚如宋。而蘇子瞻以詩下獄。至白樂天為樂府諷時政。遂召入翰林。唐詩所以不可及者。豈獨字句之工哉。其議論有根據而不苟同。多類此。既殁。同學私謚之曰孝惇子。見錢大昕集。

周顥

周山人顥。字晉瞻。號芷巖。世居嘉定城南。性磊落不羈。而未嘗與物忤。家無儋石儲。而未嘗以衣食累人。讀書不應科舉。於畫獨有神解。仿古賢山水人物。皆精妙。尤好畫竹。

興酣落筆，風枝雨葉，無不曲肖。嘉定自朱松鄰父子以畫法刻竹，厥後有沈兼、吳之璠、周乃始諸人，皆精其藝。山人更出新意，作山水樹石叢竹，用刀如用筆，不假稿本，自成邱壑。其皴法濃淡，坳突生動，渾成畫手所不能到者，能以寸鐵寫之，當時以為絕品。山人亦雅自負，其運刀時，若絲髮未稱意，雖垂成亦斧以斯之。山人多髯而善飲，自號髯痴。富人慕其畫，或致金幣，不即得。偶然欲畫，畫成隨手與人，無矜色。人有延之者，或留半年數月，或到即辭去。嘗遊齊魯間，與單縣朱翁交相得。朱將往江南，山人附其舟歸。朱之兄方令嘉定，山人不知也。抵吳門始知之，不告而歸。朱令異而訪之，避不見。朱去任，卒於蘇，乃幅巾往弔而哭之。其介持多此類。少時常病瘡，一夜醉歸，逢老叟衣冠甚異，出一丸啖之，五臟皆爕。忽失叟所在，經夕猶有異香。自是宿疾盡去，終身無纖介之疾。年八十餘，善飯健步，不異少年。乾隆三十八年卒，年八十九。族子笠，字牧山，亦工畫山水，晚以藝事遊淮揚間，諸公爭出重價購之。鄉人近日言畫者稱大小周云。（見錢大昕集）

胡其愛

孝子胡其愛，桐城人也。生不識詩書，時時為人力傭，而以其傭之直奉母。母中歲遘罷癃之疾，長臥牀褥，孝子常左右之無違。自臥起以至于飲食溲便，皆孝子躬自扶抱。一身而百役靡不為也。家無升斗之儲。每晨起。為母盥沐烹飪進朝饍。乃敢出傭。其傭地稍遠不及炊。則出勺米付鄰媼。而叩首以祈其代爨。媼辭叩。則行數里外。遥致其拜焉。至夜必歸。歸則取母中裙穢汚自浣滌之。孝子衣履皆襤垢。而時致鮮肥供母。其在所傭之家。遇肉食。即不食。而請歸以遺其母。同列見其然。而分以餉之。輒不受。平生無所取於人。有與之者必報。母又喜出觀遊。村鄰有優伶之劇。孝子每負母以趨。為藉草安坐候至夜分人散。乃復負而還。母欲往宗親里黨之家。亦如之。孝子以生業之微。遂不娶惟單獨一人。竭力以養終其身。母陳氏。以雍正八年病。至乾隆二十七年。乃以天年終蓋前後三十餘年。而孝子奉之如一日也。母既殁。負土成墳。即墳旁挂片席而居。悽傷成疾。逾年癸未。孝子卒。見劉海峯集。

張予焯

張翁予焯。字潛文。崑山陳墓人也。早歲有至行。父疾。刲臂肉和藥以進。父殁。祭祀必涕泣。及病垂絶。喃喃呼父不置也。篤於三族。患難共之。出私財葬族人柩凡六七。漆工祁天章者。年四十不娶。翁與之金。勸之娶。祁諾。受金而去。明日過祁。察其容甚戚。詰之。不肯告。詢其鄰。曰。噫。是以金歸而道遺之。翁反具金如前往語之曰。適有遺乎。曰。否。如是者二翁笑曰汝欺我邪出金袖中曰此非汝遺何祁大喜以為誠然道見賣菜傭失百錢怒欲死翁呼傭至家令家人平菜而陰置百錢菜甲中錢墮地翁佯驚曰爾錢乃在用是家中落而施不衰一夕歲除慨然語其妻曰吾往歲除夕每懷金二十兩饋貧交未嘗有餘今饋損於前而金不盡言未既有相訪者出餘金予之年饑平價糶於其鄰不計直也陳基人至今思之見彭尺木集

陳黃中

陳和叔名黃中吳縣諸生也自少通敏為學長於史深究前代治亂往復所由以達於當世之務乾隆初應博學鴻詞科被黜乃客遊南臨洞庭登衡山東浮錢唐入閩北馳驅燕齊河岱間當是時上即位數年銳意賡續列聖治績紹往古絕業中外大臣承明德爭延致天下豪俊虛己訪時政闕失而和叔為大學士海寧陳公所知乃上書陳公論用人理財治兵三大事其用人之目有十曰分科取人曰慎擇舉主曰重名節曰辨邪正曰加奉曰汰冗員曰寬法網曰覈名實曰懲貪曰酌道里以銓選理財之目有六曰定旂制曰權錢幣曰興西北之水利曰輕征榷曰減漕粟曰定鹽政治兵之目有六曰謹邊防曰嚴海禁曰練土兵曰修軍器曰簡帥臣曰加月餉陳公韙其言須之詔求

骨鯁質樸之士。陳公欲舉和叔應。時和叔已去京師。屬其友沈椒園招以書。和叔辭焉。先是湖南巡撫馮公。聞和叔名。辟置於府。土苗有小警。欲興師勦之。屬和叔奏草。和叔曰。此召亂也。撫而輯之。其可。弗聽。和叔遂行。亡何苗叛。用兵期年乃靖。已而漕督顧公。湖督孫公。閩撫王公。先後聘主章奏。援古證今。剴切詳盡。所奏或中格。每執奏至再三。得請。乃已。期於尊主庇民。不肯趨避形勢。揣摩風氣。為巧言。而諸公亦委心任用。不疑沮也。自諸公先後殂謝。和叔落落無所合。遂杜門不出。初至京師時。善山陰貢士胡天游。天游故奇士。負才氣。及見和叔。服其才。傾心相引重。天游豪蕩自喜。不肯循尺度。為勢要所排斥。竟窮死。和叔介然有節概。審去就。嚴取舍之辨。而其窮與天游等。年五十九卒。居常恨宋史蕪雜。是非失平。刪其繁累。搜討先正舊聞。成宋史稿一百七十卷。又著新唐書刊誤。國朝謚法考。殿閣部院年表。督撫年表。十餘卷。詩文集四卷。其卒也。貧甚。不能治喪。具婣黨或以金賻者。妻張氏固卻之。曰。奈何以貧故傷夫子義。僦居以葬。

見彭尺木集。

高士楨

高士楨。字廷三。山陰縣之梅里人。早孤而貧。與寡母弱弟居。稍長。入里塾。棒書泣曰。亡不葬存不養。豈與羣兒咿唔時耶。遂舍去。從其鄉人之服賈者。業於杭。不數年。母葉養念所業惟杭土宜。遷地勿良也。始卜居杭之泥孩兒巷。留其弟守墳墓里中。歲時伏臘度江拜掃。望松楸蔚然。泣數行下。又慨同產異居。相對欷歔。輒數日不忍別。幼既失學。中年頗悔恨。聞人讀書。輒傾耳聽。即不解。亦欣欣自得。尤喜談塞翁失馬。張公藝書百忍事。得意時。曳杖高歌。雖詞涉淺俚。率皆勉人為善語。笑之。弗顧也。有鄰家屋將傾。謀以木楮之。而正當其門。礙出入。咸謂弗可。許笑曰。不能助之新。更速其壞耶。脫不虞。安知被壓者。非吾與若耶。卒許之。又數為輕薄子所侮。後其人無俚甚。來稱貸。慨然如所求。而亦無德色。人以是咸呼為高佛兒云。其初至杭也。衣被單寒。嘗雪夜臥破屋中。殘[illegible]不能堪。曉視被上。已積素二三寸。故後雖豐腆。常舉往事語人。不敢浪擲一錢。以自奉。至義所當為。雖數十百金不恡。又早失怙恃。風木之痛。不去於心。家人偶為製一鮮衣。設一美饌。輒揮涕屏去曰。吾先人未嘗衣此食此也。生平未嘗使人滌溺器。曰。奈何以不潔役人。遇老疾者乞食。必手自付與。視他丐獨多。曰。吾敬其老。矜其疾也。或訾以過自貶削。輒操土音。曰。吾土老。得至此。顧不知足耶。年七十有五。無疾終。乾隆某年月日也。士楨年四十時。苦溲溺不通。諸醫皆束手。有戚某。夜夢人曰。活高某者。湯打彈也。

明日物色之。得其人於花市街。一賣藥庸叟耳。詰之故。湯曰。吾知賣吾藥而已。烏知醫。雖然有鄭某者。余友也。盍往致之。如其言。一劑而愈。（見沈赤然五硯齋文鈔）

吳氏兄弟

合浦縣張王墟。多大岡複嶺。地幽阻。産介獸。居民掘土取之。乾隆己丑歲。吳氏兄弟仲叔季。持器入山。發未及穴。虎突至。搏仲。齧其肩。口半張。叔以鋤擣其喉。鋤柄短。手入虎口。虎齧手。叔踣。季惶急。挺鍬柄。連擊虎背。骨折。弗能奮。季益力疾擊。鍬柄折。虎伏地。吼震林木。季力竭。手柄喘。虎旁仲叔負痛匍匐號。村人糾衆趨視。見季與虎交困。前搏虎。虎驚起。血淋漓。踉蹌曳尾遁叢莽中。會日暮。衆莫能蹤。舁季歸。後數日。邑侯汪公龍岡過其地。召視創。且詢人虎相搏狀。感其篤兄弟義。給貲療之。復免其徭役焉。（見李符清海門文鈔）

莆田僧

莆田有官家子。年少出家里之某寺中。寺前多龍眼。僧衆資之以自給。已而為里中無賴子百十人所撓。龍眼熟。盡而取之。寺僧弱。不能與爭。寺遂寥落。是僧既出家。得其故。憤然棄去。不知所往。閱三年。復歸寺。寺僧怪而問之。是僧曰。吾入少林學拳勇。將以禦暴也。及龍眼熟。無賴子數人復來取。是僧執之而不擊也。叱之曰。吾知若輩成羣有百十人。來嬈吾寺。若輩恃衆也。若輩敢與我一人鬥力乎。若輩能勝吾。一寺前後龍眼。惟若輩取之。我一人勝若輩。若輩當服我。數人叩首去。約於某地鬥力。至期。無賴輩執兵械以待。僧以一棍入。揮之如折枝也。於是無賴子盡伏地。誓不敢嬈寺。並戒以勿嬈里中也。于是拳勇之名震莆田。然其技一試於此。後遂絶口不道。有少年。嗜拳勇。且自負其技甚高。慕僧名。欲一得當於是僧。既見僧。絶口不言拳勇。少年曰。吾嗜拳勇甚。以是游於世。所游之地。莫余敵者。慕師久。敢以是謁師。師其以是教我。僧堅拒之。少年請益力。僧不得已。乃曰。試若技。或能當吾意。略以吾法示若可耳。少年大喜。踴躍試棍法。僧止之曰。若技甚俗。不足以進於是也。少年心不服。大言曰。師欺我。僧曰。我何為欺汝。汝棍圓而不方。濯而無毛。少年益不服曰。棍本圓而濯者也。奈何以為俗。僧曰。圓者方之。濯者毛之。進乎技矣。少年曰。奚為而方。奚為而毛。僧曰。是難言也。若與我交。則知之矣。少年踴躍。以棍與僧交。僧執一竿。坐迎之。棍交竹竿。竹竿東。棍隨之東。欲西不得西。竹竿西。棍隨之西。欲東不得東。若膠之不可解。若風絮之不自主也。如是久之。竹竿忽上掮棍入雲霄。僧曰。是之為方。是之為毛。少年乃自愧其俗。不敢請。見汪縉汪子文錄。

補履先生

蘇州府治東。舊有學。廢為文信國祠。祠之西數十步有儀屋半間以居者。補履先生也。人持敗履往則為補治。得錢以自給。先生少未嘗讀書。目不識字。以補履所入。從人問字。識一字。則餽以一錢。後遂能徧讀羣書。門內橫白木板三四尺。置亂書。雜舊物其上。其屋壁間亦多古書。以是從之游者。慕其好學。皆稱之曰補履先生。其讀書。略觀大意。未能深造也。然一言感觸。輒黽敏服膺。大要以不欺為本。與人言。輒引之於善。娓娓然若懸壺而瀉水也。里中童子。有來就學者。不問脩脯。往往多至二三十人。然不加督責。任之而已。以是未久輒散去。散則補履如故。卒年七十有五。姓錢名近仁。崑山人。見汪琬汪子文錄。

打卦者

華先生兄弟。忘其名。倜儻不羣。家無錫之蕩口。日晡。微行至某里東。見衆方圜聚一人。使打卦。其辭旨精奧。類有元解者。異而尾綴之。比歷數家益信。其人出。華自後曳之問焉。張目答曰。打卦者。固問答如前。華曰。敝廬咫尺。能一見過乎。遂邀歸。問答間。意殊傲睨。尋復持其具欲去。華彊之坐。使子弟出拜。願受業門下。打卦者顧而嘻曰。乞子固足任皋比哉。不可。良久乃許之。頃之。華姻親某持盜刺來。華辭言夜且被刼。盜刺者。盜將刼巨室。先書名紙。使人投之。以為信。蓋緣古先禮後兵之意。且以耀其威武也。某述之。
窘甚。華為言家有子弟師。異人也。若請之。其可。當有效。某從華往請。打卦者俛首自循
其髮。久之曰。事亦易易。然使人。慮不足任。必親往乃可。某曰。先生與若有故邪。打卦者
嗜曰。彼盜安得故我。我豈與盜故哉。怒欲弗往。某跪而泣。華亦前謝。乃往。既至。相其宅
居曰。盜當從某至。取甎甓。列門外。為數壘。誡家人但闔戶寢。勿聲。家人陽諾之。實不敢
寢。而打卦者寢自如。俄聞門外有人馬聲。隙窺之。見盜怒馬列炬。劍戟摩戛。聲錚然。前
後約三五百人。及甎壘。而驕旅繞之。自初更至達旦。迄不進。盡異之。打卦者亦竊。問盜
來乎。曰。來矣。來焉在。曰。在門外繞甎壘。曰。然則吾當出。遣之去。衆於門外設坐。擁之出
坐定。舉麈麾。盜若寐。盡仆。顧曰。繩縛之。來。衆出繩次第反接之。驅至前跪。打卦者太言
曰。男子負膂力。不能為國家效命。反棄身匪類。以汚辱鄉里。誠一死不足以贖。吾今貰
若。謂某可畀而百金。若再。終不汝宥也。命解其縛。叱之去。打卦者亦取道歸。自館於華。
饋遺贄幣。悉不受。彊之。則曰。吾今無事。此姑留於君。俟異日有用。當即取也。一日。趣華
治具饌。以米四斛。云旦有客至。華如言具。至則二僧。儀狀雄偉。襍闠。始見。皆拜伏起
而肅立。洪侍。命之坐。不敢坐。有問。則跪而對。打卦者語之曰。止。今豈可以昔比邪。吾之

在此。汝具知之。汝之蹤迹。吾亦自無不知。各以心喻。不在瑣瑣也。爾即去。勿再至。吾已為若一供矣。因出所具以食。僧袒衣大啖。俄頃而盡。摩其腹曰。徑飽。自此至彼三千里。可無再餐也。起而為別。再拜。皆飲泣。打卦者亦黯然。僧遂行。打卦者留居華氏。凡十二年。後值九日。生徒盡散遣去。打卦者獨與華兄弟俱。逍遙隴畔。自得也。已指一地。問近屬誰氏。具答之。曰。後可即葬我於是。華以其言為不祥。笑曰。何為修短有數。吾已盡明日矣。華兄弟驚而泣曰。自蒙先生不棄。承視杖屨有年所矣。然終不獲一識先生里居姓氏。實所遺恨。今日月淹迫。先生甯忍竟無一言耶。打卦者亦泣曰。薄劣誠不足為長者道。必欲識者。吾腰帶間藏有小佩囊。歿後可取視之。翌日竟卒。啟視果有小佩囊。中帛書徑寸。語皆隱約。玩之。蓋鄭氏故臣而隱憫以遯世者。儻當即其屬將。故在播遷猶不失禮如此。乃具棺殮。禮葬之。如其指。別構特室。奉其主。世祀之。囊頗秘。不肯示人。聞至今尚存藏於家。（見毛燧傳 味蓼初稿）

海老人

昔傳海上翁。乘槎入天漢。見織女。得支機石而歸。迹涉虛無。初不深信。後有人從番舶還。訊所經歷。云航海先至崑崙山麓。陟岸取水。賽神。乃發。仰眺崑崙。半入雲表。人罕至之。莫測高廣。山半飛瀑。從天而下。奔流入海。去百里。砰訇聲如震雷。不可逼視。相傳為天河下游云。意其迂。猶未之信也。及游珠灌。與馮合谿日夕盤桓。各述異事。合谿云。郡中有海老人者。孑無家室。來往聚落間。相傳百有八十歲。貌如少艾。行步如飛鳥。不食不饑。多食不飽。叩其術。曰。無之。自言其故則甚誕而不經。曰。壯時曾為海船舵師。一日。航海。連十二艘出港口。黑風暴作。漂泊星散。各不相知。老人艘入陰霾中。不計日夜。同舟六恐。籲天丐免。須臾風息波靜。遙見一島。兀立中流。艤舟就之。島上有尊官。下車雄蓋。竚立。持册候來舶。既維舟。尊官勑吏唱名。舟中估客無一遺者。各令登岸。乃點檢貨物。按籍貯庫。然後領衆見其國主。主大怒曰。若前許送十二艘來。今惟一至。得不大誤公事乎。遣人促之。還報曰。已逸矣。不可及矣。左右請曰。貢期迫近。不容少稽。盍選其最貴者。約而獻之。三請而主乃可。下令搜於內帑。次日。百珍七寶。絡繹登舟。明珠拱把。珊瑚專車。未嘗見也。將解纜。操舟之徒皆用彼人。來者無一與焉。老人止之曰。此吾舟也。爾國借之。爾人操之。萬一有失。將誰問乎。必吾與乃可。否則有死而已。舟不可奪也。使不得已。還白其主。三復而後許之偕。然亦間於舟中。彼人操舵。出沒巨浪中。如履平地。老人善之。行一日。見海中洲。高豎石碣。大榜其上曰。河海分界。弗解其義。遂順風揚帆。

溯流而上。遠矚水勢。如疊嶂。如層灘。如梯階之待登陟。漸近漸平矣。行一日。乃得安流。祥風搖曳。卿雲縹緲。夾岸居人。碧闌朱户。男女耕織笑語。無異人間。老人茫然不知所屆。欲往問之。風迅帆疾。舟不爲駐。行一日夜。曉起。見日光發海底。隱隱聞鼓吹聲。仰視城郭。金碧迴環。貝闕瓊宫。香雲靉靆。舟既泊岸。復有尊官檢視如前日狀。惟按籍呼名。老人弗與耳。尊官叱曰。此何地耶。凡夫乃與俱來。使者曰。此舟主也。不肯捨舟與我。以死請。主弗獲已。乃許之耳。尊官回奏。可其請。偕之升殿。殿上垂旒衮衣。儼若至尊。老人戰慄。頫首不敢視。須臾。命坐。賜饍。衆皆坐。惟老人久立。布末席。乃令之坐。坐定。上食行酒。皆冠冕貴人。飲食非人間有也。老人踧踖不自安。酒三行。乃辭出。尊官引至鷁首。謂老人曰。汝得至此。天幸也。食天厨食矣。既活汝命。且獲長生。老人諾諾致謝。究不知其所屆也。既發舟。瞬息還至其國。國主不復見矣。老人索還前貨及同舟之估客。使者以實告曰。此龍宫也。昨朝貢者。天帝釋也。與汝同舟。盡入水族。不可復還。惟汝幸食天食。得歸人間。延年住世。善保汝體。可成地仙。否則無病脫去耳。老人疑懼交集。固請不已。乃引至海濱石竇中。諸估客咸在焉。面目猶人也。四體已爲魚鼈。相視隕淚。不能語矣。老人恐。乃乞歸。有人操一葉舟。招之使渡。遂附焉。令閉目。少頃抵岸。失舟所在。問其國土。則交趾海濱也。恍惚其事。如夢初覺。值鄉人之商于交者。載之歸。越三甲子矣。其自述如此。他無可驗。惟食天廚膳。至今毛孔常有香氣。鄉有病癩者。與之宿。輙得瘥耳。始信天河下游。與海相接。逆流而上。復入天河。容或有之。因為之傳。用釋乘槎之疑。見釋跡刪集。

汪初

汪君名初。字絳人。先世徽人。遠祖某。始徙居杭。刑部主事名憲者。君之祖。候選大理寺寺丞名瑜者。君之父。君自少儁爽。未十歲即耽吟咏。稍長博習經史。十七歲入邑庠。君母梁安人。山舟學士女姪也。學士精鑒賞。君數從譚論。學士喜。收弆前人題尺。而君獨愛詩牋門攤書肆。有所見。必購得之。裒成十數巨册。國初諸老輩手蹟。皆得之。遇佳風日。輙焚香展諷。意翛然甚適。偶枯筆為山水小幅。清拔似元人。風雅士多樂與君交。君亦灑落自喜。大理君家素豐。既而中落。鬱鬱不自得。徙居吳門。又屢失意於省試。遂慨然入都。謀諸友人。輸貲為庫大使。試仕於蜀。君少工詞。所為滄江虹月詞。少司寇王蘭泉先生見而激賞。比入蜀。攬山川奇險。則詞益進。黃天蕩。馬當潯陽驛樓。諸懷古作。峭蕩蒼涼。深得騷雅遺意。廉使方公績。愛君才。招入幕中。文酒娛讌。不以屬吏待也。嘉慶十三年六月。四川馬邊廳猓夷作亂。總督發兵勦捕。君從廉使往。凱旋。上將吏功。君名在焉。以縣丞補用。而君遽歿矣。君體素羸善病。能食酒。而飯不過一甌。其歿也年纔三十有二。見許宗彥鑑止水齋集。

汪楊嚴三文學

諸生汪家禧。仁和人。楊鳳苞。嚴元照。歸安人。儀徵阮侍郎元督學浙江。三人並以高才生受知。嘉慶四年。侍郎巡撫浙江。立詁經精舍。招致三人在其中。家禧年最幼。而沈篤鋭敏。好學尤甚。性謙下。常若不及。六一泉有神位數百。類皆前明湛族破家之遺老。莫知其蹤跡。家禧一一鉤考得之。撰六一泉神位考三篇。閱書積千餘種。其他所著。有意林翼。東里學人詩文集。鳳苞早以西湖秋柳詞有名於時。為人性僻。不樂至城市。於經學小學。皆有根柢。尤熟諳明末事。嘗為南疆逸史跋十二篇。終身不娶。六十外卒。元照生而識字。四歲能作大書。八齡據案作諸體書。求書者盈戶外。江南以為奇童。性倜儻不樂市井。所著有悔菴文鈔。詩鈔。詞鈔。娛親雅言。爾雅匡名等書。三人者。皆方聞彊記有守君子人也。楊。許宗彥為之傳。見許宗彥鑑止水齋文集。

葛大賓

葛先生。諱大賓。字興森。號寅軒。先世自蘇州徙居湖南。遂為湘鄉人。幼而端重。動止異於常兒。長而益自檢制。終日危坐。言笑不妄。盛暑不袒。焚香把卷。默識微吟。性耐劇飲。雖醉不亂。或久無酒。終亦不索。怡然若有以自得也。乾隆之末。海內文人。以靡麗辯博相高。昆明錢南園侍御澧。獨以剛方立朝。視學湖南。以正誼篤行。風楚之人。所取率多端士。先生既受知於錢公。補縣學生員。益折節自繩。跬步必衷於古訓。學徒遊其門。則先教之以忠孝大節。下至飲食起居。出處語默。取與毫釐。各有法式。從則貞吉。違則恥辱。至不得齒於人。聽者往往汗下。先生四歲喪父。哀毀若成人。年十二。值父忌日。出主以祭。主動仆地。粉面剝落。脫去葛字。微露周字。蓋木工飾周姓廢主為之者也。先生痛哭。引咎告墓。易主卜日。乃祭。事寡母。左孺人也。鉅細必躬。疾必嘗藥。生徒有餽。必歸以獻。嘗隆冬獨坐。心動。急自館所馳歸。入門。數呼母。母方與仲兄負暄後院。聞聲趨出。而屋後山忽穨。壓坐席破碎。里之人以為先生誠孝之所感也。母歿。勺飲不入口者五日。既葬。衰服終其身。腰以下無復存寸縷。兄弟五人。既分居矣。遭貧窶。無以自存。先生則請於母。復同居如初。即有所入。絲髮不以自私。兄弟歿。則庀其喪。無子。為之立後。道光二年。朝廷開孝廉方正之科。有司舉先生應詔。或勸之一詣京師。謁選。先生曰。是可以躁求邪。十二年壬辰十月二十九日。卒於家。春秋七十有一。配左氏。前卒。時先生年纔三十有奇。終身不更娶。見曾文正公集。

蓄艾編卷十三終

薈蕞編卷十四

清　曲園居士纂

沈起

沈君諱起初名方好學善屬文工詩歌通經史百家言不拘箋注能自出意解皆成確論家貧冠折巾衣襟裾不完往往至日暮不能舉火饑寒益自奮時海甯查孝廉繼佐負重名傾動天下士爭歸之君一日叩孝廉之門而請見焉孝廉與語奇之曰吾相天下士多矣無如君者君亦曰是真能知吾者君之名於是大振會闈中許公豸為學使者君應試卷越幅乃揭編號餘紙書曰身本孤寒年幾三十無所見知公人倫水鑒方遴選真才而身又累越幅良用自悼然愛才如公幸勿以微眚束之高閣許君得君卷奇之及見此紙尤奇之遂錄補博士弟子員覆試日故呼君怵以威君應對不屈許益奇之時年二十有八矣自是試輒高等查孝廉操選政君實佐焉已而孝廉曰君當自出手眼與世共見書賈亦遂聘選有臨秋等集學者宗之君素好奇有直指某者横甚按嘉禾郡守以下皆膝行怵惕謁文廟命君講君進攻乎異端章曰太祖高皇帝云云直指倉皇出位旁立鞠躬屏息終講不敢仰視既欲搆君過不可得又以知名士乃止

甲申變聞。君痛哭出血。既聞馬阮所為。益憤甚。顧無可一用其奇者。乙酉六月。君病創。乃走東禪寺。慨然賦詩。若將以緇服終者。因更其名。而字曰墨庵。世遂稱墨公云。君既棄世。益肆力於文。以自成其一家言。拔新領異。探幽抉奥。莫不羽翼六經。而文勢縱橫不可方物。江左名士。咸推重焉。君常曰。明之亡也。不亡於闖賊。而亡於東廠。因作明書傳集。更原禍始。絕筆於成化十二年秋始設西廠。又學圃集八卷。大易測。詩逆。春秋經傳引。四書慎思錄各一卷。測杜少陵詩一卷。今國語八卷。續集一卷。詩存。資暇錄各一卷。宗門近錄二卷。康熙二十六年七月十六日卒。年七十一。天水法嗣如庵。經理其喪。葬某都某鄉。在東禪寺之東南隅。題曰。故明秀才墨庵沈公之塔。（見曹道扶集。）

蔣之翹

秀水聞溪。為江浙接壤。其族大者。為陶氏王氏。若蔣氏。無聞焉。至啓禎朝。有蔣處士者。與俗殊尚。孤清刻苦。家多藏書。博古自好。而不遇於時。當弱冠。應小試。為姦人所誘。遂陷於理。罣誤終其身。益杜門讀書。通五經之學。裹糧至南都。遊於焦弱侯先生之門。學益進。而處士務自韜晦。海內未有知之者也。年三十。注釋離騷。鐫行於世。識者翕然稱之。而處士之名始著。復訂定晉書。乙注其謬誤。漳浦黃石齋先生見之。嗟賞。于是天下咸購是書。而處士之名益著。及年四十。復綜次韓柳集據文箋注悉考之新舊唐書。逾年。書成。俄當鼎革。其板質之他郡。成帙鮮少。學者求之不即得。價益騰踊。處士之名復大著。自兵燹以後。闤溪災。資業傾廢。遷處不常。漸至貧困。因下帷以授生徒。生徒鹽於時尚。處士必教以經史。及先輩名文。生徒相率適去。而處士益困。旋始變計。志圖貿易。念先世以貿絲為業。遂操作於權衡之中。凡貿易之術。主客往來。主人務為權詞詭說。曲致殷勤。以誘致羣客。處士恥之。立言必誠必信。欲以移風易俗。未幾。巨商大客皆散去就他賈。而處士益大困。久之。欲盡棄其書籍。自念非天下名流能通羣籍者。我不輕授也。俄秋獄。曹公以憲副歸里。夙慕隱德。下交於處士。言論相洽。隨以所藏書歸於曹公。公得書。報以兼金。得免於困。處士既受金。即閉關不與世往還。同里陶孝康子襄筮仕景陵令。將之楚。欲就問景陵風土人物。及為政大端。不得入。乃縋垣而與語。聞者怪之。捷户二年。蒐葺檇李一郡諸名集。自洪永訖啓禎。采定詩歌若干卷。題曰檇李詩乘。郡之高賢大良貞夫隱士。得藉以表見。其有功於檇李人物。為甚大也。自詩乘告成。始啓關延客。繕寫副本。藏於家。越兩年而處士殁矣。處士名之翹。字楚稺。别號石林。生於明萬曆甲辰。殁于今康熙丁未。年六十有四。其詩歌自甲申以前。名曰甲申集。後之所作。名曰甲申後集。處士自注騷後。欲髣髴三閭遺迹。擔簦入楚。游南嶽。覽三湘七澤之勝。隨所感觸。往往見之於詩。故集中楚詩為多。見沈墨庵集。

史以慎

史孝廉諱以慎。字真常。任邱人也。幼穎慧。日誦千言。年十七。中前明庚午順天鄉試數上公車。不第。甲申後。絕意進取。顏其堂曰粥若山房。讀書賦詩其中。累旬日不出。苦介寡合。同邑惟劉常也心一兄弟及殷擴四李性符相友善。聚則分題命酒。不及世事。晚慕竹林諸人。高自脫略。使酒作達。遇飲必醉。醉必發狂。或歌或哭。跳擲抛擊。傾杯倒瀋。淋漓霑濡。人厭避之。呼為酒狂。或露頂行街市間。逢人輒問我醉否。或言醉則怒。未醉則曰與我飲一夕。同殷李諸人飲醉。乘城見支更吏大呼曰。殺殺。卒以為賊也。奔告邑令。令倉卒偕數役弓刀來捕。至城。悄然。惟聞鼾聲相和而已。乃以燭照。劉枕戶限臥。樓中吐痕宛然。殷坐倚窗下。孝廉伏城堞。垂頭向外而睡。令曰。飲何乃至此。命役分扶歸舍。他日過徐金吾。呼飲時釀熟未壓。就瓮挹而飲之。孝廉曰。牛欺吾醉耶。以糜作酒。傾之馬槽中。即坐槽上。歌老驥伏櫪。志在千里。慷慨悲壯。未有也。又入張別駕舍。延客未集。陳設甚都。主人望見避去。孝廉徑詣爐取酒獨酌。張僮過。强牽問客。僮以某對。

孝廉大罵曰。往延史公。不如是。以彼位高多金耶。撇衣出醜穢灑溲堂中而去。其醉狂多類此。然性至孝。事母劉孺人。依戀如嬰兒。家甚貧。供母務求甘旨。夜必上堂問孺人安。侍婢答曰安。然後歸寢。雖極醉。不失常儀。親友知其然。值狂發。謬以家媼出呼曰。孺人安。君醉。可睡去。孝廉輒俛伏移時成眠。亦足見其天性矣。歲荒。家用不繼。隔日一舉火。未嘗告人。邑令翁年延。賢者也。聞而餽之粟。孝廉曰。此活臯田院中人物也。甯可入史公腹。辭不受。其介若此。歲乙巳。以疾卒。生平著作。多乘醉為之。醒亦略不收檢。散失不存。惟李性符齋中。藏其粥若山房詩一册。雜文十餘首。見麗雪崖集。

藍忠

藍忠字宜侯。福建漳浦人也。生有膂力。讀書知大義。能孝於親。配卓孺人。尤盡婦道。宗族稱之。所居村曰墩內。在萬山之中。故有虎患。歲甲子。有巨虎奇橫。往來百里內。傷人不可勝計。臘月十二日。牴某社為伏弩所傷。甚憤。四顧無人。跳踉大叫。聲裂山谷。所觸草木皆糜爛。直奔墩內村。過土地神廟。張牙舞爪。咬泥像碎之。居民閉戶懾息。莫敢有出聲者。公父元章。叔父裕公。比屋而居。時漏下可二鼓。皆已熟睡。虎既碎土地神。猶咆哮不肯已。衝撲附近人家。倒某門。攫二豕啖之。裕公夢中大喊虎怒。撲其門。以世居山中。防虎患。門內植二柱。衡橫木擊之。虎竭力衝撲。不可以入。裕公恐益大喊。虎聞喊聲益大怒。狂跳登屋。破屋桷直下。斃裕公。糜爛其體。公父元章公。聞弟有虎患。發聲助喊。虎復狂跳。破公屋。撲元章公仆地。公持長刀。直前鬬虎。卓孺人攜杵從之。虎舍父撲公。公舉刀刺虎。中其咽喉。及入腹中三尺許。拔刀不得出。手餘脫柄。虎負痛復撲公。孺人從後抱虎。雙手搤虎頸。虎內既重創。不能自脫。公持手中柄連擊數下。惶急中。卒無以斃虎。孺人呼曰斧。公急從門後取斧。竭力連劈之。比雞唱。夫婦氣力皆疲。瞪目熟視。則虎已死矣。急視父。尚臥地呻吟。乃共扶入寢所。以藥敷治之。天明。村人屠虎。得肉二百有餘斤。越翌日。元章公竟死。公及孺人哀痛急切。喪葬悉如禮。觀者莫不下淚。里中父老士大夫。謀欲白其事於令長。請以上聞。公泣且謝曰。忠不孝。獲罪於天。致使父叔喪於非命。忠雖倖留殘生。此心已死久矣。若又因以為名。是幸災而樂禍。忠尚得為人類乎。請謝尊長。切勿復言殺虎事。諸父老持之再三。公辭益力。僉曰。姑置之。無傷孝子心也。天道有知。大節豈終泯沒。尚留以有待焉。公長于韜略。後為武諸生。以卒。見藍鼎元鹿洲初稿。

徐夢麒

徐夢麒字忠移。潮陽人。少孤。從叔父明經轍受業。博極羣書。以五經中辛卯副車。甲午登賢書。性剛方。不屑治產業。家貧甚。處之泰然。所得脩脯。悉與轍子均分。事叔母如母。邑人推孝友焉。先是麒為諸生。教授達濠。有寒士陳某。邑之華里東人。亦訓蒙於其地。兩人交相善也。已而陳病且死。與麒訣曰。死不足惜。但無後。負不孝罪耳。昔有某蜑婦。一男頗佳。願為某嗣。有成議。今已矣。言訖。嗚咽而卒。家不能具殯殮。麒拮据為之經營窆焉。訪所謂蜑婦男者。則陳外遇產也。笑且詈曰。豎子。此不切事。今死矣。弗足責。無後為大。猶愈於他人子也。詢其狀。非六金不可。麒徧貸親朋。得金六。取其子。躬抱至陳家。里人聞輿中有呱呱而泣者。以為女客來矣。至門停輿。皆駭愕。不知為誰氏親眷。羣趨視。輿夫揭簾。見抱兒出者。則龐然長鬚。昂藏一丈夫也。里人皆大笑。麒從容呼其父母。告以故。舉兒畀之。里人皆感激泣下。相謂曰。此義人也。麒仍時省視。周其困乏。今兒已成立生孫矣。麒生平慷慨好義。大都類此。見藍鼎元鹿洲初稿。

盧和

盧和。潮州靖海廳人。居惠來縣東郊塗城。身長七尺。黧面長須。為邑壯丁。順治乙酉。林學賢為寇。攻縣城。圍困數月。援兵莫至。內外信息不相通。縣令沈維煌與紳士謀求救。夜召和入計事。命突圍赴郡乞師。和曰。諾。胸藏血書。懷二鴿。從城南縋出。夜暗如墨。人對面不相見。和匍匐膝行十五里。至神前。遵海而東。從守禦所過潮陽。入郡。至則放鴿為號。夜或遇賊。則蹲伏如狗。又或似棄屍。賊竟以此紿去。晝得達。如是者二十四次。援兵至。圍解。見藍鼎元鹿洲初稿。

楊老痴

老痴。姓楊氏。名貞。字彥恒。宣城北鄉人也。晚自號老痴。人皆曰老痴老痴云。老痴少孤篤學。獨喜為詩。不干仕進。顏其堂曰慈壽。奉母濮陽。無晨夕離。出則衣短褐。與農人餉婦。課耕田間。意有所適。便朗吟清嘯。不務刻琢。略似陸放翁。士大夫多樂從之遊。成化間。翰林簡討莊昶。聞老痴名。自江浦肩輿訪之。值一野老荷鉏。問老痴何在。荷鉏者微吟自若。莊笑曰。公即老痴耶。對曰然。遂握手交極歡。老痴嘗暮春見窶士遊學。有飢色。吟以諷之曰。山前山後子規啼。聲聲叫道不如歸。士應聲曰。不是歸人歸不得。莫聽山禽說是非。老痴驚問姓名。曰左輔。字廷弼。江西進賢人。因揖留之曰。才如是乎。老夫伴讀居歲餘去。成進士。以老痴嘗愛古琴劍。自京師致琴一劍一。而老痴已卒。左輔官行人。冊封海外。既返。為迂道哭祭其墓。感動行路。先是御史賀某按部。作憶母詩。限呵字。不成。召問老痴。輒續之云。回思拜別寒窗下。凍手縫衣帶線呵。賀叫絕。厚為之禮。其為詩。任真捷給。多類此。所居曰斗山。有斗山集。藏於家。又愛橫塘山水。遂移家焉。其地一名燕窩。卒年六十有七。子絅緝。世其業。族益繁。今號燕窩楊氏。見施閏章愚山集。

方召

方召。字虎鄰。宣城人。為諸生。貧蹇失志。明亡。山谷兵起。召輒集鄉里。號義兵。久之不利。聞明之宗藩有稱國閩浙間者。脫身走從之。授兵部司務。署衢州江山縣事。縣交閩越道。苦驛騷。官又乘亂漁利自便。有急則走。民益病。召至。誓父老。寬征斂。自謂官兵曹。法得戢兵。禁往來騎使。毋暴民。毋橫索廚傳。民呼真父母。時清師定浙江金華府。久抗不下。屠其城。師次江山。人皆震恐。召謂事已去。毋徒殘民。許父老迎師。而肘繫其印。冠帶北向拜曰。孤臣無狀。以死報陛下。自投井死。丙戌八月七日也。在縣僅二十九日。出其尸。如生。咸歎曰。骨冷泉香矣。今置亭井上。曰冷香亭。蓋縣齋之西偏也。晝夜常形見官為位祀於署。民像祀於廟。左右二楔。大書不愛錢不怕死。蓋其視事時常牌書此六字。出則使人負以前驅云。墓在城南景星山。碑曰。明忠烈江山縣侯方公之墓。康熙七年。同里施閏章過江山。至井所。弔以詩曰。濯骨寒泉迴絕塵。為全黎庶不全身。誰知一月江山令。竟作千秋俎豆人。見施閏章愚山集。

劉日陽

劉生日陽，字若木，宣城北鄉人。父大生，為諸生，知名，早卒。生依母氏，體羸貌寢，鄉人不能識生，生亦不往干人。獨族弟祖琨善之，嘗借書讀，午夜不輟，已習為詩。所居臨溪，窮處無事，獨吟修渚大澤間，不知者以為狂，而其人實恪謹。貧甚，為童子授句讀，間與郡中諸詞人往來，業日進，焚其舊稿，益肆力學古，日有常課，毋敢缺。順治辛丑冬，娶某氏，貌亦寢。夕將婚，俄中疾，若斷股劇腎者，不能交禮，移宿召醫，醫皆愕然。就醫於郡，疾革，載歸，及門而卒，年二十有五。貧不能殮，祖琨為經紀其喪。其詩清新瀏爽，余嘗得數紙誦之，灑然。如疏鐘江岸寺，細雨板橋村。葉黃山下路，霜白渡頭船。荒村羣鳥亂，破屋一燈昏。市近魚蝦春入饌，時危鼓角暮關心。古杉抱閣日光碧，芳藥垂階露氣涼。雞聲一徑竹風內，煙火數家梅雨時。皆警句，為人所傳。然所積詩頗多，歲常成帙，或數易稿，死而零散不見其全，為可惜也。日陽奉母謹，母死，日夜哭。已夢來告曰：兒夙世戒僧也，以心動墮此，法不當婚，若不婚，猶可數年活云。（見施閏章愚山集）

金俊明

金先生諱俊明，字孝章，吳縣人。少從其父宦甯夏，往來燕趙間，馳騁游獵，頗任俠自喜。

遼左多事。諸邊帥爭欲延之入幕府。先生意不屑也。既歸里。始折節讀書。受經于孝介朱先生之門。朱先生數歎異之。補縣學生。名隱隱起。數試於鄉。不見收。最後復赴試。以焦氏易筮之。得蠱之艮。其繇詞云云。先生愀然太息曰。天豈欲我高尚其志乎。吾將從此逝矣。遂不終試而歸。歸即謝諸生。杜門。以傭書自給。是時明猶未亡也。踰年。流賊陷北京。又踰年。王師渡江。吳人始深詑先生知幾云。先生幼以善書著聲吳中。小楷師曹娥碑。行書師聖教序。悉有法度。晚益自名一家。兼工詩古文詞。四方士大夫聞先生名。以書若詩文來請者相次不絶。里中窶人子手不持一錢。亦日夕踵門乞先生書。先生欣然應之。不少厭也。以是三吳碑版旁及僧坊酒肆。率多先生筆。得之者爭相誇示以為幸。閒喜畫樹石。皆蕭疏有致。其墨梅最工。吳人尤傳寶之。先生年七十。徧乞常所往來者賦生輓詩。引陶淵明自祭文為況。蓋其為風流雅趣如此。嘗有學使者慕先生名。願招致之。不可得。因歎曰。清真絶俗。雖古之沈昊不過也。壽七十有四。見汪琬堯峯集

翁天章

翁君名天章。字漢津。吳縣人。以諸生入國子上舍。為人喜聲色。縱游狹邪。順治十四年。來京師。與妓馮金者相好也。已盡散其所攜貲。不數月。馮竟棄君去。更歸他氏。而君猶

日夜歎詫不自得。每對客。必曰吾負馮生。吾負馮生云。於是京師人皆以君為狂。翁氏世居洞庭之東山。君之族人。有逢春者。故明中書舍人也。其豪邁尤與君類。客金陵時。有所狎妓寇氏。以色藝擅名南苑中。先後費錢帛巨萬。始得娶為外婦。已復游臨安。輦橐中金二千於廣廡下。一日被酒歸。蹴金傷其趾。遽怒呼曰。吾明日用汝不盡。不得復稱俠矣。遂徧召故人游士及妖童豔倡之屬。期詰旦集湖上。是日艤舫西泠橋。合數十百人。置酒高會。所贈遺纏頭無算。抵暮問守奴餘金幾何。則已告盡矣。又有彥登者。亦君諸父行也。少任智數。武斷山中。當明愍帝時。置姬十二。各建一樓居之。高甍畫棟制如掖庭。為怨家飛章所訐。下延撫捕置於獄。於是君與其族人。出家財居閒。久之始得解。蓋翁氏以意氣相尚類如此。今相距不過數年。逢春死。彥登老且病。而君亦濩落長安中。迄無所遇。翁氏幾無復前日之盛矣。然君意氣如故。終不以此自悔恨也。豈眞古之范少伯原巨先之流耶。見汪琬堯峯集。

王武

王先生武。字勤中。明太傅文恪公六世孫也。以諸生入太學。少時風流儻爽。不屑意舉子業。自讀書賦詩外。若投壺蹴踘。彈棊馬射。伎擊之術。與夫蓺花種樹。豢魚籠禽之方。

無不通。究而尤長於畫。素善鑒賞。當王氏家門鼎盛。其先世所遺。及平時購獲者。率多宋元明諸大家名蹟。往往心摹手追。務得其遺法。故其所寫花鳥動植。信意渲染。皆有生趣。家本饒裕。而王先生雅不事生產。數為傜賦所困。又性好施予。親故間或有負之者。亦槪置不問。計一歲所入。輒緣手盡。以是其家遂落。甫壯乃屏絕諸好。獨以高潔醞藉自持。所居為文恪公故第。其旁怡老園。有亭榭花木水石之勝。恒與賓從及諸昆弟。具蔬果酒食。觴詠其間。值其空無時。亦必清坐。相對談笑。移日不倦。家既益落。而所作畫益工。諸好事者。評王先生畫。雖前輩陳山人道復。陸處士叔平。不能過也。前太常王翁煙客。亦善畫。尤亟稱之曰。近代寫生家。多畫苑氣。獨吾勤中所作。神韻生動。當在妙品中。於是其聲譽大噪。四方士大夫走書幣造請者。日夕相屬。寸縑尺素。流傳遠近。莫不鄭重藏弆。甚有作贋筆以售者。京師貴人。爭慕王先生名。出兼金訪求其畫。不能得。內閣宋文恪公。即王先生姊婿也。方貴顯於朝。移書招先生入京師。先生笑而不應。嘗語人曰。古之善畫者。莫一非高人傑士。以文行著者也。有如文恪公諸客。沈徵君。唐解元。文待詔之屬。其人皆能為畫重。不則畫豈能重人乎。蓋晚而自號忘庵。或徵其說。王先生告之曰。魚相忘於江湖。人相忘於道術。令余之補劓息機於此也。世忘余乎。余忘世乎。兩相忘。則去道也近矣。其膺意超卓如此。年僅五十有九。卒於家。居平善病。晚歲病屢發。不復多作畫。故人有貧之者。輒强之使作。王先生欣然執筆曰。願以佐吾子晨夕需。族父年老有孫女。不能嫁。王先生復力疾為作數幅。俾鬻以治奩具。客有以病諫者。王先生曰。吾財不足而力有餘。敢自愛耶。先是積藏諸名蹟。及他玩好。甚夥。中歲斥以易新米幾罄矣。疾既革。又命諸子盡出篋衍中所餘。贈遺諸親故。無復存者。見汪琬堯峯集。

沈通明

淮安沈通明。字克赤。嘗為前明總兵官。任俠輕財。好從中原士大夫游。士大夫皆稱之。數與賊戰有功。順治二年。先是有巡撫田仰者。素習通明之為人。加禮遇焉。至是見明將亡。遂屬其家通明。而身自浮海去。通明匿仰妻子他所。會王師渡淮。購仰妻子急。蹤跡至通明家。且並捕通明。是時通明已散遣所部。杜門久矣。捕者凡十餘輩合譟圍其居。通明走入寢門。飲酒數斗。裂帛束縛其愛妾負之背。而牽騎手弓矢以出。大呼曰。若輩亦知沈將軍耶。遂注矢擬捕者。皆逡巡引卻。通明疾馳與愛妾俱得脫。僦居蘇州。變姓名。賣卜以自活。未幾愛妾死。意不自聊。入靈巖山祝髮為浮屠。已復棄浮屠服。北訪故人於鄧州。通明故魁壘丈夫也。美須髯。以飲酒自豪。又善度曲。每醉。輙歌呼鄧州市上。間以曼聲雜之。酸楚動聽。一市皆以為狂。而彭公子錢。其州人也。素有聲望於江淮間。罷巡撫家居。獨聞而異之。偵得通明所在。徒步往與之語。通明默不應。已詢知為彭巡撫。乃大喜。吐實。公捉其手曰。君狀貌稍異。必將有物色之者。非我其孰為魯朱家乎。引與俱歸。公亦豪於酒。日夜與通明縱飲甚歡。居久之。遇赦。始得出。通明少以勇力聞。嘗與賊戰。賊射之洞腹。通明急拔矢。裂甲裳裹其創。往逐射者。竟殺其人而還。由是一軍皆壯之。今且年八十矣。膂力雖稍衰。而飲酒不減少時。任俠自喜。亦如故也。始居蘇州。變姓名曰申宗耿。及為浮屠。又名元弁。劉吏部公勇曾有序贈之。至比之前宋姚平仲。龍伯康云。見汪堯峯集。

張霖

張處士霖者。字杏蘤。世為新城東南杜柯村人。處士居張店鎮之東偏。有田數十畝。闢園一區。種松百頭。其南築小臺。東望花鐵馬公諸山。其北有亭有池。綠葵紅蓼。阜韭晚菘。取給有餘。處士生萬歷中。時海內無事。不樂仕宦。獨喜賦詩飲酒。以善釀聞鄉里。歲所收秔稻。租賦外。盡以供釀。中更世變。并屏跡逃俗。蓑衣博帶。婆娑田野。以終其身。始余過野寺。見處士題壁詩。異之。康熙甲寅。過訪其園居。處士欣然倒屣出坐于池上。指松謂余曰。是皆老夫手種。今五十年矣。時處士年已八十。意氣蓬勃。引滿勸客。如少壯人。自言生平不入城市。不謁官府。歲正月。則畢納一年之賦稅於官。故胥吏追呼。未嘗及門。今老矣。旦暮且死。死則遺令子孫。以布衣斂。即日入壙中。不棺槨。不封樹。少讀漢史。慕楊王孫之為人。願以末路。師法其萬一。其言曠達如此。見王士禎漁洋山人集。

劉任

劉任字宏父。一字繹弦。潁川人。生而一瞳子正方。登隆慶丁卯賢書。嘗着唐巾。衣淺紅窄衫。乘駿馬。挾彈林薄間。或目笑之。先生弗屑意也。一日。謂家人曰。仙伯期我海上。某日暫還。當設醴相待。題一詩有明白來時明白去君看直北起雙鳧之句。遂瞑至日。空中聞羣鶴聲。香氣冉冉下。人稍稍異之。後十年。先生故人客燕中者來云。見先生書一詩於西山蘭若。僧曰。日者一先輩留題。亦時時往來寺中。問其狀。實先生也。逢寺中數日待之。不復至矣。每問及見先生者。曰承平時士大夫高自標持。先生居東郭門。檻內置棊一局。有過者。輒留與戲。販夫傭保。皆得掀髯攘臂其間。其於世無畛畦。皆此類。見劉體仁文集。

曹禾鼎

曹禾鼎。自號真陵子。汝陰人。予於己庚間。年少氣盛。妄意當世之略。真陵謂予曰。世將易矣。宜勿事事。眎一圖。記乾象之變。問其期。曰殆不出十年。因慷慨歎息。真陵家故饒。招致四方士。談天文遁甲風角鳥占諸術。善騎射技擊。又妙解音律。好彈琴下及絲竹匏革。凡器之可以成聲者。無不觸手調諧。其與世若嬰兒。每羣聚使雜占射覆為笑樂。率易其語。又嘗夜與步中庭。真陵曰。火在斗。當有主兵大臣當之。以日占之在內不在外。未閱月。大司馬陳新甲。以泄禁中語坐他罪死。甲乙間。依余居。己丑春。余出遊。真陵悉盡焚所藏讖緯諸書。獨留一冊付侍者曰。以此貽劉子。越日卒。蓋文數篇。皆論琴理。見劉體仁文集。

詹夢符

詹篆文。名夢符。父曰景明。甲寅山寇之變。景明病足。匿居旁草樓。篆文則脫身林莽間。見鄰村賊有舉火者。篆文心動。復還曰。賊至此樓必為灰燼。盍亟去。景明曰。若偕行。則父子俱死無益。汝慎為宗祧計。篆文號泣不忍舍。竟負父以逸。未里許。為賊所及。篆文被數創死。而景明以老病得免。聞者皆為泣下。初篆文誕時。景明夢箕星入室。欲名應箕。以志其瑞。時貴池有吳應箕者。亦感異夢而生。負重名海內。景明不欲相襲。遂改名夢符。後吳應箕以諸生死國難。而篆文卒冒白刃。以身殉父。豈忠孝之氣上為列星。先後固以類感耶。（見毛際可安序堂集）

劉宗洙劉恩廣

孝子劉氏宗洙。字長源。恩廣字錫三。河南襄城人。四冲之二子也。明季闖賊構亂。圍督師汪喬年於襄城。四冲以從事佐城守。城陷。督師罵賊死。並執四冲。身被數創。幾斃。恩廣兩耳皆斷。號泣負父以歸。時宗洙已遁去。聞父難。往赴賊。賊怒。截其耳鼻。後數載。四冲遘疾。宗洙取糞嘗之。事甚秘。鄰人郭景儀妻從壁隙窺見之。以告景儀。令海內傳襄城有嘗糞孝子者是也。父歿。破產營葬。同季弟宗泗。合爨養母數十年。家庭雍睦。其居有六燕共巢。又芝生於寢門者三。人以為孝友所感。已而宗洙以明經授州司馬。恩廣屢試不第。遊太學。當得官。皆以母老不仕。及母卒。結廬墓側。毀瘠骨立。居歲餘。恩廣竟得歐血疾。學博馬奪錦至榻前反復慰解。恩廣曰。勿復言。吾五內裂矣。尋卒。宗洙亦以積哀兼痛弟故。相繼歐血。遂不起。里中私謚其兄弟。曰孝友。曰純孝云。見毛際可安序堂文鈔。

霍亮雅

霍則白字亮雅。曲周人。原名奇。字則白。以字行。近世少以字行者。亮雅與友人刺。署字。蓋以為名也。而友人不知。以為慢己。亦以字荅之。後聞之。呀然一笑也。父如白公。以進士為參政。好飲。早休致。亮雅好飲如其父。父喜。更縱之飲。性脫落。恥問家人細事。與人無競。終其身。無疾言怒色。迨其老貧矣。卒不肯蹙額向人。貌清癯如鶴。語操南音。乍見之。不知其為河朔間人也。生平好尚屢遷。好理學。嘗刻行先儒語錄。好佛茹素。持準提戒。勤須菩提象。虔事之。好仙。奉呂純陽。憑箕語。倡和談謔如生人。好詩文古人書。無所不翻閱。間為詩。清迴脫俗。尺牘隨手。類蘇黃小品。讀之解頤。好書畫古玩。能鑒別真贗不爽。得名人手蹟。雖片紙寶惜之。必裝潢為卷帙。瓦尊銅鼎皆法物。位置精雅。好客。所居第宏敞。甲於邑。多叢臺複閣。吳越之士至者如歸。供其館穀輿馬之費。無夕不高會。家以是中落。不恤也。好歌。常自蓄優伶。其自遠方至者。必窮其技。好博。作博疏。摹畫博事。曲盡。酒闌燈灺。呼聲動天地。常負。負益豪。不以勝敗為意。好遊。遊不出數百里外。乘小犢車。車中自攜酒。所至有招之者。輒出己酒飲之。或贈以金幣。聽人自取去。好潔。日輒數浴。几案無纖埃。令兩童子執箕帚隨之。涕唾必掃除。客謂其庭一草一木。皆有六朝風致。晚多病。諸好悉罷。獨好客益甚。不能飲。而卧觀客飲。客歡乃大喜。久之。病益劇。自知死期。與親故别。談笑而逝。年五十歲。見申凫盟集。

沈頲

沈頲字朗仲。美鬚秀碩。自幼不肯治舉子業。喜神農氏之學。黄帝扁鵲之書。受學於徐恂庵。李士材。切脈處方。為人治病。決生死多驗。崇禎十一年。授太醫院吏目。不赴。居數年。而天下方亂。兵駐蘇州。無貴賤主客文武。悉就君。及錢唐人劉默生所治病。兩人齊名。後默生將治病太倉。鬼嘯于病者之榻曰。劉生來。吾事不濟矣。其一曰。不如先殺劉生。明日。默生入室。將診。暴病卒。於是獨有君。著有病機合論若干卷。付其門壻陸其清。藏於家。庚戌十一月。受戒於靈巖儲和尚。修出世法。明年正月卒。年六十有九。君寫字賦詩。畫山水小景。皆有法。以治病掩其他長。見顧云美集。

孝賊

賊不詳其姓名。相傳為如皋人。貧不能養母。遂作賊。久之。為捕者所獲。數受笞於有司。賊號曰。小人有母。無食。以至此也。人且恨且憐之。一日母死。先三日。廉知鄰寺一棺寄廡下。是日。召黨具酒食。邀老僧。寺中痛飲。伺其醉。舁棺中野。負其母屍葬焉。已反。僧尚酣卧也。賊大叫叩頭乞免。僧驚。不知所謂。起視廡下物。亡矣。無何强釋之。厥後不復作賊。見王猷定四照堂集。

汪魏美

汪魏美。諱渢。新安人。徙於錢唐。孤貧力學。舉崇禎己卯鄉薦。乙酉兵亂。奉母入天台。海上師起。羣盜滿山。始返錢唐。僑寓北郭。室如懸磬。處之淡如。當是時。湖上有三高士之名。皆孝廉之不赴公車者。魏美其一也。當事亦甚重之。監司盧公尤下士。一日。值魏美於僧舍。問汪孝廉何在。曰適在此。今已去矣。盧公欿然。之不知應者之即魏美也。盧公遣人通殷勤於三高士者。置酒湖船。以世外之禮相見。其二人幅巾抗禮。盧公相得甚懽。惟魏美不至為恨事。已知其在孤山。放船就之。魏美終排牆遁去。魏美不入城市。不設伴侶。始在孤山。尋遷大慈庵。又遷寶石院。匡牀布被之外。殘書數卷。鎖門而出。或返或不返。莫可蹤跡。相遇好友。飲酒一斗不醉。氣象瀟灑。塵事了不關懷。然夜觀乾象。晝習壬遁。知其耿耿者。猶未下也。乙巳七月三十日。終於寶石僧舍。

年四十八。臨殁悉舉書卷焚之。詩文無存者。嘗思宋之遺民謝翱、吳思齊、方鳳、龔開、鄭思肖為最著。方吳皆有家室。翱亦晚娶劉氏。開至貧。畫馬有子同居。惟思肖孑然一身。乞食僧廚。魏美妻死不更娶。有子。託於弟。行事往往與思肖相類。遺民之中。又為其所甚難者。見黃宗羲南雷文定

王征南

少林以拳勇名天下。然主於搏人。人亦得以乘之。有所謂內家者。以靜制動。犯者應手即仆。故別少林為外家。蓋起于宋之張三峯。三峯為武當丹士。徽宗召之。道梗不得進。夜夢元帝授之拳法。厥明。以單丁殺賊百餘。三峯之術。百年以後。流傳於陝西王宗為最著。溫州陳州同從王宗受之。以此教其鄉人。由是流傳於溫州。嘉靖間。張松溪為最著。松溪之徒三四人。而四明葉繼美近泉為之魁。由是流傳於四明。四明得近泉之傳者。為吳昆山、周雲泉、單思南、陳貞石、孫繼槎。皆各有授受。昆山傳李天目、徐岱岳。天目傳余波仲、吳七郎、陳茂宏。雲泉傳盧紹岐。貞石傳董扶輿、夏枝溪。繼槎傳柴元明、姚石門、僧耳、僧尾。而思南之傳則為王征南。思南從征關白。歸老於家。以其術教授。然精微所在。則亦深自秘惜。掩關而理。學子皆不得見。征南從樓上穴

板窺之。得梗概。思南子不肖。思南自傷身後莫之經紀。征南聞之。以銀卮數事。奉為美檟之資。思南感其意。始盡以不傳者傳之。征南為人機警。得傳之後。絕不露圭角。非遇甚困。則不發。嘗夜出偵事。為守兵所獲。反接廊柱。數十人轟飲守之。征南拾碎磁。偷割其縛。探懷中銀。望空而擲。數十人方爭攫。征南遂逸出。數十人追之。皆踣地匍匐不能起。行數里。迷道田間。守望者又以為賊也。聚眾圍之。征南所向。眾無不受傷者。嘗歲暮獨行。遇營兵拔刀擬之。征南手格者。而營兵自擲仆地。鏗然刃墮。如是者數人。最後取其刀投之井中。營兵索綆出刀。而征南之去遠矣。凡搏人皆以其穴。死穴暈穴啞穴。一切如銅人圖法。有惡少侮之者。為征南所擊。其人數日不溺。踵門謝過。始得如故。牧童竊學其法。以擊伴侶。立死。征南視之曰。此暈穴也。不久當蘇。已而果然。征南任俠。嘗為人報讎。然激於不平。而後為之。有與征南久故者。致金以讐其弟。征南毅然絕之曰。此以禽獸待我也。征南名來咸。姓王氏。征南其字也。自奉化來鄞。祖宗周。父宰元。母陳氏。世居城東之車橋。至征南而徙嶴。少時。隸盧海道若騰。海道較藝給糧。征南嘗兼數人。直指行部。征南七矢破的。補臨山把總。錢忠介公建閫。以中軍統營事。屢立戰功。授都督僉事。副總兵官。事敗。猶與華兵部句致島人樂書往復。兵部受禍。讐首未懸。征南終身菜食。以明此志。識者哀之。征南罷事家居。慕其才藝。以為貧必易致。營將皆通殷勤。而征南漠然不動。鋤地擔糞。若不知己之所長。有易於求食者也。一日過其故人。故人與營將同居。方延松江教師講習武藝。教師踞坐彈三弦。視征南麻巾縕袍。若無有。故人為言征南善拳法。教師斜睨之曰。若亦能此乎。征南謝不敏。教師軒衣張眉曰。亦可小試之乎。征南固謝不敏。教師以其畏己也。强之愈力。征南不得已而應。教師被跌。請復之。再跌而流血被面。教師乃下拜。贄以二縑。征南未嘗讀書。然與士大夫談論。則縕藉可喜。了不見其為麄人也。予嘗與之入天童。僧山燄。有膂力。四五人不能掣其手。稍近征南。則蹶然負痛。征南曰。今人以內家無可炫耀。於是以外家攙入之。此學行當衰矣。忽忽九載。征南以哭子死。見黃宗羲南雷文集

薈蕞編卷十四終

周夫人

清　曲園居士纂

前明周忠武公遇吉之忠勇。世多知之。乃其妻。亦奇女子也。世則未有知者。山東李纖齋煥章有周夫人傳。今録於此。云周夫人者。山西總兵左都督忠烈公周遇吉元配也。將家子。貌美麗姣好。纖小盈盈。有異力。善騎射。挽弓數百石。讀兵家言。傳李衛公兵法。屢佐忠烈公立奇功。崇禎末。從忠烈公甯武帥幕中。李自成西入潼關。據西安。稱大順王。僭號永昌。夫人謂忠烈公曰。明年寇必渡河。將軍當奏之朝。統兵禦之河上。天下事猶可為也。忠烈公是之。不果行。明年正月。寇分四將軍兵出河懷蒲津。自分兵四十萬。由西安東收諸塞上兵。趨宣府居庸。犯京師。是時忠烈公在雁門閘諸鎮路將皆降。乃擇標兵三千人。屯甯武。寇至。忠烈公迎之。戰三大敗之。俘斬數千計。自成驅榆林甯夏兵。共攻忠烈。公又大敗之。追戰。陷重圍中。奮力格鬬。俘斬愈多。日暮。寇已退。馬中流矢。忽蹶。忠烈公拔佩刀自殺。夫人貫重鎧。持雙矛。三陷陣。入中堅。折其牙旗。斬最驍將。寇大崩壞。莫敢當。自成至。日暮又合圍。夫人潰圍出。標下健兒盡矣。夫人怒。自鞍閒。提其賊前隊將而舞。蔻披靡。自成大驚。遯去。陣潰亂。夫人乘亂攻之。所擊殺近萬。忽聞傳云。忠烈公已就斃。夫人大呼曰。天乎天乎。將軍死戰何為耶。亦自殺。時有一將軍最勇。亦死軍中。史氏並軼之。余來趙城。學博文水武公。君子不妄語人也。為予言其本末。為之傳。附忠烈公傳後。見李煥章文集。

曲園居士曰。按明史周遇吉傳。夫人劉氏。素勇健。率婦女數十人。據山巔公廨。登屋而射。每一矢斃一賊。賊不敢逼。縱火焚之。闔家盡死。是公之夫人。為劉氏。其勇健誠有之。如此傳。則并能持矛陷陣。力戰捐軀。凜然烈丈夫矣。錄之。亦可補史傳之遺。周遇吉謚忠武。此云忠烈。何歟。

沈雲英

沈雲英。浙江蕭山人。居長巷里中。父至緒。崇禎辛未武進士。為道州守備。雲英性聰慧。工書。旁涉經史。癸未張獻忠破武昌。入湖南。湖南郡縣皆靡。惟道州以至緒力戰得全。既而再與戰。馬驚仆。隕於陣。雲英聞父變。奮呼持矛。趨賊壘。奪父屍還。賊環棚之。雲英左右支格。賊莫能傷。完守入保。而道州終不可破。湖撫王聚奎疏聞。烈帝詔贈至緒昭武將軍。而授雲英游擊將軍。仍代父為守備。守道州。雲英所適。四川人賈萬策。為荆州督師營中軍。分守南門。城陷。不屈死。雲英聞夫變。慟哭辭職去。間關數千里。出入賊壘。扶柩歸蕭山。遂隱居。教授里中。兼以書法訓後學。族子兆陽。受春秋胡傳。為知名士。卒年三十八。（見汪啓淑文集。）

畢著

歙縣畢氏女。名著。字韜文。亦國初人。布衣王聖開之妻也。年二十。隨父官薊邱。父與流賊戰死。屍為賊所得。著身率精銳劫賊營。手刃其渠。衆潰。輿父屍還葬金陵之龍潭。夫婦偕隱以終。有紀事詩云。吾父矢報國。戰死於薊邱。父馬為賊乘。父屍為賊收。父讐不能報。有媿秦女休。乘賊不及防。夜進千貔貅。殺賊血漉漉。手握仇人頭。賊衆自相殺。屍橫滿坑溝。父屍輿櫬歸。薄葬荒山陬。相期智勇士。慨然賊同仇。蛾賊一掃盡。國家固金甌。又有村居詩云。席門閒傍水之涯。夫壻安貧不在家。明日斷炊何暇問。且攜鴉嘴種梅花。（見國朝閨秀正始集。）

曲園居士曰。畢著事。與沈雲英相類。故並録之。正始集中又載許夫人。奉天鐵嶺人。鎮平將軍一等男徐都治謚襄毅公之妻也。精韜鈐。善騎射。偕襄毅公出兵。每自結一隊。相為犄角。康熙十三年。吳三桂犯湖南。襄毅往援彝陵。夫人駐防江口。

十五年。鎮將楊來嘉叛。夫人脫簪珥犒師。沿江勦殺。慶邵之八月。倖犯鎮署。夫人中礮殁。將軍蔡毓榮等以聞。特旨優卹。予雲騎尉世職。以次子永年襲。何國初奇女子之多也。朝廷一例哀榮。以命婦而從陣亡。恩例賞延於世。亦非常曠典也。而其時之師武臣力。即可於斯徵之矣。

王秀女

烈女王氏。名秀女。開封浚儀人。王碧少女也。年十七。許字于之瑞子天祥。未幾。天祥死。父母匿不以聞。將期。密議改適。烈女始知之。匍匐奔喪。父母不能止。遂與偕往。是日為天祥小祥。烈女出向所受聘。陳之靈几。躃踊絶粒者二日。父母促之歸。烈女願留事舅姑。之瑞令妻與女。伺其臥起。踰年。瑞女適人。姑獨與烈女居。烈女聞天祥幼育於陽武王姓。己為娶妻。生子輅。妻死。遺孤就哺外戚。烈女思自撫之。為于氏宗祧計。王堅不與。烈女益失望。適天祥大祥。烈女哭祭。不食終日。姑倦寢。烈女夜起自經。是夕有大星隕於家。黑白二氣。自屋角出。久之乃滅。警夜者怪之。及曉。烈女死。顏色皎然如生。初之瑞有刈麥刀二。其一忽失去。至是。從烈女枕下得之。益信其死志非一日矣。見毛際可安序堂文鈔

廖氏

廖氏者。河南開封府某縣人。流寓東南。嫁沈大誼。美容儀。工挾彈走馬及鞦韆蹴鞠高絙諸技。所至。人遮道觀。嘗至烏程道上。羣少年方遂射。顧見紙鳶。一人出錦織成約曰。即中。與若錦。不中。罰如直。於是少年皆不中。廖氏行而前曰。妾請為君彈之。一發而得。載其錦以去。後十年。移家嘉興。值歲大旱。村人多絕食。廖氏為給一月糜。賴以全者數家。亡何。大誼死。慨然曰。吾少之所為。長而悔焉。所為浮沉者。壻非此不活也。今壻死。甯復為辱人賤行哉。遂著比邱服。邀其鄰一老嫗。偕入皐亭山。結茅屋。惡衣糲食。焚香誦佛。見者不能押也。山有猛虎。常殺人。過其門。率馴擾而去。山中人益異之。見李良年秋錦山房集。

李孝貞

李孝貞。名鳳。秀州李夢康女也。事父。終身不嫁。夢康士而貧。夕不再炊。女織紝以佐尸饔。吟誦與杼聲相間也。父疾。禱於天。有鳥銜果墮藥枅中。嘗而進之。脫然愈。里中世族。爭束帛儷皮。徵孝貞。孝貞益不自安。一日。請於父曰。女孰賢。佯曰。善事舅姑耳。女曰。休矣。焉有舍我父。事他人親。以為賢乎。竟不可奪。閭巷聞而化之。諸婦女有爭言詬誶相恐嚇。戒勿令孝貞知。時復為之語曰。生女慎勿嗔。養父不嫁有孝貞。孝貞何私議也。先父死。年四十七。見丁澎文集。

林氏雙烈

林氏在太平為望族。孝廉君楚惟之長子有茂。娶同邑崔氏女。甫二載而茂卒。崔以娠故未殉。子生而殤。崔於是仰天長歎曰。吾所以忍死待者。為未亡人植遺腹耳。今已矣。吾何求哉。盡出其奩中資以奉姑。以分妯娌給奴婢。初取鉛粉咽之。弗死。吞金屑。又弗死。俟家人防稍懈。投繯而死。孝廉君有女。字石埭方生。未歸。聞方生病篤。女減食輟膏沐。若欲與同生死者。比卒。家人匿其訃音。女疑之。究轉詰侍媼。乃得實。即艮請往奠。弗許。哭三晝夜。不絕聲。水漿不入口。孝廉不得已。與期曰。奠畢即返。依舅姑。不若依父母便。女唯唯。於是輿送方生墓所。哭奠如禮。歸拜舅姑畢。乃引鏡自刺其面。湟守志二。遣輿迎。不肯返。曰。凶服在身。不敢侍父母側。迨明年。翁復殁。姑李氏自刎以殉。人意此時女必死。女泣曰。兩叔幼。伯舅姑老。我死誰為翁姑殮者。於是凡附櫬之具。纖悉治具。無不至。越十日。命侍女具湯以沐。湯至。紿侍者出。而雉經於寢矣。任繩隗為作太平雙烈傳。見任繩隗直木齋集。

張氏五烈

甯晉張來鳳兄弟。以詩書世其家者也。戊寅冬。闖賊陷甯。來鳳之母李。率其妻劉暨弟起鳳妻霍。附鳳妻章。從弟嘉猷妻王。死之。初賊薄城下。勢且殆。諸婦謀諸母。母曰。吾輩婦子。有死無二。相與亡匿文廟中。見古井泓然。指而歎曰。吾一家得死所矣。我先之。若等從而後。諸婦請曰。婦輩年盡少。不死即辱。姑老矣。其何為。母曰。雖然。終不潔。褰裳而趨。諸婦挽之力。咸跪請曰。姑老矣。不死。終無憂。母熟視良久。賊洶洶迫牆外。紿曰。然若志自行之。我當反。諸婦泣且拜。以次挾稚子投井中。母仰天呼曰。吾豈真舍兒輩生耶。躍而入。有婢名秋湄。救不及。亦死之。越日賊去。來鳳兄弟出。諸婦及母尸如生。劉及章猶抱一子。未棄也。道旁觀者歎泣。命其井為第一泉。謝令鼎新易名曰五香。顧令予咸。又改稱五洌。勒石以紀其事。見程可則海日堂集。

女奴景

澤州陳文貞公。有記女奴景事一篇云。女奴景。贅夫柴乙。皆從予京師。乙病。景輿以歸。及家而乙死。既瘞。景時節哭瘞所。虎銜豕來。熟睨景。景哭極哀。不見虎。樵人遙見呼景。景近虎尺許。虎卒不傷也。其家諸柴。數逼景嫁。不從。朝夕虐酷之。居二年。人或益不堪。謂當以告吾家。景曰。吾居主家久。主不預外人事。吾柴氏人。豈以吾事累主邪。諸柴愈洶洶。環伺將奪之。景乘夜奔訴之縣。道遇虎當路。景趨過虎旁。虎臥如故。景抵邑門。坐守至天明。門闢。趨縣庭號訴。縣令哀其情。召諸柴數而笞之。從令行案境中。景遮道訴。又數而笞之。愈笞虐愈慘。乃念乙死時。言主家遇我厚。我死終不能報主人恩。甚恨之。景於是提攜其九歲女。六歲男。泣涕匍匐。乞食野宿。走京師。行五閱月而達。計程二千里。中多峻山大水。水潦秋方盛。深及腰腹以上。景凡涉水。則先負一兒抵岸。再返負其一兒。曰數涉。涉幾死者數矣。益其艱如此。至之日。家人以告。予詢之。言歷歷。感其事。不禁泣下。女奴微者耳。名義所不責。而能卓然自立。使人感動如此。豈非出於至性者歟。見陳廷敬午亭集

濮氏女

沈晧子有侗鄉濮氏女傳曰。余姨母朱。適於濮。其家財萬金。無子。姨悍。夫不敢畜媵妾。止一女。計以萬金遺女。為擇壻吳生。吳生貧。置利田宅予之。給奴婢什物。夫妻美衣食。娛佚遊。如富人居。女獨自念母以女故。斬濮氏祀。義不忍。從容白母。阿母即百歲後。安能饗異氏一杯羹。且令濮氏世世宗祠不血食乎。母怒罵曰。吾用萬金餉沈

犬豕猶知人意況人乎。女於是不敢復言。一日。父過其家女私語父曰。母之心。父所知也女為父置其前婢。父時至。今侍巾櫛。生男。存濮氏祀。女死瞑目矣。父喜過望。感且泣與女約。生男而長。萬金共女中分。女笑不答。歲餘生。果男也。女度不可隱。載而之母家。會濮氏一二長老廟見。男具白母。母有子矣。為母賀。母見之大驚。疾怒次骨。不可忍。然已不可奈何。行復自念。女逆我如此。何用逆女為。不若長養此兒。誓不予女一錢。是固女命絕之時也。於是收其田宅奴婢什物。驅就他舍。勿復相見。吳生日窘窮愁苦。鄰里親戚。故所與遊者。皆誚笑之。生憤恚婦。欲刃之。婦度無所容。遂自經以死。見沈珩耿巖文選。

蔡氏

蔡氏閩漳浦之舊鎮女也。為里人張廷祚妻。少有大志。膂力過男子。而廷祚亦以勇聞。稱義士云。王師既下閩。濱海數百里。猶多負固。有方祐者。大舉兵。兵經廷祚里。廷祚與語不合。被殺。氏哀號日夜不絕。謀於夫之昆弟。欲盡散家財。購死士。為夫報讐。諸昆弟曰。是豈兒女子所能邪。出聲。吾族赤矣。氏不敢復言。撫十數歲孤兒。晝則相抱哭泣。夜磨刀霍霍。仰天踊起。誓必殺祐。一日。聞祐兵宿某地。距其鄉甚近。日夕。帕首袴靴。衣短後衣。藏利刃。突至祐壘。未及數十步。反顧。見其子踉蹌來。愕甚。執之耳語曰。若安得至此。曰思母耳。氏頓足自念曰。兒幼。不可舉事。且吾以死決。兒脫有不測。張氏斬矣。遂挈之歸。一軍無知者。踰月。祐悔禍投誠。自束縛。詣郡縣。郡縣官憐而釋之。俾復比編户。已而娶於蔡。為氏王母女弟。氏因得常常見祐。每見益恚。髮豎督反裂。然不令祐覺也。祐且為甘語市之。氏亦曰。死者不可復生。方君舉兵時。肝腦塗地。甯獨夫也。君縱刎相慰。余忘之久矣。祐意大安。氏則益憤勵。齧齒指出血。每當更闌漏下。人聲寂然。轉展牀第。或起立闢門左右顧。旋入仰臥。泣聲嗚嗚。握利刃刺壁。壁既穿。刃刺猶不已。如是以為常。踰年為戊子春。氏偵祐往從父家。大喜。陰挈其孤。止某地之松林。度祐必經此。氏椎髻偏裂。挾刃以俟。日午。祐果至。雄服怒馬。顧盼自如。氏突出林中。大聲叱祐。祐驚。遽召其從者。從者駭走。氏急持刀斫祐。祐墜馬。祐負創狂奔。氏疾追之。行人麕至。環而譁。氏厲聲曰。吾夫為此賊所害。妾安可活。有助賊者。吾與俱死爾。讐雪。妾當就死於官。且言且馳。祐攀松枝與鬭。中氏額。血被面。鬬愈銳。淚血相迸淋漓。往來衝突。鷙若飛鳥。俄而祐被擒。氏以左手把其髮。右手奮刃揕其胸。旋斷其首。擲道旁。觀者瞋目撟舌不能下。氏又揚言於衆曰。吾夫為賊所害。歲餘目猶未瞑。必思歃其血。復提其頭。竟奔延祚墓。置頭墓石上。泣告所以殺祐狀。把酒澆墓凡三行。拜畢。攜幼子。直赴巡按御史臺門請死。御史霍達異之。欲縱之去。然疑有主者。氏慟哭曰。所以不即死者。為三尺孤耳。今孤且勿顧。容受他人指使邪。幸勿以妾故亂國法。霍默然良久。卒縱之。見陳玉璂椒峰集。

董嫗

董氏者。江都韓文適先生家嫗也。嫗給事韓久。有恩。當乙酉城破時。先生與夫人蕭氏及其長子將就死。夫人痛韓氏之絕也。抱三歲兒哭拜嫗。嫗泣受。裹諸懷。即夜逋。當是時。萬馬屠城。城中火起。照鋒刃如雪。天大雨淙淙。與戈甲聲亂。殺人塞坊市。嫗匍匐蛇行刀頭馬腳之下。伏死人中。祝兒曰。天不絕韓氏。勿啼。兒果屏息懷中。從城竇出。匿江灘。拾麥穗啖兒。得不死。亂定。投韓之故人高氏。義育之。及長有成。名魏。字醉白。醉白將婚。嫗病甚。熟視新婦。泣曰。婆子病且死。不及見爾夫婦之好矣。善事爾夫。爾夫昔抱持從萬死中活。有今日。其為人賢且才。雖貧勿憂。後必大。毋效世俗兒女子易爾夫也。婦敬謝之。嫗即歿。年八十有三。見汪懋麟百尺梧桐閣集。

項淑美

項烈婦諱淑美。歙安東錦溪里人。適茶坡方希文。希文好學。烈婦獨總家政。年三十。未有子。為希文置一妾。未幾。烈婦生子瑞合。人謂賢婦之報云。丙戌春。潰師駐歙安。沿江數百里。皆屯兵戍守。所在縱掠。希文攜家避諫村。烈婦念田畝遠廢。無以自給。會親族姨姒皆居西坑山谷險峻。去家近。得以兼綜諸務。遂徙依焉。希文雅好古。圖書萬軸。悉載以往。五月四日。妾子病疹。希文攜瑞合。延醫百家坪。烈婦與一嫗一婢俱。是夕兵驟至。因風縱火。火將及。婢泣挽烈婦衣。欲俱出。烈婦正色曰。出則死於兵。不出死於火。等死耳。死火者不辱。若能死從我。不能亟去。時嫗已先逸。見火熾甚。復奔入呼曰。火封舍矣。又呼曰。某某已出匿他所矣。皆不應。積書左右。坐其中。火焚書燼。烈婦死。見方象瑛健松齋集。

馬烈婦

馬烈婦閻氏。青州安邱人。適同邑馬元成。元成遺瘵疾。烈婦晝夜視藥餌。見其夫痰悶喉中。喀喀作聲。輒豫以手承之。疾可歲餘。咳唾未嘗至地。迨元成病革。損及食飲烈婦如之。已而日僅進一粥。烈婦如之。屬纊之前。絕水漿者六日。烈婦亦如之。元成竟死。烈婦形神慘淡。有求死之志。家人知之。防閑甚密。欲呼鄰嫗伴寢。婦曰。東家小姑。可與共語。何必攪老人夜眠邪。其意以少女易寢。俟其睡可自裁也。姑覺竟以老嫗伴之。又更八日。其姑偶出。為姻家送葬。烈婦取粟。令其弟礱之作糜。復紿其舅覓菜市中。反闔向嫗於別室。乃繞出孝堂後由北扉入。躡棺而上。先以繩自結其頸。後繫榱間。足甫離棺。烈婦死矣。烈婦年十五歸元成。二十七喪夫。後其夫十二日死。時康熙二十五年三月六日。見張貞文集。

張有

張氏者。高唐朱母劉孺人侍兒也。名有。鄒平農家子。其父以歲祲乏食。鬻之孺人。時女才十歲。性柔順。孺人絕愛憐之。及長。欲為議婚。女聞色變。詢之。掩淚以對曰。妾幼曾許字某氏。今改適。是渝前盟也。死不敢從。孺人嘉其節。亟覓原壻付之。及得其人。已有妻子。女纍纍矣。以語女。女曰。渠雖別娶。亦須相從。不願更事他人也。壻以兩室非貧家所宜。終不肯。女守義彌堅。孺人益重之。撫若己女。服食居處。不令與儕輩偶。年三十。以疾卒。康熙壬申三月二十一日也。見張貞集。

王孝女

王孝女。慈溪王孜之女也。居城之東偏。歲丁巳七月十八日。夜二鼓。失火。孝女母卒。

停柩於中堂。孝女處樓上。趨至中堂。疾呼舁柩。無應者。已而火至。孝女伏棺上不肯去。其父從火光中遥見之。抱之而出。則已死。灌以礬水。稍甦。聲出喉間僅絲髮。問母棺出否。家人不答。遂哽咽氣絶。時年十五也。先是四月之盡。城中菊花盛開。觀者絡繹。不知其為何祥也。至是而有孝女之事。古來火逼親棺。守死不去者。東漢之蔡順古。初晉之何琦。齊之傅炎。梁之徐普濟。元之余丙。祝公榮。郭通。陳汝楫。明之楊敬。祝大昌。鄧翰。陳倫。然皆幸而得免。其不免者。則宋賈恩。隋李孝子。明唐治始三人。然皆男子。以弱女而殉身者。僅一孝女而已。見黃宗羲南雷文約

阮貞孝

貞孝姓阮氏。鳳陽天長人。諸生阮振聲女。許字王博士瑨之子道聲。未嫁而道聲死。阮氏年十五。告於父母。服喪服。驅車詣王之門。登堂拜夫。不哭。拜舅姑。遂留守夫喪。誓不復嫁。其初父母未許。舅姑亦辭。已而知志不可奪。遂從之。既力行婦道。侍姑費氏疾。至於刲股。姑卒。喪之如禮。始歸甯。舅再娶林氏。阮曰。吾可歸家矣。歸事林如費。林復遘危疾。阮衣不解帶。每夕禱於天。願以身代。林病良已。於是即縣以阮氏貞孝之行。白於巡方御史。上之朝。以待旌。見歸莊恒軒集。

嚴烈婦

洞庭東山有嚴烈婦陳氏。于歸未幾。而嚴生夭。乳哺孤兒。不三載。亦不育。於是日夜冀其翁之葬嚴生。凡七年而後葬。烈婦質奩資悉傾於夫之病與喪。女紅自給。未葬。即積諸為人刺繡奩飾者歸之。自製附身服物。皆極整辦。葬之三日。往奠於墓。哭盡哀。歸而於其夜自經死。（見朱用純愧訥集）

黄氏

黄氏。應山明經黄思閔之女也。少學書。畧通古史。受涂氏長男聘。年十七。而涂氏子病且篤。女請命於父。往訣。因袖刃至涂宅。竟日而涂氏死。遂欲自刺。思閔故無子。泣下謂女曰。禮。女未嫁則從父。汝父況無子。汝為夫死。如汝父何。女乃止。周身素衣。從容經理。纖悉必謹。然後歸。再請父命。以其妹許涂氏次子。期年父死。遺貲可千金。女三分之。以其一治父後事。葬祭皆成禮。其餘分半與妹。而以其半予族弟。立為父後。條理井然。區畫無遺。告家眾曰。某乃今從涂氏子於地下矣。於是擇期歸於涂。初思閔存時。客有為女改嫁地者。言未畢。女即於室中舉刀截指。數指俱斷。客驚走出。故人皆知女志不可奪。至是莫有屈阻者。屆期。族黨皆具素冠。以喪禮相送。女拜別。更拜父墳。哭盡哀去。觀者填路。無不泣下。至涂宅。不食七日死。死之前一日。應山令聞而奇之。亟詣涂宅。入室求一見。是時女奄奄垂絶。猶引被覆面。不見邑令。邑令僅見其手。無左指。兀然一掌。歎息良久。為之泣下。涂氏厚殮之。與其長男同穴而封。應山令為勒石紀其事。見嚴首昇瀨園詩文集。

羅氏

羅氏華容嚴循閑之妻也。循閑性通敏。喜飾儀容。好學廣交。善滑稽。開口而笑無虛日。羅氏年十八歸循閑。貌寢而拙。期年生一女。無何。為循閑所棄。不入其室者十餘年。羅氏獨與其女共晨夕。拮据米鹽。不啻未亡人。然事舅姑彌謹。奉中饋無闕。每容至。循閑未嘗入謀。而杯盤應時具。雖黽敏同心者。容未逮也。於是循閑母及祖母及伯仲母咸責詈循閑。為羅氏不平。久之。循閑病。羅氏就侍床側。煮藥進糜。夙夜不稍懈者二百餘日。循閑病漸不可起。羅氏私自泣。目盡腫。抱其女屬姑曰。脫有不諱。當以身殉。願姑視此女如子。勿但以為孫也。比循閑死。羅氏哭盡哀。兩手掊地。十指冰裂。爪甲殆盡。姑令婢子輩防守。是夜漏盡。同守者倦。縊於棺側。同穴而封。里中人為歌穀則異室。死則同穴之章以誄之。頌之。其女亦死。循閑竟無後。見嚴首昇瀨園詩文集。

秀水張氏雙節

秀水諸生張三錫妻許氏。儒家女也。孝而賢。常刲股療姑疾。居數歲無子。媵高氏。有二子雋發雋升。乙酉三錫攜室避兵相家蕩。盜劫其貲。縛三錫沈諸河。許氏將殉之。高氏止之曰。二子在未可以死也。許氏挾二子與俱竄而免。亂既定偵得盜。攜二子哭訴兵備使者佟公國器。收盜抵法。人咸稱許氏之智也。許氏復為二子拮据。皆授室。凡十四年而許氏歿。高氏教二子有成。雋發有名諸生間。雋升治生以養母。益擴其先業。又十餘年。高氏年已五十餘。人咸稱二氏之苦節。一死一生。皆不愧亡者於地下。列狀上有司。學使者李公廷桂采之。表其閭。見彭孫貽文集。

常孝女

孝女姓常氏。毘陵農家之弱息也。幼失恃。依其父以長。年十二。父病且殆。撫其女曰。吾不及覩汝成人矣。奈何。女悲父言。誓不嫁。募地半畝。負土成墳。窆其父。即墓側營草廬。焚修其中。墓地為不肖弟鬻之者三。而孝女三贖之。歲大饑。盜入其室。被劫幾死。卒守父墓不為動。壽六十餘。郡人孫文介公慎行。特造其廬敬謁之。斬然衰絰。蓋終身如一日也。又恐歲月漸遠。一抔蕪沒。乃度女弟子二人嗣守之。里人哀其志而欽其行。就草廬為祠宇。名貞孝庵。在郡東二里許。毘陵薛少公先生為之碑。載其與人決休咎如響。人稱常孝女。亦曰仙女。此明萬歷間事。見張光緯息廬賸稿。

王去華

烈婦字去華。金谿名方伯若水王公孫女。嫁諸生陳諤正夫。有才色。年二十二。隨母避亂咸塘。正夫時病足。謁醫客路。會兵數萬自石門噪縣西諸村落。殺老弱亡算。將近咸塘。初正夫大父蒼梧令元亭先生。生平癖書畫。多秘珍者。盡以予諤。諤尤愛蘇文忠書醉翁亭記真筆。常自裝之。出必藏烈婦所。是日平明。烈婦改服蓬首。棄簪珥衣襆。獨持一手卷著胸前。與其母倉卒離鄭家源。晡時。兵噪呼自後至。烈婦孱不能前。哭地上。欲遲其父翰卿及弟惟葳。而翰卿以晚行見殺。不來。母強挾之。稍前行。得一池。烈婦止不動。麾母曰。娘老矣。疾走。毋返顧。告陳郎。求我屍此地。急置卷池旁。一躍入池死。母尋亦死。三日兵盡。翰卿屍先得。或傳言烈婦入軍中矣。當是時。民追贖妻女者載路。正夫意不樂。直視久之。弟踊且哭曰。若尚不知吾姊乎。吾姊前與母發咸塘。語絕痛。誓必死者。但南求。無北索。我保姊不妄言。遂共行。到池上。亡有。衆皆曰。死三日半。而肉不浮乎。惟葳不聽。使人涸其水。則烈婦在焉。出之泥。若一折藕浴而斂。肌顏玉雪。惟十指甲盡脫。血凝碧。時兵所過。女子無佳惡。馱以副馬。或連繩縛去。蹈溪水。衣帶漂水面。輒長戟鉤取無完者。烈婦脫不自奮入泥中。入泥中不力者。幾不得死。正夫及是慟絕。喪之加於禮一等。見傅占衡湘帆堂集。

王節婦

節婦詹氏。年十七。且笄而字。其壻王朝寀儒生也。抱羸疾。不克親迎。節婦欲往省。而難其家人。朝寀母命輿舁至。勉合巹焉。亡何。朝寀卒。距其合巹三旬有七日耳。此三旬七日中。罔非辛苦悲惕之夙夜。而無所謂燕爾靜好之晷刻也。般以糜羹。涕淚以和湯藥。而朝寀竟不起。無已。剪縷髮納殯。號呼而矢曰。予其殉也。顧無子而莫為之喪。三年之喪畢。不相從於地下者。有如此髮。聞者皆哽咽泣下。自是勤女工。時慰解其姑。嘗歸甯。母勸之易慮。輒以死拒。久之。服且除而勿除也。或疑其緩死。緩死者。憚死也。憚死而志或移乎。一日。悉檢衣飾以還母。而次第薦其常服。詰朝寢不起。姑及諸姒排闥入。則衣盡紉結。擁被宛轉。若創痛不可忍。而息微屬。曰。死若是難歟。枕側梳有餘瀝。視之。鹽滷也。嘗肖豆為腐。故私貯啜之。遂絕。時丙子四月之十二日。朝寀之死。以癸酉正月。至是凡週歲者三。而又踰三月。服闋而勿除。非緩死也。推其意。以三年之喪爲三過。而又三月禫也。初不諳禮制之爲廿有七月耳。抑賢者以過期爲厚邪。見吳肅公街南集。

傅節婦

節婦吳氏。年十七適黃池傅生光箕。時傅生抱病矣。踰年傅生死。父母以年少諷之。旋因歸甯。留婦而責贍於傅。且訟之。頻噪逼節婦。節婦託鄰媼。潛舟往傅。傅以訟故怒弗內。節婦大窘。欲自沈。嫌野死無以自明。隱忍掩泣而返。請自食無以朝夕累父母。因力爲紡事。車聲軋軋。霜月炎宇。歔淚悽魂而已。顧媒姆恒窺其戶。向父母刺刺不休。節婦覺。輒覓死數數也。於是更僦舍以居。崇禎時。歲頻歉。扃戶而餓。鄰餽之。弗受。族姊魏母。亦殍也。遺之米。乃半易糠覈。或怪之。問故。曰。雜糜之可一月不死也。久之。積紡資。買女雛十歲。許拾樵供爨事。日購腐屑。女雛對咽之。率以爲常。女雛者。曰春蘭。先是有自鬻偶之者。不耐餓。尋去。春蘭亦善自衛。里媪或呼春蘭食。節婦必審所自。戒毋輕受食。春蘭自是即不受里媪食。今年四十餘。無他。見吳肅公街南集。

宋烈婦

吳門宋實穎母葉氏。以名族歸子堅先生。嫻於內則。爲子婦。爲妻。爲母。皆有法度。乙酉閏六月。薙髮令下。太湖中有起者。城內外火光燭天。實穎與父謀出避兵。夫人正色曰。出走者。汝輩事爾。吾婦人。去將安之。昔伯姬不避火。春秋美之。火且不得避。况兵乎。於是實穎奉父出。而夫人閉户坐達曙。俄聞有兵持刃觸門者。門未啟。夫人遽同季子實方。女雪娥。實穎婦朱氏。牽衣奮身赴井死。仲子實栗。號泣井旁曰。母死。兒何心獨生。亦赴井死。兵既去。實穎負母及實栗屍。從井中出。顏色如生。而實方與妹及實穎婦。俱植立井中。竟日不死。見魏禧叔子集。

謝烈婦

謝烈婦。甯都諸生葉芊妻。性好潔而弛緩。時避兵某村。天大暑。將浴。兵驟至。亟揮手指芊。負幼兒間道逸去。謝為部將所掠。悅其色。將妻焉。詢其家世及夫。謝應對惟謹因斂手致辭曰。今日從將軍無疑。然須澡浴畢。惟命。部將大喜。聽之。久之不出。趨室中視。則引縈刀自剄死矣。部將大感動。歎曰。此真烈婦也。特植木表屍旁。大書其夫家世姓名。趣令收葬。三日後兵退。色如生。衣私澤無一亂者。芊藁葬之於西郊淨樂僧舍後。易堂諸子。並為詩傳誄而祭之。易堂魏禧妻與烈婦從兄弟也。禧之詩曰。婦既烈。火義如從水。人智也。生婦智也。死蓋人之節烈。固亦有非智不能成者。謝氏死如是。可無愧禕言矣。見彭士望恥躬堂集。

曲園居士曰。此傳所謂易堂諸子者。詳見魏叔子集翠微峰記。曰翠微峯距甯都城四十里。邑人彭氏於山之中幹。辟平地。作屋其後。諸子講易。蓋所謂易堂者也。予同伯兄季弟。大資其修鑿費。遠近之賢附焉。即此所謂易堂諸子矣。

海烈婦

烈婦海氏。徐州人也。其夫曰陳有量。家貧甚。而海氏有姪。為江陰卒伍。訛傳姪得志。乃夫婦過江投之。及至。姪亦貧甚。勉贈二金以别。是時江南漕兑方集常州。運軍皆徐淮諸衛。海氏夫婦欲歸徐。而不能自達。居常州逆旅。冀覓親識附艘歸。久之未得。而所贈二金者。稍稍費盡。旅食錢無所出。旅主楊二。見海氏有艾姿。以為奇貨可居。會運軍伍長林顯瑞。饒資好淫。酒中輒肆大言。則楊二因而囮之。顯瑞窺見海氏。則心益迷。乃相與設謀。勾其夫入艘。非惟附行。且得直也。海氏覺耳目有異。不肯從。而楊二故逼索旅錢以劫之。顯瑞若得為同舟而代償者以要之。其夫故孱人。無聊。又為二人所持。乃强海氏登林艘。海氏不得已。居梢艙。堅閉艙門。顯瑞欲一窺而不可得。使舵工婦誘之。不聽。顯瑞失望。尤楊二。楊二曰。既在君艘。君為政。何怯也。於是為必得之。訃使其夫往蘇州買管索去。因借酬神名。聯三艘演劇。冀以蠱海氏。海氏不視。然而顯瑞已視氏為几上肉矣。海氏自夫去。度不免。密聯其上下裏衣。針縫無隙。及顯瑞中夜破門入。強海氏。海氏悉力拒之。且罵且泣。衆聞縊死。時康熙二年正月二十六日也。顯瑞急呼人解屍。雞已鳴矣。遂與弟林四謀。匿屍米中。而欲追殺其夫以滅口。水手藍廷九不平。乃紿請追夫。而赴司理密首。司理朱公。立委經歷繆公檢驗。林顯瑞。楊二。皆伏其辜。海氏小殯於娘娘廟側。弔者如市。今立廟。與龍興寺對。香火頗盛。見任源祥鳴鶴堂集。

曲園居士曰。海烈婦之烈。非藍廷九。則或淹沒不著矣。藍廷九亦義烈之士也。錢唐馮山公辭春集。有義士藍九廷序。今附録於此云。丙子冬日。予行清和坊。避雪宗人藥室。有壯士。睅目豐頤。長不滿八尺。而腰大九圍。敝衣穿空。望見予。腼然欲前致辭。予奇其狀貌。揖以入。宗人舉手歡靦曰。公無然。此齊人也。壯士慚懅而退。時雪霽。予乃躡街而走。追及壯士而問之。對曰。身姓藍。名九廷。山東人。少為糧船篙師。南北居貨貿易。致千金。散予窮親故。立盡。隨子臺灣。今夏乘海船北歸。至四明。遭風覆溺。身攀木緣崖得生。歸而無資。以是行乞於杭市。得三金可抵家矣。予憐而止之宿。醵錢告同志。事立辦。九廷大感。明日將行。予夕飲之酒。酒酣。九廷拊膺太息曰。身亦嘗讀書。了了明大義。少時卻蹟。為烈婦申冤。人稱義士。今不幸遭患難。飢餓瀕死。竊自念天道苟可知。決不填溝壑異鄉。果遇公獲濟。予因問烈婦為誰。曰徐州海烈婦者是也。康熙六年。烈婦堅拒旗軍林九功。夜穴艙強奸。自縊死節。方是時。身卻九功蹟。鳴官。官來出屍米中。玉色如生。袒衣窮袴。皆牢綴如裹革。言未既。予離席鞠躬。酌九廷三大觴。亦自觴曰。馮景何幸見義士。吾故知君非常人。果然。且君非遭海風覆舟。予奚由見君。君亦奚由至吾前。述三十年已事。予將奮筆表君。使百世下知有蒿師藍九廷者義士。則天道果可知也。九廷喜甚。罷酒就寢。雞初鳴起。蓄火磨墨索予書。書已天亦明。九廷再拜予去。按此序。與任息齋先生所載海烈婦事。微有異同。海烈婦傳。稱事在康熙二年正月十六日。而此序則云康熙六年。或藍九廷所追述。偶誤二為六邪。傳云運軍林顯瑞。而此云林九功。殆運軍亦有名有字。顯瑞其名。而九功其字邪。至傳云藍廷九。而此云藍九廷。則當以此序為正。此乃藍所自述。不容訛也。至周青士采山堂集。亦有海烈婦傳。但云藍九。則更為不審矣。

薈蕞編卷十六

清　曲園居士纂

泰寗三烈

泰寗縣諸生廖愈達。妻李氏。好讀書。通詩書大義。愈達嘗學制舉業。寒暑每旦至夜分不少輟。李氏辟纑以侍。然嘗有不豫之色。愈達怪而問之。數不應。久之。目愈達曰。君尚無子。子與科名孰重。愈達憮然。於是勸愈達納汪氏女為妾。數年。又無子。更為娶張氏。而愈達益事制舉業。不樂家居。築別業於隔河石壁下。李氏每女紅閒。則持女孝經及女小學。正席南向坐。二妾東西向。為講章句大義。旁古今貞淫善惡感應事。二妾遞當日。供菜果餌以為常。愈達一日自別業歸。聞講書聲。駐户外竊聽。李氏則教二妾識仁字。語諄復不休。已。愈達入而笑。李氏正色曰。志士仁人。有殺身以成仁。毋求生以害仁。丙戌。愈達挈家避亂石輞之新塘坑。於寓室得國變録一册。愈達取閱之。瘧作。中止。李氏乃盡夜讀至竟。明日。呼二妾告曰。予昨夜讀國變録。甲申三月十八日。簡討汪偉知京城不守。誓死為厲鬼殺賊。夫人耿氏曰。妾則請從。十九日。聞城破。耿夫人執榼承飲。請偉共酌。畢。五拜起。偉縊於右。夫人縊於左。夫人既引頸執帛。怨顧偉曰。雖顛沛。不可失夫婦之序。乃皆出帛。易左右位。縊以死。李氏語至是哽咽不能出聲。淚落如雨。二妾亦相持悲號。主人婦疑愈達妻妾失歡。競來慰藉。卒不知為何事。九月初三日。敵兵逼新塘。愈達攜妻妾同鄉人。夜走南石砦。砦素號天險。四壁嶒立。遠近搢紳富人處其中。明晨。敵兵前後攻砦門甚急。礮聲震天地。砦中人欲竄徙他去。愈達亦率妻妾至砦口。則萬人奔擠。不得下。李氏顧愈達曰。君何必出砦門。出砦門者。吾三人事耳。愈達曰。汝輩顧得出。未及答。羣呼兵自後門入。李氏即從砦口。展兩手。投厓下。愈達既已無可奈何。更攜二妾奔別厓巖中。巖多棘刺。男婦數十人。先伏處。未幾。搜牢兵至。愈達遽癎發仆地。而張氏投巖死矣。愈達出金遺兵。兵得金去。汪氏牢把愈達衣。伏其後。頃之。適見一朱纓窄袖者。拔刀南向立。諸小卒執槍從東向侍。指揮巡邏山前後。猙獰無人狀。汪氏乃大哭曰。君善自保。縱身投崖石。石擊搏於巖。左若支解然。是夜雨甚。兵宿崖頂。明晨兵退。諸鄉人婦與愈達同伏巖中者。皆得免。見魏禧叔子集。

秦節婦

秦節婦劉氏。年十七。繼室文學君甲祜。六年而君疾癲。又踰年而卒。前子四符。方九歲子四採。一歲節母艱難以教二子者。三十年。而後乃以壽終。嘗訓二子曰。年荒。衆人之荒也。學荒。則吾兒之荒也。兵亂。衆人之亂也。心亂。則吾一家之亂也。魏禧曰。嗚呼。可以傳矣。見魏叔子集。

梁烈婦

烈婦張氏。清苑梁公以樟妻也。公以進士授太康令。明年。調商邱。時賊犯開封。所至糜爛。公語烈婦曰。吾為天子命吏。誓必滅賊。與城存亡。烈婦曰諾。目公佩刀。各奮衣而起。壬午。賊李自成合袁賊羅賊衆數十萬攻商邱。公乘城拒守。既夕。冑而進。拜辭其父中議公主。與烈婦訣曰。城且陷。倘陷。我必死。知汝亦必死。左右皆掩面泣。烈婦指所居樓示公曰。尸我於是。命老僕楊材積薪環其樓。且告曰。若城朝以陷。則火朝以舉。夕以陷。則夕以舉。毋遲我死。公冑而出。呼守陴者發礮石。頗擊傷賊。賊稍卻。烈婦傾槖裝市牛酒以賚軍賞。垂五日。賊攻益急。仰射人。人頗死。鼓音四面不止。相驚以賊至。夜過半。一城傳呼曰。賊入。公嬰城以戰。賊刃公仆地。烈婦聞之。驅婦媵登樓曰。吾夫死矣。若等從我死。毋苟活。遂衣平日白衣。繯於梁。將自縊。呼楊材舉火。材哭不忍發。烈婦厲聲叱曰。汝忘爾主訣別時而背之乎。賊至。等死。少延。使我不速死。汝罪莫贖矣。材伏哭叩頭舉火。烈婦死。三十餘人從死。一子燮方九歲。隨烈婦登樓。火熾。哀號焰中。老嫗急掖之曰。主人惟此郎。幸得脫歸。以後梁氏從樓上推墮兒。僕王政負兒逃。是夕。邑民求公亂屍中救之。越三日甦。而烈婦則死矣。商邱人立烈婦祠。春秋祀之。昏夜嘗見白衣人矗樓址間。則烈婦固不死也。見王猷定四照堂集。

沈孝女

錢塘沈孝女。父人驤。母周氏。嫁陸有奇。母病。歸侍母。母瀕殆。每云。父老弟少母何可以死。兒願代母死。樂於生矣。母日益危。孝女乃伺夜鼓深人悄。潛自割其左臂肉。血濡縷。不肯止。猶忍之煎湯進母。母啜之盡。問母好否。曰好。乃退。仆著凳。不能起。呼聲慘慘。父入。但曰。兒死矣死矣。竟不言其故。其父見血大流溢。驚而抱之。久之。竟殞及將殮浴見創。而始知其以是亡。蓋使人知用藥裹止血。亦可生。而必不言。世傳人知割股事則疾者無效。爾於是母病乃旋以甦。身代之志竟符。奇孝格天信哉。見毛先舒思古堂集。

唐烈婦

烈婦曹氏。海甯唐之坦妻也。夫病。婦奉湯藥。半歲不解衣。病益亟。志殉以死。預治殮具。每物必以副。為夫繪象。已亦繪象。家人固怪之。夫且死。母勸之食。曰夫絕粒矣。我何忍獨食。夫食乃食耳。比夫死。將服砒毒以殉。妯娌見而奪之。稍閒。更吞灰水。腹痛終夕。不死。復取三錢吞之。母急奪其一。而兩錢已下咽。又不即死。乃哭以殯。殯畢歸寢。潛以滷置牀下。中夜服之。碎其杯。家人覺而不及救。有頃。大呼。臟腑如欲裂者再。忽大吐。竟不死。砒灰水錢滷四物。皆能殺人。要非可探手即得。婦悉蓄儲以待。以此知欲殉其夫。非一日也。既盡服四物不死。乃大慟曰。天乎天乎。死固若是難乎。毒固不殺人乎。雖然吾必死。吾且以水死。舅姑與母更勸說之萬方。度不可奪。則戒之曰。與其水死。甯絕食死。遂復絕食二十二日。而猶不死。乃夜啟扉。自投於河。鄰婦救出之。氣絕復甦。水汩汩循腸下。所吞錢隨而出。衆更強之食。乃曰。諸大人能強我食。不能禁我死。無何。夢其夫迎與俱去。曰百日為期。夫死之日。丙辰九月二十八日也。遂以十二月望。拜訣舅姑。復絕食。家人見其然。且敬且憐之。既已無可奈何。則曰。婦要當死。無久困婦為也。於是不復勸。又十五日。為歲除。內外倥偬。忽失婦所在。行視柩側。麻衣纍然懸帨在梁。烈婦死矣。(見潘耒遂初堂集)

蔡烈婦

蔡烈婦孫氏。福州侯官人。父諸孫穀詒。有高操。與同里蔡其聰相好也。烈婦有姊。嫁其聰次子以任。而烈婦歸少子以位。家酷貧。以位棄其業。與醝商同事。至順昌。遇羣行販私醝者。呵止之。起而格鬬。以位被創死。婦聞悲慟。勺水不入口者數日。潛自縊以救解。迎喪江干。奮身投水。有持之者。不克死。其姨以義責之曰。若幸有子。即死如立孤何。乃不復求死。官捕得私販者。法當抵死。而律令須檢傷。乃定罪。檢傷者。洗肉見骨。慘不忍言。婦曰。是重傷吾夫也。痛不欲檢。而非檢則冤不伸。理官悲其意。為杖斃首惡二人。婦感理官剌骨。每夜焚香祝天。然茹恨銜哀。終身未嘗露齒。足不踰戶閾。同產兄舉子。迎之暫歸。終不往。有疾。不肯服藥。其姊慰勸之萬方。終不鮮語。次嘗以孤屬其姊。喪且再期。謂其姊曰。吾兒幸稍長。襪履可取諸市。不煩手縫矣。兒向苦瘡。今愈矣。不累吾姊矣。有言既祥而姑在。當具淺色綦履者。婦曰無庸。姑緩之。姨察其有異。陰守護之。大祥之日。顧從容如平時。哭奠畢。就寢稍休。久之不出。姊趨視之。則闔戶引經自經矣。時康熙乙亥七月十三日也。年三十有九。見潘耒遂初堂集

郭烈婦

郭烈婦林氏。閩縣人。嫁為郭繼汾妻。繼汾聰穎。善讀書。工楷法。然嗜飲喜遨遊。得病

嘔血。猶弗改。婦數數苦諫。謂宜節飲擇交。繼汾怒。寢不見答。婦弗怨也。脫簪珥為湯藥費。斷髮誓天。夫病篤。屬兄嫂善事大人。毋以我為念。夫殁。撫屍慟哭。即日投井死。後蔡烈婦一日耳。年二十四。見潘耒遂初堂集。

卜氏

卜氏。周孝廉妻。孝廉名宗彝。字五重。別號青蘿。海甯硤川里人。崇禎己卯。舉北闈。甲申之變。宗彝絕粒數日。卜氏强勸之食。曰君亡國破。死固其宜。然竊聞江左尚有推戴。事未可知也。盍俟之。宗彝復蹶然興。盡傾其家貲。募勇敢。練鄉兵。水陸設重關。複柵。以捍衛井里。未幾。南都不守。大兵且下浙。宗彝與弟啟琦。同蹈兵而死。卜氏號而召妾張氏王氏曰。吾固知有今日。但張也生男。尚在孩抱。孰能為周孝廉作程嬰乎。二妾相顧曰。死易。立孤難也。卜氏遂束其子明球於懷。躍池水中。二妾從焉。乳母輩赴水死者十餘人。越數日。從姪明偘具棺殮卜氏及二妾。猶屹立不仆。面皆如生。里人遂名其池為節義青蘿池。見許汝霖德星堂集。

郭孝婦

孝婦。開封郭鍾琇妻。而王指揮堯臣女也。明崇禎間。李自成兩攻開封。不克。總兵陳永福子。射其一目眇。大恨。於十五年四月。率眾毀四郊麥。百計攻城。城中乏食。推官黄澍括民粟三次。麩一斤。直銀二十兩。纓絡草。小紅蟲。瓦松。蟯螂。每觔至三緡。人相食。孝婦家計口。日熟麩水一盌。繼以糠覈。庭前蒲萄。啗其葉盡。姑年七十餘。不能食。孝婦懷有乳嬰。乃以湩哺姑。如是數月。嬌日減。嬰餓損。呱呱泣。孝婦撫之。亦泣接頤也。猶強笑語。上堂乳其姑。九月十九日。賊灌黄河水入城。家眾號巢木上。乳絕。湩涓滴。僅奉姑。嬰竟殞。已而水益漲。俘高福得一小桴。鍾琇扶母上。命孝婦面雍樹。長兒圻墜。而身與弟別。出桴。漂巨浪中。隨波濤。竟達涘。四顧皆賊壘。無所之。有綷衣老父須鬢皤然。曳杖來。曰。爾郭氏妻孥耶。焉知路。可隨吾行。抵河干。不見一賊。引入草舍。甚潔。曰。此有粥食之。又曰。吾引爾渡河相聚。命登一舟。姑勞坐而氣絕。孝婦擗胸泣曰。天乎。吾願貸年活姑。以乳哺姑口。夜半甦。曰。渴欲沸水。孝婦曰。此舟中也。安得沸水。仍以乳哺之。翌日。抵河北岸。綷衣老父已先候。無何。遙指鍾琇曰。爾家主至矣。遂不見。見李塨恕谷集。

魏烈婦

烈婦王氏。新城王五公先生之孫女。年十五六。父曙光。許歸魏氏。事舅蘊石。姑田氏。

蓋婦道焉。克儉病篤，相之敬而順。康熙三十二年，克儉補易州諸生，嘗讀書保定府城內。時病旋劇，烈婦聞之，自易州倉皇入侍。左右奉養，卒不起。烈婦擗踊長號曰：吾無天矣，可生耶。吞毒半下咽，姑見，以指出之，大哭呼曰：吾與汝舅俱有年，汝夫之二弟稚，汝夫死，汝又死，是死吾夫婦也。灌以藥，日夜令人防。且曰：若叔後日產子，首即與汝。烈婦時年十九矣。乃強理生計，茹荼攻蓼，不少懈。數年後，季子克肅生子繼先，遂以嗣之。烈婦撫育甚摯，髫齔督就外傅，隨兩叔父學，夜歸，必令背誦。初克儉葬坎下村側，至康熙四十八年，韞石立新阡營葬，烈婦同穴之志怦然動，淚集裳不可拭。已而佯為歡笑。時韞石率二子入府試，烈婦撫繼先曰：汝祖及叔父出，祖母室無人，兒可伴祖母寢。繼先牽裾不去也。及夜，視兒寢熟，乃靧漱櫛縰，以手畫壁曰：吾事畢矣，志遂矣。端坐几上，雉經而卒。（見李塨恕谷集）

王氏姑婦節烈

王烈婦，登州衛訓導周天顧女，性貞敏，通孝經、列女傳，有殊色。適王永命。崇禎五年，毛文龍之變，將耿仲明等據登州叛，縱兵淫掠，將污周，周大罵。賊將逼辱之，周乃紿曰：我不從，有親喪耳。今設祭釋服，當更妝從賊。信之。已而閉戶自縊死。賊怒，支解之。

當叛兵之逼烈婦也。永命匿不敢出。烈婦紿賊去。倉皇出。持烈婦泣。烈婦曰。我死耳。君欲攖賊刃。而使我為賊汙乎。走也。胡泣為。乃逸。事平。結少年偵賊所在。斬其首以祭烈婦。鼎革後。從入關中。順治丙戌進士。仕至大同知府。子業昌。康熙癸卯科舉人。濬縣知縣。娶彭氏。名德貞。德貞喜讀書。明大義。其先江西廬陵人。祖士宏。為南宮知縣。闖賊陷南宮。士宏將死之。顧謂家人曰。奈汝曹何。德貞方八歲。應聲曰。國而忘家。翁夙訓也。庸再計乎。士宏瞿然曰。孺子言是。遂死之。業昌卒。彭方二十四歲。矢志不再適。力學讀書。著有毛詩義疏。詒雄其門。子二。曰爵。曰鴻。女子子一。曰玠。皆負異才。彭自訓之。鴻不仕。工詩歌刺劍。精伎擊書數。所交多奇材俠士。爵為人負氣好譏罵。玠嘗作短劍行諷之曰。西風激射劍鳴中。夜周君子身。柄不輕借。百練之器折則弗廻。苟非大故。納鞘勿鬧。母見之曰。女顧出兄上邪。家赤貧。母安之。二子介然自守不稍屈。今家通州人呼王節婦家云。見王源居業堂集。

曲園居士曰。周天顧。即周忠武之兄。而王永命者。其祖王好智。與忠武同死甯武關。即所謂王鐵鞭者也。世稱忠臣義士。往往無後。王鐵鞭之後。奇才異操。不已多乎。

徐烈婦

烈婦朱氏。永康侯徐錫允夫人。年十七寡。無子。錫允庶伯應垣襲其爵。夫人屏鉛華。坐臥一樓。讀書學書法。善彈琴。每月夜。闔庭户。焚香獨奏。商調激楚。聞者悲之。事姑孝謹。姑憐之。時與同臥起。甲申三月十九日。都城破。家人聞難。驚避去。保姆曰。夫人避。夫人笑曰。我何避。保姆曰。夫人即死。如太夫人何。太夫人曰。吾婦且不避。吾何避。皆不避。於是夫人奉廟主至中堂。積薪於庭。再拜太夫人曰。請與姑侍廟主。同以火。太夫人曰諾。乃取命服。漬油服之。太夫人西嚮坐。夫人東嚮侍。命舉火。火舉。太夫人倉皇欲避。不得出。繞屋而號。夫人堅立不動。頃之。逮乎火而死。夫人侍婢四。皆聰慧。教之習書彈琴。愛之甚。夫人將火。揮之去。曰。若毋火。四人泣曰。夫人死。婢子焉避。死請。皆火。火發。烈燄徹庭户。忽一婢。若有物挈之出。擲鄰屋瓦上。膚髮皆焦灼。半日甦。方避去。事定。始出見故人。為流涕述其事如此。見王源居業堂集。

吳烈女

烈女吳氏。吳人也。少失母。弟妹四人。俱幼。烈女撫之甚篤。許字宋氏。未嫁。宋氏子死。欲自盡。顧弟妹無所依。弗忍。乃請往成服。父色然駭。叱曰。若室女也。胡為此辱矣。若翁更爲若擇嘉耦爾。女痛哭累日。夜欲赴井。家人持之。吞金約指。宋所聘也。將死。父憐之。且悔。急藥之。得不死。慰之曰。兒毋死。我成兒志。特不得往成服耳。我養若終其身。不亦可乎。女頷之。乃復食。女故慧。婉事父母孝。長讀書。識大義。至是。吳下競傳之。閭里莫不稱歎。而其父乃更納他氏聘。親迎有日矣。女聞之。太息泣下。乘父他出。侍兒寢。乃繫帛於梁。置二金鳳釵於几。皆宋聘也。手書繫衣帶。請以釵易棺。歸屍宋氏。遂自縊死。宋氏聞之。大驚痛悼。并請其喪與宋氏子合葬。吳下士爭爲詩文以誄之。時丁丑四月也。見王源居業堂集。

張烈婦

婁縣烈婦張氏者。農家女。嫁曾氏。夫家故非良。姑與夫迫使爲私以爲利。婦恚不從。姑大怒。箠撻之。凍餓莫之恤。凡三四載。志終不變。閒語所親。涕泣以死自誓。既而其夫劫之他往。婦知不免。夜啟戶。躍入萬安橋水中死。越八日。里人獲其屍。色如生時。丁丑三月。年方二十一歲云。見王源居業堂集。

閬中三烈婦

三烈婦。其一爲陳東生妻李氏。雍正乙巳。東生弟大生卒。東生傷之。其明年春。東生復卒。李氏誓死相從。既成服。即自經。其姒急救之甦。委曲解勸。佯為聽從。越旬餘。忽梳洗靚妝。盛飾以出。姒怪而問之。則曰。哀極無聊。將出游以寫我憂。姒信其語。弗之防也。既而入戶。自以羅帕經臥榻中。蓋越夫卒甫十五日云。其一。為岐江林氏女。適邊沙唐氏子。唐為巨族。而氏夫業操舟。往來江湖間。歲一歸家處數日。其母輒詬氏蠱其夫。丙午冬。唐氏子病瘵卒。林氏解髻結夫髮。擁屍臥。至日中不起。姑呼使起。氏大聲曰。此纍者屍也。即竟日寢。庸何傷。既而延唐族諸明經列庠序者。語之曰。為我備兩棺。余越三日。將從夫死。是日天陰無雨。利於觀者。諸族人咸勸諭。堅勿聽。則為之市新衣一襲以進。且白其事於官。至期。結高臺。具鼓吹。氏服新衣。登臺四拜。南向立。母家夫族。次第行奠。氏笑容可掬。立而受之。至其父奠。則答拜如禮。奠畢。撤饌。取五穀扱衽拋四方。祝曰。令吾鄉時和年豐。毋為厲也。轉身。即次就鏡臺解髮。取一銀簪。綰所懸繩。復取兩珥。呼其嗣子與之曰。以是作留念。遂手挽其繩。稍短。呼父攜杌杌之升。解所佩帕纏繩。引頸以入。即伸手長逝。姑急登臺撫屍。踴且泣曰。甚矣。吾之不知人也。曩者誤詬若。若無恫老嫗。是日天陰曀。無雲雨。臺下觀者數千人。皆嘖嘖稱奇。共牒令請旌。令以格於例。不許。其一。為方氏女。許配林氏子。家素貧。賣餅於市。

別僦屋以婚。結褵之次夕。延客未散。卒中不起。林有義父。語女曰。新婦甫一夕耳。奈何。女泣曰。吾自有處。死吾分也。居停主人知女志不可奪。即謬為大言曰。吾賃若屋。不利死人。一之為甚。其可再乎。女不應。即趨市。就餅肆自經死。時雍正丙午歲之十二月。見方邁集。

李貞烈

李貞烈。江南太倉人。父李蘊石。夫黃繼姚。未嫁。夫卒。奔舅以待嗣。嗣立。舅終。遂以死殉。原其始。貞女也。要其終。烈婦也。彼君子易名。美必重書。倣其義。核其文。駢貞烈。不目女婦。庶乎其可。貞烈自髫齔別席。性岸然異。不苟言動。無巾幗態。凡浩。以才氣冠其儕輩。當女弟。猶憚之。年十一。江夏黃永思為子委禽焉。十九。瀕行矣。而黃氏子卒。康熙丁酉孟秋也。貞烈辭父母。赴哭。殯絕。既視殮。拒戶自經。舅解其懸。慰之曰。吾失子得汝。吾子視汝。不女視汝。吾稗子失母。吾使母視汝。不嫂視汝。他日。次子有子。則汝後也。貞烈俯不應。舅令二女謹伺之。重陽日。貞烈夕奠畢。乘間復自經。舅又覺而免之。父兄聞。馳至。責曰。汝何舍難而苟為易也。汝不當代夫子事君舅乎。代君姑畜諸稗乎。待孤子生而育之教之。以續死者乎。貞烈蹶然起曰。敬諾。麾二姑去。吾不敢死。無相守為矣。無何。二姑相繼嫁。季旦初。亦娶婦。雍正乙巳。季生男。舅名之曰仲康。命貞烈子之。貞烈喜且悲。告於繼姚之靈而誓之。引刀斷一指。寘其莚。曰所不盡心力以鞠此子。所不酬吾初志者。有如指。指先往矣。見者大驚。聚哭失聲。其庚戌舅殁。貞烈曰。吾其可從夫子侍親地下。躍入井。旦初亟綆而下出之。跽博顙號泣曰。親未葬。嗣未成人。前後事綦殷。非夫人莫之如隕越何。願且留。貞烈頷之。乾隆丙辰。葬舅姑。以繼姚附其兆。既虞。聘兄浩女室仲康。即命從浩就業。時仲康生十二年矣。明年寒食。日貞女省墓。徘徊松楸間。顧嗣子曰。吾事無餘矣。初姑適某氏者。早寡。有腴田二頃。夫之昆弟。裂而攘之。至是歸甯。其嫂愬其事。切齒揮涕。貞烈曰。尊章在乎。曰亡矣。有兒女乎。曰無有也。然則安所用田。曰無田何以生。曰汝生亦贅也。盍死乎。死易。不死難耳。如不信者。吾為汝先。語訖從容如平時。薄暮有見貞烈立梅樹下。久不移。呼之不前。逼視之。縊脰死矣。乾隆丁巳孟夏也。距夫死二十一年。見顧陳垿集。

徐烈婦

烈婦張氏。居上海黃浦東川沙城堡。其夫徐俊。以病疫死。里中有豪某。素窺烈婦姿。而莫敢以犯也。烈婦夫死時仲夏。天驟熱。烈婦馮其尸哭五日。而卒無棺以斂。豪乘其急。以貲畀之。烈婦勿受。乃鬻其女。以買棺而斂。而烈婦之母。悍而貪。有周某。為豪計曰。是可以貨餌也。於是厚以遺其母。其母逼烈婦改適豪。曰。汝改適則汝生。不改則汝死矣。烈婦痛哭曰。吾死可也。而何以改適為。持刀截其髮。劙其面。血淋漓駭人。周猶唆其母逼之。勢終弗肯已。烈婦遂自縊死。其長女已鬻於人。其乳下女。方呱呱然也。見劉巖集。

冬青女

冬青女。和州陳氏女也。初名冬冬。女性喜冬青樹。冬青者。女貞也。於是請父。名曰冬青女。冬青女年十八。而死於其夫黃氏子之家。黃氏子曰彝鉉。冬青女笄而未歸。而彝鉉死。冬青女聞之。泣請於父母。欲往焉。而彝鉉之兄曰元棱者弗許。將葬。請之。又弗許。已葬。乃堅以請。元棱不得已許之。往一夕。而冬青女以髮纏帛自勒其頸死焉。元棱則以為織虐也。急除之以桃茢。而輦尸而歸之。至陳氏門。則烈風自輦中起。飄輦蓋至空中。啟輦。而面色尚如生。陳氏之父母。遂棺而斂之。臨弔者數千人。無不下泣者。有司往祭之。越三年。乃得聞於朝。旌黃氏閭。而卒與彝鉉合葬焉。見劉巖集。

王氏女

女王氏亳州人襁褓中喪其母其父許同里李氏子曰殿機者為婚俄而殿機父以犯法死母沒入旗給象房校尉為配殿機方三歲隨母入象房後復鬻身於廂紅旗已牙喇厄爾庫為奴執拾糞役厄爾庫買蕭氏女配之殿機與王氏女家絕不相聞者二十餘年矣初王氏女稍長而其父死死時執李氏所納簪珥而泣曰此李氏家物也數年人傳殿機已死女之叔與兄迫女使改適人曰殿機沒入旗久矣或云今已死即不死當必不得歸即歸而沒乃為旗下廝養婦吾恥之女泣曰殿機縱不歸甯為殿機死而已幼已許為殿機婦雖廝養其何辭而叔與兄所以奪之愈益急女嘗數數欲自求死既而泣且曰吾與其今日而遽死也吾不如竊匐赴京師得一殿機消息然後死鄰有范翁者年七十餘故與其父為莫逆交而女素以父行呼之者女乃哀乞翁求挈之赴京師抵殿機所其叔與兄知其意乃使之升樓而去其梯女暮縋樓下蹇懺騾車與翁晨夜走達京師入象房而殿機母死已久問殿機皆不知女大號哭諸校尉大驚而老校尉知殿機鬻身處引之至厄爾庫所呼殿機出則殿機荷畚自馬棧中出翁趨而語之故女以父所遺簪珥持示之則相對大號泣諸市行人如蟻而至者皆流涕觀之而厄爾庫大義之亦為之下涕於是賄直使殿機挈

蕭氏與女俱歸。巡城御史以聞。時康熙二十八年四月二十九日也。下部議。議允其歸。且令王氏叔與兄以裝奩給之。使無失所。時女已年三十有四云。（見劉巖集）

金壇三烈女

出金壇郭門南。徑三十里。為長蕩湖。濱湖有墓。高四尺。木數拱矣。黝然如銅鐵。而樵採皆以三相繫。視其肆。亦如之。詢諸長老。長老曰。嘻。此三烈女葬處也。烈女者。王氏其二為同產。其一為諸姊妹。當大兵之初下江南也。曲阿以東。賊猬起。而金壇倪文炳為之魁。其掠人也。嘗以晝。過晡則攻剽。倪曰。吾不似諸君之似鼠者。當是時。烈女家濱湖。年各十六七以往。三人相從紡績。已而相從避寇。隨母兄延緣葦間。日且入。則相率歸其居。旦起復避去。以為常。一日。遣僕渡岸西市小食物。而遇賊方晝掠歸。欲兵之。問誰與主人翁者。僕怖。道而之葦間。賊掠無所得。而顧有三女子在焉。遽劫縛登筏以去。中流。三女則大呼。泣且詈。而視賊方持己急。因跌蕩不自止。良久。筏隙。三女子死焉。賊數輩亦胥溺。無一脫者。方賊之劫三女子去也。離而行。每一女子。輒兩賊夾之。背反接牢甚。明日屍浮水上。縛盡弛。三女子攜手如平生。而髮相縻類有綰結之者。家人瘞諸湖濱。表以樹。於今甲申。六十年所矣。烈女之斂也。無棺。其家以故廬之級三重者。藉乾而哀揜之。初所遣僕。阿寄也。後死於牖下。無他。而賊之渠魁倪文炳者。去烈女死一年。遂殲於豐義儲氏。見方桑如集虛齋古文。

梅節婦

節婦姓李氏。安順梅運昌妻也。運昌。崇禎己卯拔貢。知四川江津縣。氏攜子赴任。而流寇張獻忠搆亂。道梗不通。遂抵平越。寄居母家。已而訃至。則運昌死城守矣。氏仰天號泣。業不欲生。而子建方六月。女三歲。念無可依以活者。乃忍死為撫育計。丁亥。流寇餘孽蔓延黔中。氏毀容務面。倉皇出走。使老婢負其女。而自抱其子。復挾利刃。以防不測。至貴陽城陷。旋奔威清竹亭寨。是時賊騎充斥。大路崎嶇。山徑中攀崖踰澗。艱險倍甚。其間望塵起立。匿身叢箐。以脫須臾之命者屢矣。及抵竹亭。疾呼寨下曰。吾安順梅宦婦也。急啟關納我。先是有譚姓者。嘗避亂寨中。以遺橐屢挾勢索償。居人苦之。以故聞氏言。輒拒不應。氏計無所出。恐賊至。痛哭欲自刎。有張氏婦見而憐之。語云。若勿云宦家也。當得入。遂割所居舍之。糧盡。翦衣製履。使老婢易米而食。未幾。寇至寨。人降。日肆搜羅。氏復挾子女潛匿巖洞中。時既逼寇虐。而荒山豺虎出沒不時。輾轉遷徙寄生者。七十餘日。始得返安順焉。喪亂之餘。家業蕩然。氏甘淡泊。

習勤苦事。屢值兇荒。而家計不匱。子女婚嫁。卒能成禮。安順地雜苗蠻。苗俗好畜蠱蛇之毒。陰以啖人。名曰下蠱。中者無久近必死。又或取人服飾之類。為妖術以詛咒之。終氏之身。子建食飲。不無出己手者。其殘衣敗履。必深藏篋笥中。凡所以保護之者類如此。然其教之也則又嚴而有方。午夜篝燈呼起坐。督雒誦。無間寒暑。閒則道其祖父遺事。及流離奔竄之狀。以相勸勉。康熙庚申卒。年六十一。方運昌之沒於蜀也。氏年僅二十有五。距其卒凡三十六年。其間兵火盜賊饑饉。天人家國之變。叢集交困。氏以孱弱幼婦。出入萬死一生中。既能保身全節。而又教育稚子。克有成立。聞者無不難之。見劉青藜高陽山人集

仲烈婦

烈婦姓年氏。仁和諸生萬安女。年十五歸仲氏。踰年。仲氏子卒。烈婦慟絕。自言無子。當從夫地下。其家大窘。守之。母氏泣撫曰。汝出閣時。汝父游學京師。今將歸矣。不能少緩一見父乎。始勉存視息。既父歸。就慰且勉曰。慷慨從容。為節雖一致。然難易則有間矣。阿子信賢。當為其難者。且若翁早世。若夫又至此。太翁姑春秋高。若能節。不能兼取孝行乎。烈婦反復竟日。始泣拜受命。自是素衣蔬食。為孝養計益篤。以嚴太

翁嘗患危疾。視者咸謂不起。烈婦涕泣。夜焚香告天。祈代。越日竟愈。荏苒十年。太翁姑皆逾七十。憐烈婦年猶盛。終無所依。密謀嫁之有日矣。烈婦驟聞。哀慟達中夕。明日。姑往視。發扉闃然。閣中橫一几。跋燭燼。香猶在地。布氈罽。若祭告之。設急索之。不獲。家背河。啟後戶。及岸。得其常服履及簪笄諸物。始知烈婦自沉也。沿河尋訪數里許。無有。忽有人自上流來曰。某溪中一女子僵立。疾趨視之。則烈婦也。蓋烈婦既死。其屍逆溯。又剌入旁溪里許。止焉。溪上山。即烈婦夫所葬。其靈異如此。舉歸就斂。則衣衽齊及裳相屬。至襪履。皆綴縫無隙。當事自大吏以上聞之駭歎。設奠奉主祀杭故忠節祠。水性上漫下激。入焉即仆。自非烈婦正氣之盛。烏能以弱質抗洪濤逆溯。所宜依歸而卓然若是哉。見李紱穆堂稿

張烈婦

烈婦姓劉氏。漢軍某旗人。鄉貢進士張子四維妻也。張子字若仲。浙江錢唐舊族。少失母。父某以微貲賈於粵。挾若仲與俱。至潮州府。有中表某在知府劉某幕中。來過訪。見若仲髫年端麗。聰慧絕人。數稱於劉守。劉有數女。無子。因令入見夫人。愛之。以次女許字焉。即烈婦也。既若仲隨父歸。貲竭不售。盡喪其貲。若仲又以疾跛其一足。劉

守有弟官浙江。見而恥之。寓書其兄。諷使負婚約。劉守夫婦慫恿焉。將別字他官子。烈婦以死自誓。父母勸譬百方。莫能奪。乃召若仲往就婚。烈婦既失愛於其父母。又其姊贅壻為顯人子。同在署。榮悴相形。受侮益不堪。烈婦勸若仲挈己歸。若仲念家窶。濡忍不能決。烈婦恚曰。君少負雋才。乃無丈夫氣耶。遂辭以行。奩具一無所取。既歸。無以為生。烈婦工繡。習繪事。晨起作畫。夜刺繡。給薪水。若仲感其意。力學。補弟子員。康熙庚子歲。余典浙江試。得一卷。絶整雅。自破題至結語。皆排對。而讀者不知為排。亟取之。即若仲也。明年。計偕下第。卒於京師。柩歸。烈婦號不絶聲。未幾竟死以殉。哀哉烈婦。屈志艱苦。佐夫未嘗隕穫。至夫沒。遂以死殉者。謂絶意而無可復望於世也。亦烏知世猶有為之文以傳其事。重欷累歎而不能已耶。彼其父母之鄙。與所謂贅壻顯人子。不過與草木同腐。固不足復道。即若仲或不死。備名位。烈婦與被顯榮。偕老。亦不過聊以愧世俗鄙薄而已。烏能發志士之悲。至於如是哉。烈婦亦可以欣然於地下矣。見李紱穆堂稿

朱貞女

節孝朱貞女。江西高安人。冢宰公軾之長女。少司空李公鳳翥之冢婦也。李公子家

駒。實聘貞女。未娶而殀云。貞女幼惡華綵服。加身輒驚啼。稍長。或以絳總其髮。捫得。輒擲之地。酷嗜書。夜偕妹。挑燈繹誦不輟。動止言笑必以禮。不失尺寸。王父母父母絕愛憐之。性至孝。膳飲必躬進。父母食。必侍立。比徹。乃去。暮必手整父母衾席。出立户外。俟卧乃休。事諸母。咸得其歡。然當女黨宴笑時。聞貞女至。則寂肅斂容。諸弟或嬉戲相訾謷。戒勿使知。或詒之曰姊至矣。則皆走。然貞女和愉婉娩。不知何以見憚也。歲辛卯。李公子登賢書。未幾。以疾卒。訃至。家人秘之。貞女涕涔涔下曰。何等訃也。不使吾知者。吾知之矣。欲泣不食者三日。家宰以常理譬曉。貞女哽咽曰。大人良愛兒。兒志決矣。不得已。許之。以常服行。登舟。乃持服。李氏聞貞女至。舉家白衣冠。號慟出迎。貞女從容謁祖姑暨舅姑如儀。適喪次。一慟幾絕。廟見後。執婦禮甚備。家人往視之。則曰。歸語大人。兒無苦也。百年瞬息。未亡人待盡而已矣。祖姑熊太夫人疾。衣不解帶者三月。比卒。李公致書家宰。戢羈京師。不能終事吾母。賴冢婦盡孝。君女也。刻骨難忘矣。時士大夫爭傳貞女事。當道欲旌其室。貞女請於姑。達之李公。峻拒乃止。且書告家宰曰。兒事非中道。自行所志而已。脫以名加之。兒滋恧矣。已而不茹葷血。家宰曰。何自苦乃爾。對曰。偶喜耳。然以是終其身。家宰丁外艱。時以西陲用兵。奉詔奪情再疏請終制賓友勸阻萬端貞女流涕曰大人不得歸雖官柱國年上壽猶無與耳彼姑息之愛非所以全我父也聖主必鑒吾父之誠矣果疏卒得歸甲辰元日鄰人不戒於火勢甚烈家衆倉皇遷避貞女端坐室中曰死吾分也吾豈嘈雜處覓避火求生者衆惶駭莫措熊夫人破戶入持之出火遽息是夏之季家宰聞仲弟訃慟甚嘔血不止貞女歸省私泣達旦以是得寒疾不肯醫藥曰吾女子也吾手何可令醫人診視死之前三日謂兩弟曰我一生未嘗有寸金尺帛加吾身者死無負我旣卒合厝於李公子之殯宮時維正二年也年三十四見蔡世遠二希堂集

孝婦李孺人

孝婦李孺人者武定翰林院庶吉士丹書先生之正室也系王氏年十六歸於李氏君舅封公先相國文襄公介弟也繼姑劉太君性格嚴峻孺人嫺於禮法奉其規條靡有失墜太君晚歲嬰痼疾輾轉牀褥歲月滋深動息須人雖婢獲中號為忠謹者氣衰力殫不能無怠惟孺人躬自執勞至竟日終宵寢食俱忘如是者七年病之劇也孺人祈禱誠懇計無復之一夜人靜後孺人獨趨神堂閉門久之出而手自烹藥以進病良已當孺人趨神堂時一僕婦私躡其後從窗櫺竊窺見孺人向神前跪祖

左臂。彷彿似持刀刲割狀。徐脫褁衣。燭影下鮮血淋漓滿袖。褁刃而懷之以出。孺人面不改色。動作如常。豪無悽楚之容。餘人莫知者。僕婦亦勿敢言。數年後。乃稍稍為人述之。見蔡世遠二希堂集。

薈蕞編卷十六終

薈蕞編卷十七

清　曲園居士纂

陳烈婦周氏

烈婦周氏。雍正七年正月。歸陳國林。九年三月二十日戌時。年二十六。殉夫死。去其夫之死五十日。夫既死。計為夫將來立嗣。盡二月。待其夫之姪男至。告以故。付以嫁時衣飾曰。以是畀君。其父隔江來。白其志。訣別焉。其父勸無死。烈婦曰。陳氏無舅姑子女。將何依。隨父歸。人必曰。陳某妻謀再醮去矣。辱孰甚。議既定。明日。遂沐浴。紉綴其衣裳極周緻。顧語人曰。殮時幸無以寸絲。易吾衰麻也。吞金至五錢。不死。羸憊久。餌大黃若干。冀暴下氣脫。反下所吞金。又不死。粒米勺水不入口。已十日。自勒。手弛不死。凡前後二十日。卒餓死。烈婦。上元醫士鑑傒女。國林。江都縣民。見徐用錫圭美堂集

陳烈婦李氏

烈婦李姓。父楚人。從軍家閩。既老。貧困。鬻女於洪塘林氏。林故宦宅。憐烈婦慧而少。養為已女。稍長。容色端好。眾莫不賢之。先是林有女。婚於陳。無子。歿。至是林以烈婦歸焉。年二十矣。陳素患羸疾。與烈婦處五年。僅生一女。有姑嘗病。封股進。不能活。夫

病亦如之。家人莫知也。夫垂沒。語烈婦曰。吾病度不能生。所念者。汝而已。將若何。烈婦泣曰。夫何言。亦惟有死而已。夫頷之。及夫沒。棺殮醫藥諸費。負逋數十金。又有幼女在。度未可即死。乃日夜勤女工。取充饘粥。以其餘償諸貸家。又念老父無人養。乃迎父於家。父病沒。為喪葬。皆從十指辦之。不以累夫家也。幼女得痼疾。久之卒不愈。時已踰祥。烈婦欲殉之。或勸之曰。若夫未葬。堂中柩數世壓封。即若死。骸當何時歸土也。烈婦艱苦彌厲。久之。銖累黍積。得二十餘金。始辦身後事。遂以四月二十八日治棺。二十八日卜穴。五月三日卜葬。布告諸戚屬。會送者咸集。烈婦治酒食。如平時。夜既寢。乃沐浴更衣。謂其妯邵曰。妾死期近。特來相別。藐諸嗣孤。更以為託。邵姑應曰諾。烈婦出堂。見家人皆熟寐。帷燈熒熒然。拈一香。對夫靈前叩首。徐曰。時可乎。步入房前小廳。家人覺有聲。起視。竟縊死矣。時年三十。康熙之三十三年五月三日子時也。周身衣袂皆豫嚴辦。家人因舉而納諸棺。即日與其夫陳及前婦林氏合葬於西郊之洪塘山。郡中聞者。或拜於墓。或弔於家。無不嘆息泣下。見林信樸學齋集。

羅烈婦

烈婦姓李氏。歸於羅。死於羅。故稱羅烈婦。浙之龍游人。文學璧之女也。歸仁美。為繼室性沈毅遇事一以義自裁順治二年王師下江南抵揚州人情洶懼仁美思奉母盡室以行虞不能兩全徘徊未決烈婦泣語夫曰事迫矣全母與子君之責也君當行我當死毋以我為慮遂先戒所使婢積薪樓下屬瀕危即舉火未幾城破烈婦登堂拜別其姑偏與家人訣抱所生期歲女登樓婢遂舉火火發婢亦登樓衆感泣從之者十人烈焰赫赫勢如天崩地塌仁美知無可奈何乃撫膺大呼負母挈子以奔時四月二十有四日也與烈婦同難者其姒劉氏仁美側室梅氏李氏前室所生女宦姑舉火婢菊花餘六人身與名氏俱燼矣烈婦焚宅在新城廣儲門內遺燼合葬西華門外見王澍集

節婦陳氏

節婦陳氏福建福清縣庠生峻生女年十七適本里林其默逾年其默病氏日夜侍湯藥不解衣交睫者數月既而大漸氏泣謂其默曰君即有不諱妾惟相從地下耳其默曰固知若能為此顧我上有祖父暨兩尊人且無後嗣若其可竟死乎氏號泣承命其默卒氏纔十九強存活冀以踐遺命俄而夫翁逝又值耿逆變亂流離奔竄與祖姑劉氏姑陳氏相依為命幸而獲全家居攻苦食淡而奉二老則甘脆畢備二十餘年不少怠內外咸以孝稱自其默沒後十年諸弟未有子氏日夕憂之已

而長叔舉一子。因念嫂青年守志。繼嗣不宜久虛。請於尊人。願即以此子繼兄後。氏感泣拜謝。立為嗣。命名嵩基。焚香告夫靈曰。君今有子矣。撫育顧復。不啻所生。少長。即延師授學。夜歸則篝燈一室。躬績紡佐讀。輒夜分始罷。嵩基年十六。即補弟子員。為邑名諸生。又為擇婚配。無何。長叔卒。無他子嗣。族黨咸以嵩基出繼於先。且節婦撫育恩甚摯。義不可背。次房當議別繼。氏曰。奚為迂迴若此。嵩基於長叔所生也。於未亡人。繼也。生者還所生。繼者復別繼。不兩得乎。眾皆感動。即日命嵩基為所生父成服。別擇某叔子立焉。恩勤一視嵩基。而於嵩基。仍厚遇之不衰。氏幽閒淑慎。自為林氏婦。聲不出戶外。六十年如一日。以雍正六年卒。年七十有七。見甘汝來甘莊恪公集。

宋景衛

貞女宋氏。名景衛。長洲人。性敏慧。讀書工詩。言語舉止動中禮則。十歲喪母。父以家政委之。井井有條理。許字程玉生樹。樹母宋。與貞女姑姪行。見貞女才且淑。遂為樹委禽焉。樹年十二。通十三經。應試使院日。亭午。三藝俱就。講說易文言及觀漸卦義。覆誦周禮左傳爾雅如瀾翻。學使者奇之。遂擢前茅。未及婚。遭其大父比部君喪。痛哭遘疾殞。貞女聞變。即不食。誓以死殉。諸父昆弟咸勸止之。父曰。與其輕生。毋寧守貞。

議擇日送歸程氏。持喪以終其志。踰年。未及舉行。會其父復有事越東。貞女乃上書於父。其略曰。自去春驟聞慘變。遂欲以身殉之。自明從一而終之義。緣大人諄切曉諭。苟延殘喘。偷生視息。實非衛之初志也。許便料理過門。不即入於九原。猶得侍姑嫜於一日。豈料一載於茲。事多周折。進退維谷。衛之立心行事。非若尋常女子。遷延歲月。可以改絃易轍者。今亦豈欲遠離膝下哉。奈昊天不弔。降此荼毒。抑鬱自傷。久而成病。愁多食少。日甚一日。恐非藥石能療。終歸泉壤。當此之時。前後失據。齎志以沒。未能立一事。未能成一行。同一死也。豈不惜哉。豈不痛哉。父愛重貞女。過於諸子。其遲之又久者。實以他事間阻。非過違女志也。既還自越。遂送貞女歸程氏。時姑亦前歿。初姑病亟。貞女以不獲侍湯藥。刺指血書疏籲天。請減算以代。人尤重其孝。而姑竟不起。貞女既歸於陳。益讀書。以禮自固。間選節烈事。作為歌詩。有西河陳烈婦詩六十四韻。穿穴經義。發抒己志。讀者既歎其志節之堅。并驚其學術之茂也。論曰。女子未嫁而以節著。義何昉乎。昉之柏舟也。柏舟之詩曰。髧彼兩髦。實維我儀。鄭仲輿釋之曰。兩髦。丱也。齊風甫田。總角丱兮。是也。顧麟士申其說曰。髦。童子之飾也。內則未冠拂髦。禮。男子冠而後娶。共伯兩髦。故知共姜未嫁也。未嫁之女。能以節著。固不悖於經義。而爲聖人之所許矣。後儒不察。輒謂非禮之正。豈不固哉。見楊繩武古柏軒集。

曲園居士曰。儀禮既夕禮云。既殯。主人脱髦。注云。兒生三月。翦髮爲鬌。男角女羈。否則男左女右。長大猶爲之飾。存之謂之髦。所以順父母幼小之心。又喪大紀云。小斂主人脱髦。注云。士既殯而脱髦。此云小斂。蓋諸侯禮也。然則親在之時。子雖既冠。猶未脱髦。玉藻云。親沒不髦。可知親在必髦也。此據髧彼兩髦之句。爲共伯未冠之證。似於經義猶疏。然共伯之死。自是千古疑義。以睿聖武公之賢。而有弒兄自立之事。一可疑也。共伯既立爲君。而詩序猶稱之爲衛世子。二可疑也。共伯自殺在其父釐侯既葬之後。則久已脱髦矣。而詩有猶髧彼兩髦之言。三可疑也。武公九十五。猶能箴誡。則其耄也。年近百齡矣。在位五十五年。則其即位也。必四十以外。而共伯又爲其兄。齒必長矣。共姜年齒。亦當相若。何父母猶欲奪而嫁之。四可疑也。史記此事。未可盡信。索隱固已非之。然則以爲未婚而死。或亦一説與。

蔡蕙

蔡孝女蕙。泰州人。父孚琦。母王氏。女兄弟五人。而蕙爲之長。生有至性。不妄言笑。知服勞奉侍。承父母歡。既長。許字監生繆滸。未出閣。會孚琦被吏議。當棄市。蕙即絶嗜味。屏服飾玩好。夜不解衣而寢。晨夕必焚香籲天。為父請命。如是者四年不改。嚴寒大雪中。風四入烏烏。蕙不設鑪火。寢苫枕塊自如。澥度孕琦不可活。欲完婚媾。迎蕙歸。蕙揮涕謝媒氏曰。父亡與亡。曷忍言其他。己巳春。上復幸江南。蕙草狀匍匐訟冤。上曰。是女子也。而為父乞命。嗟嘆久之。有司希上意。以為緹縈復生也。孕琦由此得平反。蕙歸澥。未一年。病卒。見張符驤依歸草。

王烈婦

烈婦湯氏。適太倉王既遥子均。湯居海濱。為富民。均入贅。薄其貧。不禮焉。婦即與均辭去。均授徒。婦勤女紅以自給。節脩脯。奉舅姑。雍正壬子七月。大風海溢。均夫婦被漂。婦得登岸。均死於水。湯氏翁媼幸均死。得更擇佳壻。不復求均屍。婦泣命其僮阿午曰。汝為吾求。不得屍。吾有死耳。午遍歷港汊三日夜。從數百積屍中得之。馳報。婦被髮徒跣赴。哭幾絕。既棺殮。湯氏欲火之。婦不可。均有所置田十二畝。湯攘其十。餘二畝。婦埋均棺田畔。誓守志。時以粜麥錢布。陰餽舅姑。次年遺腹生一女。於是湯氏日夜謀嫁之。十一月二十四日丙夜。紿婦內戚某家相迎。婦覺之。則麻衣要絰。抱其嬰繞場而號。遠近驚起聚觀。無不歎息酸鼻。湯竟劫婦納輿中行。婦急以布自纏。周上下無際。至嘉定某家。哭不止。數人迭守之。一夕。伺守者懈。遂自縊。湯氏逼婦行時。奪其嬰將碎諸石。阿午從旁篡得之。夜奔入城。以歸既遂。貧不能乳。謀於其戚顧行人玉停。行人令其妾育之。名之曰潮音。四歲痘殤。阿午者。均家僮也。均死。仍傭於湯。烈婦之死。獨午知之。湯切屬勿泄。既遂老瞶。亦謂婦死於疫。午心實憤湯氏所為。念均夫婦僅留一孤女在。時入城至行人所。省視潮音。則抱而之既遂家。或嬉他所而後去。潮音之殤也。阿午夜心動不能寐。若有促之入城者。清晨及門。則潮音已死。午痛哭極哀曰。吾主人夫婦孝烈。乃天絕之若此邪。行人訝而詰之。午頓足嗚咽。具言婦死狀。且曰。烈婦棺尚在嘉定某家墓旁。午屢欲盜與主人合葬。畀者憚。不敢。行人曰。盜不可也。其鳴之官而歸之王乎。湯氏聞之。即啗令某家火婦棺以滅跡。午詭稱湯使往視。斂其骨。以空罌易之。奔告行人。行人令以其骨與潮音同瘞於均墓。噫。湯固市儈。既薄貧壻。又因壻而致殺其女。何不仁甚哉。然以湯之翁媼而有是女。異矣。非午則均屍不復得。非午則潮音亦不全。非午則烈婦之死遂無知者。烈婦之骨。亦不得與均同穴矣。其篡嬰兒勇也。詭收婦骨智也。謂之義士可矣。（見沈起元敬亭集）

朱如玉

孝婦姓朱氏。名如玉。字又寒。仁和朱久亭女也。嫁同邑魯君旋長子縣學生宗鎬。宗鎬家故貧。孝婦黽勉事舅姑。得甘旨。必先以進。解己衣衣其姑。斥己裝以資遣其夫之妹。嫁時物蕩盡。人爲之不堪。孝婦無纖毫苦難意。戚黨某。挾訟來求貸。宗鎬謝不能。則恚甚。孝婦曰。若情急耳。勿與校。檢衣襦質白金四笏畀之。其人欣然去。或以重賄求宗鎬爲關說勢家。孝婦勸勿受。宗鎬曰。我度是無關利害耳。孝婦曰。世上不義事。皆從無關利害處做起。奈何以貧故。隳素行。宗鎬感悟。謝不與聞。其舅聞之。謂宗鎬曰。兒婦眞若嚴師矣。戊申六月。宗鎬感疾。幾殆。閱兩月。始愈。婦晝夜侍湯藥。遂以勞悴致疾。是年十有二月丙申歿。得年三十一。女生九歲。名學班。孝婦體弱。素多病。顧强自搘柱。不以貽舅姑憂。已不食。猶力疾執爨。其舅課生徒。讀書過午夜。孝婦亦坐候具茶餌。不就寢。其歿也。舅之及門士。爲痛哭失聲。中表兄子姚虞士。喪之若親叔母。其賢能感人如是。姑有胃疾。間數月輒發。孝婦身不去牀笫。酷暑。汗下如雨。不敢揮扇。以袂拭面。衣裾霑浹。日夜爲姑撫摩。稍間。爲誦彈詞稗史。以解姑痛。比孝婦歿。姑疾作痛苦。輒長號曰。吾媳若在。此時不離牀右。救我矣。善詩。工屬對。能爲設色花鳥。死之日。預知時刻。見汪由敦松泉文集。

曹借姑

孝節婦姓曹氏。小字借姑。一士之從姑母也。父天策公。爲擇對里中。得陸君韜。未成童。入府庠。有能文名。遂以字之。年十六。歸陸氏。陸氏姑孀居。有節操。婦事之惟謹。中外稱其賢。未幾。夫病瘵累年卒。孝節婦年纔二十三耳。舉子女各一。子不育。至是乃立嗣子。嗣子則又不育。族人無肯以其子嗣者。有陸尼者。微諷曰。少寡嗣絕。姑老女弱。將奈何。孝節婦恚甚。立搥胸嘔血。尼驚走出。自是終身不復見其面。康熙八年。姑疾。日侍榻前不去。已而疾大漸。乃中夜焚香祝天。引翦刀翦左臂肉。無血。創甚。不敢出聲。還入房。爲羹以進。姑不食者數日矣。曰。此何物。乃有異香。飲之。至盡。遂愈。并不使小女子知之。後乃曰。世傳爲此者。遲閨一日。則病者多活一年耳。紡木棉以養。閱十五年。姑乃卒。女字邑右族張氏。贅而依焉。壻家亦貧。族兄弟共迎養之。卒年七十四。距喪所天時。計五十有一年。三黨咸尊之。稱曰節孝婦云。節孝婦年三十三時。母楊老疾。醫者云不治。孝節婦復中夜焚香祝天。引翦刀翦臂肉。血溢手腕。創甚。不敢出聲。還入房。雜米湯中以進。母哺米至盡。餘一粒大如豆。曰。此何物。又汝肉耶。哽咽淚下簌簌然。推去不竟食。遂卒。初。節孝婦往來一士家。士年尚幼。輒牽衣問姑前後所割臂

癡處欲一覩。慨然不悅曰。郎君輩何自知之。此自愚婦計無復之。姑出此耳。郎君輩安用見之。（見曹一士四焉齋集）

姜桂

貞女姜氏桂。名芳垂。字孝廉。本渭之季女也。世居萊陽。今籍元和。年十歲。字於張赤行。而張以瘵疾卒。女年十九矣。訃聞。泣三日。遂自經。昏迷中若聞有呼者曰。爾當享大名。何為是。乃甦。而縊已解。時父以應試在京。女即告其母曰。女子從一。改適不可。可改字乎。為白父。勿萌他念也。父以書援禮經曲折諭之。女曰。父言誠是。但女賦性如此不可變。富貴福澤。非所好也。拂其性而為之。無生理矣。居三年。戚黨爭言不宜聽女守。父母亦意其志少衰。復垂涕為言。女曰。女不悲。母何悲也。人生適性為樂。遂女志則樂甚。何悲之有。夫言有可忘。有不可忘。既許字矣。雖終身其可忘哉。父知其不可奪。強齋沐而禱於神。神亦吉兆。遂聽之。貞女乃畫蘭。漸乃繪山水。父假諸名迹示之。晝日進。駸駸逼雲林黄鶴矣。而端靜之意。亦流露豪素間。用志不紛。乃凝於神。其尤可貴重也夫。（見劉正誼晚聞先生集）

烈婦馬氏

烈婦馬氏。故福常把總馬成功女。適福山章揆蒼生子。輒殤。揆蒼病且殆。屬以奉舅姑。涕泣受命。揆蒼殁久未克葬。殯於某所。舅學洲貧老且病。癡或爲之謀。謂婦艾而族姓少。即嫁之。聘錢可獨有也。營將某。致重幣。及富人嚴某。先後來遊。皆死拒得免。學洲固深惡之矣。章有族孫曰小五。土豪盧某之甥也。說盧。謂能致之。與馬相鄉者定謀。使其姑紿以俱往省某親。婦覲姑升輿。不疑。遂舁以如盧氏。及門覺有變。顧不得脫。乃散髮踞地坐。哭且詈。盧大驚愕。俾嫗爲好言。許送歸。婢女日夜謹伺之。誘譬萬端。大陳金綺爲餌。氏厲聲曰。吾翁與若爲姻家。胡無良至此。吾所以求歸者。爲夫骨未埋。且遺言不可負耳。若必欲見迫。即此爲吾死所矣。焉用金綺爲。悉擲之庭。盧度終不可犯。顧重惜聘財。又恐一旦致死而破家也。踰三月。始送歸。而小五等以償錢脅學洲。復爲學洲謀。築室于田。使獨居以守。實盧之別業也。居數日。盧盛服至。婦憤觸柱抵几。折一齒。盧益懼。乃陽白縣聽歸。而使學洲戒門絕之。烈婦呼搶哀求。方嚴冬。屏營戶外。風雪僵凍。卒不納。寄居舍旁厓庵。又不許。亦小五等謀。冀其困而改圖也。婦有妹在楊氏。將爲訟寃。盧又恐。授意學洲。迎還。畜以奴隸。食以犬豕之食。烈婦安之。無怨言。尋復逐之。守備陳某見而問狀。俾其族之隸麾下者。諭以大義。學洲不得已納之。未踰月。又怒而擯之門外。烈婦乃拊膺曰。非一死無以明我心。或勸為尼。烈婦曰。身體髮膚。不敢毀傷。吾向以憤怒折齒。至今悔之。且吾違翁命。不孝。從翁命。不節。不孝不節。苟活何為。孰與全而歸之。見故夫地下。即走其夫殯所。哀號徹日夜。逮潮上時。拍手連呼曰。盧賊殺我。盧賊殺我。跳波中死焉。時雍正六年十月二日也。年四十有二。屍隨潮上下。後十日。獲之蕭家橋。邑侯親殮。觀其裏衣。皆密縫紉。佩一小囊。貯所折齒。侯歷詢鄉老。具言其節烈不污。萬口無異詞。嘉歎良久。捕諸凶鞫治而章小五者。竟匿不出。（見陶正靖晚聞先生集。）

茅貞女

茅貞女。通之泰興人。年十六。許適張氏子。張貧窶。棄家為僧。致詞於貞女之母。母許之。貞女素嚴重。不遽以白。越二載。復字他氏。歸有期矣。乃遣乳媪白貞女。貞女聞之泣。徐謂媪曰。吾女子。安敢逆母意。然聞張氏姑老且病。窮餓不能自存。吾心怦怦然。今欲有遺於張。非汝莫可使者。汝為吾密致之。吾無恨矣。媪許諾。出。貞女即閉戶自經死。方媪之諾而歸也。金藏諸笥。為不肖子胠去。甚皇遽。徐聞貞女死。即隱不發。忽數日。媪狂叫自責曰。汝尚為有人心乎。盜吾金而負吾約乎。數自批其頰曰。若子所盜金。今具在吾為汝往取。立起如指所。金果在。持詣張氏姑。長跽泣曰。吾不得事姑。罪通於天矣。今以此為姑壽。遂奉金進。伏地號哭不能起。張大駭愕無何。媼甦具以白。乃悉其故。異哉。事在康熙初年。見夏之蓉半舫齋集。

廖氏

廖氏者。蜀江津縣民戚成勳婦也。成勳僻居山中。值獻賊變。倉卒奔竄。廖弱不能從。不得已。置之去。廖堅閉重門。自誓以死。避數月。賊不至倉中積穀頗饒資以食。數年。荆棘叢生。蔽其宅遂與外隔。其後食漸不繼向宅池邊種穀續之。以草為衣四十餘年。亦不知成勳之存亡生死矣。成勳竄入黔中。久之。別娶某生子二人年六十餘歸訪舊里。是時天下甫定。川中土滿人稀。田園半沒深箐。虎豹豺狼出沒縱橫。人跡罕到。無從覓其故居。但識其向而已。因倩人力持斧斤斬竹伐木。數日。望其宅頹欹尚存大樹如圍。自屋中出。微烟出沒。異之。固不知其妻之猶存也。及近宅廖忽從樓上呼曰。汝輩何人。成勳惶怖失色。倉卒厲聲答曰。吾此宅主人戚成勳也。廖窺視良久。覺衣冠迥異昔時。而聲音容貌彷彿似其夫。泣語曰。君妾夫邪。妾廖氏也。可將君身餘衣褲擲妾。得蔽體相見。成勳怪之。然聽其言。似非無意者。即解衣擲樓上。須臾。

氏自樓下。面目黧黑。髮亂如蓬。成歔欷恍惚莫辨。廖備述其由。兼言當日事歷歷。夫婦相泣如再世。偕至鄰家。復自黔挈其妻子還。年各九十餘始卒。（見彭端淑白鶴堂集。）

馬孺人

孺人馬氏。河南郟縣人。繼室於同邑古村之劉翁。生一子而寡。崇禎末。中原流寇起。孺人嘗指後園井語家人。脫有不虞。當索吾於是。比寇氛益急。里戚婦女皆出避。要孺人與偕。默弗應。固要之。則曰。吾計之熟矣。吾閉門不出。猶冀匿籬壁以免。出而遇賊。身之不免。且重辱。凡所為婦女遠丈夫也。而吾又嫠也。蓬首垢面。雜稠人中。匿草間求活。雖幸免。為辱已甚。吾弗為也。乃令奴機警者伺門。而身恆不出堂帷。無何。盜至。見堂宇頗壯。即縛門者施拷治。索財物。且訶問主者為誰。門者惶遽曰。主翁死。郎君適遠出。家惟主母在耳。孺人立堂後。微聞其語。曰。嗟乎。誠不免矣。趨自沈於井。（見胡鯎。）

殷烈婦

殷烈婦胡氏。殷士膺之仲婦也。士膺長婦汪氏。以節稱鄉里。而仲婦胡氏。乃復以烈聞。汪氏之寡也。姑亡矣。而舅衰叔幼。家貧甚。其母氏欲奪之。使來。汪引刀激謝使者。

歲時泣拜其夫衣冠於堂上。督家政。及胡氏夫亡。有遺腹。汪以義諭之。不死且得男。未及百日。而孤又亡。汪氏曰。嗟乎吾孀。乃今死矣。强慰之曰。孀與吾俱寡。顧忍令汝姆獨活邪。烈婦曰。姆獨活。持殷家門戶艱難。吾且爲姆報伯氏於泉下。於是家人衛之徹夜。婦益故攝事。衛稍懈。而戶忽扃。乃驚相告。爭曰毁門。門毁。婦固從榻後立。衆笑曰。娘子何驚人也。爭前持。諦視頂有組下垂。頸痕寸許。而一小刀血淋漓地上。嗟乎。蓋迫於救不及。而急自刎也。時雍正十三年。年十九。閱一日。母家來視。猶植立面色婉孌如生。汪氏哭曰。孀。汝亦殷家婦。獨以死謝邪。見張尹石冠堂集。

文鶯

李長祥。字研齋。四川夔州府達州人。崇禎癸未選庶常。京師潰。乘間南奔。起兵浙東結寨上虞之東山。大兵以全力壓之。遁至奉化。依平西伯王朝先。復合衆於夏蓋山。由健跳移翁洲。入朝。加兵部左侍郎。初侍郎之在寨中也。寄帑上虞之趙氏。及寨潰。相傳侍郎已殪。其夫人黄氏聚其家人謀共死。有僕婦曰文鶯。夫人婢也。曰。夫人當爲公子計。以延李氏香火。惡可死。曰。然則奈何。曰。婢子死罪。願代夫人。以吾女代公子。而後死於此。而夫人速以公子去。夫人泣曰。安忍使汝代吾死。曰。小不忍。最害事。

遠驅之。而山中有羅吉甫者。至是奔至曰。夫人公子。我則任之。雖以是死甘心焉。於是夫人抱其子詣。拜吉甫。且拜文鶯。文鶯曰。夫人休矣。捕者行至矣。甫出門捕者至。以文鶯去。吉甫既匿夫人。知朝先之於侍郎姻也。乃以夫人母子往。則侍郎已先在焉。相見痛哭。為言文鶯一水訥女子。今若此。而文鶯被逮。居然以命婦自重。雖見大府。不肯稍屈。莫不以為真夫人也。時例應徙遼左。按察使劉公自宏者。淮人。一日五鼓。傳令啟城門。命吏以文鶯就道。不得少待。或曰。劉蓋憐侍郎之忠。亦壯文鶯。寄取歸。養於家。而以囚中他婦代之云。而侍郎之自翁洲亡命也。又與夫人失。及居山陰。則夫人又自海上至。得再聚。侍郎既羈江寧。夫人已卒。總督馬公陽禮之。而終疑之。曰。是子然者。誰保之。侍郎微聞之。時江寧有閨秀。曰鍾山秀才者。善墨竹。容色絕世。乃娶之。朝夕甚昵焉。督私謂人曰。李公有所戀矣。未幾。侍郎乘守者之怠。竟去。見全祖望結埼亭集

曲園居士曰。鮚埼亭集。載明季遺臣事甚詳。以全集具在。故不備錄也。文鶯事附見李公研齋行狀。摘錄其事。亦不賢者識小之意耳。

章貞女

貞烈女章氏。錢唐馨如里人。六歲。同里蔡松。為其子九經相攸。貞烈女年十九。九經

以不得志於有司。病且死。貞烈聞訃。引剪刀自刺。亟救則生。生則紿其母。請弔於蔡。母則與偕往。及至蔡。哀慟行婦禮。遂辭母。登姑氏樓。勸之歸。則截髮以誓。已而闔門苦坐。寒暑不變。所卧榻。不張帷。立兩扉。晨昏持鑰自啟閉。其嚴整如此。姑疾篤。貞烈刲股以進。未幾。乃其翁相繼亡。貞烈執二喪。皆冠縗倚杖。隱拜帷內如人子。不忍以無嗣恫舅姑之心。斯所謂禮以義起。蓋其孝也。家甚貧。倚女紅自辦。晚乃賴諸姪稍稍致饔飧。歲大祲。里中賢者。奉粟米致堂下。必再拜。強而後可。諸有司貴人。命隸人齎錢帛到門。往往不受。其天性高潔又如此。生隆慶庚午。卒於順治丙申。穿蔡子之穸合葬焉。（見孫治集）

蔡孺人

孺人蔡氏。閩縣西仲林先生雲銘元配也。先生以順治戊戌成進士。授江南徽州府推官。明年。海寇犯江南。偽諜四遍。至徽營兵叛。先生與刺史闞矢登陴死守。慮為家累。屬孺人歸閩。孺人指劍誓曰。苟不測。從君伏此劍耳。惡乎累。越數月。偽諜擒。叛兵亦逃去。先生急治行。書額其署曰。焚香告天處。當夜焚拜。孺人從先生曰。此吾職。汝何為者。孺人曰。吾亦有祝。願與君生入仙霞關。濯圍為食。不願久作吏也。丁未裁缺。

先生自繖奉封君居建寧。耿逆反。繫先生。籍家。三就戮復獄。與子沆皆殆。孺人灼香禱。左臂爛寸餘。弗恤也。王師入閩。先生始出獄。計在繫十有八月矣。孺人憂懼久。吐紫血多。且斃。女瑛佩。刲臂肉煎飲之。乃甦。瑛佩者。閩清諸生鄭郑室。初孺人年十六。歸先生。孕輒女。欲得男。為先生嗣續計。時時勸納媵。自孺人年二十有五。至卒年四十有八。凡納媵七。孺人素孝謹。善容下。所納媵。必開誠撫遇。恩視姊妹。分與妯娌均。先生或偶過諸媵。孺人必多方觧。至釋乃已。以故諸媵亦恭順無間言。每當夕。皆惟孺人命。及媵生丈夫子。孺人保抱攜持。同臥起。如己出。所親有婦異姤。而五十無子者。孺人延至家。使視己治家狀。三日請歸。為夫置妾。舉二子。於是諸所親婦。或忤其夫。共指孺人以勸。皆媿悔曰。勿使孺人知云。及遷武林。越壬戌冬。孺人卒。諸媵哭之哀。有嘔吐血濱死者。（見薛鎔南窗草存）

林烈婦

烈婦。翁女也。年十九。歸林雲禧。雲禧以嗜學病危。烈。籲天割股。靡之以進。病遂愈。久之復作。死。烈哭絕而甦。引魂帛經柩側。以婢救免。乃取雲禧絛縧繫腰際。婢告姑。姑屬烈母伺甚密。烈。謬謂姑曰。兒今不死矣。屬婢滌房帷。茹素焚修。示無死意。月餘。

晚沐浴。早起盥櫛、紿其母出後。襚衣縞、密縫結。扃户自經、先是雲禧與烈決。許以死。其翁曰、我兩老人方哭子。不能再哭婦也。姑與家人。俱以翁意勸。烈曰固也。吾曩者以死許之矣。且吾姊未婚而殉夫。吾婚兩載猶偷生。不愧吾姊哉。竟死。有遺詩四章。烈姊名茂宋。所殉夫林耀祖。雲禧宗也。烈名永宋。與茂宋皆明經翁輔女。翁、林、皆福清大姓世婚也。見薛鎔南窗草存。

貞節林母

母、三山陳公泗水女。年十八。以繼室歸培生林公。以嗜學病瘵卒。時母年十九。甫舉孤九閱月。號慟幾絕而甦。曰、是誠不可以死。乃畢喪。携孤、及前母所舉幼孤與女各一。依泗水公。撫教備諸艱。縫刺以給。事泗水公尤謹。泗水公卒。年七十。遺一孤。甫六月。以屬母。母撫教如孤。長為置婦。視如婦。前母孤某。先母卒。婦某、舉一女。或諷婦女固有姑在。婦何自苦。婦泣。言為死者育女以事姑。亦欲學姑耳。舍姑與女、奚之。竟不奪。而泗水公所屬六月孤某、與婦某、朝夕養甚恭。曰、吾姊乎哉、吾母也。卒年六十有三。見薛鎔南窗草存。

龔烈婦

烈婦謝氏。揚之興化人。夫龔行。縣頻年被水。室廬蕩沒。貧無依。隨其夫攜女客京口南城外河干。腐豆為生。時京口設重鎮。分屯戍卒。雜民居處。無賴子竄入為曹。每憑藉聲威。吞蝥細民。江寧人田五者。勾屯卒朋放息錢。肆舍與行居相望。窺謝及女姿。屢闞之。嚴拒。匿其女不出。一日。行晨以外事。田即挾羣少過謝。佯酒後索茶。乘醉遂犯謝。謝倉皇號呼。田怒。即仆謝地。掌毆之。女出救。隨犯女。女急走脫。猶憤憤欲入內。值鄰眾集。擁多人。始揚揚去。謀之黨何三。何三者。狡黠。為黨渠魁。乃教田作僞券。即羣過索負。因痛毆行。鄰並實知之。素怵田。莫敢為行直者。行不能伸。乃奔訴之官。官漫弗省。反笞行。勒償田負。且逮謝庭訊。行歸語謝。謝與女仰天呼曰。寃哉天乎。此誰控乎。已隸復擁行去。暮謝猶篝燈候行。夜深不返。乃持女手泣曰。以吾故陷汝父黑寃中。即吾死不足恤。獨憐汝耳。女亦泣曰。母死。女何能獨生。即生亦蒙不潔名。願相從。得仍為母子。謝曰。悲哉。恨汝父不即歸。痛無一言與相訣耳。言訖。復相持哭。哀號之聲。慘動鄰室。比舍莫不聞者。迨鷄三唱時。遂不復聞聲。乃以敝赤帶繫身。及女臂。關門。連袂投河津死。及曙。鄰媪往視。室無人。因共奔告行。隸猶謂行匿妻弗出也。及行至河濱。屍雙湧。從水中出。時盛暑。踰五日殮。面如生。莫不驚以為神。謝時年三十四。

女十七。名巧。或曰。烈婦時已有身。蓋殞三命云。前二年。有趙氏婦亦死於烈。邑紳士里民感其節。千餘人為文肅祭。鼓樂白衣冠奉柩送葬釜鼎山下。道經謝户外。謝閭之。特與女出視。吁嗟歎羨。重以為榮。曰。人生如是足矣。及凶既伏辜。奉命坊表。邑紳士里民為文肅祭。鼓樂白衣冠一如前趙時。舉二柩復送至釜鼎山下。與趙墓並敘列葬。表其坊墓前而歸。見冷士嵋江冷閣文集。

冷節婦

節婦夏姓。父處士君。有文學。立身方嚴。不苟尺寸。節婦年十六。歸冷君二與。二與少浮放。日湎於酒。節婦屢規之。不從。卒以此積病不起。歿時年二十七。二與未死之前二年。即已病。節婦私念。既諫莫入。而又身未嘗娠。脫有不諱。冷氏將何承。乃日夜促其夫置側室。夫不可。節婦曰。君縱不自為計。如先世何。乃强為之。未幾孕。是時二與病已劇。節婦每私祝曰。使生男。冷氏其有祊矣。已而免身。果男。節婦喜不勝。甫十月而二與歿。時節婦年二十六云。私謂庶曰。我矢志保此兒存冷氏。汝將安從。庶泣對曰。母尚爾。敢有他耶。因共相要以一節。然冷氏自二與時家已落。節婦與庶日夕惟仰給於其指。姑性尤戾而苛。不以子婦禮禮節婦。詬誶聲時相聞也。兼復有他侮橫逆之來。無日無之。狼狽顛倒。非復人理。節婦與庶。特志意諧協。無少怨言。每風雨夕。一室中影相弔也。燈前少倦。即抱兒置膝上。與庶輟紝。相對欷歔。初二與歿時。有勸節婦謀他計者。節婦輒恚責曰。吾誓爲冷氏保此兒。人有志。何相黷也。父處士君素知之。乃取枇杷一枝。插階下。識歲月於壁曰。此木晚翠。使汝志果堅。後當實。否則萎耳。後枇杷長日益茂。不數年。蒼翠蔚然。結實盈柯。條纍纍凡數十百顆。遠近聞者。莫不相諮嗟太息曰。此節婦徵也。節婦歿時。年六十有五。而十月子巳年四十矣。庶陳氏長節婦二歲。子名利德。見冷士嵋江泠閣文集。

桐鄉諸節婦

室女守制兩人。戴禹功妻陳氏。莊大成妻蘇氏。未婚守制兩人。朱辰宿妻楊氏。朱廉妻茅氏。夫聾。誓嫁一人。陸廷璋妻倪氏。夫赤貧。誓嫁一人。張沖和妻周氏。陳之値戴歿也。聞訃。謂父母曰。不容往送。當自經也。至則抱屍大慟。剪夫髮及夫爪甲爲佩。告舅姑曰。此吾夫也已。遂對屍成夫婦禮。挾老婢與俱。坐臥一小樓。四十年如一日。蘇氏則甫十四耳。聞夫歿。毀形衰服。矢志弗易。翁姑感其義。迎歸守制。拜廟受笄。修婦道終身。楊之歸朱也。未婚而夫病劇。翁利其有給之來。來三月而不成婦。夫卒。遽拜棺成禮。翁姑尋亦卒。力營三墳。皆就緒。茅歸朱。以夫病。亦不成婦。侍夫湯藥。祝以身代。卒不起。其翁姑迫之他適。勿聽。詬厲之。飢凍之。亦勿聽。爲是悛而止。陸之聘倪也閱三月。旋聱陸請辭婚。氏言曰。古有男室聱女。況吾夫乎。卒歸陸。周氏生四歲許張氏子。父母死。育於外大父。張酷貧。更許他姓。及長議婚。奔歸。抱父木主而啼曰。吾父在。閩字張。張即赤貧。奈何廢死父之命。挾利刃。訴之官。官爲動容。得配合焉。又有徐涞妻祈氏。陳斂才妻施氏。朱一豹妻張氏。費可學妻張氏。倪大緯妻嵇氏。皆弱齡于歸。皆有子。皆砥孀節。而皆玉子於成。諸婦俱桐鄉人。外史氏周拱宸葺之郡志。復爲之贊。見周拱宸集

薈蕞編卷十七終

清　曲園居士纂

朱烈婦曹氏

曹氏者。武進縣新塘鄉曹昌女。嫁無錫富安鄉朱承宇爲妻。承宇業農。以穀賤苦貧。賴氏紡績以食。生二子一女矣。承宇死。弟甫。利秦傭聘金。詭言兄在時負貸。今責償。逼氏嫁。氏以死拒。傭聞之。則向甫索所輸金。金已盡。甫乃與其族叔某者。益逼氏。不容他往。多端恐怖之。奪其懷中兒。提擲於地。身盡血腫。氏痛兒。言終喪當如叔命。而甫先是已詭傭言氏允贅。且有期矣。故不許。至請期。又不許。氏乃好言謂甫曰。是固當以身償。安可累叔。但須容我一見吾姊。甫喜。許諾。氏即於一日夜。取兒女敝衣裳補綴浣濯畢。攜而詣姊家。姊迎之曰。聞叔禁爾足。乃許來耶。氏曰。本不欲從叔者。以吾夫魂魄應在吾左右耳。今已矣。固當聽之。特不能纍纍抱女兒去作新婦。故暫以畀吾姊。三日後取歸。慎毋以與吾叔。姊意頗不悅。而謾許之。因顧其子女曰。姨今固是爾母矣。復問以家事。不應。徐曰。姊日後自知之。適兒啼索乳。氏泣曰。痴兒母豈能長乳爾耶。時面如死灰色。已又青赤。若有痛割不可忍者。既辭出門。復回顧子女再三屬姊。姊曰。三日耳。何言之數也。氏始別去。至夫墓。墓即在舍旁高岡。氏號哭至暮始入門。而秦傭所遺鄉村酒至矣。鄉村酒者。娶婦家以熟食遺婦家即日聚鄉村劇飲者也。氏遂投環自經。姊聞之。即攜其子若女往視。見目猶注視姊。姊乃撫屍長慟曰噫。誰知爾昨日之言。皆誑我耶。非真耶。然則向者請終喪。請及期。亦不過以子女之故。冀得遷延。以稍緩須臾之死耳。爾豈真許叔以嫁耶。則豈肯以子女遺爾叔耶。遂許養其子女成人。不負氏託。氏目遂瞑。至殮。見左臂有刀創未愈。凝血尚殷紅色。始知承宇病時。曾爲割股云。父昌。訟於縣。縣令吳公論如律。附祀慧山貞女祠。見董以寧正誼堂文集

沈烈女

沈烈女。吳江望族沈秀才之女也。秀才名樞。家居傍城牆下。登城望之。其家之户牖井竈屏帷衣桁之屬。無不悉見。女以故深自閉匿。而鄰圃鄒氏子。竊聞其美也。菑褌炫服。日登城以窺之。久不得見。一日。會女病。推簾欲唾。遂得一見。適覘秀才他往。竟踰垣潛入卧所。夜將二鼓矣。見女從燈下刺繡。絞向前抱之。遽撲火。女驚呼捉賊。恐力不能拒。取架上翦刀自刎其喉。婢僕來爭持杖擊賊。賊就擒。舉火視之。則固鄰圃子。

平時茜襌炫服於城上往來者也。繩牽之無何。聞户内仆地聲。急往視女。見水喉已斷。湧血如泉。方爭救女。而鄒氏子脱矣。女竟死矣。死時雷電冰雹。里人震異。鳴於官。越五日。丞往驗。色如生。洗視頸領間。剪刀痕凡八。鄒氏子倚其家貲。不少懼。仍茜襌炫服。揚言於衆曰。是向與我有私。所以死者。羞婢僕耳。揮其金。屬吏張挺徧賂。幾脱於罪。挺歸。廨啜粥。忽顧見女形而驚。急語家人。即挾箸含粥而死。事聞。縣始再讞。論如律。女生於順治庚寅年。死節於康熙丙午。見董以寧正誼堂文集。

黃烈婦

烈婦姓周氏。其先華亭人。徙居梁溪。年十九。歸江陰縣諸生黃晞為繼室。不數年而黃氏家難作。先是晞父毓祺字介子。前明啟禎間。以文章道德為諸生祭酒。甲申聞變。仰天痛哭。躄踊嘔血。已乃類中風狂走者。為怨家所告。捕繫金陵按察司獄。後竟死獄中。晞兄弟四人。同坐收籍。其門沒入縣官。周氏名在籍中。當行。初毓祺亡命時。晞挈氏轉匿窮山。偶出。為邏者所得。繫縣獄。晞自分不免。手書與氏訣。氏大驚。是夕引練帶就林第自縊死。婢覺救之。得不死。然傷甚。頸面殷紫逾月。既念夫在獄。饘粥縫浣。匪妻孰職。乃潛返故居。日挑野菜。屑糠覈為餅餌。以誑口充腹。而餽獄食必謹

家居。夏月不施帷帳。蟁虻聲營營。撲緣遶身。曰。吾遥與獄中人共苦耳。繫獄十閱月。會
事小解。得釋歸。及是。晞再就逮。烈婦撫膺歎曰。吾不免矣。時方避地董氏屋後有深
池。烈婦潛夜出投水死。比覺。蹤跡至池上。則屍已浮水面。舁入室。久之。嘔出水斗許。
又不死。而董西來者。亦義士。語其妻曰。吾聞服金屑能殺人。烈婦聞。責妻曰。何不昨
語我。西來晞之姑子。家故貧。其妻斂環俱質錢。亟取歸。屑而服之三錢。盤旋腸胃間。
如剚刃然。又不死。俄伍伯驅之入舟。抵郡。晞有友某者來視烈婦。或言金不赤。不能
殺人。友疾趨歸。脫其妻約指雙環。屑以遺烈婦服之。又不即死。然烈婦已陰挾利刃
藏衣縫中矣。是日詣府。當鞫。太守出坐聽事。左右吏卒獰立。按籍呼烈婦名。不應。亦
不跪。直趨上階。右引袂障面。左手抽刃自刺喉。如刃者再。垂欲斷。血衝濺。仆地。太守
怛然失色。左右皆大驚。是日也。日食。既陰風怒號。正晝如暝。星見。或謂烈婦所感云。
一時好事者。醵金治木。為烈婦發喪。及夜半。喉間稍作聲。漸活。又不死。太守既心動。
又值天變。見輿情洶沸。暫釋。而上其狀於按察。烈婦創甚。臥淨土庵。庵主涵輝。晞姊
也。為言鴨血解金毒。強烈婦飲。烈婦終不肯飲。曰。家門禍孽重。何意求生。亡何。頸創
漸合。金亦竟無恙。按察得太守所上文書。大怒。追逮愈急。繫卒及里鄰十餘人。入庵

索周氏。聲洶洶。烈婦故徐行出應曰。我在也。奚需命老僕呼巾車來返其家。顧語卒曰。我不累若輩。徐之伺我氣絶。若輩第持片紙去即官事易了也。又手檢單衫一付老僕曰。主人出門久。無裏衣備浣濯。汝持此寄之。已乃入室闔户自經死。烏乎。烈婦求死者五矣。死縊不得。死溺不得。再死於毒不得。死於刃。又不得。至是乃得死。頃之卒蹋户入。見烈婦帶纆項。神色如生。皆羅拜歎息去。烈婦死於順治庚寅年二十有八。是時睎尚頌繫按察司獄。董西來走金陵具説前事。睎曰。吾固知吾妻必死。不意其能從容乃爾。睎乃就獄神廟下。倚牀泚筆。作黄烈婦事述。頗詳晰。睎坐没入。輸旗下為奴。年餘。同鄉人斂金贖出之。乞食南歸。子身授徒毗陵大室。爭延致為子弟師。睎學有原委。對客議論。經經緯史。上下貫穿千餘年。斐亹不倦。幅巾白布袍終其身。睎字仔薪。壽七十餘卒。所著詩文百餘篇。毗陵士友家多有其鈔本。觀鄒長

陳節婦

節婦姓陳氏。嘉之西里陳某之女。年二十一。為沈君宣繼室。四年。生女二。又二年。生子一。子三歲。君宣攖疾不起。惓惓以鞠子屬婦。婦諾。君宣卒。無升斗儲。節婦賣梳鑷以自給。誓不改適。某某者。脅之去。節婦志益堅。死亦甘耳。不為失身婦也。某曰。何不

遂死。節婦曰。孤子幼。我責也。我任之矣。於是率二女。勤織紝。久之。購田三畝。俟子壯學耕。謂本業可資生。其叔某。又尼之。有田不得耕。節婦竊自語曰。我不讓田。脅我且益甚。竟棄其田。子既長。務誠愨。不負其母。節婦明義理。言動有矩則。吳之俗。好巫覡。節婦秉正志。諸不典祀。弗奉也。當沴氣流行。牽纏病患。為害連里巷。節婦恒不染。或姑姊姒姪家。苦疵癘。臥於牀。莫有視湯藥者。節婦調視累日夕。無纖毫病。從者塗黃嘆。胡懲心神猶恍惚。節婦不少怖也。見陸時隆郭亭三編。

俞秀

烈婦名秀宮。閩之融人也。父俞長祚。素有聞譽。達長。以武事死封疆。婦為兒時。常恨非男子。不得從父以死。年十六。而歸翁處士鑛。鑛好學。家貧不能卒業。將客遊秦川。以父母老。語其妻曰。父母疾。將汝倚。汝必能代我。去之明年。而姑有疾。婦念前語。百聲疾呼。願以身代姑死。及姑愈。而鑛客死秦川矣。己亥夏。凶問至。先是屋有三烏集於堂。其音如鷄。又夜有牛喘於婦前。其日黃昏。婦哭曰。翁郎是妾盡頭之日也。夜半。忽陰雨從天撲下。婦大哭曰。翁郎。若者行相見邪。乃徐取所佩小刀。向領喉一刲。氣暈不絕。婦曰。未拜姑嫜。未辭慈母。可乎。乃洗去血饑汙者。以左手中指。曲剔入。旋以食指側抽喉橫筋。絲絲滌滌。觀者為之股慄。婦舅聞而止之。婦曰。兒不孝。使兒得見亡夫。兒願足矣。翁郎豈無伯與叔氏者。有之。矧其室尚餘婦也。顧謂其奴曰。若善事姑。母以余亡。余且瞑目。數尺之棺。母以余身而見。恐母見余而哭。徐謂母曰。兒不孝負母。將死於夫。則不得不背兒母。若戀兒母。則兒不得死於夫。且不得見兒。兒父語畢。鄰媪皆來。婦無戚容。唯取少時所誦盂蘭經誦畢。雞鳴。斥侍兒出。割正喉。血盡氣絶。遷入廳事治斂。且復蘇。吁聲曰。翁郎。是使余再留耶。則不得一見耶。未幾氣絶。見王鳴雷王中秘文集。

吴珏

節婦姓吴氏。名珏。京口吴萊公女也。襁褓受教。輒不忘。稍長好弄筆硯。兄笑曰。汝亦欲作女博士邪。凡刺繡織紉。見無不能。諸技巧類是。率非所好。雅好古書。洞悉大義。年十七。歸邑子鄒嘉。素冠竊。好學。比合巹。益讀書不輟。疾作。經年竟殞。節婦痛哭欲殉。母氏曹。姑氏鄭。同辭語曰。我兩人老矣。汝今死。兩老人能生耶。汝夙孝。今以夫死忍令兩老人亦死邪。節婦乃頷。强起。旦夕臨。母欲且歸寧。節婦曰。守志者不聞歸母家也。服闋。鄰媪微嫗之曰。守志良苦。曰。此定命矣。苦固所甘也。無積聚奈何。曰。守志豈在家之貧富邪。未與子奈何。曰守志豈在子之有無邪。有子則守。是守子。非守志也。於志何有。尼有款門請謁。指柱間琴曰。無絃不理幾何時。曰未亡人不理久矣。不計其時。曰長齋甚善。不事佛。不雜髮何也。曰未亡人不舉酒肉。爲吾夫非爲佛也。於是年纔二十。會族子鵬生。立之。念翁姑老子幼。食貧無資。非治女紅。無以爲生。初學繪事於凡工特甚。乃布繡紋。點絢增華。人人爭購得之。以是持針線。往往達旦。倦不自支。燈火燎椎髻。稍覺。僅僅拂去。紉繡如初。歲儉。自食雜糠覈。舉精鑿奉姑。餘以飯兒。姑一日病。醫弗效。刲臂肉以進。姑霍然愈。嫂范氏從絺衣中稍稍見創痕。詢得其實。驚歎。趣熟視痕。且有兩。蓋在室爲母割者。曰痛何似。曰不覺也。嫂曰宜乎兩老人痛汝矣。爲女爲婦如此。而深自秘藏歷年數十。雖古史所載無以加矣。見梁汾懷葛堂文集

孫秀姑

孫氏名秀姑。浙之錢唐人。少喪父。十一歲歸楊鼎元子文龍爲侍年婦。楊父子常遠服賈。家止秀姑。依姑侯氏居候潮門外之三角地。室湫隘甚。與鄰舍共椽柱僅一版隔。右偏有閩士積者。素悍虐。曰與不逞之徒胡起龍數輩相徵逐。窺秀姑而美之。至是秀姑年十五。士積一日假求火。徑入廚下。强捉秀姑臂。秀姑大恐。嚙其手。血出。始釋

去。秀姑以語翁姑鼎元。畏士積不敢發。既而楊又走販衢州。士積度其家無人。瞷秀姑晚浴。暗以手度檻下。驟把其足。秀姑驚起。泣訴之姑。侯氏呼鄰里。共責讓士積。士積不能辨。約詰晨詣門自謝。厥明。偕胡起龍以來。秀姑怒。舉杯擲士積。不中。中起龍面。被創。起龍大恚。罵不絕口。士積益咆哮。謂吾不致汝於亂。非夫也。秀姑恐甚。是夜。密縫上下衣裾。陰懷死志。次日。又聞士龍輩惡聲。意愈決。入房。漬鹽水中。盡飲之。出奉羹湯。饎畢。瀹茗以進。心痛殆不可支。侯氏詰問。吐實。有頃遂死。蓋戊寅六月十九日也。鄰里挾侯氏控於官。士積計免。乃殮以薄棺。時當盛暑。屍數日不壞。無蠅蚋敢集。人以是歎異。撫軍廉其事。擒士積置之法。並杖起龍。死。自為文遣官致祭。遠近來觀者數千人。或云士積嘗自言十五年前因姦不成。蹴死一尼。疑秀姑是其後身。然則秀姑堅貞之性。固有由來。而士積強橫。至死不悛。其斃於法宜哉。見王晫霞舉堂集。

曲園居士曰。袁子才新齊諧亦載此事。頗有異同。此云秀姑歸楊鼎元之子。而彼則云歸李氏子。此云閻士積。而彼則云嚴虎。恐當以此為正。閻與嚴音相近。其云虎者。殆失其名。而以虎目之。謂其凶暴之行。人而虎者也。自當以此傳所紀為得其實。至此云撫軍廉其事。擒士積置之法。則於情事猶有未備。果誰以聞於撫軍耶。新齊諧則云。秀姑既死之後。無爲具呈告官者。忽有異香發於秀姑所臥處。達於道路。嚴虎罝死貓死狗於其門口。欲亂其氣。而香愈烈。有總捕廳某路過其門聞香而異之。遂訪得其實。頗可補此傳之缺也。

陳三淑

貞女陳三淑。杭州錢唐人。武略將軍某之季女也。自兒時不喜偕羣兒嬉。每不可於意。輒怏怏累日。人悅之萬方。終不啟齒。以是羣兒憚與游。亦坐是失母黄氏歡。十歲。通孝經。二南。列女傳義。十五學作詩。率詠古史節義事。每成一篇。則坐而微吟。吟罷哭。哭罷復吟。吟一再。已燒其稿。香爐烟勃勃疏櫺間。與香氣雜。如是有年。并焚其筆不復詩。歲丙辰。杭城爲採選訛言。一時嫁娶殆盡。貞女年十九矣。父倉卒用媒妁言。許字同里沈某之子煜。煜後以家貧廢業。客游雲間。不果歸。煜之父因媒氏以辭婚。貞女不知也。時貞女父從戎於滇。母操家事。復用前媒妁言。改許富家子某。納采且有日。至是貞女聞。哭不食。母勸之食。曰。若是死耳。何食爲。富家聞。亦卒不敢顯然布幣行禮。其後貞女父戰死。無後。後其姪。則貞女兄。兄貴人。惟嫂言是聽。貞女雖有妹乃兒時素憚者。亦與其嫂兄親。於是一家之中。咸憎貞女。而前媒氏又貞女同母舅也。勸其母改字益力。母與凡決意字富家子。度貞女不可。則先揚言曰。沈郎已娶守此何為者。貞女聞之。披髮大慟曰。其然。兒亦不復再適人。徑起引刀截其髮。晃首以斷母。一家皆驚。乃不敢復言姻事。貞女自是遂有病。壬戌冬。病益甚。或累日不飲食焚香危坐。與之語。不答。有時哭極哀。鄰人徐西泠者。俠士也。每聞垣內哭。詢而得其由。悲傷其志。乃造沈煜門。告以故。煜適歸自雲間。意陳女已嫁久。聞是說。殊不信。西泠奮然曰。女子志如是。不可負也。吾勸其母矣。若即貧。吾能為若備婚禮。煜唯唯。越數日。將就婚。母復為說五不可。徐子又以事東渡江。事復寢。癸亥春二月。貞女病不起。母始以媒言招沈煜。煜乃往。其母命登樓省之。貞女方寐。呼曰。沈郎至矣。貞女遽寤。手自下帳帷蔽面。煜問可有言乎。貞女徐曰。既有成言。何為又他娶也。煜辨其誣貞女都無一言。惟以袂掩淚。煜睇幅巾。其自知向所傳非妄。顧貌雖瘠。膚色如玉。亦謂病可起者。煜既歸。貞女泣不已。已而歎曰。彼既知吾心。吾死可矣。遂絕食。并藥不御。越一日死。時為二月二十九日。煜既見後二日也。年二十有六。殮時。身輕如蛻。面目猶生。胸中熱氣蒸衣外。見馮景解舂集

史八夫人

八夫人者。姓李氏宛平人。史文忠可法夫人之妹。而公弟可則之妻也。可則早世。文忠公殉國難。八夫人奉太夫人夫人居金陵。浙人屬部伯者。嘗入文忠幕。軀貌類文忠。冒文忠名。集亡命數百人。破巢縣。破無為州。提督率省兵擒之。堅冒文忠名。眾莫辨。召三夫人認識。斥其妄。始吐實。而八夫人有國色。為眾所窺。會金聲桓反豫章。禁旅往討。駐金陵。遼官聶三。娼少宰某。豔八夫人。強為委禽。八夫人遣婢拒之。不聽。詈之。又不聽。須臾一婢奉黑漆盤進聶曰。奉八夫人命。恣若所為。聶視之則一髮髻。一耳。一鼻也。血淋漓滿漆盤。聶失措。急躍馬馳去。見汪有典集。

樊烈婦

烈婦姓張氏。襄城人也。家世忠貞節義。聞於遠邇。及笄。適同邑樊廷柱。生子二。曰盛曰茂。而廷柱卒。烈婦撫二子。誓守。足不踰戶。廷柱父沒。與廷柱弟宣同居。以養其姑。七年矣。同里有王荊州王習武者。皆兵家子。素無賴。兇暴橫里閈間。聞烈婦美色。豔悅之。不得間。康熙壬申四月。宣與姑同赴村穫麥。二子方就塾師。因與二子居城中。二十四日巳刻。荊州窺二子入塾。知其家無他人。乃與習武直入其室。烈婦大驚。急走避。曰。若何為。荊州直前持之。烈婦大呼且罵。習武扼其吭。嚇曰。從則活。否則死。烈婦曰死耳強犯之時惶急烈婦取菜刀揕其面荆州奪擲地烈婦疾入寢室合扉不及乃抽牀頭刀刀長操其室方出鞘而習武從後掣其肘又奪之於是兩賊共曳烈婦伏地伏輒躍起屢伏屢起捽其髮髮縷縷脱而烈婦呼罵聲益急輾轉逾時終不得犯將舍去荆州固恨甚又恐洩遂以所抽刀斫其額血迸出淋漓遍體倒於地猶罵不絕口習武復以菜刀斷其喉烈婦死且走恐或復甦更以巨石壓其胸踉蹌出門去時日方午二子自塾歸見母被殺狀號哭奔告地方曹青雲來驗視青雲亦知其被殺而恐累己遽以自刎鳴於官時令襄者為金溪許子尊遂置不問事且已宣歸與烈婦兄本淞憤其事訟之至五月四日令乃率仵作至其家檢驗距烈婦死甸有一日矣天且溽暑啟其棺面如生鮮略如新額上刀痕直貫其項喉橫斷深寸餘決非自刎者令不得已乃令青雲蹤跡賊方烈婦被殺時其鄰人有見荆州習武身帶血跡倉皇自其家出者然不敢訟言攻之而里巷間嘖嘖私語咸指目兩人青雲乃以荆州習武供比逮詢兩賊各不承將刑而荆州父故悍卒突前瞋目咆哮以為無端誣其子揄荆州去令無誰何也因罷訊自是都司康宜壽守備劉伏振力持之曲為庇護加以囑賄令素怵營弁不強爭久且依倚為奸於是宣本淞控於各上憲檄

下嚴訊。令定訊期。約在十餘日後。邑人咸計日而望。不能待。比及期。則改期又十餘日。期凡三數易。而詭變百出矣。及訊。忽有戍卒黃應魁四人。證習武是日同在靈樹堡戍所。去城數十里。又王雲等五人。證前數日與荊州同持羽檄赴南陽。在三百里外。宣本訟力辨其詐。青雲亦詰習武荊州言是日與兩人凡數見。在何處作何語。皆鑿鑿有據。兩人語塞。而應魁等九人閧於堂上。會日亦暮。罷訊。令遂以靈樹南陽及應魁等姓名。具詳於上。宣本訟益憤。而烈婦英靈不死。風雨晦冥。家人恍惚若見其出沒。或時聞其歎息聲。昏夜無形有聲。與家人述其遇害事甚悉。且言賊終必正法。宣本訟志益銳。屢控屢奉嚴檄。務期得賊。令乃與營弁謀。不坐張氏及宣罪。以杜其口。則控不已。於是令颺言曰。此必張氏有淫邪行。故致此。且殺人者。非他人。必宣也。已而訊於城隍廟。邑搢紳若士聞之。大譁。數十百人共前爭之。令仍執前說。衆曰。張氏累世忠貞節義。且烈婦貞潔之操。里黨所共聞知。安得以此相汙。吾等願各以百口誓神。白烈婦寃。令慚汗不能答。衆又曰。坐宣殺人。何據耶。令曰。按律有叔殺嫂罪。則為宣殺無疑。衆曰。律之罪何所不有。律無強盜逼奸殺人罪耶。律無故縱強盜殺人失出罪耶。語侵令。令惶謝曰。公等退。行為緝賊。自是不復為此言。遷延二歲餘。緝紳若士。或懇請。或憤爭。令惟以婉言相應。然卒牢不可破。自此獄益解。荊州習武且釋去。其後令緣他事被劾。以罪罷。署篆承審。皆以事不由己。一仍前轍。及黜中劉公子章來令襄。則事已四載。且注銷矣。常憾其事。欲復理之。會河道周公銓元署臬司事。翻閱前案。曰。此事何為疑獄。城中殺人。非荒郊比。且日午非昏夜比。賊有主名。非捕風捉影比。種種弊竇。置之不理。令死者含冤。生者漏網耶。遂檄縣嚴覆。劉公立逮諸囚。而荊州前兩月間。忽發狂大叫。歷言與習武逼奸殺人事。已遽曰。天殺我。遂自經死。獨習武就鞫。劉公方嚴毅。直久為營弁所憚。不敢以私干。及廷讞。營卒亦無一人敢相窺者。習武勢孤氣懾。未及刑。一訊即伏。獄具。巡撫都御史上其事。為烈婦建貞烈坊。而斬習武於市。見劉青霞慎獨軒集。

曹六姑

曹六姑。餘杭縣舊市曹女。錢唐縣鉼窰洪婦也。未歸而夫夭。求奔喪。不獲。誓曰。我生不洪氏婦。死終洪氏鬼耳。絕食數日。不死。啟窗見庭前秋海棠。曰。此花名斷腸草也。我畢命於是矣。扃戶擣汁。家人知之。急排闥入。頃又不死。因共慰曰。母在。奈何使母傷苦。女感泣。遂不死。輒持所聘幣。展對哭泣。母陰謀反洪。女曰。此非聘兒物耶。不可反。又不忍留。盡製爲經蓋旛帳。以施供佛。康熙壬子五月。陸病。女刲股以進。不應。燃香於臂。稽首籲天。請以身代。不應。陸死。女遂決死。諸姆兄嫂曰環守。諭曰。盍送斂乎。既又勸曰。盍終葬乎。不可。則又曰。明年正月上旬。毋百日也。盍居期乎。勺水漿不入口者十日。舅家命婢往。女悶絶而復蘇。蹶然曰。我終不能死乎。元旦。縫衣衾治殮事。泣告兄嫂曰。吾當死十餘年矣。遷延至今。徒以有老母。今母死。我將從夫地下。以終吾志。遂縊於母之室。其日。疾雷震動。是爲癸丑正月四日也。女五歲而喪父。十五而字人。十七而夫殞。三十而母終。蓋守節十四年而後死。見唐靖前溪集。

魯巳姑

魯烈婦。生康熙丁巳年。故小字巳姑。父君貞。母姜氏。會稽縣皋步魯家溇人。年六歲許字徐鉅卿子世茂。康熙三十一年。越郡訛言起。一時嫁娶殆盡。俗謂之荒親。姑年十年。歸於徐。方姑妁婚時。世茂固無疾。比年十三。染瘋疾。姑之歸也。世茂疾大作。强掖成禮。後各告寢。不通衾席者二年。世茂父鉅卿卽世。姑髽而哭甚哀。又三年。姑父君貞亦殁。姑聞訃遽行。姑張泣而送之曰。好新婦。兒誤女。女姑返。返而兒脫愈。迎女各相向哭失聲而訣。姑返哭其父如翁。卽蔬食。朝夕膜拜。誦佛號。報父母恩。居母家者逾八年。而世茂疾終不起。姑張。令妁婚者來諭姑改適。姑泣下。即不食。兄聖瑞、聖用。弟國瑞。咸慰姑。終不解。康熙四十三年十七日。夜赴涇水死。年二十八。家人跡之。涇上露其髻。立水中。衣斬然。色如生。世茂家寠甚。不能歸其屍。聖瑞殯之門左。見許尚質釀川集。

馬母

母丁氏。馬叔韻配也。揚州舊城人。夫兄弟三人。析產而家獨。夫伯兄以訟家破。母義不己食。雖壺酒豆肉。亦分箸以養。然有養。姒必有謝。母語夫曰。伯氏不謝。安我養。內之也。姒必謝。不安我養。外之也。本以家養。奈何使外之。盍致家於伯氏。夫曰諾。致家後。事姒如姑。伯如舅。鹽米瑣屑。一歸姒手。即嫁時衣裝首飾約臂。皆不私。讓之盡也。其家服賈。伯更善賈。既有其家。奇贏累積。家漸饒富。而母無家矣。夫或有所請於姒。姒不時給。夫怒曰。乃我家所有。嫂何與。母曰。讓而怒。是爭終也。奈何以讓而爭乎。人笑我讓矣。母之行己。皆以退。退富而處貧。退智而處愚。退匹耦而處妾媵。生一子一女。其女亦能退而處下。子亦雅量。能清濁不撓於胸。見宋和雪晴軒集。

洪烈婦

烈婦葉。歙人洪志達妻。順治二年。歙四郊未靖。葉從志達避亂淳安縣鄭家邨。明年二月。邨人譟曰。兵下青溪矣。於是居民皆竄匿。而葉之色奇麗也。乃匿藩溷中。草蒙其面。無何。游騎至。睨溷中曰。草中何豔。曳出之。曰豔哉。草中人乎。迫狎之。志達年雖穉。然長軀而拳勇。憤然挾一騎仆地。眾怒拔刃起。志達拳白刃。疾聲呼。眾且仆且起。不勝。則環射之。中數矢。猶張拳鬬。最後一矢貫其睛。洞顱死。葉奮前抱其屍。眾挾之上馬去。葉美而智。馬行平坡廣陌間。踏草弄花。不哭而嬉。騎擁之鬨鬨也。望遠將至一峻崕。臨不測。顧持己者曰。兒嫻轡矣。乃縱馬峻崕。騰身崖下死。居數日。有徐舉孝廉過崖下。見一女子坐溪畔石。倩妝而愁。徐睨之曰。神與。曰。兒洪婦也。曰。刦而遺者耶。曰。死此谿矣。爲語兒家取兒屍。其淵岸斷谿深。嶄崩杳渺。莫測屍跡。家人祝曰。昨娘神語徐秀才。果神無自溺也。祝已。屍浮。色如生。未殮。其體香三日。既殮則三日臭。縣志載其事。勒石祠之。自是卜禱皆應。康熙四十四年。淳安大水。葉夢徐孝廉曰。洪波驟來。斷碑嚙廟矣。視之果然。復新其廟。里人云。神既墜崖死。自是谿上見月明風細。衣綃衣。戴霞冠。流水中。時時聞環佩聲珊珊也。神乎。（見宋和雪晴軒集）

薛坤

薛坤者。歸德虞城人。生而端慧。少長。能於父母言之所命。與色之所向。取父母歡。父母奇愛之。擇同邑耿懿之子玨。許字焉。卜以康熙壬申十月二十八日適耿氏。而玨先期以病亡。坤慘變常度。灼灼然有死志矣。父母覺之。語曰。婚禮未親迎。則不成為夫婦。欲殉。過也。坤默然。意蓋弗從也。母復命其姊。以婉語譬之曰。妹未為耿家一日婦。而欲為之死。義與情。均無處。無處而死。是為徒死。且辜父母恩。古者。當婚而壻。若婦或遭喪。則使人告曰。不得嗣為兄弟。蓋請其別配也。夫在且可以別配。而無嫌。未婚。不成其為婦故也。今委曲以順父母命。於禮又何愆乎。何慕乎衰世戔戔好名者之所為哉。坤曰。耿氏之婚。命之父母。納采以來。國人皆知坤為耿家婦矣。親姻則共指而稱之為耿家婦矣。即坤之心。亦久自期為耿家婦矣。今不幸耿氏子死。父母欲留我。豈能聽其白首閨中邪。若改行。是將轉以身繫他姓。一身而使名為二姓婦。心竊恥之。且父母命為耿氏婦。而坤終成是命。正為順。非為逆。又可以為辜恩邪。姊難其辭正。不復更有所說。坤終自縊死。年十七。見田蘭芳逸德軒集。

孝婦吳孺人

孺人姓吳氏。世武進人。父母撫愛之如子。不忍遠遣婚。擇配邑東馬蹟山許翁次子宏度爲贅婿。宏度習奏記。歲游幕外出。孺人性至孝。嘗遘母疾革。刲肱肉和藥以進。母爲少差。尋復不起。繼念翁年浸高。徃佐饋山中。宏度脩脯之入不時至。孺人苦營針黹。翁膳必精腆。而自與二幼子尚忠、遵恩同糲食。每哽噎交勸。雍正壬子秋。翁病瀕危。醫不肯予藥。孺人倘張無措。獨爇香中庭。嘿若有所禱。還拊二子背。夜深。兒且臥。娘瀹翁炒米湯。訖。來看兒。翌旦。二子寤。驚問娘脣血何漉漉出。曰。誤搶壁離耳。即挈之走省翁。翁言天嚮曙。我神爽勝常。趣醫覆診。詫曰。脈頓起。乃今可勿藥。噫。異已。尚忠突出。丐傳脣方。詢所用。以孺人告。約少選過舍取劑。叩之。曰。日者心駴而翁症忽變。而娘得毋割股乎。尚忠謝不知。然竊記孺人在室時事。忡忪歸。拉弟索母於房。則方裂幅布複裹肱。創血益漉漉出。二子哭且叫。孺人急手堵其口。曰。勿使人知。人知翁弗效。猶汝外婆。娘白喫一痛矣。白喫一痛。蓋孺人前已刲左肱。至是當刲右。而左手澀。又齒齧肱肉。引刀急刲。遂并及脣。因語兒。吾曩救母。裁延一月息。吾孝不至。方慟不欲生。有世母來慰諭。說割股者須聶切如星子碎。病者噉一星。可一年活。而以全臠貯藥汁。固無濟。昨吾滲翁湯少。不減十數星也。時翁病瘳。年政六十一。逮乾隆己未。得壽六十有八。孺人常追悔昔請呷湯不盡甌。常恨恨焉。孺人既貧困。早衰。

庚申。猝得宏度粤中訃。銜恤治裝。促尚忠奔迎，而首途遣纛。半為惡奴狗兒者乾沒。孺人愈不給。越辛未五月。竟卒。年五十。見劉綸纓庵集。

趙氏老婢

婢失其姓。少鬻於趙氏。始有名。繼而趙氏憫其節。且祖若父所畜也。輒不忍呼。則呼之曰老阿姐云。方其十五六時。有以珞琭子之學干趙氏者。趙氏則戲為婢算其人曰噫。是何祿命也。是殆將七易其夫而後已者。衆皆笑而譁。而婢頸赤。面發熱。氣結不得語。已則仰天而呼曰。嗟乎。吾嫁則有夫。吾有夫則有死。吾今且不嫁。為之夫者誰耶。自是蓬首垢面。澣衣以自韜晦。媒氏至。罵詈詬誶不可近。主人申誨之。則搶首乞哀。願終役事。無他適。已而察其志堅。乃相與聽之。趙氏有婚嫁之事。婢匿避空室不肯與。過新房。嘗足彳亍不肯前。客自外至。蒙面睨目。不肯視辨色而興。治醴酏供灑掃。夜則燭滅然後敢息。其勤又若此。既疾。主人量藥劑。主婦奉湯餌。視惟謹綿惙將絕氣。老稚皆行哭失聲。櫬櫝衾殮。悉從厚。葬於祖兆之域外。立碣以表。比於王大令為保母李意如壙志例。見杭世駿道古堂集。

江南二烈婦

烈婦顧氏。江南泰州人。夫張世英。日誨婦淫。而欲因以為利。婦不可。則與母韓氏共迫之。其瀕於死者數矣。鄉人某瞯婦悅之。貸世英錢。世英陰許婦與私。可無償也。私許焉。某至。出錢沽酒。與世英飲。韓氏呼婦出。婦不應。與之酒。覆盃大慟。某驚逸去。不敢犯。乾隆十六年十月。世英私語婦。冬寒無衣。盍如我言。即得錢衣汝乎。婦應曰。我寧死不辱也。世英恚甚。搤其吭以死。婦年十五。歸張。夫與姑淩辱萬端。自飲鹽滷。不死。而卒死於其夫之手。年十七。烈婦張氏。江南丹陽人。適萬城民陳彭年。十載矣。彭年貧無賴。勸婦更嫁。可兩活。婦泣涕不應。乃紿婦出。而密約娶者一人偕行。婦覺之。號慟求死。有邏卒過。偵知之。執至官。官杖彭年。而令婦歸母家。婦不肯曰。吾適陳矣。死生以之。居無何。彭年復逼婦。婦度彭年意終不已。從容言曰。我無如何。今任君矣。起隨彭年走。出至村外。時塘水方盛漲。婦奮身躍入水死。死之日。為乾隆十九年六月二十日。見廖鴻章南雲書屋文集。

蔡貞仙

貞仙蔡氏。父無子。自教之讀書。每日請其父說忠孝節義事。字於同邑之于氏。年十九。將嫁。夫大病。卜者曰。迎婦則吉。時父方歿。母難之。貞仙請於母曰。往而吉。違之不仁。且無義也。母然之。遂往。夫死。分所簪如意釵。簪其一於夫首。脫一釧。納夫之腕。哭而絕。復蘇。初聘時。夢金釧入手。斷為草質。取銀釧。復斷如初。珠翠皆成紙花。至是驗云。及殮。截髮納棺。縊於柩旁。救之。不死。旋墮樓。弗克。夢其父。示以節孝二字。曰宜兩全。於是和顏事舅姑。時姑尚未舉次子。乘其喜。常為說古今賢婦人。為夫廣妾媵。獲福報者。姑從之。且使主家事。忌者譖之。貞仙辭於姑曰。媳不才。家事弗能理也。忌者又譖之。謂其有他志。貞仙乃泣曰。節孝寧復能兩全耶。於是取所讀書。并自書手迹與所作詩詞。泣而焚之。啟匣撿所存如意簪手釧各一。泣玩良久。戴而復脫者三。嗚咽俯仰。悲不自勝。從老嫗先寢。更衣。對鏡撩髮。取素繩纏如意簪於髻。甚固。抹釧。欷歔顧女婢曰。以託汝。倘死。勿為人所脫也。旦起。襲故衣。問安於姑所。辭色和婉如平時。午侍食既撤。入房而縊。時乾隆丁巳六月五日也。年二十有五。貞仙父字斗南。其叔字秋巖。秋巖館句曲。每歸。必視之。問曰。聞舅姑以譖。常挫汝。有之乎。對曰否。天下無不是底父母。古賢婦有訟其舅姑者乎。即死。切勿有他言。見史震林集

韓烈婦

烈婦姓李。灘縣李斌女也。性至孝。年八歲。會歲饑。斷炊。父食以餅。留不食。問之。曰。須

母出。歸來當饑。為副室於同邑諸生韓君夢齡。佐大婦事堂上。堂上安之。凡爨汲舂揄。績紡紉澣。諸瑣屑事。必身必先。凡八載。夢齡沒。哭撫其所生子若女。以勉自活。赤幾。復相繼殤。遂絕哭。念韓氏有主者。義可以死。慮家人覺之。佯理故絮。作禦冬具。坦坦如平常。父斌來。則泣謂曰。兒不得終事吾父矣。痛吾母沒。不及見兒今日。父不悟。慰諭而去。越日。遂自經碓室中。室卑。懸繩長跪承以項。卒。面如生。殮之日。有香盈室。臨者異之。見鄭虎文吞松閣集。

薈蕞編卷十八終

清　曲園居士纂

劉烈母

烈母姓劉氏。郟縣臨渠劉翁妻也。翁居鄉。多惠愛。盜伐其屋後樹。翁望見。輒屏匿卻走。盜得從容捆載去。舍南有蔬圃。里中兒日往來採擷。或詰曰。若何從市此。對曰。吾取劉臨渠家菜。不為盜也。其厚德如此。烈母為翁繼娶。能與翁同志。翁好施與。母無忤色。翁或遭謾欺。相顧益喜曰。非君盛德。其何敢然。翁既沒。中原盜起。郟汝之民皆空屋以走。家人來告曰。寇至矣。請亟去。母織不顧。則又請曰。寇大至。不去。禍且及。織仍自若。已而呼告曰。寇及郛。又告曰。寇及郭。又告及門。遂連呼曰。寇入矣。不蚤去。以及於是。母罵曰。豎子。賊捲地至。吾婦人。去將安之。雖然。義不可辱賊手。趣走後圃。沈井以死。家人曰。奈何母獨死。即俱死。賊無所發。怒下巨石壓之。盡燬其廬乃去。其子自宛邑歸。出母屍井中。瘞其旁大椿樹下。鄉人呼為劉烈婦井。見王大岳青虛山房集

章孔榮

孺人姓章氏。諱孔榮。陝西秦安人。年十五。嫁張廷桂為後妻。廷桂者。字相如。江南常

熟人。雍正中。避事至泰安。因為章氏贅壻。居八年。與孺人情好甚篤。頃之。孺人父母
相繼卒。廷桂事尋解。乃與孺人歸常熟。廷桂貧無居舍。孺人盡鬻妝具。得百餘金。僦
屋三間居之。夫或遠出。自以盛年單處。常懸劍帳前以擬倉卒。生二子。俱殤。最後生
一女。名催鳳。乾隆九年。廷桂病歿撫甯。明年二月訃至。孺人哀慟隕絕。柩歸既窆。孺
人欲投穴中。家人共持止之。夫從弟廷梅。許俟有子後兄。孺人乃鬻其居。得錢。買田
十餘畝自給。而依廷梅居焉。閉戶織作。所處雖淺隘。鄰婦罕見其面。夫先入貲戶部。
牒授主簿。夫歿或購其牒。覬以冒銓。孺人曰。吾以貧故鬻牒。欺罔國家罪也。況夫名
可使有二耶。立焚其牒。十二年五月。服除。奠畢。闔戶自縊。家人覺解之。防守甚至。次
日既久。守者稍懈。潛至水側。抱夫畫像置岸上。自沈死。比曉家人始知之。見屍面夫
畫像。端坐不動。時按察使孝感程公光鉅聞之。立往率屬設祭。親拜其屍。上其狀請
旌。初孺人嫁時。不知書。廷桂時時教之。久遂通解。畧涉傳記。將歿。作絕命詩辭數章。
詞旨哀惻。其末一篇云。憶往事兮雙淚沾巾。想當年兮妾病沈惛。感君愛兮信誓殷
勤。云妾歿兮君必亡身。嗟今日兮命不由人。君先亡兮妾豈偷存。痛萬里兮生會無
因。輕一命兮地下從君。求神明兮引我孤魂。覓天涯兮不惜艱辛。得伴君兮死亦歡

忻。十七年兮夫婦深恩。食糟糠兮敢怨君貧。中路訣兮命蹇時屯。喪葬畢兮不死何云。傷幼女兮失母誰親。死為君兮此外何論。又留書與夫諸從弟曰。初聞訃。即欲死念夫無後。無人喪葬。今日服除。一死更無別事。前議俟叔生子為夫立後。勿誑我無後孤魂。但家事空空。無可如何。止有田十四畝。可將十畝與所嗣子。四畝與鳳女。我死。棺木不可多費。使我心不安。有許氏屋價十金。乞將我埋先夫塋次。愚嫂章孔紫手留。孺人卒時。年三十四。催鳳始七歲。明年亦夭。夫諸從弟日益貧。所遺田盡廢。竟以子姓凋少。未立後。廷桂有老僕。數嘗營葬孺人。不果。乾隆三十一年三月二十八日。邑諸生柏渭、吳慶長等。始葬孺人廷桂墓中。因共立碣表墓。見邵齋燾玉芝堂集

吳節婦

節婦朱氏。父為鹽邑庠生。居本邑之澉浦城。五歲。許字同里吳生。吳生年十八。謂其家人曰。男兒立世。固不能如賈生誼係單于。終軍羣致勁越。老死牖下。胡為者。我父母死矣。不為千齡萬代計耶。請從此辭。志不立。不歸也。節婦家固窘甚。父以傭書餬口。迨老。鄉之人以其耳聾也。固辭之。節婦朝辟纑。夜業纏。以贍其親。天寒十指裂血漬布衣。甚至兩臂斑駁如霜皮。弗顧也。父數憐之。節婦每微匿。勿使見。見兄悍甚。以節

婦之不肯改適也。屢辱之。節婦笑而謂之曰。我固不識所謂吳郎者。特以兄之貧力不能食我父。我父衰廢。勢不得不就兄食。姑留此助我兄耳。兄固利節婦之能養父也。計稍寢。若此者有年。節婦年五十八。父且死。吳郎不歸也。吳之族於時嗟然興歎曰。婦有若節。家之福也。老而不歸。胡以訓也。迎節婦以歸。為立嗣焉。節婦歸吳。後早起晏息。勤操作。率勵後嗣。後嗣得藉成立娶婦。節婦且抱孫矣。而吳郎者固未歸也。

見祝華鼎集。

李氏

李氏。蜀之鄰水人。袁榮妻也。本農家女。不知書。而性沈毅。歸榮。生子數周耳。木工閔子儒嘗以傭至其家。見氏而悅之。謬與榮密者。假室而同居。與氏宇相對也。氏勤女工。不數數出。子儒闞與語。多不答。欲挑之。不敢發。將以暴。而懼為鄰里之所聞。則紿榮曰。某寺之田肥。賃之廬而耕。所獲且倍。榮信之。攜妻子往耕焉。廬去寺遠。左右無居人。而田實瘠。乃不及向所耕。榮悟其紿已。將還而依其兄。子儒念事不成。不如殺榮。彼婦人何所逃。將還之夕。氏方篝燈為組紃。聞其室有大聲。特異。趨視之。則子儒已持斧擊榮死矣。氏大呼出戶。子儒追執之手。斧而示之曰。而夫已死。而將焉往。此地去人居二三里。而號安所得聞。亟止而啼。否則與而子俱死斧下矣。拉而閉諸房。加扃焉。氏遂不復啼。子儒既埋榮屍。率婦若子與俱遁。行山谷無人之地。七日而達巴縣。鏁氏於室。賃田而耕。耕則復無左右鄰居者也。居三年。氏未嘗與一語。子儒晨出暮歸。出則扃户。佩一刀甚利。雖寢臥不暫脫。氏自念吾與讐人處三年矣。彼伺吾密。吾無可報讐者。不如死。復又念曰。吾不死於斧。今自引決。勢必與吾子俱死。死則晚矣。矧讐終不可復。且吾伯氏不知。不且以吾與若共謀以殺吾夫者乎。居久之。復又念彼之日夕伺吾者。以不與言也。佯與之言。彼必喜不疑。乃得乘間以白吾寃。遂與之言。且款洽。子儒果大喜。解佩刀。啟户竟出。氏度其遠。抱其子。走未數里。遇縣役。悉愬其事。令拘子儒至。訊之。得實。遂伏法。見錢維城茶山文鈔。

五烈

平山堂右。有烈冢纍纍然。是爲五烈之墓。五烈者。池氏、霍氏、裔氏、程氏、周氏也。池烈女故貧家子。早失母。及笄。父以女許嫁吳某子廷望。廷望從軍死於粵。吳請於女父。欲以改配其次子。有成言矣。女偵知之。伺其父出。自縊死。霍九女者。事父母以孝著。年十九。許嫁李正榮。問名旬日。正榮死。女聞之。自經。里人義之。葬於池烈女之墓右。

稱雙烈云。其後有裔氏為孫某婦。姑及其二女。皆不潔。他日歸。具白母。且矢曰。弗死懼及吾無以視人世。既而還家。則姑及二女。方共客飲。婦恥之。乃扃户紉其衣。自袒而裎而裾。綴連不解。乃以青白綫二縷。經其脰死。事聞。郡守孔毓璞歎之。為立墓於雙烈之旁。程氏者。項起鵠妻也。成婚三月。起鵠賈於外。死粤西。訃至。氏哭辭舅姑。且屬其叔以善養。遂自經也。周氏者。江甯人。適程國材。移家於揚。國材暴疾終。氏誓以身殉。父往慰諭之。泣曰。兒有宜死者三。上無舅。下無子。且貧若此。衣食安所賴。兒志決矣。卒不食死。見張潛南溝遺集

司貞女

司貞女者。高唐司氏女也。受聘禹城縣諸生于竺養。年十九。聞夫病。泣於父母。請視夫病。不許。既而聞夫病益危。復請往。且曰。地下相遇。幸識面也。不許。然則女縊而死耳。乃許。女往。當是時。竺養臥牀蓐。氣將絕。其父呼竺養。汝婦來視汝矣。竺養瞠目視婦微笑。貞女親奉藥。進夫藥三匙。嚥之。舉手婦面。若為婦拭淚狀。遂卒。館斂畢。衆勸貞女返。不返。遂守制夫家。竺養父慮貞女無依。取堂兄幼孫稜子為之子。貞女紡績易粟。恒不給。乃躬荷鍤刈圃地。多植野菜。日摘菜葉雜糠麩煮羹自食。而以所易粟

食椶子。癸亥，鄉疫癘大作。有巨眼鬼長二尺許，結隊吽嘯。諸病家或夜聞巨眼鬼相戒：明日日晡時，碧霞宮宮娥當來，我等散去，毋犯也。病人家使人伺宮娥，至期見婦人攜幼子，就立門檐下。問之，則貞女歸甯母家，而避雨於此也。於是避雨家病人竟愈。越數日，貞女歸，衆男婦執酒漿遮道，挽碧霞宮宮娥過其家，卻巨眼鬼。貞女曰：吾鬼婦，而鬼畏我乎？何誑也。不顧而去。先是貞女許嫁竺養，父母製衣裙贈嫁，及貞女守志夫家，悉舉以遺女。十有四年，而其鑰未啟也。竺養父後舉明經仕，始足食，送貞女坐壙，竺養冢右樹女貞木數十本，一歲成林。見韓錫胙滑疑集。

許福弟

孝女名福弟，徽之歙縣許氏女也。年十八夭死，而歙之人士爭以孝傳云。女年十三，能割肱以療母病，因並道其祖許尵齡，素有割肱事，其女孫蓋觀型有自云。孝女少孝謹。乾隆八年夏，母病既久不痊，念父客外，閨中弱女，無能遠求醫藥，聞人肉可治病，遂引刀自割其肱，雜飲食以進，內外人無知者。閱五年，女疾且篤，母撫摩其手，得一凹形，急詢之，俯首嗚咽不肯言。母徽問益急，乃垂泣道狀，母相持慟哭，而女竟死。見陳道凝齋先生遺集。

唐鳳鸞

唐氏女者。滈安人。唐介五繼室所生女也。母孕時。父夢鳳與鸞交舞於庭。及生女。字之曰鳳鸞。許字歙縣章岐人汪榮泰。女幼讀書。知大義。事父母以孝聞。暇則端坐小樓竟日。善女紅。襪履衣裳藏於笥者。皆手製也。歙與滈雖接壤。而媒氏他出未歸。故納采未通而介五死。母惑於讒。更許字河村他姓。女聞即嗚咽不食。晝夜泣。及行納采禮。衆方諠於室。而小樓中有碎綺零紈。紛紛而擲。則女方悲憤而剪裂其手製之襪履衣裳也。衆方色然駭。俄而樓上砉然有躍而出者。衆大驚奔救。則女已墜樓死矣。榮泰聞女死。哭而迎其柩。母不許。厝淺土者數年。而小樓陰晦夜。時時聞悲泣聲。或見女倚欄垂淚。舉家敬祀以為神明。母驚且悔。未幾亦死。乾隆丙辰春。榮泰夢女泣曰。妾不幸。不能生登君堂。猶願死同君穴。今母已死。君曷由青溪至滈。迎妾柩以歸乎。榮泰哭而寤。烈女之姊。嫁於青溪某者。榮泰之姬也。是夜夢如之。其姊夢亦如之。而烈女之幼弟學旭夢亦如之。於是其姬某。日夜盼榮泰之來青溪也。而榮泰果至。俄而幼弟亦至。各敘其夢。愕而歎。且泣。榮泰乃至滈迎女柩。其幼弟願留柩三日。祖於郊。滈邑遠近人士。環觀者數百人。爭設酒奠。且賦詩贈其行。鼓吹與旌旗相導。

儼然新結縭也。（見曹學詩香雪文鈔。）

萬蘭娥

萬孝女名蘭娥，揚之江都人也。幼讀書，工詩文，性婉順，父母愛憐之。父允堅，為仇陷害，傾其產，恨且死，三子皆幼，顧而泣曰：嗟乎，予以憤死，藐孤未成立，無有能雪予仇者。予目不瞑矣。時蘭年十八，痛父言，遂以復仇為志。家已盡罄，不能葬父柩，藁揚之城西古尼庵。蘭與母及弟咸寄食其內，乃控郡鳴父冤。仇家以利賄吏，不為理。蘭晝則赴愬，夜苫塊柩旁。得食先進母與弟而已，或忍飢。夜俟母寢，乃撫柩旁痛哭。孝廉黃君正學，真州人也。寓庵中，見其母子哀慘，詢其故，悲其孝，惻然贈之金。母感之，有窘輒詣孝廉家告急，孝廉即他出，必屬其室人周之。母益感孝廉德，願以蘭許字焉。孝廉謝：吾憫若母子窮且孝，故竭力助，豈靳以婚報耶。且吾已有室，奈何以困急婚孝女哉。吾義不為，若勿復言。然母終感孝廉甚，念舍此無以報，於是伺孝廉出，投蘭庚帖而去。當是時，蘭日夜以父仇未復為恨，守令莫為理，因赴會城控大吏，往來金陵、廣陵間，冒寒暑，忍饑渴，困頓萬狀，如是者數年。既而母以病死，諸弟或逃散，或為黃冠。蘭獨攜幼弟仍處古庵中，而復仇之氣不衰。仇家畏之，伺其再赴金陵，嗾島趙梟伺於中途。聚惡少擁之去。蘭行。故常持匕首。乃截髮毀容罵曰。吾已許嫁有夫女也。若將何為。速令歸。否則吾先斷若首。後自畢命。梟不敢犯。留月餘。令老媪勸之。蘭誓志不移。求死者數。不得死。復自念身死。而父仇終不能雪也。乃竊書片紙遣幼弟夜走真州。求救於孝廉。不相值。蘭乃自書牒。復潛命弟控江都令。令為追捕。梟大恐乃縱蘭出。令杖梟。遣蘭歸。蘭終以父仇未復。無意就婚。而孝廉亦始終無婚蘭志。友趙公為制府。蘭復持牒控車下。容色淒慘。詞氣激烈。公憐之。乃命江甯府為伸理。兼廉得其許定孝廉始末。檄召孝廉證其事。時孝廉以南宮近。入都甫三日。檄至。撫然歎曰。吾偶以熱腸救若母子。乃牽率至此乎。雖然。予不歸。蘭竟終不雪。遂馳追白其事。制府嗟歎蘭孝。而兼嘉孝廉之慷慨尚義也。明日。復召孝廉熟訪其顛末。益嗟歎。賜以金幣書籍。且書額旌蘭。一曰閨閣完人。一曰堅節經霜。復檄江揚兩守。以蘭父母柩遷葬真州。取仇家繩以法。追其產還蘭。蘭於是至柩前哭而祭曰。兒已雪父仇。父可瞑目矣。葬後。制府命孝廉娶蘭。孝廉堅辭不得。乃聘為側室。制府導以儀仗鼓吹。搢紳人士皆造賀。夾道觀者萬人。嘖嘖稱異事。（見曹學詩香雪文鈔）

周孝貞女

周孝貞女。幼端淑。習孝經列女傳。明大義。及笄。父羲傳避仇遠出。弟升巖甫四歲。大父母俱垂老。越二年。母蔣以憂歿。免喪後。戚黨有爲女議姻者。女矢志不嫁。奉大父母。躬治甘毳。纖悉必周。病侍左右不暫離。督弟升巖讀書。篝燈至夜分乃已。大父母相繼歿。含斂封窆。無不中度。升巖長。爲之娶婦。既婚。即促弟出尋父。令二老僕隨之。女在家焚香籲天。祝弟早與父遇。比父子相見。升巖請父歸。父曰。吾已爲世外人。家中有而姊在。吾其老於山水間矣。毋累我也。升巖返。述父語。女痛哭數日。尋復遣弟往。父已歿。乃扶櫬歸。女迎於江干。哀感行路。洎奉父柩合葬母窆。而女年逾四十矣。遂長齋皈佛。依弟以終。年七十有九。先是女有叔父曰震亨。嘗聘雙鳳豐李氏女。未及婚。震亨病歿。李年十九。聞訃。即飲泣不欲生。父母苦勸之。且嘉其志。不復他許。舅姑憐之。將送歸。女曰。守。義也。往。非禮也。竟老於家。年六十有八。時周女在室聞之。乃請其柩。與震亨合葬。見毛詠集。

徐催

徐氏女名催者。秀水人。父曰邦彥。母孔氏。孔氏連乳二女。及催之孕。日夜望其生男。而又得女。意頗不樂。一老嫗進曰。取其胞衣反之。後舉必男。第恐此女不育耳。孔氏意在得男。遂反其胞且呼之曰催男。後三歲果得一男。而女幸無恙長。遂以催為其名云。催年若干歲。其父客游京師。數年不歸。故時僮婢皆散去。惟催與二姊一弟。奉母以居。姊年稍長。足不踰閾。弟在襁。凡出入奔走之役。悉催任其勞。室無經宿之儲。一切芻米蔬菽。必資於市。隆冬沍寒。一童女子往來負任。蹌踉風雪中。鄰里莫不憐也。年十八。歸葉氏子芝山。事其姑以孝聞。越歲來省其母。母愛之不忍令遽去。俄而芝山以暴疾死。催倉皇奔赴。既恨不及送其夫。又不敢咎其母之留己。茹哀飲痛。一慟幾絕。未幾姑亦死。遂大歸於徐。已而其父復以客死。乃偕其母。來依叔父以居。催性婉淑。能執勞自下。勤於操作。工力兼人。事其母。藜藿之外。時進甘鮮。一皆取給十指。戚黨交頌其賢。有來求聘者。孔氏憐其少寡。令叔母微諷之。催黯然下淚曰。催亦念之。留此不肖之軀。始終貽母以憂。請從先夫於地下可乎。語已即起入室。叔母急抱持之曰。何遽如是。為涕泣歎獎。加撫慰焉。其議遂寢。先是催父自京師歸。復得一弟。長者客死西夏。幼弟三娶無子。亦遂遠出不歸。凡孔氏生養死葬。悉催為經理。人謂催始生之日。孔氏恨其非男。然其奉母實無愧其為男也。見王元啟祗平居士集。

宋烈婦

宋烈婦。父俊卿。母沈氏。山陰人。嫁諸暨宣拱之。初沈母多病。拱之療之。遂妻焉。時拱之老矣。旋遘癘疾。室人交憎之。婦奉事惟謹。無何拱之竟死。人始見婦婉好。謂拱之非耦。兄輒為婦幸。而婦號慟不欲生。觀者異之。比葬。乞其夫兄名君修者子為後。君修弗肯。而陰以婦許一富商為室。商復厚賂其姑為主婚。行且有日。婦聞之大驚。度不可脫。乃佯喜。改裝為適人狀。使其家不疑。十一月十三日夜。天大寒風冽。姑與夫兄皆熟寢。室無人。婦密紉衣履。潛出戶。攜所用剪尺。置隣嫗窗檻。轉至屋側下堰塘。取巨石鑿冰。冰破。投入。死時年十七。隣媪者婦所善。嘗見婦剪尺。心愛之。故臨死以為贈焉。及明。夫兄蹤覓之。得剪尺。責媪家匿婦。索無獲。則疑隣人之飽適者挈以逃。諸族人爭唾之曰。是何言。婦必投水死耳。遂共之下堰塘。時婦穴冰處已凍合。冰厚不可鑿。其老者前祝曰。婦苟盡節此池。盡遂穴冰以出。祝未已。有聲䃂然如雷鳴。自池底上。冰忽裂。屍起僵立。色如生。夫兄驚走入室。尋發病死。諸族人乃相與葬婦於何山之麓。後二十餘年。里人白其事於有司。為建祠以祀。且碑其死所。名之曰盡節池。見王元啟祗平居士集。

李貞孝

李貞孝者，海甯李家勳字紹衣未婚婦也。姓楊氏，父某監生，母某氏，家世殷富，而李族貧，居袁花里，賃種監生田，恒不給租入。監生性褊急，顧重文。一日，躬下田，見童子赤脚供饁，資格清秀，問之，即李翁子家勳也，九歲矣。異而勸之學，使入所立義塾中，資給之。數年，讀五經畢，以應縣試第一。監生喜，欲妻之，妻若子恚曰：是老顛，甯患女無家，而棄之佃人子乎。乃館生於家，偕其次子學，積不合。生年十五入泮，時女年十四，監生乘李翁踵門謝，袖女庚帖示之，遽出女，與生拜於庭，衆愕然不及阻。監生亟營妝奩，具甥舍，期一舉成禮，顧連不得志，家人日相靳薄，女忍之，父竟以致疾不起，而婚期益眇矣。于時勳已二十外，性倜儻不羈，好游，學日進，游益廣，出入無時。一夕連呼燈，無應者，女自帷激之曰：丈夫不自處高明，何依人受慢為。生故識女聲，大警悟，徑出門不顧。女初不意生之不復顧也。乾隆庚午，生年二十六，領鄉舉，女母兄將擇壻，生獨以不官不娶，辭而北，留滯又數年。越甲戌，始考補內廷教習，益發憤，忽得咯血症卒，年止三十。信聞，女知母兄且有他議，欲自引決屢矣，既而思徒死無益，乃泣告母曰：李郎所以不歸而死者，皆女故也，憾深矣，願暫容持服，侍其喪還，一臨奠懺悔已，然後聽所為耳。母信焉。比櫬至，女哭迎之郊，倉卒要母以歸李，不可，則又泣告母曰。壻為女死。而翁姑老且瞽。無別子女。欲得當以報九原也。母諒愛女。與其迫之嫁而死。曷若縱之歸而生。女閨中所有。皆父賜。唯母與兄命之。足給養。勿女慮矣。皆不得已許之。廟見。卒哭。朝夕起居於舅姑。一切經紀操持如禮。於是內外矜式之。咸相呼曰貞女。曰孝婦。而李貞孝之名達城鄉矣。貞孝性婉嫕。而用心沈毅。其委折有非丈夫能到者。莫大於為翁納媵一事。嘗請於姑曰。婦所賴以守者子也。今族中鮮可繼。盍選侍。天幸生小叔。待其長而生子。即婦有子不虛耳。已而姑歿。遂大斥所有成其事。時翁且七十。果生男德茂。二歲而繼室又歿。乃躬撫鞠之。翁壽幾八十。瞽忽開。親睹晚子之嘻嘻十齡。遺命呼嫂娘。笑而瞑。翁平居見貞孝必起。拜必答。曰非但吾德若。吾先世咸賴若之繼絕也。越數年。德茂已婚。生子。貞孝已得旌矣。貞孝歿於乾隆五十四年己酉。壽六十有四。守貞三十六年。事翁歷二十一年。以其坊價佐兩世葬畢而後終。或曰。州志稱貞孝。姓徐氏。見趙佑清獻堂集。

顧節婦

蘄州顧節婦者。蓋顧景星之姑。初嫁時。其夫墮水死。既而舅姑及夫之兄弟皆死。無所歸。則仍歸於顧。而顧之長兄弟亦皆死。惟存一小弱弟。父病篤。流涕屬之曰。守汝之節。撫我之孤。可乎。節婦應之曰可。顧氏之在蘄也。為中貲。父既歿。族人欲瓜分其産。無日不剚孤死。鄉里無賴亦相顧起。鑒以梃刃者數矣。節婦不懾也。挺身出與之搘拄。涉訟廷。益侃侃發舒。郡縣有司皆高其義。為痛繩無賴者。無賴者乃相顧朒縮曰。女虎不可犯。以故卒全顧氏之家。比張獻忠之亂。節婦年七十矣。所謂小弱弟者。亦已四十餘。并其妻及景星。以及他婢僕。共七人出走。有賊酋騎馬來。從奴賊十餘。皆持刃。六人者皆向賊叩頭號泣。乞代節婦死。賊不之許也。頗怪之。方詰難間。節婦坐於地大聲曰。止。我白頭老寡婦。受朝廷旌表恩。今日事至此。死不為枉。何至向賊乞生。因顧騎馬賊罵曰。汝楚言。非吾楚人乎。少年好軀幹。不出力殺賊為將軍。乃作賊。倚賊勢荼毒鄉里。豬狗將不食汝餘。賊憮然。刀墮於地。良久曰。聞母言。使人大慙。雖然。吾豈甘心作賊者。母且休矣。急騎馬去。須臾又騎馬。以餔糒來曰。頃母數我最可念。此少物。姑為母一日糧。但母當東行。慎勿南。三日後拔老營。此地無寸草矣。母可微語諸同鄉。使知之。於是節婦遂沿江東下。止於崑山。蘄州之顧。祖崑山故里也。其後節婦終於崑山。而景星讀書崑山。有聞於時。入國朝。始還蘄州。見如臯和集。

武昌縣某節婦

武昌縣節婦某氏。田家也。生兩男而寡。無姑。與翁居。張獻忠將至武昌。人洶洶。其翁買一舟。載所有。挈節婦并兩孫。逃之湖。湖者距樊口十餘里。葭葦叢雜。煙水渺瀰。颿曠窅。縣人向所避亂處也。節婦至。則見避亂者纍纍來。抵暮。而前後左右且萬舟。節婦乃微語其翁曰。吾之來。以逃寇。今逃寇者萬舟。是召寇。非逃寇也。此不可處明矣。然是時。節婦舟爲他舟所裹。不可動。其翁方戀其所載。次且。聞節婦大聲曰。事急矣。乃各抱一兒。輾轉緣他舟以出。另覓一小舟。夜去。孤泊港汊間。無何。寇至。先以鐵騎列湖干。斷四走之路。然後按舟殺。無一免者。而節婦之家以小舟孤泊獨存。節婦有田數十畝。亂後。二子耕之。以小康終其身。見茹敦和集

吳節婦

婺源吳節婦。吳亨之女。王文燦妻。乾隆癸酉。文燦遇疾。篤。時舅姑並在堂。文燦氣絶。目不瞑。吳令兩孤跪而泣曰。孤有母。敢不使如有父。不瞑如初。吳則自跪舅姑前泣曰。婦在。敢不如子在。即瞑。越二年。舅又死。獨姑存。兩叔一九歲。一七歲。兩孤一九歲。一四歲。同祖弟兄未析爨食。而先世遺田故薄。且不給。從兄來言曰。弟婦賢哉。毋太自苦。若不忘弟之孤者。幸毋狗曲。持小節。勉行矣。或有餘財。施及前子。所謂兩利而

俱存也。吳仰天泣曰。夫兄是何言。氏。王氏婦也。未死耳。幸諸孤長大。惟伯父教之。孤飢孤寒。勿相累也。從兄退。從嫂日日來噂沓詬語。甚且手批之。鄰婦為之不平。吳勿與校。里人爭歎息。相與議分薄田數畝。菜畦一區在屋後。以畀吳。吳則閉戶治女紅。易滑甘白粲以薦姑。姑曰。若貧苦。安得具此。對曰。女紅所易。不費也。姑喜。為之卒一饗。曰。若後毋然。暇則行屋後畦。躬視畦菜。春種萵苣。秋蒔菘。周畦半畝。布種列行二百計。吳則自提甕行汲。必周畦引水循行。行徧溉而罷。歲癸未。縣中旱荒。午日下暴。菜盡萎。而吳所種菜。獨青青若宿莽之拔心而不死也。則刈以佐姑食。惠及於鄰母。鄉人詫之。指其園為孝婦園。曰。天耶。非獨溉有力也。其年姑六十一。而病篤。吳驚計無所出。則避人刲肱一臠。投藥沸之以進。姑病頓瘥。夢有告者曰。孝婦活汝。姑自顧病已失。則嗚咽呼吳前曰。若煎若肉。飲我而脫我病邪。他日若婦必若若順若。恒不病。姑自是行年八十而健。自吳當室。為兩叔娶婦成室。教兩子成立。次子晉。讀書通禮經。有聞。所居懸畫竹一幅。晉小時輒見之。二十年未嘗易他幅。晉間請曰。母何以恒懸此。曰。有節者不易也。見朱筠笥河文集。

陳劉氏

孝敬堂孝婦阪記曰。集令鄗之七載。己亥冬。坐聽事。有投牒者。蓋鄗東鄉棲士保民。舉孝婦陳劉氏事。孝婦農家女。年二十五。幼為養媳。翁陳際亭。年八十。姑金氏七十二。夫文世。力田為生。二月。姑病噎。醫不治。孝婦割臂肉和藥。得少間。六月病復作。十日不食。垂盡矣。夜三更。孝婦私下中堂。家止二鷄。割其一。以告天地。持小刀。砉然自劃其胸二寸許。血如注。肝出。刲其半。遂暈絕。久之。若有人挾之云。起救爾姑。百神伺汝矣。乃起坐。以布束胸。刀口遂合。不覺痛。持肝雜鷄肉煮湯以進。姑久不言。忽云湯香。以起頻下之。寢甚酣。天明。即索稀粥。不數日病愈。而孝婦之創亦悉平。孝婦無恒產。雖終歲勤動。恒不給。令作而歎曰。此長吏責也。去孝婦所居二里許。得大阪約三頃。阪之麓。有水田七區。其南屋十一間。前有門三楹。進院。院旁翼屋二。中有堂有房。咸樸緻完好。得場圃約十餘畝。可蒔粱黍蔬果。阪之周圍。大樹百數。小者不可勝計。保之民。願出售。令以百二十緡購之。給印照。俾孝婦子孫世守。曰孝婦阪。見李集願學齋集。

伍五姑

五姑。秀水伍氏女也。父某。業牙行。居市。五姑明大義。嫻女紅。能得親歡心。及笄。許字王氏子。歸有期矣。王暴卒。姑知之。即誓死不食。母強之曰。若婉順。能佐母。母善病。倚若為命。令若死。母不獨生也。於是五姑復食。素精敏。能理內政。家多遠商。中廚繁劇。又諸弟稚妹。竟日諠呶。織紝履絢。一手紛應無少倦。然竊其燕居時。多淚容。衣飾斂斑悉屏去。日食止菜菓。羣居不一露齒。蓋隱然如未亡人。母憐之而卒無以解。踰半載。親知為議婚。行問名禮。是夕。姑闔樓扉自縊。垂死矣。計救之得甦。哽咽告母曰。女志決矣。救女何為。由是絕粒十日不死。更服鹽汁。吞鉛銅不死。咲斷腸花根不死。夜坐露臺。受寒霜連夕。不死。引小刀自刺。不死。凡所以速死之具。無不為也。而卒不得死。每當引絕時。母抱置膝上。一縷氣微微噓噏。因大慟曰。兒不聽母。何自苦若是。稍醒。輒長跪引罪曰。女不孝。誠負親恩。然女志決矣。於是伍氏內外無安寢者。家傍市前。臨通衢。鄰欒肆。後戶枕溪水。曰斜塘。居樓三楹。樓西為灶。灶庭有井。乃鍵戶塞井。戒女鬟往肆中。禁刀尺巾帨之屬。防慎無所不至。有時破檻以入。決戶攘以進。甚且撤牆垣為備。稍一聞警。奔救恐後。於是伍氏房窗無完繕者。五姑乃喟然曰。不肖女若是。重我親憂也。遂起事事。母寢處與俱。見其坦坦施施。朝夕有愉色。心竊喜。久而防稍懈。一夕。母熟寢。已失女所在。起視之。則裂衣襟績若綆。懸樓下。瞑目死矣。時乙亥六月盛暑。貌如生。三日殮。蠅不敢近。蓋距王氏之歿一載云。見李集願學齋集。

張貞女

張貞女許嫁之夫。曰葉孝思。孝思父母。皆老病將死。獨有孝思一子。又病瘵甚篤。欲迎張氏侍其父母疾。張氏親戚皆難之。女曰。既以身許人。奈何聞其危篤。安坐以待其死乎。即布衣乘輿入葉氏。視其公姑及夫疾。晝夜不怠。一年而舅姑及孝思皆死。僅有屋三間。張氏迎父弟共處。以屋居父。而已所處。幾於不蔽風雨。時為父浣炊。為弟縫紉。晝夜營女工以為生。及父死而治其喪。立族子友賢為子。聘姪張氏為婦。俾孫曰傳興。一年而友賢又死。其婦亦能效其姑立節概焉。（見姚鼐惜抱軒文集。）

黃氏

金匱梅里黃氏。年十九。歸里人吳德星之子希言。德星性疏曠。不治生。黃倚姑以績織為活。三年。生一子。越三月。希言死。而子亦殤。姑以哭子及孫。相繼歿。黃年方二十二。德星累遭喪。益困。益自放。不顧家。黃仰天哭曰。吳氏之祀斬矣。雖然。翁在可為也。則盡斥賣嫁時簪珥衣被。買妾進之。妾入門。有身甫五月。而翁又死。黃復仰天哭曰。嗚呼。天尚憫予志。願以男畀吳氏。彌月。妾生子。男也。黃大喜。告於翁主。名之曰鑄。居三月。妾委兒而去。黃自剪殤後。乳絕湩已二年矣。日抱鑄於懷。哺以糜。啼則以乳就之它何而湩忽生。黄復大喜曰。令知天之不絶吳氏也。終乳之。鑄年七歲。將入學。或以無錢難之。黄曰。屋可賣也。人不讀書。豚犬耳。鑄學五年。賣屋五間錢易者吳氏之戚也。館鑄於家。資之學。既冠。通文理。為童子師。黄乃於乾隆三十四年。買地陽山之西。葬其舅姑及夫。旋為鑄納婦。而黄年垂五十矣。見彭紹升二林居士集

鮑烈女

鮑烈女祠在山陽縣南門外二里許。烈女葬處也。祠三楹。祀烈女。以王媪配。碑記烈女字李恪。未娶而恪卒。父母為改嫁。將歸。烈女曰。吾得一祭李郎墓。願足矣。許之。家故業楮鏹。烈女黏楮為衣。漬以油。衷之。襲以素服。偕弱弟與一老嫗。適墓所。至則令弟犒輿夫他所。以故遣老嫗。乃火焚楮鏹。縱身入其中。油楮熾。衣焚肉焦而死。時明萬歷四年也。逮我朝乾隆六年。歙人程鍾為請旌。得旨建祠。先是烈女墓為人所鬻。王媪鳴於官。得復。故以配祀云。見韓夢周理堂文集

段烈婦

烈婦盧氏。少歸段。籍隸河南延津縣。夫傭食他往。久不返。氏獨撫子女。紡績為生。所居泥棚二堵。堵以外。皆隙地也。同里有無賴者。瞷氏子處。數數往挑。不應。遂於昏夜

穴牆入。氏驚起。叱之。急手掩氏口曰。非偷也。勿叱。氏怒。齧其指。無賴者負痛。捽而搤之壁隅。氏氣結。徐吐指云。姑釋我。及起。則抵捍益力。無賴者知不可奪。憤甚。攬繩束其喉。三匝之。復取絡柱針連刺氏腹。乃死。迴顧小兒女。踞炕嗚嗚。慮其嘷焉。並斃之牀。未幾事露。具獄。建坊旌卹。而磔無賴者於市。時乾隆十八年季秋也。氏死在是年春。里民走報縣尹。尹驗。知非盜。顧莫得殺者主名。為默禱於神。會月食。與同官禮護畢。隱几睡。夢見一馬人立而語。矢貫其胸。覺。異焉。適奉文派夫濬河。乃往取村戶版籍按名覈之。至第七人。曰許忠。尹心動。得非若耶。蓋許為午言。午言為馬語。矢貫胸則忠字也。詰見許。兩手伏地。其一踡曲袖中。令出視。有片絮裹指。齧痕宛然。裸其體觀之。則自項及胸脊股掌間。爪痕參錯。莫可數計。一訊吐實。始悉氏死時。反覆抵拒狀。而獄定矣。見彭光斗雲漢草堂文鈔。

薈蕞編卷十九終

清　曲園居士纂

林烈婦

烈婦王氏。侯官人。為林守仁繼室。守仁以優行貢太學。卒於京。無子。一女汀哥。前妻出也。始烈婦聞訃時。即欲誓死。或勸之為立嗣。因稍稍自釋。强嬉笑為樂。顧日獨望守仁之喪。期年。喪始至。烈婦環喪事備。復自言必死。誡家人以白衣斂。一日。呼老嫗浣衣。曰。潔之。過此。不再相煩也。遂談笑至夜。衆視其色歡。不之疑。越明起。為汀哥製履成數。曰。生一日。當作一日事。語已。顧汀哥曰。母去。兒勿恐。但歲時具杯酒。一塊肉。母即歸。不相嚇也。頃之。午食。訖。言覓茶飲。起入内。不出。視之。室扃鐍如故。破戶而入。經死矣。藏奩屑袖中。避屍氣也。見林樹蕃集

陳貞婦

陳貞婦。侯官人。林沂雲之妻。生二子。賜。振。而沂雲没。婦年少。貧無以自存。兄公欲嫁之。乃陰與媒人謀。將受聘。婦聞則大怒。詈曰。誰為是言者。吾將與之拚死。兄公懼。乃止。時賜僅數歲。振在襁褓中。婦晝夜勤女紅。育二孤。顧牀上一敝絮衾。兒先寢。乃獨

篝燈忍寒縫衣裳。徹夜不寐。終日一餐饘粥。兒聞飯香。則輾然笑。既稍長。令賣餅果為食。天黎明。則自起執爨。促兒起入市。當歲暮霜風寒冽。兒跣足走市中。鼻涕滿面。見者憐之。或起時稍晏。蔥縮不欲出門。輒笞之曰。嗚呼。兒之不肖也。兒泣。婦亦泣。鄰人聞之皆泣。性嚴毅。未嘗容人過。人無敢犯者。里中惡少年見之。皆避去。見林樹藩集

黃氏

順德縣倫教村婦黃氏。年十九而嫁。夫性憨。為人佐刺船。與乙角戲。乙失足溺死。法論抵。減死戍貴定。官符下。妻免僉。婦搏膺呼曰。妻從夫。義也。焉有官府而陷人不義者。不聽。從吾當自刎其頸。譁諸縣門。官改容。增婦名。遂盡鬻嫁時物。奉舅姑。自製衣竹擔荷具。隨夫行。黔去粵四千餘里。有九谿七盤之險。夫中途患痢劇。婦侍湯藥。滌帬褕。拭拳楷。掖之行。薄險。則以身負。而公人貸敬。不忍促。背盤。沿村唱勸孝順木魚歌。貸錢易肉食。奉其夫。木魚歌者。粵廣土音也。聞者酸鼻。爭釀錢以贈。夫病尋瘳。達戍所。居十七年。生一子二女。而夫歿。初婦私計邀恩赦奉夫歸。及死。聞舅姑尚在。急以負夫骨歸。詣縣請。舊例戍所死即瘞其地。不聽。返婦蹙而跪縣門。額連連觸地。血流被面。伺官出入。輒哀籲。凡二十餘日。官讚曰。剛哉婦。吾當成其義。力白上司。得報可。

卽日懷牒文。裹夫骨。負筥置小兒女。子身行。長女嫁農家子者。牽裾泣。揮之不顧。時黔東多虎患。白晝出官道傷多人。捕之不息。而俗禁骨殖不許入旅店。婦日汲澗水。燒松枝以爨。夜宿古廟。躪虎所殘人骨血狼藉中。昂然不少動。路人爭呼好勇婦。好勇婦。竟歸倫敎村。婦齒旣長。面黧黑醜惡。又語雜羅旋音。鄰里駭爲鬼。各走避。忽野外有老叟熟視之曰。兒歸耶。指道旁纍纍。而翁冢也。而姑僵牆陰。不食已一日。婦奔至牆陰。得姑。兩目眵瞎。尪甚。婦引其手。拊裹中骨。及筥中兒女。姑抱而咽。婦大號。筥中兒女亦號。聲震林木。風起。鳥皆悲鳴。鄰里稍稍來。始奉姑僦屋以居。順德人士。以其事入詩社。賦者多至五六百首。讀者爲泣下。羊城馮孝廉公侯者。勇義人也。聞其貧。無以贍姑。走告同儕。炎日中。鬚張目如炬。五日而歛番鏹三百枚。使授婦。有僦廬薄田矣。而順德李侯歛其。允人士請。給扁曰。節孝含辛。導鼓樂旗幟。金字大書周子寬之妻節孝黃氏。旌其門。人遂名其詩曰含辛集。婦入黔十九年而歸。人或呼之曰女蘇武云。（見張九鉞陶園文集。）

楊烈女

偃師女楊氏。父爲縣廐卒。母與兄皆沒。依楼嫂以居。字李恒子。嫁有日矣。一日大雪。

嫂歸寧。遺女獨居。鄰屠蕭諒。兇暴無行。素豔女色。鬫知嫂出。挾刃踰牆排闥入。女坐燈下。罵曰。汝何人。敢夤夜入吾家。屠出刃恐之。掣其衣。女左手牢持衣帶。而以右手奪屠刃。呼罵益厲。屠知不可犯。大憤。以刃斷其頭。并截右手五指。身仰地。霍霍躍。屠懼。越牆去。父眠廠中。忽聞窗外女聲。連呼蕭諒殺我。大駭起。城門久扃。父歸踰城濠深積雪。不敢躍。若有擁之下。弗苦。抵室。女屍橫室中。頭及五指在地。左手猶牢持衣帶。不可解。號之鄰。逐雪中血跡。入屠家。得血衣及刀。羣縶屠訴於縣。官至。驗視。女左手衣帶乃解。鞫屠。屠作女言。盡吐狀。下獄中。獄未上。屠俟守斃。雖經一死。官竟從吏言。寢其事。女葬陧兜頭。洛水流經墓前。每旋轉作悲咽聲。四十餘年矣。會天子登極。詔直省大吏搜遺行。襄城李緝者。以明經任縣訓導。廉知女烈。欲上其事。令以伊父死無實證。且年久。孰不可。緝憤懣。自臚女死狀。懷牒赴大梁。訴河東制府白公鍾山。公憐而題之。具疏入告。天子特命旌其閭。入祀節孝祠。祠臨市衢。數年後。有醉者衝戶入。仰臥地下。恍惚見羣婦女皆冠幗。肅然起。叱逐之。有一女厲聲曰。吾陧兜頭楊大姑也。醉者驚覺。急奔出祠。顛踣至家。發狂疾。鄉人醵牲醴詣祠。爲連連叩頭乞貰罪。久之乃蘇。（見張九鉞陶園文集。）

張烈婦

烈婦，單縣雙槐村民王思周女。貧居土窯，足跡不出戶外。年十七，歸里民張良善。事舅姑以孝聞。父傭於外。母孫氏迎烈婦歸其居。族姪王保子者，無賴人也，常驅驢負煤過思周門。是日，瞯知烈婦母出未歸，夜獨與幼弟二體宿窯，萌淫念。三更潛移刀排窯門。門固閉，以刀穴門旁土，轟轟落。烈婦覺，疑為賊也，呼不應。披衣起，將躡之，土崩門塌。保子入。烈婦驚問為誰。保子求姦。烈婦熟其聲，叱之曰：「我爾族姑也。禽獸何敢為不義！速出免死。」保子拔刀脅之。烈婦厲聲曰：「刀何為者？任爾殺，不懼。」保子憤不從己，以刀剌烈婦中左脅，血從襦中噴出數步。益怒罵。保子連連剌左右肋乳。烈婦躍奪刃，刀劃烈婦掌，掌裂。捽之於地。而二體亦驚覺，連呼「保子殺我姊」。保子并斫其臂，僵於牀。烈婦奮身從地起，血淋淋滴，奔出窯門外，大呼殺人。而鄰居殊遠。保子追出。烈婦創重，躓於石，顛棘樹下，罵益厲。保子搤其髮，刀抉其口。烈婦口齧刃，齘齘有聲。保子搖刀出，割頰及腮至耳。烈婦不能言矣，吽聲猶不絕，身霍霍躍。勒其喉斷，乃死。時乾隆三十五年十月十五日也。保子歸，匿刀，滅衣血跡，驅驢煤行。天明，有鄉約過，見烈婦被殺死，奔告其父與夫。入窯中，裹二體創，少甦，哭述姊被殺狀。衆擒保子入縣。驗鞫得實。弔而哭者日千餘人。獄具。詔予旌建坊。祀節孝祠。誅保子。暴屍於市。見張九鉞陶園文集。

林娃

林烈女名娃。閩縣人。少失父母。撫於叔父。許嫁同里張天章。未婚而天章咯血死。死之數月。媒氏來議姻。其叔父叔母方密語私室。女竊聽之。得天章死狀。驚而失足。叔父出問。笑而謝。衆不疑也。次夕。既寢矣。忽起束髮作高髻。其妹問故。以他辭對。丁夜視之。則女自經死矣。初女聞天章之病亟也。微以詞問其叔母曰。咯血可死人乎。叔母知其意。漫曰。是多不死。死者偶耳。久之。有言及未同牢為不成夫婦者。女長歎曰。有是哉。嘻吁而起。至是遂死。天章之死。以八月二十六日。而女死於十一月三日。天章死旬日。女猶浼所善鄰媼往問疾。媼不以實對。故其死相去數月云。見龔景瀚澹靜齋文鈔。

胡氏孫氏彭氏

胡氏者。湖北孝感人。金壇縣知縣。名志熊女也。許嫁漢陽選拔貢生蕭君之子。國子監生質。質卒。女請於父母。守志於蕭氏。時乾隆四十六年某月也。自孝感趨漢陽。渡江中流風作舟覆溺者不可勝計獨女所乘舟安然無恙若有神物護持云高郵孫氏者己卯江南省解元同敞之女少許聘寶應王氏女外家也母卒王氏之黨往臨其喪舟覆溺死數人壻與焉是時女新喪母哭泣悲哀人皆以為為母故莫能測其意女有妹亦許聘寶應服闋將嫁之父自失內助家事大小悉倚女乃挈之行事已治裝將歸女曰外祖父母愛憐我比其喪未嘗一哭請拜而後行父以為然許之既至曰我以家禍累夫子我尚何歸遂留王氏南昌彭氏者兵部尚書南昌公第四女許禮部尚書新建曹公為子婦曹氏子殤女尚幼已確然有志操非歲時家慶不御朱紫家人未之覺也稍長為議婚女乃言曰母也何不諒人豈不見女數年中服飾乎父母慰諭之終不可乾隆四十九年七月曹公薨於位既殯髽而往稽顙哭踊退拜其姑於喪次姑以喪子失明執婦手相持哭是時女年十七內外觀者近千人無不歎息泣下天子聞之曰可憐可憐每尚書進輒問貞女天語褒嘉不置云見劉台拱端臨先生遺書

王貞

王烈女者太倉璜涇里東鄉人馮生萊勳之聘室也名貞字慕貞自其欲從夫氏之

喪而不得也。曰先祖錫名曰珍。吾改稱貞。以厲志也。女四歲而孤。與伯父諸生香同
居。幼學於舅氏。通訓詁。汎覽諸史。皆曉析。與生年亞舊有連。生字又琦。幼穎出。能應
試矣。訃聞。烈女三日卧不食。泣血斑斑。母强之糜。乃稍稍起。欲歸馮。母不許。將婚他
族。輒宛轉號呼。欲速盡。聘者浼嫗蠱以金珠。烈女擲之地。且泣。遂止。屢屢然矣。久之。
聞生且葬。堅欲往。兄曰。爾去奚爲。曰。吾但一見郎柩。尸其旁。彼宗人喈曰。此吾馮氏
人也。憫其誠。得蓐螻蟻足矣。兄曰。若然。且俟吾死。遂止。乃謂其同爨戚曰。郎柩既不
獲殉。獨無即像乎。戚爲密購。烈女謹襲之。流涕益哀。母矚得之。故終母身未改字也。
無何。母歿。烈女曰。而今可以歸馮矣。楊甲者。馮舊蒼頭奴也。往來爲鏽。烈女圖言於
馮。以誠告曰。自吾遭殞所天。母持之牢。若決絕歸馮。危罹不測。故隱忍逮今十三年
矣。今當得馮一廛。織紝爲生。足畢此生。馮不許我。我則致死於馮。不再歸矣。楊持其
說閭里媼。有處子嫁死夫者乎。皆笑曰。無之。乃不訴馮也。而是時香老病。爲香後者。
女之兄也。前死。獨恃烈女在。亦幸其有家耳。會里有問名者。香漫應之。烈女察知之
諗。戚曰。死於聘前。完然王氏女也。死於後。即非完人矣。遂賦詩五章。人定後。扃戶縊
家人覺之。排闥持火入。烈女奮袖撲火。火滅。家人益駭愕。遍號鄰婦。復持火入。結牢

甚解之則既絕救之夜半轉甦蹙然曰曷為而復活我也時乾隆戊申臘月八日也烈女既甦風聞播鬨猶熾則兩移書於媒郤之媒其外兄也畧謂貞不幸遭罹大故三年之內寢苫枕塊之罪人也而可以議婚姻乎某子年方少宜擇對相當者不可坐失盛年幸寢其事則肉骨之恩也蓋烈女圖以通喪緩婚潛一扁與諳馮則求者不郤自息而市儈慣於禮且遂納幣故烈女卒自戕也於是楊至則哭讓之曰吾召汝不來今朝暮人耳不可歸馮矣授楊詩一帙曰示戚懿通文者悉散遺其廝養假疾臥不食臥八日而歿距母喪四月其夫之從兄偉在虞山感噩夢歸往奠祭題曰從弟又琦聘室遂迎其主歸與生之主謁祖布筵受奠焉君子曰亡於禮者之禮也猶義也夫見馮偉仲廉文集

曲園居士曰此文叙次錯綜且辭亦甚繁今删節如此惟中閒兄曰爾去奚為兄曰若然且俟吾死兩兄字疑皆母字之誤以無可校故不易也

支貞女

支貞女者常熟農民支見龍女幼字金賈介燦燦夭貞女年二十四奔其喪誓死不嫁燦所居地名羊尖距城八十餘里其俗多姦頑逞強為雄然言及貞女無不賢貞

女者。衆議立貞女後序推其夫同祖兄文耀子應埈。時貞女姑尚在。有田二十餘畝。
塋八九壠。貞女上事姑。下撫稚子。無閒言。逾四年。姑歿。又三年。應埈死。衆議爲貞女
他立嗣。文耀乃謀諸其族曰材任者。材任曰。嗣殤以母。無母何子。乃賄女媒而勸之
嫁。且言汝不嫁。將納强人污汝。貞女皆不答。文耀又謀諸材任。百計辱貞女。貞女日
對夫棺泣。族有舉人汝霖者知之。召其族人。具貞女狀。聞於學使。學使下學校官廉
之果實。書額以奬貞女。文耀既莫可誰何。材任豈一指示文耀曰。黨。黨者擊也。羊尖
人方言。由是文耀屢糾其衆擊貞女。貞女泣赴淵。將投淵。遇其弟支錫昌。而告以故。
且曰。爾畏朱氏暴。不敢過羊尖。而坐視我死。我死而白諸天。錫昌曰。邑有令公在。不
生白之而死白之乎。乃偕入金匱縣而訟諸令。方貞女之拒女媒不嫁也。文耀有姊。
嘗假貞女穀。而貞女母家舊傭人黃催。又假其姊穀。數相等也。其姊謂貞女。我負若
穀。而催負我穀。請以催穀償若穀。而令而弟索之催。甚便。貞女諾之。文耀乃揚言貞
女陰以穀賂催。冀以污貞女。材任率文耀男婦。碎貞女闥。劫貞女出嫁催。貞女大呼。
取剪刀。欲自戕。鄰里聞貞女呼聲急。急擁入救。貞女得不死。貞女訟於令。口訥不能
具狀。令捕文耀。不至。三捕之。始至。既吐實。衆跪階下。詈材任非人類。堂下環視者數

千人皆皆裂欲唾文耀面令先以大杖杖材任文耀崇朱氏譜擇其族文熙子守信母貞女無何文耀轉訟於學使下郡守鞫之郡守議材任文耀當流竄以事在赦前從寬典荷校通衢（見秦瀛小峴山人集）

蔣貞女

貞女師濱蔣氏子蒼女三歲喪母既長貞靜寡言笑家貧所居陋室數楹以葦箔蔽一椽為寢處所貞女操井臼習女紅寂不聞聲非至戚比鄰莫知子蒼室中有女也年十五許字胡氏子彥喻越三年彥喻夭胡故後塘世族而彥喻幼孤依孀母以居亦貧甚貞女聞訃告於父請奔喪不許貞女飲泣不食者三日子蒼百計慰解之貞女曰兒業受胡氏子聘雖未成婚夫妻名分已定曾有夫死而不哭臨者乎父乃與約奔喪遄返既至胡氏謁夫墓縮酒酹地號慟幾絕徐起拭淚去衰麻易素服入室拜姑姑泣止之曰余老矣家四壁立無可為生計徒累賢女無益也貞女曰姑老矣又喪子有媳在猶拮据以養若并遣媳姑真無活計矣乃哭告其父曰兒不返矣兒受胡氏聘即胡氏婦也死此耳父兄强之女折箸以誓曰兒志決矣有姑在堂未可遽死事姑天年終所不從夫於地下者有如此箸子蒼乃不復言胡既室如懸磬而

子蒼父子。復貧乏不能自存。貞女躬紡績。易粟米以養姑。而拾野蔬雜糠粃以自給。於是胡氏族中義之。公祠歲給米數斗。而彥喻從兄瑞聲。亦時有佽助。貞女胥節嗇以奉姑。而自食菲惡如故。彥喻貧未克葬。權定屋後隙地。貞女稍暇。輒至其所手除荆榛。一日。見敗瓶破缺。即以新瓶調灰傅之。歸而假寐。見一少年語之曰。吾不祿以重累汝。汝業苦如是。乃不我怨而汲汲顧我乎。室後隙地蔓草中。有藕英試往採之。可充數日糧也。女驚寤以告姑。姑曰。吾子也。相持悲慟。如言往果得豆盈筐而歸。貞女歸胡氏凡十有八年卒。訖克如前誓云。見儲研璘編國古文集。

袁烈婦

袁烈婦邢氏。河南濬縣人也。嫁同邑袁興旺。興旺故馬姓。為袁顯合義子。顯合繼妻任氏老而淫。其適袁已先死一夫矣。及顯合死。與里中牛文錦唐謹存唐有會唐可法私。烈婦遇惡少往來。輒詬厲。文錦等與任氏商。謂得新婦共宿。則吾輩可恣行無忌。調烈婦。烈婦峻拒。乃屬任氏百端折辱。冀其順從。終弗挫。一日。烈婦過任氏室。聞文錦竊令肆毒手。懼而逃匿母家。其父邢有才貧且懦。仍送女還。諸惡少與任氏責其私歸。詭有才曰。苟欲留若女。則雖死于邢無與。強有才書一紙為據。有才不識字。

可法竟代書之。是夜初更，文錦邀諸惡少至任氏家，可法病，未往。時烈婦已就寢，赤身牽曳下牀，縶其手，繫其項於扉，使興旺先擊之。烈婦痛而呼，興旺釋手，則任氏接擊之。烈婦不勝痛，呼益甚，於是文錦疊繩為束，令衆相助，勢洶洶，興旺欲號救，禁不使聲。有會緊烈婦縛，令不能稍轉側，謹存持所束繩遍掠其體數十處，無完膚，遂死。嘉慶四年三月初四日也，自為婦至此逾一年，年二十一。烈婦既死，文錦等令興旺以刀斷其顙，飾為自刎者，召有才視斂，乃散。興旺初雖屈於威，終不平，遂鳴之官，獄具，烈婦得旌於朝，文錦論棄市，任氏、謹存、有會皆繯首，可法戍邊，興旺論徒，援赦減杖。見趙懷玉亦有生齋集。

林貞女

太平林氏，自幼許字同里田某，先娶之一月，而田某病，女聞之，則憂形於色，夕必私焚香祝曰：願以身代田某死，天其尚聽予。無何而田某死，女將之乎田氏，而臨其夫喪，田某有兄妄人也，不哀其弟之死，而幸其速死，以為莫與己分貲也。而女乃斬焉衰絰哭而來於田氏之門，妄人則謂女曰：爾夫為吾弟，婦不當為吾弟也守，幸去，毋溷我。女固不肯歸，妄人則又固拒，女乃斷其髮尺，拜而繫於夫之殯所曰：此以志也遂哭而歸。里之人嘖嘖曰。是女也。其知義矣。因又竊竊然議妾人。妾人病人之議己也。請歲餽穀十斛。女則辭之曰。彼義而留我。可以食其食。彼不以我留為義。不可以食其食。雖然。不可以累吾兄弟。幸幼工組繡。吾仗吾十指以活矣。女終身不嫁。不茹葷食肉。以人則女。以事則貞。故謂之貞女。（見廣學樓鶴泉文鈔）

朱烈婦

烈婦姓姚氏。農家女。年二十一。繼室桃源里朱崧。崧老且貧。屠沽為活。烈婦安之。四年而崧病死。烈婦腐豆自給。舊嘗貸兄錢。因過責償。不得。輒走持旋磨牀去。不得腐。索適者往往幸其嫁。烈婦悲憤甚。因提三歲孤。檢室所有。呼娣屬曰。幸撫若長。延宗祀。我固不可獨生也。娣為寬譬。不應。乃扯諸姒娣陰防護之。數日不即死。人遂疑其偽。或竊笑之。既忽晨起。治飯一盂。菜一器。陳崧靈次。哭極哀。退吞滷而死。時雍正十年某月日也。（見周廣業蓬廬文集）

張烈婦

張烈婦。姓徐氏。山東嶧縣人。監生淳女。年十九。歸同縣監生張承之季子士景。三年而士景死。烈婦從死。烈婦為人端謹寡言笑。與士景相愛。又能使士景行加修而學加勸侍士景疾三十餘晝夜不一步離。士景疾甚。目無睹。頻呼婦安在。他人雜指婦曰在。婦飲泣曰。君所在。吾焉不在。君往。吾斯往矣。已而士景没。家人知婦必死。遮守之。婦雖摧毀斷飲食。猶故洋洋作不死狀。欲以懈守者。伺其間。不可得。既三日矣。乃肅容語舅姑前長跪。若有所啟。舅姑知其意。慰諭之。防守益密。又明日。天將曉。烈婦欠伸謂守者曰。若等環以守吾。不勝勸。即吾亦勸極矣。今第欲少息。指旁一婢曰。姑令若伴我寢何如。眾果不疑。遂與婢偕入室。扃其戶。指卧榻承塵語婢曰。此上有圖扇。亡人物也。吾欲取苦不能及。汝暫蒲伏以背承吾取之。婢童昏莫省所謂。如其言伏。還登良久。戶外守者呼婦。婦不應。呼婢。婢不應。乃羣譁排戶入。赫然見婦自縲承塵。閥婢為所壓。氣閉不得語。解視婦衣間。刀一。金剪一。蓋先時所藏欲以伺守者之間者也。烈婦之死。後士景四日。見王芑孫淵雅堂集。

萬節婦

萬節婦蕭氏。事孀母孝。母老病。刲股進藥。勿使知。十七歸萬。一載姑亡。又一載夫亡。翁衰羸。夫家無彊昆弟。一子甫五月。慾死以節誓。翁故治醫。窶不給。歲丙午。大祲。晨夕滌粉糜饋翁。自奉未嘗飽。夏瘦。力疾侍翁疾。翁趣引避。輒愀然曰。老人至此無子也。婦即子。忍暫離左右。翁歿。無以斂。躬提汲。寒具寢。手椰枝。揮逐蠅蚋。訖兩晝夜。既葬。家益困。孫稍長。責之讀書。且曉之曰。若學不成。嫠固失望。如若祖父地下何。同室從子女四。無怙恃。衣食娶嫁。咸任之。有適沈者。遇癱廢。迎歸。悉力療治。宅苦心慈行類如此。嘉慶庚午。有司表乞旌如制。癸酉。以明經拔萃科。薦其子於朝。見劉鳳誥存悔齋集。

祝貞女

貞女祝氏。世居海甯之袁花里。父某。諸生。母朱氏。女行四。幼端嚴。寡言笑。稍長。讀書通大義。遇古人節烈事。必手抄成帙。時諷咏之。許字海鹽徐生杼。生勤學。得瘵疾。纏綿數年卒。訃至。父母知女性烈。秘不以聞。忽一日。閉戶飲泣。父母啟扃入。女哽咽曰。徐郎死矣。昨示夢於女。以不得入祠為恨。父母能如女願。當往成徐郎志。否則從此絕粒矣。兄弟輩百方勸慰。女惟俯首啜泣。乃往告徐。徐初難之。姑夔然曰。有婦如此而使之齎恨以終乎。遂諏日成禮。於庚子三月歸徐。女時年二十七。距生歿已三年矣。登堂拜姑。後奉主入祠。布衣蔬食。儼然未亡人也。女事姑孝。姑謂人曰。我得此婦二郎若不死。姑遘疾。女醫禱罔效。含斂畢。屢欲引決。有宗長謂之曰。婦之來。為夫計也。今兩世未葬。嗣子未立。遽捐生。如死者何。始收涕謝之。徐家故貧。女與伯叔析居。

受瘠田三十畝。多浮糧。遇儉歲。饘粥恆不給。女性勤儉。至是為窀穸計。晝夜操作。指為之皴。明年冬。歸奉母病。不解帶者三月。母歿。哀毀盡禮。女念父老多疾。留侍養。逢時節及諱日。始往家祭祀。亦時迎父於家。歡奉之。紉綴浣濯。不假手他人。越四載。以父病。歸侍。室內無人。偷兒穴垣入。空所儲去。女聞之。號曰。天乎。是十指所積。欲為舅姑與夫營兆者也。旋居父喪。女以痛父故。且念貲盡失。葬無所措。悲憤成疾。疾稍閒。又念年力尚壯。或可復圖。力疾強起。用益節作。益勤。雖困頓不恤。久之。戚黨見女憔悴甚。規以攝生。且即欲為立嗣。女曰。壽夭命也。婦職未盡。何以子為。作不輟。癸丑秋。積勞成疾。瀕死者數。少瘥。詢悉醫藥費。所耗殆盡。懊恨見於辭色。初女得生遺像。懸諸房。日夕焚香。病時為人所碎。見益悲慟。是冬。以哭弟歸。怔忡大作。泣謂所親曰。女不夭。所隱忍至今者。為兩世遺骸計也。門內無人。相助者。惟兄弟。今弟又夭死。兄復旅食頻年。手口所營。一空於盜。再耗於病。羸體又不任勞作。是天不欲我襄大事也。但恨辜負此十餘年耳。素蓄一婢。至是遣去。惟子身焉。蓋自裁之計決矣。嗣後疾痛無虛日。丙辰春。女自知力不支。欲鬻產營葬。眾尼之。不果成。三月杪。絕粒八日。不死。至夜。投繯而絕。年四十三歲。嗣子鳴珂。乃女歿後所立叔子也。見洪亮吉集。

江小娘

烈婦江小娘。合肥縣梁鄉人。休寧縣學生黃某妻。黄父賈梁鄉。家焉。崇禎甲申。流寇猝至。一家人悉走。小娘守夫病。堅不去。寇入室。見小娘美。欲犯之。小娘急掣牀頭刀自剄。脰絶。身不仆。賊大驚。羅拜去。見左輔念宛齋集。

朱節婦

節婦俞氏。涇縣朱安多妻也。年十六。歸安多。翁慶桐早歿。姑胡氏守志歷年。忽嬰痿痺疾。手足不能舉。安多以家貧。出外謀生。無兄弟姊妹。凡姑食息起居。婦一身任之。年十八。安多忽以疾卒。氏欲以死殉。慰之者曰。女固不自惜矣。姑老病在牀。家徒四壁。將奚賴。氏頓悟。遂收淚茹痛。吞聲於姑前。絶不作悲泣狀。嗣後事姑愈謹。姑體素肥。氏羸疾。扶掖恆不勝。然勉為之。無怨色。夏則移姑向風。冬則負姑就日。遇族黨有吉慶宴會事。還將姑扶至坐間。氏旁立進羹。不欲使姑寂寞也。或姑不願往。則又撮取各肴攜歸以獻。姑憫其少寡無依。欲嫁之。氏長跪泣告曰。婦去。如姑何。其母亦微授之意。氏正色謝曰。從一之意。豈以貧更。且獨不欲生我姑耶。自後無敢言者。以針黹易米僅能餬糜以奉姑。且朝不給夕。其伯祖慶昂者。六十餘無子。以採樵自給。讓祖遺股分米三石與之。姑可繼饔飧。又念亡夫之嗣。血食將斬。皇皇為承祧計。適族中有二歲兒。其父母以貧不能育。遂以其兒為多嗣。氏撫之如己出。兒稍長。日令嬉笑姑前以為娛。姑亦幾忘其老且病也。居無何。婦以憂勞成疾。越三載。益劇。將其子寄養外家。而於姑晝夜服勤。視未病時不改。會天暑。姑欲沐。氏自竈前提水器。將至室。力竭仆於地。湯淋漓徧體。幾不免。半晌方能起。亦不令姑知也。姑於枕上聞僮仆聲。偵之得其情。淚涔涔然下。久之。復以湯進。饋畢。抱姑大痛曰。已矣。婦今生不能再饋姑矣。姑亦泣。既而曰。汝苦如此。天其佑汝無恙。不數日。氣息漸微。遂瞑。屬纊時。惟以目視姑。口呼姑者再而已。見宋寵集。

沈貞婦

沈貞婦王氏。名阜。浙江嘉興人。幼事二親。動循禮則。以其暇。留意書史。輒能誦記。妙解其意。年二十三。字沈惟梅。惟梅嗜學攻苦。蚤得瘵疾。嘉慶乙丑秋。昏有日矣。卒。白氏家。氏父客粵。母驚惋未言。氏即毀容自誓。或沮之。時惟梅新游庠。名紙在楹間。氏指而言曰。曩誰為賀。今誰為訃耶。吾父壻之矣。吾不夫之乎。雖然。在家從父。禮也。區區之意。願得以請。而終焉。乃馳書於父。父母咸許之。遂歸於沈。既喪而見。乃收涕言曰。惟梅不幸死。婦不幸後惟梅死而來歸。命也。舅姑其無憂。自今當竭力甘旨。以佐娣姒。以待兄公與叔之子為惟梅後。而撫之成人。然後從惟梅地下。婦志畢矣。自後茹泣承歡者。歷二十餘年。戚黨率遣其女子子來師。氏設內塾。焚香潔几。諸弟子攤讐執經而前。里中比之宣文君云。平生所作。秘不示人。族人得其所與父書曰。卓未笄。奉父母教。少知大義。不幸家中落。父遠遊。煢煢依母。又不幸遭此阨。伏念卓為女子。白華之養。已不能申。庶幾少答劬勞者。無父母遺羅而已。庭訓昭昭。至今在耳。敢不篤志守貞。為我二親羞耶。卓讀禮。有齊衰往弔之文。故於訃至日。即從南枝叔父奔喪。躬視含斂。以明為沈氏婦。之死靡他爾。當此之時。摶膺裂髓。不敢隕生者。恐傷母心而重父命也。是以弔已而歸。奉書諫諍。幸無以不辰之女為念。倘鑒其誠。哀而許之。卓在王為從教之女。在沈為守義之婦。兩得之矣。夫復何悲。見沈寶麟雙琴齋集。

許謝氏

廣州番禺謝氏女。早孤。字同邑許某。某病咯血甚。氏母臨問。知不起。歸而戚。氏含淚默然。陰屬婢子製朱衫衰服藏之。未幾。凶問至。氏涕泣求奔喪。母驚曰。兒未嫁女。何往為。婉諭百端。不聽。則告其家長。危詞厲色禁之。又不聽。哭且訣曰。兒受若聘矣。如死者何。兒不獲往死耳。其母知不可奪。許之。於是籌所以往服者。氏乃命婢子。出所藏。則朱白粲然備矣。遂行。至。匍匐稽顙姑前。姑訝且拒之曰。汝何為者。婢具以告。姑心動。然終拒之曰。汝何為者。汝究然女也。且守節難。吾家薄。汝舅見背。嫡庶子女婚嫁多故。未知他日。汝年少。一轉首。樂地多矣。何自苦為。汝速去。無自誤。氏泣曰。薄命人失所天。尚何去。乞留之。連頓顙於地。顙肉隆隆起高寸許。觀者咸感歎。姑憫其誠益心動。乃手起曰。果爾。尚何言。氏入室櫛沐。服朱衫。出拜祖及姑畢。易衰跪詣尸傍。哭之慟。聞者涕落。俗禮。必子若妻乞水沐浴。然後冠服。氏冒雨出。汲往返泥濘中數里。氏自辭母至詣。迨殯殮。凡三日夜。不食不飲。哭不成聲。姑強之。始歠粥飲水。許番禺之望族也。越日。尊長咸造。且弔且賀。為之約曰。某已矣。有妻如此。他日諸弟娶妻。誰先子者。必以嗣。不如約。一族爭之。諸弟曰。諾。許氏廟祀故事。頒胙紳耆。是歲祭畢。特致氏胙。歲為例。（見盧溯集）

史烈女

史烈女。秀水史家村人。年十六。許字仁和沈守坤。守坤為觀察世熹次子。觀察罷官後。僑居於禾。而以宦遊四方。守坤年十七。赴童子試於杭州。以疾歸。旬日而死。訃之女家。女方刺繡。聞變。即以剪刀盡碎之。七日不食。痛幾絕。泣請於父母曰。壻雖死。兒誓不為他氏婦。曷令兒即歸乎。父母度不可驟移其志也。紿以觀察未歸安之。女日夜飲泣。見守坤於夢。守坤足微跛。舉足示女。言自杭州來。女驚寤。徵之數。親而信。於是求歸之意益急。先是守坤死。厝柩於茶禪寺東僧舍。女廉知之。乃請其祖母。禮佛寺中。寺故多舊棺。女顧老僧。歷問其姓氏。若無意者。至守坤柩。遂色變。不復詢。歸而謂其婢曰。吾必歸於沈。否則我必死。我死。無易我衣履。慎誌之。毋洩。蓋女自聞變後。即衣素衣。麻結髮。雖令節不易。如是者二年。女年已二十矣。既而觀察自楚返。女之隣。有卜嫗者。數往來於城。女聞觀察歸。即促母倩嫗以己意告。沈嫗未往。觀察微聞女意而未悉也。召媒曰。禮。女未嫁壻死。斬衰往弔。葬而除之。未嫁守節。非古也。汝曷為我以禮辭之。女知媒來。急出聽。聞所語。黯然白父母曰。兒實自願。沈豈必不欲兒之歸乎。且兒歸。猶得與父母見也。父母不以女言告媒。媒竟去。女乃歎曰。已矣。勿復言矣。時日方午。女攜水入卧室。頃之。不聞聲。婢疑焉。排戶入。則浴畢整衣。投繯氣絕矣。媒所居。距史十餘里。急追之。猶在中途也。觀察命僕婦馳視。殮。天酷暑。一晝夜而女貌如生。死之日。為嘉慶元年六月十七日。越三日。舁其柩同厝寺舍。見錢寶甫悎齋遺藁

姚烈婦

烈婦。金女也。父秉中。以許姚氏子之季。曰聖天者。錢塘郭北同里閈人也。及秉中沒。乃依其兄移居仁和之打鐵關。而壻於是時遘勞疾。且以兩家貧。各不能舉禮。故女之待嫁及二十年。金族人嗾其母。令絕婚者數矣。女拒以父命。謂不歸姚氏。吾無死處也。歲既久。先時媒妁無在者。其從兄裕堂再三趣姚。咸曰。妹壻病朝露。吾妹之志即昏成婦。且稱未亡。得逮事老姑。不怨也。殺禮舉之何忌。婦遂以嘉慶二年二月十八日歸於姚。姚氏子。曰統天、應天者。婦兄公也。先喪偶無鞠子。以弟聖天病廢久。故亦不願其昏事。比婦入門。頗以女功佐助醫藥。聖天得少延矣。三年八月。病又劇。乃吞聲私語婦曰。汝何歸哉。汝何歸哉。吾終且負汝。能學他家節婦。吾死。姑益老。奈吾家獨居者何。婦蓋心痛。借他語闇之。遂數日出入不言語。至其月晦日之夕。坐視聖天呻吟齧齒。婦閉目不忍視。伺聖天聲息。竟闔戶。詰衣襟服滷死。聖天甦而慟。且以掌擊床木者再。曰。吾有婦矣。繼亦死。見陳斌白雲文集。

王貞女

貞女者。富平縣西鄉民王生鐸之女也。家貧甚。幼字科子村溫振邦之孫繼武。溫亦貧甚。有妻高氏。年俱七十餘。子早殁。止繩武一孫。年十八。為人傭作。苦未能親迎也。
嘉慶二十三年二十六日。繩武病殂。女聞之。欲奔喪。其父阻之。女堅欲往。彊阻之。既
而念己貧。温姓子單。謀以女適他人。女知之。愕痛。潛詢温氏之居址何許。徑路何嚮。
於二十四年。乘間奔赴温氏宅。痛哭柩前。極哀。畢。即拜見祖舅姑。言己終身奉養祖
舅姑。決不願他適意。振邦夫婦曰。吾家貧。身且老。旦暮謝人世。無所依賴。恐誤汝終
身。汝其往汝家。貞女則泣曰。兒甘心食貧。堅守志節。若有變改。死不敢辜。温氏夫婦。
方旁皇無可奈何。會其父蹤跡至。呼女返。女堅不肯。其父彊欲挽回。貞女望井投隕。
鄰里觀者咸感咽。良久。勸其父從女志。勿彊也。其父乃旋。是時女年十三歲。昔王蠋
未擔齊圭而死於燕師。魯仲連固布衣而不肯帝秦。貞女之束身温氏。即此志矣。明
洪武初。諸暨孟氏女。為同邑蔣文旭所聘。文旭年十七。官監察御史。請歸親迎。值條
奏時事。忤旨賜死。孟氏哭告父。謂文旭既親迎。有吉日。禮宜往弔。不許。請往事舅姑。
又不許。乃瞯柩過門。躍出隨之。俟舅姑亡。仍歸家。築一樓以居。名曰柏樓。宣德中旌之。我
朝康熙時。仁和計一姑。許同里陳桓為妻。桓從軍閩海。身殁於陳。一姑過桓家。親為操作。且給
絲鋤錫。日取傭值。以養桓一親。廷議亦予旌。何嘗非時王之制乎。見張澍養素堂集。

卷二十終